한국교육변천사 탐구

탐구 한국교육 변천사

HISTORY OF KOREAN EDUCATION

신재흡 저

동문사

머리말

교육은 인류의 역사와 함께 시작되었다고 볼 수 있다. 이러한 점에서 한국에 있어서도 한국인이 한반도에 정착하면서부터 교육의 역사가 시작되었다고 할 수 있다. 이 같이 한국에 있어서 교육의 역사는 5천여 년에 이르고 있으나 학교교육의 역사는 교육의 역사에 비해 짧은 편이다. 또한 과거, 현재, 미래는 역사라는 연속선상에 있기 때문에 내일을 알기 위해서는 오늘을 알아야 한다. 우리가 역사공부를 중요시하는 것은 바로 이 때문이다.

한국교육사는 한국에서 발생된 교육사상, 교육제도, 교육정책, 교육의 풍속 등의 변천과정과 교육과 사회적 관계 등을 연구하는 학문이다. 그래서 한국교육사는 우리나라 교육의 흔적이며, 우리 교육의 현재와 미래의 지표를 삼는 데 의의가 있다.

우리가 이 시대에 풀어야 하는 많은 사회문제들은 전부는 아니더라도 그 상당 부분이 과거에 뿌리를 둔 것들이다. 교육도 여기에서 예외가 아니다. 끊임없이 역사를 재해석하여 오늘을 이해하는 것 그리고 오늘의 문제를 푸는 단서를 역사에서 발견하는 것, 그것이 바로 우리가 역사를 공부하는 이유일 것이다.

우리나라 학교교육의 역사가 비교적 장구했음에도 불구하고 한국교육의 역사적 변천과정에 대한 역사적 연구는 극히 일천하여 1960년대에 와서야 비로소 본격화되었다고 할 수 있다.

교육사를 기술하는 방법도 통사적, 문화사적, 문제사적, 비교학적, 인물중심적, 이념사적 교육사 등으로 다양하게 기술할 수 있지만 이 책에서는 어느 하나의 관점에 치우치지 않고 한국교육의 흐름에 대한 일반적 시대 구분에 따라 통사적으로 기술하면서 당시 교육의 형성배경, 교육제도, 대표적 교육사상가 등을 중점적으로 서술하였다.

이 책은 총 11장으로 구성되어 있다.

제1장 교육사 연구의 목적(교육사 연구의 목적 및 효용성, 교육사 연구방법, 한국교육사 연구의 필요성과 과제, 교육사 연구 영역, 교육사 연구 태도), **제2장 한국교육의 사상적 기초**(무속신앙, 불교, 유교, 동학, 기독교), **제3장 고대사회의 교육**(단군신화의 사상적 의미, 고조선의 성립, 고조선의 교육, 성년입사식의 교육적 의의), **제4장 삼국시대의 교육**(삼국시대의 사회적 특성, 고구려의 교육제도, 백제의 교육제도, 신라의 교육제도), **제5장 통일신라의 교육**(국학의

성립과 내용, 인재등용법: 독서삼품과, 도당유학생, 교육사상가: 원효, 설총, 최치원), **제6장 고려시대의 교육**(고려시대의 사회적·교육적 특성, 교육제도, 과거제도, 고려 유교교육의 전환: 성리학의 도입, 교육사상가: 최충, 안향), **제7장 조선시대의 교육**(조선시대의 사회적·교육적 특성, 교육제도, 교육에 관한 법규, 과거제도, 조선시대의 성리학과 교육, 조선시대의 실학과 교육), **제8장 개화기 교육**(개화기의 사상, 개화기의 교육, 갑오개혁과 근대 교육법의 제정, 갑오개혁 이후의 신학제, 개화기 통감부하의 교육정책, 한국 개화기 근대교육의 사상적 흐름, 교육사상가: 유길준, 남궁억, 이승훈, 안창호), **제9장 일제 침략기 식민지 교육**(일제 침략기 식민지 교육의 특징, 일제 침략기 식민지 교육정책의 변화, 민족저항운동), **제10장 미군정기 교육**(미군정기 교육의 특징, 문교정책과 교육방침, 한국교육위원회와 조선교육위원회, '새교육운동'의 도입, 학교교육의 전개), **제11장 대한민국 정부 수립 이후의 교육**(정부 수립기 이후의 교육, 1950년대 교육, 1960년대 교육, 1970년대 교육, 1980년대 교육, 1990년대 교육, 2000년대 교육), **부록**(한국교육사 연보) 등을 다루었다.

따라서 이 책은 한국교육사에 대한 다양한 내용들을 전달하기 위해 쉽게 풀어 쓰면서 <학습목표>, <Keyword>, <생각해 봅시다> 등을 포함시킴으로써 교육현장의 활용도를 높이고자 하였다. 또한 이 책은 한국교육사에 대한 이해에 도움이 되고, 앞으로 한국교육사 연구에 관심을 두고 있는 후학들에게 길잡이의 구실을 할 수 있기를 기대한다.

아울러 이 책의 출간을 맡아주신 동문사 이중수 사장님과 유재영 상무님의 특별한 배려에 감사드리며, 이 책의 간행에 관여한 동문사의 모든 임직원 여러분의 노고에 사의를 표하는 바이다. 그리고 이 책의 내용을 꼼꼼하게 교정을 도 맡아준 큰 딸 신샛별에게도 고마움을 전한다. 지금까지 학문적 탐구여행을 할 수 있도록 곁에서 묵묵히 참아준 내자 김화영(金花榮)에게 항상 감사한 마음을 전한다.

2020년 2월

한성대 연구관에서

저자 신재흡 識

CONTENTS

■ 머리말 / 5

CHAPTER 01 교육사 연구의 목적

제1절 교육사 연구의 목적 및 효용성 14
제2절 교육사 연구방법 17
제3절 한국교육사 연구의 필요성과 과제 18
제4절 교육사 연구 영역 19
제5절 교육사 연구 태도 21

CHAPTER 02 한국교육의 사상적 기초

제1절 무속신앙 26
제2절 불교 28
제3절 유교 31
제4절 동학 33
제5절 기독교 37

CHAPTER 03 고대사회의 교육

제1절 단군신화의 사상적 의미 45
제2절 고조선의 성립 49
제3절 고조선의 교육 51
제4절 성년입사식의 교육적 의의 54

CHAPTER 04 삼국시대의 교육

제1절 삼국시대의 사회적 특성 60
제2절 고구려의 교육제도 63
제3절 백제의 교육제도 66
제4절 신라의 교육제도 68

차 례

CHAPTER 05 통일신라의 교육

제1절 국학의 성립과 내용 76
제2절 인재등용법: 독서삼품과 78
제3절 도당유학생 80
제4절 교육사상가 80

CHAPTER 06 고려시대의 교육

제1절 고려시대의 사회적·교육적 특성 90
제2절 교육제도 91
제3절 과거제도 106
제4절 고려 유교교육의 전환: 성리학의 도입 111
제5절 교육사상가 112

CHAPTER 07 조선시대의 교육

제1절 조선시대의 사회적·교육적 특성 120
제2절 교육제도 122
제3절 교육에 관한 법규 163
제4절 과거제도 170
제5절 조선시대의 성리학과 교육 185
제6절 조선시대의 실학과 교육 197

CHAPTER 08 개화기 교육

제1절 개화기의 사상 230
제2절 개화기의 교육 234
제3절 갑오개혁과 근대 교육법의 제정 245
제4절 갑오개혁 이후의 신학제 249
제5절 개화기 통감부하의 교육정책 252

CONTENTS

제6절 한국 개화기 근대교육의 사상적 흐름 254
제7절 교육사상가 255

CHAPTER 09 일제 침략기의 식민지 교육

제1절 일제 침략기 식민지 교육의 특징 268
제2절 일제 침략기 식민지 교육정책의 변화 273
제3절 민족저항운동 281

CHAPTER 10 미군정기 교육

제1절 미군정기 교육의 특징 292
제2절 문교정책과 교육방침 296
제3절 한국교육위원회와 조선교육심의회 297
제4절 '새교육운동'의 도입 299
제5절 학교교육의 전개 301

CHAPTER 11 대한민국 정부 수립 이후의 교육

제1절 정부 수립기 이후의 교육 308
제2절 1950년대 교육 310
제3절 1960년대 교육 322
제4절 1970년대 교육 331
제5절 1980년대 교육 339
제6절 1990년대 교육 346
제7절 2000년대 교육 350

■ 부록 / 354

■ 참고문헌 / 381

CHAPTER 01

교육사 연구의 목적

제1절 교육사 연구의 목적 및 효용성
제2절 교육사 연구방법
제3절 한국교육사 연구의 필요성과 과제
제4절 교육사 연구 영역
제5절 교육사 연구 태도

학습목표

1. 교육사 연구의 목적과 효용성을 이해해서 설명할 수 있다.
2. 교육사 연구방법의 절차를 설명할 수 있다.
3. 한국교육사 연구의 필요성과 과제에 대하여 설명할 수 있다.
4. 교육사상사 연구에 대하여 이해할 수 있다.
5. 교육제도사 연구에 대하여 이해할 수 있다.
6. 교육사를 연구하는 태도와 자세를 설명할 수 있다.

Keyword

교육사 연구, 교육사 연구의 목적, 교육사 연구의 효용성, 교육사 연구방법, 교육사 연구의 필요성, 한국교육사 연구과제, 교육사상사 연구, 사조사 연구, 열전적 연구, 교육제도사 연구, 교육내용사 연구, 교육방법사 연구, 교육사회경제학사 연구, 교육문제사 연구

우리는 먼저 선현들의 업적에 머리를 숙일 줄 알아야 한다는 명제를 가지고 교육의 역사를 탐구해야 할 것이다. 역사를 연구하는 것은 결코 사건의 과거만을 연구하는 것이 아니고 과거를 근거로 하여 현재를 이해하는 것이며, 나아가 미래까지도 알려주는 것이다. 결국 교육도 과거 어느 한 시대만을 대표하는 것이 아니고 모든 시대의 회고록인 것이다. 과거 각 시대의 교육은 좋건 싫건 간에 현대 교육에 공헌을 한 것이다. 오늘날 긍정적인 영향을 미친 것은 더욱 추진되어야 할 것이고, 우리들이 희구하는 교육목적을 위협하고 또 결함이 있는 것은 제거하는 것이 우리의 임무일 것이다(조영일, 2005; 정은해, 2000).

따라서 1장에서는 교육사 연구의 목적 및 효용성, 교육사 연구방법, 한국교육사 연구의 필요성과 과제, 교육사 연구 영역, 교육사 연구의 태도 등에 대해서 고찰하기로 한다.

제1절 교육사 연구의 목적 및 효용성

교육사를 연구하는 목적에 대해 전통적으로 두 가지 경향이 있다. 하나는 과거의 교육을 이해하는 그 자체에 학문적 의의를 두려는 경향이고, 다른 하나는 현재의 문제를 해결하기 위해 과거를 연구하려는 경향이다. 이 두 가지 경향은 어떤 것이 더 좋고 나쁘다고, 어떤 것이 더 가치 있다고 논할 수 없을 것이다. 하지만 전자는 교육사 연구를 통해 역사적 사건이 가지는 그 자체의 가치를 탐구하는 데 목적을 둔다면, 후자는 역사적 연구가 실제적인 문제를 해결하는 데 얼마나 효용성이 있는가를 탐구하는 데 목적을 둔다.

1절에서는 교육사 연구의 목적과 효용성에 대해서 기술하고자 한다(박영진, 2012; 신득렬 외, 2005; 조영일, 2005; 장덕삼, 2003).

첫째, 교육사 연구의 목적이다.

① 역사적 사건 자체의 가치 탐구이다. 역사를 연구하는 이유들 중 하나는 과거를 원형대로 복원하여 그 시대에 실제로 일어났던 사건을 이해하는 데 있다. 역사가는 지적 호기심을 가지고 묻혀 있던 과거 사건의 원인을 하나하나 풀어감으로써 감추어진 진실을 밝혀냈을 때 그는 지적 희열을 느낄 수 있다. 마치 과학자가 객관적 증거에 근거하여 자기가 세운 가설을 검증해 냈을 때 커다란 희열을 느끼듯이, 교육사를 연구하는 학자도 다양한 객관적인 사료(史料)들을 찾아내어 이를 토대로 역사적 사건의 원인을 규명해 냈을 때 어떤 지적 환희를 느낄 수 있을 것이다. 이러한 맥락에서 역사를 탐구하는 학자들은 역사 연구가 실제적인 문제를 해결하는 데 반드시 도움을 주어야 한다고는 생각하지 않는다.

② 현재의 교육문제를 해결하기 위한 교육적 예지(educational wisdom)의 획득이다. 교육사는 인류가 오랜 세월을 겪어 오는 동안 다양한 교육적 경험과 사실을 역사적 관점에서 정리한 교육적 예지의 집합체라는 것이다. 우리는 인류가 수많은 시행착오를 거쳐 축적해 놓은 삶의 경험과 교육경험을 매개로

하여 과거와 현재 그리고 현재와 미래와의 대화가 가능하다. 이러한 대화를 통하여 현재의 교육적 문제를 해결하고 미래를 조망할 수 있는 지혜를 획득하게 된다.

③ 교육현상을 예견하고 통제하는 법칙의 발견이다. 우리가 역사를 연구하는 또 다른 목적은 인간사회와 역사를 움직이는 법칙, 즉 역사의 법칙(law of history)을 발견하려는 데 있다. 마치 과학자가 과학의 법칙을 통해 물리와 화학의 세계를 이해하고 예측하고 통제할 수 있듯이, 교육 역사가도 이런 역사의 법칙을 발견해 냄으로써 미래 사회에서 일어날 현상들을 미리 예측할 수 있다. 교육학자들도 과거에 이루어진 교육활동들을 연구함으로써 교육의 역사를 움직이는 법칙을 발견할 수 있을 것이다. 이러한 법칙은 미래를 완벽하게 예측하고 통제할 수는 없다고 하더라도 부분적으로 도움을 줄 수 있을 것이다.

④ 교육 현실에 대한 본질적 이해를 촉구하기 위해서이다. 현실은 항상 역사적 현실이다. 현재는 한 시점의 문제가 독립되어 존재하는 것이 아니다. 수많은 교육문제가 자세히 관찰해 보면 그 어느 한 가지도 오늘에 와서 갑자기 생겨난 것은 아니다. 과거부터 잉태된 어떤 원인에 의하여 발생한 것임을 알게 된다. 따라서 과거와 단절된 채 현실만을 볼 때 그 문제의 본질을 정확히 파악할 수 없다. 교육적 현실의 본질적 이해를 위해서는 교육사와 교육철학을 상호 연결하여 입체적으로 파악하지 않으면 안 된다.

⑤ 교육사 연구는 미래사회 문화발전의 지침이 된다. 교육의 성패는 그 나라, 시대, 사회의 운명을 결정한다. 한 시대와 한 사회의 보다 나은 미래를 설정하는 데 있어 교육이 차지하는 비중은 실로 막대한 것이다. 정치나 경제가 현실에 포커스를 둔다면, 교육은 보다 미래 지향적인 것으로 사회 및 문화의 이상 추구와 밀접한 관련을 갖게 된다. 결국 교육사 연구는 인간의 삶에 대한 연구로서 현재와 미래를 향하여 보다 새로운 교육이론과 실천계획을 풍부히 제공해 줄 수 있는 방향으로 움직여야 한다.

⑥ 현대문화의 비판 및 미래사회 발전의 방향을 위해서이다. 교육은 그 성격상

현실에 만족하지 않고 항상 보다 나은 이상(理想)을 추구하는 것이 그 본질적 기능의 하나이다. 결국 교육은 항상 현대문화에 대한 비판을 위한 준거와 미래사회의 발전을 위한 방향을 제시할 필요가 있다는 것이다.

둘째, 교육사 연구의 효용성이다.

① 교육에 대한 폭 넓은 시야의 확보이다. 우리는 교육사 연구를 통해 교육문제를 해결하는 데 필요한 넓은 시야를 가질 수 있다. 과거 징기스칸의 부하들이 전쟁에서 승리를 거둘 수 있었던 것도 그들이 넓은 시야를 가지고 있었기 때문이었다. 넓은 시야를 가지고 있었기 때문에 언제나 적 진영의 동태를 정확하게 살피고 작전을 펼칠 수 있었으며 전투에서 승리를 거둘 수 있었다. 결국 우리가 과거의 교육을 배우는 것도 교육 사태를 바라보는 시야를 넓힘으로써 당면한 교육문제를 좀 더 효과적으로 해결하려는 데 목적이 있다고 할 수 있다.

② 교육현상에 대한 비판적 의식의 확립이다. 역사를 학습한다는 것은 단순히 과거에 일어난 사건에 대한 지식의 폭을 넓힌다는 것을 의미하는 것이 아니라 그 사건을 비판적으로 바라볼 수 있는 의식을 가진다는 것을 의미한다. 역사의식을 지닌 교사는 현재 이루어지고 있는 교육활동을 언제나 과거 교육에 비추어 볼 것이며 현행 교육의 방향이 과연 바른지를 반추해 볼 것이다.

③ 교육에 대한 강한 개혁의지의 습득이다. 역사에 대한 넓은 안목과 비판적 역사의식을 가진 사람들은 자연히 현재의 교육을 개선하려는 강한 의지를 가지게 된다. 우리는 교육사 연구를 통해 현실에 대한 개혁의지와 역사적 상상력을 얻을 수 있다. 선인들의 좌절과 실패를 보면서 원인을 탐구하게 되고 실패를 반복하지 않으려는 강한 의지를 가지게 된다. 결국 역사연구는 우리 사회 속에 만연되어 있는 운명론, 패배주의, 조야한 결정론, 역사주의로부터 벗어나게 해준다.

제2절 교육사 연구방법

역사연구는 단순히 연대기의 서술이 아니고 그것은 정신이며, 인생 또는 인간 활동의 구체적인 연구로서, 역사는 바로 철학이라고 할 수 있다. 헤겔(Hegel), 딜타이(Dilthey)는 교육사를 교육이념의 현상학이라고 하여 교육사와 교육철학을 일치시켰던 것이다. 교육사가 철학과 연결될 때 그 교육사는 단순한 평면적인 사건의 서술이 아니고 수직적인 깊이와 의미를 가지게 되는 것이다. 이러한 맥락에서 교육사 연구방법으로는 다음과 같은 절차를 거치게 되는 것이다(조영일, 2005; 정은해, 2000).

첫째, 정보에 대한 기초적 조사이다. 연구하려는 주제나 인물, 사건을 알기 위해서 먼저 교과서, 백과사전, 도서관의 서명목록, 학위논문 등 여러 관계 서적의 색인을 조사하다.

둘째, 자료조사이다. 문화사적인 면이나 교육사적인 면에 이르기까지, 심지어는 철학사 그리고 각 학문의 발달사에 이르기까지 광범한 자료 조사를 한다.

셋째, 자료의 분류이다. 시대별, 연대별, 사상별, 지역별 등 여러 유형별로 분류한다.

넷째, 비판이다. 비판에는 외적 비판과 내적 비판이 있다. 외적 비판은 기술된 문서의 이유, 장소, 시간, 방법, 저작자, 문서의 지형, 필적 등을 검토하는 것이다. 한편 내적 비판은 그 저자의 그 사건의 직접 목격자인가, 믿을 만한 자료를 사용했는가, 그때 환경이 어떠했는가, 번역문장은 의미가 변형되지 않았는가. 저자의 수법은 신중한가 등의 비판이다.

다섯째, 자료의 해석이다. 역사는 해석을 의미한다. 언제나 객관성을 유지하도록 해야 하며 엄밀한 의미에서 논리성과 과학성을 규명한다.

여섯째, 종합과 기술을 한다.

이상으로 교육사 연구방법을 고찰하였다. 지금까지의 교육사 연구는 단순한 과거 예찬이나 심지어는 교육현상을 그 시대나 사회·문화와 관련지어서 연구하려고 하지 않았고, 또 제도적인 교육의 발달만으로 급급한 나머지 이론적이고 사상적인 탐구가 부족하였으며, 현실의 문제와 미래상을 제시하지 못하는 단순한 기술 혹은 제시로서만 끝나고 말았다. 즉 연대나 인명의 암기가 중요한 것이 아니다. 역사의 흐름과 오늘의 좌표를 전체적으로 체계적인 관점에서 문제의식을 계발하는 방법으로 연구되어야 바람직할 것이다. 단편적인 지식이나 암기나 나열에서 벗어나서 현재와 미래의 좌표 설정에 기여할 수 있고, 새로운 인간과 사회건설에 공헌할 수 있는 방향으로 교육사가 연구되어질 때 교육사는 다른 어느 학문보다 유익하고 가치 있는 영역이 될 것이다. 즉 교육사는 인간사의 방향에서 연구되어야 할 것이다.

제3절 한국교육사 연구의 필요성과 과제

교육사는 교육사업과 교육학설의 진보 발전한 상태와 이유를 찾는 데 필요한 것이며, 그리고 전대가 후대에 또 한 나라가 다른 나라에게 주는 효과와 영향을 이식시키는 데 필요한 것이다. 한국교육사 연구의 필요성도 이 범주를 벗어나지 않는다. 한국교육사 연구의 필요성을 제시하면 다음과 같다(장덕삼, 2003).

첫째, 연구의 실질적인 측면을 강조한 것으로서 한국교육의 전통을 발굴하고 그 정리 작업을 촉진시킴으로써 교육학적 전망을 얻는다. 역사연구가 단순히 과거를 위한 과거의 연구나 회고적 취미가 아니라 미래를 투시하는 예견력을 기르는 것이라고 한다면 교육이론의 실증적 뒷받침, 교육의 과학적 연구에의 접근, 새로운 교육의 의미와 가치의 발견과 창조에의 접근 등을 위해서 한국교육사는 본격적으로 연구되어야 할 필요가 있다.

둘째, 연구의 형식적인 측면을 강조한 것으로서 연구에 수반되는 행정적인 뒷받침을 얻어 한국교육사 연구의 실효를 거두자는 것이다. 그 동안 한국교육사 연구에 대한 인식 부족과 신념의 차이 때문에 대학 내에서 한국교육사가 소외되어 온 것은 사실이다. 자기 나라 교육의 역사를 모르고 외국교육을 논하며 겨레와 나라의 장래를 담당할 다음 세대의 교육을 책임질 수 있다는 것은 납득이 되지 않는 실정이다. 우리들은 한국교육사 속에서 발견된 '나' 자신을 가지고 '한국적 교육 현실'을 파헤쳐 우리의 문화, 사회, 경제적 조건에 부합되는 교육이론을 발전시켜 나가야 한다.

셋째, 우리는 한국교육사를 통하여 우리 민족의 교육적 슬기를 배우는 한편 한국교육사에서 전개된 결함은 다시 되풀이하지 않는 지혜를 가꾸어야 한다. 한국교육의 과거에 대한 지식을 가져야만 미래를 뜻있게 맞이할 수 있을 것이다. 결국 우리가 과거를 알려고 하는 것도 그저 역사적인 지식을 얻기 위한 것이라기보다는 미래의 계획과 행동을 위한 것이라고 하겠다.

한편 한국교육사의 전통이 한국교육의 과거형이라면 한국교육사의 연구과제는 과거와 미래형을 통합하는 것을 의미하는 것이다. 한국교육사의 연구과제는 다음과 같다(장덕삼, 2003).

① 자료를 발굴, 수집, 정리하는 과제, ② 정리된 자료의 고증, 음미, 해석 등을 통한 역사화, ③ 수집된 자료의 보존, ④ 국내의 모든 교육학술 연구단체와의 연락 및 협조, ⑤ 외국교육 연구를 위한 비교교육사 연구의 추진, ⑥ 인접학문과의 공동연구 및 정보교환, ⑦ 한국교육사 개설의 법제화, ⑧ 한국교육사 연구에 대한 행정적 지원 등이다.

상기의 작업이 활발히 이루어질 때 한국교육사 연구는 본 궤도에 도달할 수 있을 것이고 그것을 통해서 한국교육은 올바른 좌표를 설정할 수 있을 것이다.

제4절 교육사 연구 영역

교육사 연구영역은 크게 교육사상사와 교육제도사로 구분할 수 있다(정재철, 1982).

첫째, 교육사상사 연구이다. 이는 한 시대의 교육의 의지를 그 시대의 교육사상의 흐름이나 시대정신 속에서, 그리고 교육자나 교육사상가의 교육사업과 교육정신 속에서 교육의 의의와 가치를 찾으려는 연구이다. 예를 들면, 소크라테스, 코메니우스, 루소 등의 사상가의 시대정신 속에서 교육의 의의와 가치를 발견하려는 것 등이 이 연구방법에 속한다. 이와 같은 접근법은 교육의 사조사(思潮史) 연구와 교육자에 대한 열전(列傳)적 연구로 구분할 수 있다.

① 교육의 사조사(思潮史) 연구는 교육사상의 흐름을 역사적으로 서술한 것이다. 예를 들면, 관념론적 교육사상, 실재론적 교육사상, 실용주의 교육사상, 실존주의 교육사상 등에 대한 연구가 바로 여기에 속한다. 또한 20세기에 출현하여 미국의 교육 실제에 큰 영향을 주었던 진보주의 교육사상, 항존주의 교육사상, 본질주의 교육사상, 재건주의 교육사상에 대한 연구도 바로 이 사상사적 연구에 속한다고 볼 수 있다. 즉 이 접근법은 어느 특정한 교육사상가의 사상에 초점을 맞추기보다는 사상의 흐름에 초점을 맞춘다는 점에서 열전적 연구와는 구별된다.

이에 반해 ② 교육자에 대한 열전적 연구는 교육이론 및 실제에 큰 영향을 준 교육사상가를 생애, 저서, 사상적 특징, 후대에 준 영향 등을 중심으로 서술하는 것이다. 사례를 들면, 소크라테스, 플라톤, 아리스토텔레스, 코메니우스, 루소, 듀이 등과 같은 사상가들이 연구의 대상이 된다. 이 연구는 한 교육사상가의 삶의 족적을 추적해 들어감으로써 그의 성장과정, 학문과정, 사제관계 등이 그의 교육사상 형성에 어떠한 영향을 끼쳤는지를 탐구해 낼 수 있다. 우리는 이 연구를 통해 그 사상가의 모순과 역설, 아픔과 고통을 동시에 읽어낼 수 있다.

둘째, 교육제도사 연구이다. 이는 교육조직, 교육기구, 교육제도 등의 역사적 발전과정을 추적하여 교육의 의의와 가치를 탐구하는 분야이다. 이런 연구를 심도 있게 하다 보면 현재 운영되고 있는 교육제도의 문제점과 모순을 극복할 수 있는 방법을 찾을 수 있다. 우리는 이러한 연구를 통해서 한 시대의 교육제도가 출현한 사회 및 문화적 배경을 이해할 수 있을 뿐 아니라 그 제도가 당시의 교육 실제에 어떠한 영향을 끼쳤는지를 밝혀낼 수 있다. 교육제도사를 연구하는 사람들은 정부나 기관의 공식문서를 통해 제도의 기원, 정관, 실제, 그리고 공헌 등에 대해 사실적으로 접근하려고 한다. 교육의 제도사적 연구의 하위 연구 분야로는 '학교발달사 연구', '교육행정사 연구', '교육재정사 연구', '교육정책사 연구' 등이 있다.

교육사 분야에는 상기에서 고찰한 교육사상사와 교육제도사 연구 이외에도 다음과 같은 연구 분야가 있다. ① 교육내용사 및 교육방법사 연구가 있다. 이는 어떠한 교육내용이 피교육자에게 전달되고 수용되었는가에 대하여 역사적으로 고찰하는 연구이다. 하위연구로는 '교육과정사 연구', '교과서 연구' 등이 있다. ② 교육 사회경제학사 연구이다. 이것은 교육을 그 어떤 사회 구성체의 전체 구조 속에서 발전하는 하나의 객관적인 현상으로 간주하고, 사회구조와 그 발전에 따라 교육현상도 상호 작용하면서 변화, 발전한다는 입장에 따른 연구이다. ③ 교육문제사 연구이다. 이는 현재 우리가 직면하고 있는 개개의 교육문제 내지 교육의 제 영역을 역사적 연구를 통해 환경문제, 인터넷 오용, 청소년 비행, 노인문제 등의 현안 문제를 해결할 수 있는 혜안을 얻을 수 있다.

제5절 교육사 연구 태도

교육사를 연구한다는 것은 단순한 과거의 사실을 습득하는 데 국한되지 않기에 중요하지 않을 수 없다. 교육사 연구는 연구자에게 오늘날의 교육을 어떻게 볼 것인가에 대한 방향을 제시해주는 좌표이기에 올바른 자세가 필요하다.

교육사를 연구하는 태도와 자세는 다음과 같다(박영진, 2012; 신득렬 외, 2005).

첫째, 진리에 대한 헌신이다. 교육사 연구자는 과거의 자료와 기록을 토대로 규명할 수 있는 진리를 추구해야 한다. 왜곡된 역사로부터 자유로울 수 있는 지적인 책임감과 정의감이 필요함을 의미한다. 과거의 오류를 스스로 수정해 갈 수 있는 학자적 양심과 명확하지 않은 것에 대해 해석을 보류할 수 있는 지혜가 진리를 추구하는 연구자의 기본적인 자세라고 할 수 있다.

둘째, 초연한 자세를 들 수 있다. 교육사 연구자는 현재의 교육문제를 해결하기 위하여 과거의 교육적 사료를 자의적으로 해석해서는 안 된다. 과거에 대한 연구는 그 시대로 돌아가서 사고하고 평가할 것을 요구한다. 역사가의 판단과 해석은 구체적 맥락의 인식 속에서 이루어질 때 비로소 하나의 역사적 의미를 가지게 된다. 이런 이유로 역사가에게는 역사적 사건을 초연한 자세로 바라보는 태도가 요구된다.

셋째, 비판적 시대정신이다. 교육사 연구자는 주체적인 관점을 견지하여 시대를 올곧게 비판해 낼 수 있어야 한다. 이 점은 교육사 연구가 단순히 과거사를 머릿속에 집어넣는 것이 아니라 근거를 가지고 해석 및 적용해 내어야 함을 의미한다.

넷째, 종합적이고 유연한 사고를 들 수 있다. 교육사 연구자는 시대적 상황과 배경을 종합적으로 이해하고 역사적 사실과 사건에 대해 유연하게 사고할 수 있어야 한다. 고대의 일부 국가에서 동성애나 근친결혼이 허용되었다는 사실이나 종교인들에 의한 이민족 살생과 같은 사건은 현대적 관점으로 해석해서는 안 될 것이다. 반드시 시대적 상황과 사회적 배경을 고려하여 왜, 무엇을 위해 그러했는지 인과관계를 살피는 자세와 태도가 요구된다.

생각해보기

1. 자신이 교육사를 공부하는 이유가 무엇인지 생각해보자. 그리고 교육사 공부에 흥미를 느끼거나 또는 그렇지 못하다면 그 이유가 무엇인지 생각해보자.

2. 교육사 연구의 목적과 효용성에 대하여 생각해 봅시다.

CHAPTER 02

한국교육의 사상적 기초

제1절 무속신앙
제2절 불교
제3절 유교
제4절 동학
제5절 기독교

학습목표

1. 단군신화가 우리에게 주는 의미를 이해할 수 있다.
2. 불교교육의 출발이 우리들의 마음이라는 것을 이해한다.
3. 불교교육에서 교사의 역할을 이해한다.
4. 유교의 교육사상을 교육내용과 교육방법 측면으로 분류하여 설명할 수 있다.
5. 동학사상이 우리나라 교육에 미친 영향을 열거할 수 있다.
6. 기독교에 나타난 교육사상을 제시할 수 있다.

Keyword

무속신앙, 단군신화, 홍익인간, 불교, 일체중생 실유불성, 생명존중사상, 자비사상, 인과응보사상, 유교, 수기, 치인, 명명덕, 친민, 육예, 동학, 시천주, 양천주, 인내천, 정신개벽, 민족개벽, 사회개벽, 기독교

교육과 교육사상은 문화 전체에 뿌리를 두고 구체적인 삶 속에서 이루어지면서 발전해 나간다. 교육과 교육사상은 한 사회의 역사적 상황 속에서 지식, 신앙, 관습, 가치관, 세계관의 영향을 받으면서 형성되기도 하고, 또한 그러한 것들에 영향을 미치면서 교육과 교육사상을 변화시키기도 한다.

한국교육과 교육사상에 영향을 미친 사상들은 다양하다. 아주 오래 전부터 우리 선조들의 고유 사상이었던 무속사상을 비롯하여 이후 외부로부터 유입되어 우리의 것으로 재해석되고 재창조된 여러 사상들이 우리의 교육과 교육사상의 저변에 흐르면서 오늘날까지 영향을 미치고 있다. 2장에서는 무속신앙, 불교, 유교, 동학, 기독교 등을 고찰하기로 한다.

제1절 무속신앙

고대인들은 자연물 및 무생물계에도 영혼이 있다고 믿었고 동식물을 신성시하였으며, 이리하여 애니미즘이나 토테미즘이라는 종교 형태가 생겨나고 사회체제도 이를 중심으로 이루어졌다. 북아시아를 비롯한 동아시아, 동남아시아, 중앙아시아, 남북 아메리카, 오세아니아 등지에서는 원초적 종교 형태로서 샤머니즘이 발견된다. 무속신앙이라고 번역되는 샤머니즘은 우리 민족에게도 가장 오래된 민간신앙으로서 선조들의 사상과 생활에 지속적인 영향을 미쳤다.

우리나라 최초의 국가는 고조선이다. 고조선에 관한 기록은 기원전 7세기 초에 저술된 중국의 ≪관자(管子)≫에서는 고조선이 제나라와 교역한 사실이 기록되어 있는데, 이것이 고조선이 역사서에 기술된 가장 오래된 것이다. 또한 중국 문헌인 ≪위략(魏略)≫에 의하면, 고조선은 기원전 4세기 경 중국의 춘추전국시대 전국 칠웅의 하나인 연(燕)나라와 대립하고 연나라를 침공하려는 계획까지 수립할 정도로 강력한 세력을 가진 국가였다. 기원전 109년에 중국을 통일한 한나라가 고조선을 공격해 왔고 이에 맞서 1년을 싸우다가 내분까지 겹치면서 기원전 108년에 왕검성이 함락됨으로써 고조선은 멸망하였다. 이어 한나라는 고조선의 영역에 낙랑, 임둔, 현도, 진번의 4군을 설치하고 관리를 파견하여 통치하였다. 이를 전후해서 한나라의 통치를 피해 한반도 전역에 흩어져 나간 고조선 유민들이 새로운 국가를 세웠다.

중국의 문헌인 ≪삼국지(三國志)≫, <위지(魏志)>, <동이전(東夷傳)>과 ≪후한서(後漢書)≫, <동이전>을 보면, 고구려에는 10월에 동맹(東盟)이라는 제천의식이 있어 읍락의 남녀들이 밤에 모여 귀신, 영성, 사직을 제사하고 노래와 놀이를 즐겼다는 기록이 있다. 부여의 영고(迎鼓)와 동예의 무천 등도 고구려의 동맹과 마찬가지로 추수를 감사하고 다음해의 풍년을 기원하는 뜻으로 하늘에 제사를 지내고 춤과 노래를 즐긴 제천의식이다. 이러한 것들은 모두 고대 부족국가의 무속의례를 보여주는 사례이다. 기원전 3세기에서 기원전 1세기 즈음 한반도의 낙동강 동쪽에는 진한, 서쪽에는 변한, 삼한에서도 신을 공경하고 하늘을 숭상하여 각 부족은 매년 5월과 추수를 마친 10월 상달 또는 12월에 가무를 즐기며 천신에게 제사를 지냈다.

우리나라 고대사회의 민간신앙이자 민족 고유의 무속신앙은 주술적인 행위를 통하여 복을 빌어 주는 등 인간의 안전에 대한 자연의 위협이나 질병, 죽음의 공포 속에 사는 고대인들을 위로하고 공포와 불안을 덜어 주는 기능을 수행하였다.

우리나라에는 단군신화, 주몽신화, 혁거세신화, 수로왕신화 등의 건국신화가 전해지는데, 그 가운데 고조선의 건국신화인 단군신화가 다른 건국신화들의 전형이 되었다. 단군신화가 우리에게 주는 의미는 다양한 해석을 할 수 있으나, 일반적으로 정리하면 다음과 같다.

첫째, 환인의 서자 환웅이 곰과 결혼하여 단군을 낳았다는 것은 하늘과 땅과 인간의 합일을 상징하는 것으로 볼 수 있다. 단군신화는 지상과 현상의 세계를 포괄하는 생명 중심의 세계관과 천지의 조화로운 세계관을 표현하고 있다.

둘째, 환웅이 인간세상을 탐내어 구했다는 것은 현세 지향적 세계관을 반영한다.

셋째, 홍익인간(弘益人間)의 정신이다. '인간을 널리 이롭게 한다'는 뜻의 홍익인간은 인간존중의 사상으로 '나' 개인을 추구하는 소아적(小我的) 인간관이 아닌 인간을 널리 사랑하며 대아(大我)를 실천하는 민본주의 사상을 드러낸다.

단군신화의 홍익인간의 사상은 1945년 미군정기에 우리나라 교육이념으로 채택한 이후 오늘날까지도 그대로 유지되고 있다.

상기에서 무속신앙에 대하여 고찰한 바와 같이, 무속의 내용 가운데 향후 지속적으로 연구하고 정선 및 개발하여 한국교육의 발전을 위해 적극적으로 활용할 가치가 있는 문화유산이 많이 남았다. 이를 정리하면 다음과 같다(남궁용권 외, 2008).

첫째, 무속의례의 목적과 기능 속에는 좌절할 줄 모르는 한국인의 강렬한 삶의 의지가 투영되어 있다. 굿의 역동적인 관계구조는 인간의 화평과 질서유지를 위해 신·영·귀 등을 조종하고 이용하기 바라는 한국인들의 평화주의적 이상과 자존적 긍지를 반영하고 있다.

둘째, 무속의 세계관·가치관 등은 서구문화의 진화론적 합리주의 논리, 개인주의적 가치관, 흑백 논리적 가치판단, 인간 제일주의적 이상, 현세적 구원관 등과는 전혀 성질이 다른 한국 문화 나름의 조화론적 세계관, 전인격적 행위 선택의 논리, 집단주의적 가치관, 상대주의적 가치판단, 자연질서 제일주의적 이상, 현세중심적 실천윤리 등을 지니고 있다.

셋째, 교육방법론적으로 관찰할 경우 무속에서는 모방과 자습의 도제교육방법을 비롯하여 춤과 음악과 놀이를 통한 상황 중심적 지각 형성, 전인격적 동일의식에 의한 상담과 토론·직관·암시·의식 형성 등의 자생적 교육방법들이 활용되고 있다.

무속신앙은 한국 문화의 기저 속에서 강력한 생명력을 갖고 존속해 온 한국 문화의 일부분이라는 사실과 한국인의 심성 속에는 무속적 요소가 많거나 적거나 간에 작용하고 있다. 교육인구의 증가로 인한 국가발전이라는 관점에서는 무속적 교육이 순기능적으로, 이상교육열과 국가적 교육방향 불분명 현상의 초래라는 관점에서는 역기능적으로 한국교육의 역사 속에서 작동해 왔다.

제2절 불교

고대국가로 성장하는 삼국시대에 수용된 불교가 생활양식, 사상, 문화 등에 미친 영향은 그 범위가 매우 넓고 깊이가 심오하다. 교육과 관련하여, 유교는 형식교육에 영향을 미쳤고, 불교는 비형식적 교육으로서 교육을 받지 못한 대중에게 파고들어 실천적 윤리를 가르침으로써 대중의 교화에 크게 이바지하였다.

불교 핵심 사상을 다음과 같이 정리할 수 있다(김명신, 2003). ① 일체중생 실유불성(一切衆生 悉有佛性)이라는 데에서 나타나듯이, 불교는 특정한 신을 내세우지 않는 종교로서 모든 중생은 불성을 지니고 있다고 본다. 그리하여 누구든지 후천적으로 불성이 나타나지 않게 가리는 미망(迷妄)을 떨쳐 버리면 불성이 나타나서 성불(成佛), 즉 부처가 될 수 있다고 본다. 누가 누구를 구원해 주는 것이 아니라 스스로 깨우쳐야 한다는 불교의 원리는 궁극적 목적을 자기형성에 두는 교육의 원리와도 일맥상통하는 측면이 있다. ② 인간존엄사상과 평등사상이다. 불교는 중생은 불성을 가졌으므로 모두가 존엄하며, 또한 인간은 태어날 때부터 귀천이 정해진 것이 아닌 평등한 존재임을 강조한다. ③ 생명존중사상이다. 불교에서 중생은 사람뿐만 아니라 모든 생명체를 포함한다. 그러므로 그것이 아무리 미물이라고 해도 생명을 죽이거나 해쳐서는 안 된다는 것이 불교 사상의 핵심이다. ④ 자비사상으로 고통받는 중생을 사랑하고 불쌍히 여겨 자비를 베풀어야 한다는 것이다. ⑤ 인과응보사상이다. 이는 이 세상에는 원인이 없이 생겨나는 것은 하나도 없으며, 일체의 존재는 어떤 관계성에 따라 생겨나기도 하고 없어지기도 한다는 연기론(緣起論)과 관련이 있다. 즉 부처가 되려는 중생은 스스로 수양하고 선업을 지어야 한다는 사상이다.

불교는 삼국시대에 중국을 통하여 우리나라에 전래되었다. 삼국이 불교를 수용하게 된 데에는 무엇보다도 정치적 배경이 강하게 작용하였다. 여러 부족을 통합하여 국가를 정립하고 왕권을 강화하는 과정에서 삼국은 제각각 다양한 사상과 신앙을 하나로 통합하는 구심점이 필요했다. ① 고구려는 삼국 중 중국과 국경을 인접한 관계로 불교가 제일 먼저 들어왔다. 소수림왕 2년(372년)에 불교를 공인한 고구려는 평양에 사찰을 짓고 불교 전파에 힘썼다. 그 결과 고승이 많이 배출되었으며, 호국불교의 성격을 띠었다. ② 백제는 384년(침류왕 1년) 인도의 승려 마라난타가 동진을 경유하여 백제에 들어와 남한산에 절을 짓고 포교를 시작함으로써 불교가 전래되었다. 이후 성왕 대에는 일본에 불교를 전파하는 등 번성하여 백제의 사상과 문화발전에 크게 기여했다. ③ 신라에서는 눌지왕 때 불교가 전해졌으나 성과가 미미했다. 이후 법흥왕 14년(527년)에 이차돈의 순교가 있은 후 비로소 공인되었다. 삼국 중 신라가 불교를 가장 늦게 받아들인 원인은 지리적 원인이라기보다는 신라 사회의 고유 신앙이 강하게 뿌리를 내리고 있었기 때문이라고 보아야 할 것이다. 신라도 고구려처럼 호국불교의 성격을 강하게 띠고 국가의 보호를 받으며 발전하여 사상, 정치, 문화, 외교, 국민생활 등에 지대한 영향을 미쳤다. 특히 원광(542~640)이 지은 세속오계(世俗五戒)는 국민도의를 확립하는 데 기여했고, 원효(617~686)는 불교의 대중화에 이바지하였다. ④ 고려의 불교는 태조 왕건이 불교를 국교로 정한 이래로 국가의 보호 아래 발전하면서 정치적·사회적인 지도이념이 되었다. 과거제도에 승과를 둠으로써 승려를 우대하였고, 연등회, 팔관회 등의 불교행사가 매년 개최되고 대사찰 건립 사업이 추진되었고, 문종 때에는 고려판 팔만대장경이 간행되면서 불교문화가 융성하였다. 하지만 13세기 몽고 간섭기에 라마불교가 전파되면서 불교행사, 사탑의 건립으로 많은 재정이 낭비되는 등 그 폐해가 심하였다. 고려 말기에 진입하면서 토지겸병, 고리대금업을 비롯한 승려들의 부패가 심해졌으며, 불교는 신흥 사대부층 성리학자들로부터 배척을 받게 되었다. 고려 말 문신인 정도전(1337~1398)은 조선 태조 3년(1394)에 ≪불씨잡변(佛氏雜辯)≫을 저술했다. 그는 이 저서에서 불교를 이단으로 규정하고 불교 배척의 정당성을 역설하였다. 이러한 상황들은 조선이 숭유억불 정책을 펴게 되는 동기로 작용하게 되었다. ⑤ 조선은 초기부터 숭유억불 정책을 취하였다. 도첩제를 실시하여 승려가 되려는 출가를 제한하였고, 사찰에 속한 논밭에도 세금을 부과하였으며, 승려의 궁중 및 도성 출입을 금지하는 등의 정책으로 불교는 수난을 겪게 되었다. 승려를 선발하는 과거인 승과는 연산군 때인 1504년에 중단되었다가 독실한 불교 신자인 문정황후가 명종을 섭정하던 시절인 1545년에 다시 실시되는 등 우여곡절을 겪었다. 명종은 1565년 유신들의 끈질긴 승과 폐지 요구를 수용하여 고려 광종 이후 약 500년간 이어온 승과제도를 폐지하기에 이르렀다. 조선의 조정이 숭유억불 정책을 실시했다고는 하지만 세종, 세조 등 불교신자인 왕들은 불교 진흥을 위한 사업을 벌이기도 하였다. 특히 세조는 1457년 간경도감을 설치하여 불경을 번역하고 보급한 사실은 조선시대에도 불교문화가 융성하였다. 그리고 무학대사, 보우대사 등 명승들도 배출되었으며, 임진왜란 등 국난이 있을 때 서산대사, 사명대사, 영구대사 등이 승장으로 활약하였다.

상기에서 고구려, 백제, 신라를 거쳐 고려, 조선에 이르기까지 불교가 우리나라 교육에 미친 영향을 살펴보면 다음과 같다(김명신, 2003). ① 불교는 보편적 윤리와 이념을 제시해 줌으로써 씨족 중심적 세계관과 종교관 및 무속신앙으로부터 벗어날 수 있는 계기를 마련해 주었다. ② 불교의 인과응보 사상은 대중에게 권선징악의 도의적인 정신을 심어 주었다. ③ 자비사상은 공공자선(公共慈善) 사상을, 그리고 모든 생명에 대한 존중사상은 인간의 존엄성에 대한 사상을 함양하였다. ④ 우리나라 불교의 특징 중 하나인 호국신앙, 불교에 대한 믿음이 국가와 왕실의 번영을 가져온다는 현세불교적인 호국신앙은 국가가 외세의 침입으로 위험에 직면할 때 호국정신의 원동력이 되었다. 임진왜란이 발생했을 때 승군이 나라를 위하여 나서서 활동한 것 등이 그 사례로 볼 수 있다. ⑤ 불교의 사원은 유학에 정진하는 사람들에게도 교육기관의 역할을 하였다. 신라의 화랑도들이 전국의 유명 사찰을 찾아다니면서 수양을 했고, 고려시대 최충의 구재를 비롯한 십이도의 학생들이 여름이면 사찰에서 강습회를 열었으며, 유학자들이 사찰을 찾아 공부하는 일도 많았다.

제3절 유교

유교는 중국 노나라 때 공자(기원전 552~기원전 479)에서 비롯되어 수천 년 동안 중국, 한국, 일본 등 동양사상을 지배한 중심적 사상이다. 유교는 우주가 하늘과 땅과 사람의 세 가지로 구성되어 있다고 본다. 이는 넓은 의미의 자연이며, 자연은 그 자체로 조화롭고 통일되어 있는 최고의 질서인데, 이때 질서란 구성 요소들 간의 맺어짐, 즉 관계를 뜻하는 것이다. 인간의 측면에서, 인간 삶의 최고의 목표는 성인(聖人)이 되는 것인데, 이것은 인간과 인간의 관계 안에서 실현된다. 사람과 사람의 바람직한 관계의 이상은 인(仁)이라고 할 수 있다. 즉, 성인이 되는 길은 인(仁)을 이루는 것이다.

인(仁)을 실현하기 위해서, 개인적 측면에서는 인격의 연마해야 하고, 사회적 측면에서는 사회의 교화적 질서가 확립되어야 하는 것이다. 여기에서 유교가 인간이 실행해야 할 기본과제로 내세우는 수기(修己)·치인(治人) 내지 명명덕(明明德)·친민(親民)이 도출된다. 인격 연마와 사회 질서의 확립은 따로 떼어놓을 수 없는 것이지만, 사회 질서의 확립은 각 개인의 인격 연마 또는 수양에서 비롯되는 것이므로 유교는 본질적으로 성인을 인간의 최고 목표로 하는 위기지학(爲己之學)의

사상이다(김명신, 2003).

유교의 교육사상을 소개하면 다음과 같다(남궁용권 외, 2008).

첫째, 교육내용이다. 인간을 형성하기 위하여 어떤 교육내용이 구성되어야 하는가이다. 이는 술이편(術而篇)에 나타나와 있듯이, 문(文)·행(行)·충(忠)·신(信)이다. 문(文)은 예부터 전해오는 성현의 가르침인 사서오경을 배워 깨치는 학문을 말함이며, 행(行)은 효제의 실행, 매일 매일의 덕의 실행 등 실천을 말함이며, 충(忠)은 사람을 대할 때 지성과 충성으로 접하는 마음을 말함이며, 신(信)은 말과 행위가 같은 신실을 말한다. 이 외에도 공자는 진실된 마음의 행동적 표현인 예와 즐거움과 평화를 생활로 표현하는 멋진 악(樂)을 숭상하고, 이 예·악을 포함한 육예(六藝)는 예(禮)·악(樂)·서(書)·사(射)·어(御)·수(數)를 갖추어야 한다고 논한다. 사실 유교의 '유(儒)'자는 원래 다재 다능을 말하는 글자이었다. 공자는 이렇게 고전적 교양, 인문적 교양, 생활의 예술화 그리고 덕의 생활화를 강조하고 이것을 주축적인 교육내용을 삼았다.

둘째, 교육방법이다. ① 각 학생의 능력에 알맞게 가르쳐야 한다. 중인 이상자에게는 높은 지식을 일러주어도 좋지만, 중인 이하는 그래서는 안 된다(雍也篇 第十九章句). ② 근엄한 태도로 교학해야 한다. 공자가 이야기하면 안회는 하루 종일 근엄하게 듣고만 있어 바보같이 보이는데, 공자 앞을 물러나 친구와 이야기하는 것을 들으면 웅변가처럼 보였다(爲政篇 第九章句). ③ 많이 배워 사색·음미하도록 해야 한다. 사람은 배우기만 하고 그 의의를 사색하지 않으면 도리어 어두워지며, 또 사색만 하고 널리 배우려고 하지 않으면 독단에 떨어지기 쉽다(爲政篇 第十五章句). ④ 배움의 즐거움을 갖게 해야 한다. 배우고 제때에 그것을 복습하고, 친구와 어울려 담론하게 해야 한다(學而篇 第一句). ⑤ 교학은 문답형식으로 진행시킴이 좋다.「논어」 전체가 문답식으로 되어 있다. ⑥ 배운 내용을 실제에 응용시켜야 한다. 시 3백편을 암기해도 정치는 하나도 못하고, 또 이웃나라에 보내 봐도 사절구실도 못하는 사람이 무슨 쓸모가 있겠는가? 산지식은 산 생활에서 배워야 한다. 오곡재배법은 농부에게서 배움이 좋다(子路篇 第四·五章句). ⑦ 학생의 처지에 알맞게 가르쳐야 한다. 내향적·소극적인 학생에게는 적극성을 불어넣어 주고, 외향적·

적극적인 학생에게는 좀 자제하게 해주어야 한다(先進篇 第二十章句). ⑧ 인간적 감화에 의한 사제 간의 영혼적 결합이 중요하다. 교사는 가르치는 데 열성을 다하고 지칠 줄을 몰라야 하며(述而篇 第二句), 학생은 이런 스승을 하늘처럼 우러러 보게 되어야 한다.

셋째, 우리나라 관학의 교육과정을 언급하면 다음과 같다(김명신, 2013). 불교가 우리나라의 비형식교육에 영향을 미쳤다면, 상대적으로 유교는 형식교육에 영향을 미쳤다. 삼국시대 이래로 우리의 전통사회에서 학교는 유학을 가르치는 곳이다. 따라서 전통교육기관에서 가르치는 내용의 변화는 우리 전통사회에서의 유교의 도입과 전개과정과 맥을 같이한다. 교육기관에서 가르치는 교육의 내용은 문학, 유학, 역사로 분류할 수 있다. 삼국시대 교육기관에서는 유교 경전 중에 '경'을 중시하였다. 고구려 태학에서도 ≪시경≫, ≪서경≫, ≪주역≫, ≪예기≫, ≪춘추≫의 오경, 그리고 역사서로는 ≪사기(史記)≫, ≪한서(漢書)≫, ≪후한서(後漢書)≫를 가르쳤다. 이외에 ≪자림(字林)≫, ≪자통(字通)≫, ≪문선(文選)≫ 등을 중요 교육내용으로 하였다. 백제의 오경박사도 ≪주역≫, ≪시경≫, ≪서경≫, ≪예기≫, ≪춘추≫에 능통한 사람을 말하는 것이다. 고려시대 국자감의 교과목은 십삼경의 내용을 포함한다. 그리고 고려시대의 사학인 최충의 구재학당을 비롯한 십이도의 교육내용은 구경과 삼사를 주로 하고 이외에 시부(詩賦)와 사장(詞章)을 가르쳤다. 이후 주자 성리학의 영향을 받은 조선시대의 교육기관에서는 사서에서 시작하여 오경으로 나아간다. 유학 교육기관에서 가르치는 역사서로는 삼사(三史), 즉 ≪사기≫, ≪한서≫, ≪후한서≫가 기본이 된다.

제4절 동학

수운(水雲) 최제우(崔濟愚)에 의해서 창도된 동학도 당시의 혼란스러운 조선 말기의 사회 상황에서 새로운 사회를 건설해 보겠다는 사명의식을 통해서 발생되었다고 볼 수 있다. 동학사상의 발생요인을 요약하면 다음과 같다(남궁용권 외, 2008). 외적인 요인으로는 ① 19세기 이후 서세동점의 민족적 위협 속에서 국가보위의식의 팽배와 민족구원사상, ② 서학(천주교)의 위협적 도전을 민족적 주체, 자립의식으로 응전하려는 자세의 확실성에서 찾아볼 수 있다. 반면에 내적요인으로는 ① 18세기 이후 변질된 조선왕조 양반사회의 제반 봉건적 정치 상황의 모순에 의한 일반민중의 소외현상이 있었다. ② 사회경제적 요인으로 고리대라는 착취수단, 더욱이 국가의 기강인 삼정(田政, 軍政, 還政)이 문란하여 그 폐가 극도로 심하였다. 그 당시에 자연재해현상까지 겹쳐 민중들의 생활이 어려웠다. 민란요언(民亂妖言) 요참(謠讖)들의 괘서사건(掛書事件) 등이 빈번히 발생하였다. ③ 전통사상인 유교와 불교가 수천 년에 운이 다하였다고 비판하면서 여러 가지 폐단을 지적하였다. ④ 실학사상에서 현실비판과 개혁사상 및 비판사상에 영향을 받은 지배민중의 수준 높은 의식의 자각도 큰 역할을 담당했다.

이와 같은 시대적 상황이야말로 최제우로 하여금 가난과 더불어 사상적 혼미 속에 빠진 민중들을 구원하기 위하여 천주교의 천주가 아닌 한국 민중 고유의 천주 '한울님' 사상을 토대로 하는 민중적이고 민족적인 신앙을 재건하여 천주교의 대항하려는 결의를 가졌던 것이다. 동학은 일반민중에게 불평등한 사회구조적 모순 속에서 인간의 존엄성과 평등성이라는 새로운 사상을 맛보게 하였고 이와 아울러 절대적인 힘에 귀속하려는 심리적인 민중의 욕구는 이를 더욱 강화하여 급속히 민중 속으로 파고들었던 것이다.

동학사상이 교육에 미친 영향은 크게 두 가지로 구분해서 기술하고자 한다(남궁용권 외, 2008).

첫째, 인본주의 사상에 내재된 평등사상이다. 동학의 시천주, 양천주, 인내천 사상은 인본주의가 안고 있는 과제인 인간존엄성의 회복의 측면에서 시대는 다르지만 봉건사회의 계급적 사회구조에서 소외당한 민중의 외침일 뿐만 아니라 오늘의 관점에서 평등사상으로 재해석하여 이해하여 봄은 의의가 있다. ① 시천주(侍天主) 사상이다. 최제우는 봉건사회의 차별적 인간관을 부정하고 한울님을 마음 안에 모시면 신분에 관계없이 똑같다는 시천주사상을 주장하였다. 이러한 시천주의 주체는 개개인이니 한울님을 멀리서 찾을 것이 아니라 누구나 자기 몸에 있다는 것을 알리며, “나는 도시 믿지 말고 한울님만 믿었어라 네 몸에 모셨으니 사근취원(捨近取遠)하단 말가”라고 하고 있다. 귀천, 상하, 반상의 구별은 철폐되고 각기 자기 몸에 천주를 모시면 다 같이 지상신선(地上神仙)이요 군자라 함으로 만민평등의 인간관을 제시한다. ② 양천주(養天主) 사상이다. 해월 최시형은 최제우의 시천주사상을 발전시켜 사람이 태내에 생길 때부터 누구니 한울님을 모시고 있다는 설법을 하면서 양천주라는 색다른 설법을 했다.

“마음이 어느 곳에 있는가 한울에 있고 한울은 어느 곳에 있는가 마음에 있다. 그러므로 마음이 곧 한울이요 한울이 곧 마음이니 마음밖에 한울이 없고 한울 밖에 마음이 없나리라” 이는 해월이 지위, 계층, 학식, 나이를 떠나서 인간 자체를 존경하라는 것과 같다. 인간존엄성에 대한 해월의 생각은 ‘인시천(人侍天)이니 사인여천(思人如天)’이라는 차원까지 이르렀던 것이다. 이러한 사상은 오늘날의 인간존중, 인간평등, 인간해방의 사상으로 남아 우리 역사 속에 계승되고 있다. ③ 인내천(人乃天) 사상이다. 최제우의 시천주, 최시형의 양천주의 인간존중사상은 손병희에 와서는 인내천으로 표현된다. 인내천사상은 손병희가 초기에 지었다는 ‘각세진경’에 나타나고 있는 ‘인이시천’ 사상의 확대 해석이라 볼 수 있다. 사람이 하늘을 모신다는 것은 시천주(侍天主)에서 주(主)자를 뺌으로써 의지적인 성격을 제거하고 만물의 성과 심이 하늘에서 나왔기 때문에 하늘을 모신다는 것이다. 이러한 인내천 사상은 그 당시 민중에게 비인도적이고 비인간적인 처지를 그들 스스로 비판적으로 자각하게끔 하고, 인간의 기본적인 자유와 권리를 찾기 위해 인간의 기본권을 박탈하는 지배자와 비인도적인 외세의 침략에 반항할 수 있는 자기에의 눈을 뜨게 하였다. 이러한 정신은 동학혁명, 갑오개혁, 기미독립운동의 정신을 통하여 계승되어 개인의 고귀한 자유와 권리를 빼앗아 인간을 인간 이하의 폐물로 만드는 불의와 부정의 역사를 막기 위하여 앞장서는 한국의 독특한 휴머니즘의 사상으로 남아 있다.

둘째, 평화와 평등을 지향한 개벽사상이다. 동학사상은 시천주, 양천주, 인내천의 인본주의 사상인데, 이에 더하여 지상천국의 실현을 약속한 개벽사상을 들 수 있다. 여기에는 정신개벽, 민족개벽, 사회개벽 등이 있다. ① 정신개벽이다. 이는 일종의 상상개조를 의미한다. 즉 인간성에 대한 역사적 고찰을 통하여 사회의 시비곡직을 밝혀내어 앞날의 계획을 정하여, 기존의 윤리나 정치제도의 결함을 발견하여 감정과 의지로서 모순·부조리에 반항한다는 것이다. 이는 곧 신지식, 신도덕을 낳게 하는 것이다. ② 민족개벽이다. 이는 편파적인 민족주의, 사대주의적이고 보수적인 사고방식을 거부하고 있다. 그 이유로 인류는 근본적으로 동일한 인격과 동포애를 가진 것이기 때문에 네 민족이니 내 민족이니 하는 차별보다는 전 인류의 번영을 위한 기초과정을 삼는다는 것이다. 이는 곧 약소민족이었던 우리 민족의 지위 향상을 통해서 민족의 생혼을 불어넣어 주는 것이다. 그래서 동학은 우리 민족이 고대로부터 갖고 있던 유교의 숭고사상, 의타사상, 숭문배무사상, 숭례 계급적 사상의 근성을 타파하고 없애려는 노력으로 보국의 사상과 인간평등의 사상인 시천주, 양천주, 인내천사상을 부르짖어 반상의 구별을 타파하였던 것이다. ③ 사회개벽이다. 이는 사회의 질병이 되는 요소, 즉 경제적 빈곤과 계급의식을 물리칠 것을 강조하고 있다. 사회질병의 치유는 어떠한 변화 없는 현상유지 상태에서는 전혀 불가능하다. 동학사상에서는 이를 진화적으로 설명하고 있다. 인간은 경제문제가 해결되면 기술적 창조와 진리창조의 과정으로 넘어간다는 것이다. 이는 곧 유물적 사회개벽사상인 것이다. 그리하여 이 창조활동은 과학에만 관계되는 것이 아니고 다시 순류하여 진실한 의미의 철학, 종교, 예술, 도덕의 최고 인격의 발휘에 노력하는 창조로 이동한다는 것이다. 발전적 진화의 궁극적 목적이 계급을 초월하여 마음과 기운이 조화롭게 계발된 최고의 인격체인 군자들이 사는 지상천국의 실현에 있는 것이다. 이는 현실중심주의로 민족의 주체사상 및 민중적 생활관과 결부되어 전형적인 한국 근대의 개화사상으로 발전될 수 있다. 이러한 사상적 기반 아래 시천주, 양천주, 인내천의 인본주의사상과 지상천국을 약속한 개벽사상이 나오게 되었다.

제5절 기독교

19세기 말 조선에서 서구 선교사들의 선교활동이 시작된 이후 한국 개신교는 세계의 주목을 끌만큼 놀랍게 성장해왔다. 한국 기독교(개신교)의 역사는 19세기 중반까지 거슬러 올라가지만, 본격적인 개신교의 활동은 한국의 문호가 개방되는 과정에서 들어온 선교사들로부터 시작된다. 선교사들이 한국을 처음 방문했을 무렵에 선교의 자유가 보장된 것은 아니었다. 따라서 선교사들은 직접적으로 선교하기보다는 학교와 병원 등을 통해서 간접적으로 선교하는 방식을 선택했다. 1884년 미국 북감리회의 맥클레이(R. S. Maclay)는 고종을 만나 병원 설립과 학교 설립에 대한 허가를 받았다. 당시 조선정부는 서구의 근대문명을 필요로 했기 때문에 병원과 학교의 설립을 허가했지만, 이는 선교사들에게 선교의 가능성을 열어주었다. 1884년 9월 22일에는 중국에 있던 미국 북장로회 소속의 선교사 알렌(H. N. Allen)이 주한미국공사 공의로 부임하였고, 1885년 4월에는 최초의 근대병원인 제중원(濟衆院)이 설립되었다. 1885년 4월 5일에는 한국 최초의 개신교 선교사들인 미국 북감리회의 아펜젤러(Henry G. Appenzeller) 부부와 미국 북장로회의 언더우드(H. G. Underwood)가 인천에 도착했다. 하지만, 당시 외국의 종교는 배척되는 분위기였기 때문에 이들은 처음부터 개신교의 복음을 선교할 수 없었다. 그래서 언더우드는 한국에 온 직후 미국 공사에게 "우리는 교육사업을 시작하고 어학을 연구하려 왔습니다. 우리가 한국어 연구생이자 교육사업가로서 미국의 국기 아래 보호를 받을 수 있겠습니까? …지금은 선교사업이 아니라 교육사업을 시작하려는데 어떤지요?"라는 편지를 썼다. 언더우드의 편지에는 직접적인 선교활동이 아니라 학교교육과 병원 등을 통해 간접적으로 선교하려는 자세가 나타나 있다. 아펜젤러는 1885년 8월에 '배재학당'을 세워 최초의 근대교육의 문을 열어 놓았다. 이 학교는 1887년 6월 8일 고종이 직접 '배재(培材)'란 이름을 지어주었을 만큼 세간의 주목을 끌었다. 또 다른 감리교 선교사인 스크랜턴(M. F. Scranton)은 1886년 5월 30일에 정동에 여학당을 설립했는데, 이 학교는 1887년 명성황후의 사명(賜名)으로 '이화학당(梨花學堂)'으로 불리게 되었다. 우리나라 근대식 고등교육의 출발은 1886년

4월 29일 제중원의 의학부로 개설된 후 1899년 정식 의학교로 발전된 세브란스의학교이다. 이 학교는 최초의 의학교인 동시에 고등교육 기관이었다는 점에서 의의를 지닌다.

개신교를 통해 유입된 근대문명은 유교적 가치관과 사회질서에 묶여 있던 당시 사람들에게 새로운 세계에 대한 자각을 불러 일으켰다. 가난과 기근, 전염병과 문맹의 악순환에서 조선정부와 관리들은 문제를 해결의 실마리를 찾을 수 없었다. 또한 조선정부는 시시각각으로 다가오는 서구와 일본 제국주의의 침략이라는 상황에 놓여 있었다. 이런 상황에서 근대문명을 안고 들어온 개신교가 한국사회에 미치는 영향과 당시 사람들에게 미친 파급효과는 강력할 수밖에 없었다. 선교초기의 개신교는 당시 사람들에게 종교라기보다는 근대문명의 산파로 생각되었다. 결국 개신교로 인해 도입된 근대문명은 한국사회와 문화체계를 변화시키는 하나의 계기를 제공했다. 이광수는 개신교에 대해서 "개신교는 어두운 한국사회에 구미의 새로운 문명을 제일 먼저 도입하여 문명개화와 자유인권의 선구자가 되었다"고 평가했다. 개신교는 봉건사회에서 양반에 의해 억눌렸던 상인, 천민, 여성들에게 인권, 자유와 평등의 관념을 제공했던 것이다. 선교 초기의 개신교가 봉건사회를 근대문명으로 이행시키는 산파 역할을 함으로써 성장의 기초를 마련했다면, 오늘날의 개신교는 일제시대를 거쳐 한국전쟁과 산업화로 이어지는 과정에서 성장의 위기와 극복이라는 혼란을 겪으면서 생존력을 키워왔다고 볼 수 있다. 일제시대에 개신교는 민족독립과 계몽운동의 근원지였다. 3.1 독립운동을 기점으로 많은 한국교회의 지도자들이 독립운동에 참여했다. 또한 개신교는 학교교육과 교회, 그리고 여러 단체를 통해 계몽활동을 전개하여 대중교육과 근대지식인의 양성에 심혈을 기울였다. 특히 개신교는 사람들에게 한글을 가르쳐서 문맹률을 낮추었고, 역사의식을 고취시켜 자칫 일제하에서 상실되기 쉬운 문화적 정체성의 유지에 기여했다 (https://tip.daum.net/ 2019. 4. 29).

상기에서 고찰한 바와 같이, 19세기 중반부터 시작된 개신교는 초창기에는 교육과 의료를 통한 간접적 선교, 근대문명의 산파 역할, 또한 일제 강점기에는 민족독립과 계몽운동의 근원지로서, 1945년 해방기에는 교세확장의 기회와 정치적인 특권의 획득, 한국 전쟁기에는 우리 국민들에게 정신적 및 물질적 안전을 제공하였으며, 1960년 이후 경제개발기에는 경제성장에 편승할 수 있었고, 한편 1980년대에는 민주화의 산실로 교세를 확장할 수 있는 계기를 마련하였다. 이와 같이, 기독교는 한국 근대화와 더불어 21세기 현재까지 교육뿐만 아니라 다양한 측면에서 굉장히 큰 영향을 미친 종교였다.

기독교에 나타난 교육사상을 제시하면 다음과 같다(남궁용권 외, 2008).

첫째, 기독교의 교육목적이다. 기독교 교육의 지상 목적은 온전한 그리스도인을 세워 가는 것으로, 사람들로 하여금 예수 그리스도 안에 나타나셨던 하나님이 찾으시는 사랑을 깨달을 수 있게 하여, 하나님의 자녀들로서 성장하여 하나님의 뜻에 일치하게 살고 기독교 공동체와의 생동적 관계를 유지할 수 있도록 도와줄 여러 방법으로 이 사랑에 응답할 수 있게 하는 것이다. 이 목적을 달성하기 위하여 요구되는 조건들을 제시하면 다음과 같다. ① 사람들로 하여금 각 발달단계에서 신적 창조물인 자신의 높은 잠재력을 깨닫고 자신들을 그리스도에게 위임하여 그리스도인들로서 성숙을 향해 가도록 도와줄 것, ② 사람들로 하여금 사회에서 책임적인 역할을 취하여 모든 사람들을 하나님의 사랑의 한 대상으로 보면서 저들의 가족, 교회 그리고 다른 개인과 단체들과 더불어 기독교적 관계를 설정하여 유지하도록 도와줄 것, ③ 사람들로 하여금 자연계를 하나님의 창조로 보는 보다 나은 이해와 각성을 얻도록 하며 이 자연계를 보존하고 하나님과 인류를 위해 활용하는 책임을 수락하도록 도와줄 것, ④ 사람들로 하여금 성서에 대한 이해와 인식을 증진시켜서 저들이 하나님의 말씀을 듣고 복종할 수 있도록 하며, 역사적 기독교의 유산들 속에 있는 다른 요소들을 인식하고 효과적으로 이를 활용하도록 도와줄 것, ⑤ 사람들로 하여금 교회의 국내외 선교에 성실히 참여함을 통하여 기독교적 친교 속에서 책임적인 역할들을 발견하고 수행할 수 있게 할 것 등이다.

둘째, 기독교의 교육방법이다. ① 구전교육이었다. 예수의 교훈은 말로 주어졌다. 예수는 "일단 우리가 씨를 뿌린 후 그 씨가 자라도록 내버려 두어야 한다"는 것을 아셨는데 그 교훈이 일단 이 땅에 뿌려지게 되면 그 교훈 자체가 갖고 있는 고유한 능력에 의해 발전하면서 여러 세기를 통해 영원토록 전파되어 간다. ② 우연한 사건과 경우들에 의해 야기되었다. 예수의 교훈은 대개가 미리 계획된 것이 아니고 어떤 순간의 특수한 상황을 목적한 것이며 특수한 상황에 대해 주어진 것이다. ③ 청중들에게 알맞게 응용되었다. 예수는 자신을 그의 청중들의 입장에 두고 거기서부터 출발하는 것이었다. 그래서 그가 사용하였던 언어는 놀라우리만큼 단순하였다. 직접적이고 단순하며 박력 있는 그의 언어는 그 당시 직업적인 종교가들의 용어와는 아주 다르게 설득력과 호소력을 갖고 있었으며 사람들은 그것을 벗어날 수가 없었다. ④ 상징적인 표현을 사용하였다. 예수는 예증, 경구, 역설 그리고 비유들을 사용하여 제자들과 대중을 설득하였다. 이들을 사용한 그의 설교는 인생, 운명 및 하나님에 대해 갑자기 창문을 열어 주는 은총의 산 계시였으며, 사람들로 하여금 실제로 그가 선포하고 있는 진리를 눈으로 보게 해주었다. 또한 이런 표현을 통해서 이 세상에서 그 누구보다도 사람들에게 비전을 준 위대한 인물이다.

셋째, 기독교 교육방법의 일반적 원리이다. ① 예수의 교훈은 권위 있는 교훈이었다. "우리들이 그 가르치심에 놀라니 이는 그 가르치시는 것이 권세 있는 자와 같고 저희 서기관들과 같지 아니함일러라"(막 7: 28~29). ② 예수의 교훈은 어떤 의미에서도 훈계적이거나 교리적이거나 동의를 강요하는 그런 것은 아니었다. 예수가 가르쳐야 할 사람들에 대해 아주 놀라운 인내심를 보이고 있다는 점, 그가 계속 그들을 강요하거나 훈계하거나 자기의 뜻에 굴복시키려 하지 않는다는 점 그리고 그가 놀랍게도 그들의 인격을 아주 존경하고 있다는 점들이다. ③ 예수는 사람들로 하여금 그들 스스로 생각할 수 있게 해주었다. 예수는 그의 제자들을 가르침에 있어서 세상이 일찍이 경험해 보지 못하였던 가장 큰 자극을 통해 그들로 하여금 그들 스스로 생각하고 의문을 갖게 해주었다. 사실 어떤 의미에서는 대답을 제시해 주는 것보다는 오히려 관심을 불러일으키는 것이 바로 그리스도의 목적이었다고 말할 수 있다. ④ 예수는 자기가 가르친 것을 그대로 생활화하였다. 제자들은 결코 주님의 교훈 가운데 애매하거나 추상적이거나 불확실한 것이 있다고 생각할 수가 없었다. 왜냐하면 예수의 교훈이 모두 그들의 눈앞에 구체적이고 인격적인 것으로 나타났고 모든 것이 자신 안에서 구체화되어 있었기 때문이다. ⑤ 예수가 자신이 가르치던 사람들과 친밀한 교제를 나누었고 또 그들을 사랑하셨다는 점이다.

생각해보기

1. 단군신화가 우리 사회의 교육적 전통에 미친 영향에 대해 알아보자. 특히 홍익인간(弘益人間)의 교육이념이 정립된 배경에 대해 알아보자.

2. 불교가 우리 교육에 미친 영향에 관하여 생각해 봅시다.

3. 유교의 교육방법에 대하여 생각해 봅시다.

4. 동학의 개벽사상에 대하여 생각해 봅시다.

5. 기독교의 교육방법에 대하여 생각해 봅시다.

CHAPTER 03

고대사회의 교육

제1절 단군신화의 사상적 의미
제2절 고조선의 성립
제3절 고조선의 교육
제4절 성년입사식의 교육적 의의

학습목표

1. 홍익인간 사상에 나타난 교육방법의 원리를 설명할 수 있다.
2. 팔조금법에 나타난 교육적 상황을 설명할 수 있다.
3. 성년입사식의 교육적 의의를 이해할 수 있다.

Keyword

단군신화, 단군조선, 기자조선, 위만조선, 고조선 교육, 홍익인간, 팔조금법, 성년입사식

유구한 역사를 지닌 한국인의 전통은 매우 중요하다. 그러나 고대사회 교육에 대해서는 당시의 상세한 기록은 없다. 역사적 기록으로 유추할 수밖에 없는 실정이다. 우리의 교육의 출발점을 파악하기 위해서 단군과 고조선을 교육적 측면에서 올바르게 이해할 필요가 있다. 이러한 이해를 토대로 다양한 외국 문화와 사람들을 포용하여 새로운 미래 문화를 창출해나가는 노력을 기울여야 할 것이다.
따라서 3장에서는 단군신화의 사상적 의미, 고조선의 성립, 고조선의 교육, 성년식의 교육적 의의 등에 대해서 고찰하기로 한다.

제1절 단군신화의 사상적 의미

교육사를 연구하는 학자들은 신화의 문제에 관심을 가져야 할 것 같다. 신화를 통하여 한 민족의 기본적 이념을 도출할 수 있고, 이를 통해서 민족의 교육이념을 탐색할 수 있기 때문이다. 반드시 교육사에서는 신화를 다루어야만 그 민족의 정서와 사고를 이해할 수 있을 것이다. 신화는 신들이 지어낸 이야기가 아니라 사람들에 의해 이야기가 형성되고 전래되어 내려오면서 구성되었다는 것이다. 그러므

로 신화는 그 민족의 의식 구조이며, 사고방식이며, 삶 그 자체를 나타내는 것이다. 결국 신화에는 그 민족의 세계관이 신화에 반영된다.

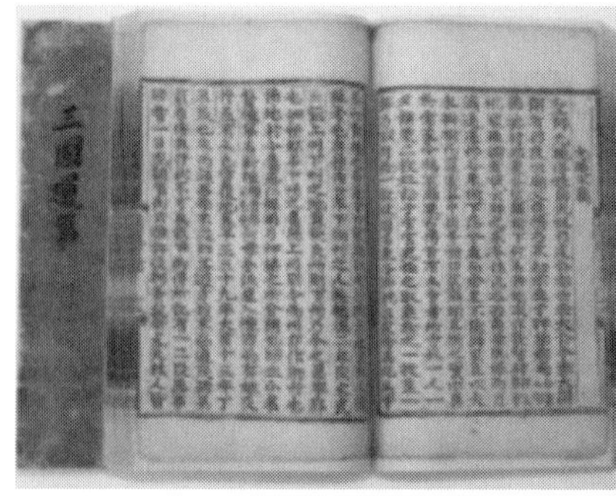

삼국유사

출처: http://www.indica.or.kr/xe/index.php?mid=flower_story&page=9&document_srl=6712821

우리나라의 개국신화인 단군신화는 『삼국유사』, 이승휴의 『제왕운기』, 『조선왕조실록』, 권근의 '응제시(應製詩)'에 붙인 권람의 증주(增註) 등이 있다. 이 가운데 고려시대 일연(一然, 1206~1287)에 저술된 『삼국유사』는 현전하는 가장 오래된 기록으로, 고조선 건국에 대해 파악할 수 있는 귀중한 사료이다. 『삼국유사』에 의하면 고조선은 단군에 의해 건국되었다.

정영희 외(2008)는 『삼국유사』에 나오는 단군신화의 내용과 의미 표상을 다음과 같이 제시하고 있다. ① 환인(桓因)의 아들인 환웅(桓雄)이 인간 세상에 내려오는 내용이다. 환웅은 인간세상을 이롭게 할 수 있을 것이라는 생각으로 삼천의 무리와 천부인 세 개를 가지고 태백산 신단수로 내려와서 신시(神市)를 연다. 풍백, 우사, 운사로 하여금 곡식, 수명, 질병, 형벌, 선악 등 360여 가지 인간사를 이치로 다스리고 교화하도록 하게 한다. 여기에서 우리가 알 수 있는 것은 고대 한국인이 천상계의 삶보다는 지상계의 삶을 소중히 하고 있음을 알 수 있고, 고조선의 주된 삶의 형태가 농경생활을 위주로 이루어지고 있었음을 알 수 있다. 당시에, 널리 인간을 이롭게 하는 일이란 농사를 잘 지어 모두가 배고프지 않고, 죄 짓지 않고, 건강하게 이승에서 잘 살 수 있도록 하는 것임을 짐작할 수 있다. ② 웅녀의 탄생이다. 환웅이 신시를 열었을 때, 곰과 호랑이가 같은 동굴에 기거하며 신웅(神雄)에게 인간이 되게 해달라고 빈다. 이에 신은 쑥 한 다발과 마늘 20개를 주고 백일 동안 햇빛을 보지 말라고 한다. 곰은 삼칠일을 금기하여 여자의 몸을 얻지만, 호랑이는 이를 어겨서 인간의 몸을 얻지 못한다. 곰과 호랑이는 이미 환웅이 오기 전에 살고 있었던 부족을 지칭한다고 볼 수 있고, 곰이 선택된 것은 날쌔고 무서운 호랑이보다는 느리지만 참을성이 많은 측면을 더 높게 생각하고 있었던 것으로 보인다. 또한 고대부터 우리 민족은 쑥과 마늘을 사용하고 있었으며, 21일간 인내하면 병아리가 알에서 부화하듯이 새로운 생명으로 탄생할 수 있음을 보여주고 있다. ③ 단군(檀君)이 탄생하는 부분이다. 곰이 여자가 되고 나서 혼인할 사람이 없어 다시 신단수 아래에서 빈다. 환웅이 감동하여 가화(假化)하여 웅녀와 결혼하고 아들을 낳아 단군왕검(檀君王儉)이라 하였다. 이 부분은 단군의 위치를 알 수 있게 해준다. 단군은 그냥 사람이 아니다. 신웅과 웅녀의 결합으로 단군이 탄생한 것은 인간 존재의 근원성이 어떠한가를 보여준다. 즉, 인간이 천상적인 요소와 지상적인 요소를 함께 지니고 태어났기 때문에 이 땅에 살면서도 항상 저 하늘을 바라보며, 동물적인 바탕을 지니고 있으면서도 신적인 것을 지향하면서 살아가는 존재라는 것이다. 또한 단군은 정치와 종교가 분리되어 있지 않았던 당시를 고려할 때, 정치적 군장이면서 동시에 하늘과 땅을 매개해 주는 매개자였음을 알 수 있다. ④ 조선의 건국과 단군이 산신(山神)이 되는 이야기이다. 단군은 중국의 요임금이 즉위한 지 50년에 평양에 도읍하고 조선이라 하였으며, 도읍을 백악산(白岳山) 아사달(阿斯達)로 옮기고 궁홀산(弓忽山) 또는 금미달(今彌達)이라고 했는데 1,500년이나 다스렸다. 주(周)나라 무왕이 즉위하고 기묘년에 기자(箕子)를 조선에 봉하자 단군은 장당경(藏唐京)으로 옮겼다가 후일 아사달에 돌아와 산신이 되었고, 그때 나이가 1,908세라고 하였다. 이 이야기에 의하면, 고조선은 단군에 의해 건국되어 대략 1,908년 정도의 역사를 지속하였고, 단군이 산신이 되었다는 것은 죽어서도 여전히 죽지 않고 우리 곁에 산신으로 살고 있다는 의미를 전하고 있다. 인간의 육신은 죽더라도 인격의 정수(精髓)는 결코 사라지지 않는다는 것을 보여주는 것이다.

피정만(2010)은 민족의 신화란 그 민족의 기본적인 사고방식과 생활 이념을 간직하고 있다고 볼 때, 우리는 단군신화에서 다음과 같은 특징적인 사고방식과 생활 이념을 살펴볼 수 있다고 했다. ① 현세지향적(現世指向的)인 세계관이다. 우리 민족의 개국신화는 천지개벽의 창세기 신화가 아니다. 우리 민족의 신화는 기존의 세계에 대한 긍정에서 출발한다. 거기에는 전세(前世)를 그리워하는 과거지향적인 모습이나 내세(來世)를 향하는 모습이 없다. 잘못을 저지른 신이 인간세계에 와서

업고(業苦)를 쌓아서 다시 천국으로 돌아가는 구조를 가지지 않는다. 본향(本鄕)을 그리워하며 내세의 꿈을 키우는 것이 아니라, 기존의 세계를 긍정하며 현세에서 이상사회를 그려 가는 모습이다. 이는 우리의 고유한 사고방식과 생활양식을 표현한 것으로 생각된다. 우리의 무속신앙(巫俗信仰)이나 신라 불교의 불국토(佛國土) 사상, 천도교의 인내천(人乃天) 사상이 그러한 모습을 나타내고 있다. ② 인간주의적(人間主義的) 관점이다. 단군신화의 발상법은 신이 인간화되는 것이다. 신의 인간화, 그리고 곰의 인간화 과정이 이루어진다. 그리고 인간화된 신(桓雄)과 인간화된 곰(熊女)의 결합에서 단군을 창조하는 신화가 이루어진다. 아버지는 신의 아들인 환웅이며, 어머니는 곰이 인간화된 웅녀이다. 그리고 단군은 개국의 시조가 되는 것이다. 천·지·인(天地人)의 조화된 인간관을 표현하고 있다. 여기에 인간의 이상적인 모습을 그린다. 인간의 꿈을 실현하는 범과 곰의 대비에서, 범은 인내하지 못한 실패자로, 곰은 인내하여 창조를 이룬 성공자로 표현하고 있다. 곰처럼 어려움을 극복하면서 스스로를 가다듬는 인간을 이상적인 모습으로 보고 있다. 단군신화에는 우리 민족이 역사상 어려운 일들을 극복하고 새로이 도약하는 슬기가 내재되어 있다. ③ 홍익인간(弘益人間)의 해석이다. 홍익인간은 한국의 교육법에 명시된 교육이념이다. 널리 인간을 이롭게 한다는 해석이다. 여기서 인간은 단순히 사람이라는 관점에서 해석하는 것보다는 사람이 살고 있는 세간(世間)의 의미로 해석함이 좋을 것이다. 인간과 자연의 합(合)이라는 개념이다. 인간과 자연은 대립되거나 종속적 관계가 아니다. 자연은 인간이 정복하는 대상이 아니라, 인간과 함께 하는 대상이다. 홍익인간은 '크게 온 누리를 이롭게 한다'로 보아야 할 것이다.

정영희 외(2008)와 피정만(2010)의 단군신화에 나타난 사상적 의미를 고찰했다. 이를 종합하여 정리하면, ① 천상의 삶보다 지상의 삶을 소중하게 생각한 점은 현실주의적 관점으로 볼 수 있고, ② 홍익인간의 사상이다. 이는 농사를 잘 지어 모든 성원들이 굶주리지 않고 죄 짓지 않고, 건강하게 현세에서 잘 살 수 있도록 권장하고 있는 점과 자연계를 인간이 정복의 대상이 아니라 더불어 생활함으로써 인간을 널리 이롭게 한다는 것이다. ③ 국난극복의 사상이다. 인간의 꿈을 실현하는 범과 곰의 대비에서, 범은 인내하지 못한 실패자로, 곰은 인내하여 창조를 이룬 성공자로 표현하고 있다. 곰처럼 어려움을 극복하면서 스스로를 가다듬는 인간을 이상적인 모습으로 보고 있다. 단군신화에는 우리 민족이 역사상 어려운 일들을 극복하고 새로이 도약하는 슬기가 내재되어 있다.

제2절 고조선의 성립

우리나라의 부족사회는 일찍부터 교통이 편리하고 비옥한 평야를 지닌 대동강 유역에서 발달되어 평양을 그 중심지가 되었다. 우리나라 고대국가 활동의 출발은 평양을 중심으로 발달하여 왔으며 이와 같은 요건에서 가장 먼저 국가의 형태로 나타난 것이 고조선이다. 고조선의 건국과 그 성립에 대하여는 학자들 간에 상당한 이론이 제기되고 있지만 전해 내려오는 학설에 의하면 고조선은 단군조선, 기자조선, 위만조선으로 구분하고 있다(정규영, 2011; 장덕삼, 2003).

첫째, 단군조선이다. 단군조선에 관해서는 1280년대에 고려의 승려 일연이 저술한 『삼국유사』가 최초의 문헌기록이다. 그리고 같은 시기 이승휴의 『제왕운기』에도 유사한 내용이 실려 있다. 『삼국유사』에 의하면, 천제 환인의 아들 환웅이 인간세계를 다스리기 위해 태백산 꼭대기에 내려왔다. 그때 같은 굴 안에 살고 있던 호랑이와 곰이 환웅에게 기원하여 인간이 되기 위해 수행을 했다. 호랑이는 도중에 포기하였지만 곰은 수행을 마치고 인간의 여자가 되었다. 이윽고 환웅과 결혼하여 단군왕검을 낳았다. 단군은 중국의 요임금 즉위 50년에 평양에 도읍을 열고 처음으로 조선이라 칭했다. 나라를 다스린 지 1,500년 되던 해, 주나라의 무왕이 기자를 조선왕에 봉하므로 아사달로 가서 산신이 되었다. 단군은 1,908세까지 살았다. 이러한 단군신화는 명백하게 신화적인 구조를 갖고 있으므로 실증적인 역사로 취급하는 것은 부적절하다.

둘째, 기자조선이다. 『사기(史記)』, 『한서(漢書)』, 『함허자(涵虛子)』 등의 중국 사서에 따르면, 은이 주에 의해 망하자 은나라 귀족이던 기자(箕子)가 5,000명의 학자와 기술자를 데리고 조선으로 와서 왕이 된 다음 시서예악(詩書禮樂)을 발전시키고 정전제(丁田制)와 8교조를 시행했다고 한다. 『사기』(세가 제8권)에 따르면, BC 1122년에 은 왕족인 현인 기자를 주 무왕이 조선왕에 봉했다고 한다. 이것이 '기자동래설(箕子東來說)'이다. 이것도 현재로서는 문헌 기록 외에는 입증할 증거가 없기 때문에 전설로 볼 수밖에 없다.

셋째, 위만조선이다. BC 4세기 이후 연의 동북쪽으로의 세력 확대, 특히 진에 의해 연이 공격을 받고 이윽고 멸망당하는 과정에서는 수많은 연나라의 사람들이 동쪽으로 이주하게 된다. 한나라 때도 사정은 마찬가지였다. 그렇게 동쪽으로 흘러드는 사람들 중에 위만(衛滿)이라는 유력자가 있었다. 그는 무리 천여 명을 거느리고 고조선에 들어와 준왕으로부터 왕위를 빼앗아 스스로 왕이 된다(이기백, 1999). 이것이 BC 194년의 일로서, 한무제의 침공을 받아 멸망한 BC 108년까지 존속하였다.

상기에서 고찰한 바와 같이, 고조선은 단군조선, 기자조선, 위만조선의 역사이다. 그런데 앞의 두 고조선은 전설에 속하며, 위만조선은 역사적 사실로 인정되고 있다. 물론 앞의 두 고조선은 역사로 판명될 가능성도 있다. 그런데 흥미로운 사실은 기자동래설이 조선시대까지 역사적 사실로 간주되어 왔다는 점이다. 그리고 오랫동안 조선에서 기자는 국가적인 숭배의 대상이었다. 본래 이성계가 고려를 무너뜨리고 나서, '조선'을 국호로 한 것이 이 '기자조선'에 유래한다. 이 기자동래설은 근대 이후 한국사에서 배제되었다. 한영우(2004)에 의하면, 일제 침략기에 이르러 일본인들은 기자조선을 마치 중국의 식민지국가인 것처럼 해석하고, 이에 대한 반발로 민족주의 역사가들은 기자동래설은 아예 부인해 버렸다. 그래서 해방 이후 한국의 역사책에서는 기자동래설을 삭제해버렸다. 이에 반해 단군을 시조로 숭배하는 풍조가 급격히 일어났다. 1909년에는 조선 왕족 등이 주축이 되어 신궁봉경회(神宮奉敬會)를 결성하여 조선왕조와 단군을 계보상 연결시키려는 시도를 했다. 같은 시기에 단군을 유일신으로 숭배하는 대종교와 단군교가 출현했다. 대종교 2대 교주 김교헌은 『신단실기(神壇實記)』(1914)에서 일본을 제외한 극동 고금의 민족들이 모두 단군의 후예라고 했다.

고조선을 단군조선, 기자조선, 위만조선으로 제시하고 있는 사실로 볼 때, 고조선의 존재는 확실한 것이며, 국가가 있는 이상 치국의 근본으로서 교육의 존재를 생각할 수 있으며, 몰론 이것이 학교교육의 형태를 구비하지 못하고 원시적 교육 상태라고 하더라도 고조선이 차지하고 있는 역사적 비중과 관련하여 생각할 때 이것을 무시할 수 없는 것이다.

따라서 고조선은 우리 한민족들이 과거에서 현재까지 이르기까지 국가적 또는 역사적 활동을 영위함에 있어 정신적 지주가 되어 왔으며, 고조선은 역사학자들의 고증에 의하여 그 결과가 어떠하든 그 의의가 깊고 또 우리 민족의 정신적 영역에 끼친 영향이 어떠한 교육철학보다도 더 강렬했다는 점에서 우리는 한국교육사에서 고조선의 위치를 무시할 수 없는 것이다.

제3절 고조선의 교육

청동기 시대에 접어들면서 성읍국가(城邑國家)의 형태를 띤, 각지의 정치적 사회가 생겨나게 되었다. 구체적으로 말하면, 북쪽으로 송화강 유역에는 부여(夫餘), 압록강 중류에는 예맥(濊貊), 요하와 대동강 유역에는 고조선(古朝鮮), 동해안 함흥평야에는 임둔(臨屯), 황해도 지방에는 진번(眞番), 그리고 한강 이남에는 진국(辰國) 등이 생겨나게 된다. 이 성읍국가들은 대략 기원전 4세기경에는 벌써 중국에 까지 그 존재가 알려져 있을 정도로 발달하고 있었다. 이들 중에서 요하와 대동강 유역에 자리 잡고 있었던 고조선은 그 지역에서 청동기의 유물을 제일 많이 남기고 있다는 사실만 보더라도 가장 발달된 선진국가의 형태를 나타내고 있었다고 볼 수 있다(박재문, 2003).

이러한 고조선의 교육에 관한 것을 탐색할 수 있는 몇 가지의 기록을 제시하면 다음과 같다(정영희 외, 2008; 장덕삼, 2003).

첫째, 단군신화에 나타난 환웅(桓雄)의 '홍익인간(弘益人間)'의 사상이다. 단군신화의 마지막 부분을 보면 단군이 죽은 것이 아니라 산신이 되었다는 내용이 있다. 이처럼 단군이 산신이 된 것은 이승과 저승의 관계에서 양자의 관계가 동떨어진 것이 아니라, 서로 연결되어 있음을 말하고 있다. 이러한 세계관은 우리 민족의 사상적 뿌리를 이루며, 한국 고유사상인 선가(仙家)의 기초가 되었다. 선(仙)은 '산(山) + 사람(人)'이 결합된 말이며, 선사사상은 산과 밀접한 관련을 맺고 있다. 우리 민족에게서 선(仙)이 된다는 것은 단군이 산신이 된 것처럼 인간으로서 최고 인격을 확립한다는 의미이며, 살아서 弘益人間하는 사람다운 삶을 실현한 사람의 인격은 우리와 함께 영원히 빛을 잃지 않고 살아갈 수 있다는 것을 말해주고 있다. 그래서 환웅이야기에 나오는 홍익인간은 현행 '교육기본법' 제2조에 명시되어 한국교육의 이념으로 오늘날까지 전해지고 있다. 홍익인간을 할 수 있는 방법적 원리는 단군신화를 통하여 네 가지로 설명할 수 있다.

① 자발성의 원리이다. 자발성은 학습자 스스로가 학습하고자 하는 원리를 말하는 것이다. 단군신화에서 환웅이 인간 세상에 내려온 것도 자발적인 소망에 의해서 이루어진 것이고, 웅녀와 호랑이가 인간이 되고자 한 것도 누군가의 강요에 의해 인간이 되고자 한 것이 아니었다. 그렇기 때문에 웅녀는 인간이 될 수 있었던 것이다.

② 지성(至誠)의 원리이다. 자발성이 중요하기는 하지만 호랑이의 경우를 보면 자발성에 의한 의욕이 넘치기는 했으나 결국 인간이 되지 못했다. 지성은 자발성의 강도이다. 쉬지 않고 계속 정성을 다하는 것이다. 호랑이는 쉬지 않고 자발성에 의해 일어난 소망을 지속적으로 지키지 못했기 때문에 인간이 되지 못했던 것이다.

③ 인고(忍苦)의 원리이다. 지성을 다한다는 것은 그만큼 주어지는 고통과 고난도 감내한다는 의미이다. 곰은 사람이 되기 위해서 쓰고, 맵고, 어두운 고통을 극복하고 인간이 되었다. 쑥, 마늘, 동굴은 고난을 비유한 용어라고 볼 수 있다. 곰은 고통을 참고 이겨내서 가치관의 재구조화를 통하여 질적인 전환을 가져올 수 있는 계기를 만든 것이다.

④ 각성의 원리이다. 고통을 감내하며 스스로 직접 무엇인가를 깨달아야 한다는 것이다. 곰은 인고를 참으며 이겨내서 인간이 되는 질적인 전환을 할 수 있었다는 것이다. 병아리가 3 × 7일 만에 알에서 부화하듯이 곰도 삼칠 일만에

각성을 하여 동물의 상태에서 인간의 상태로 전환하였다는 교훈이다. 이 전환은 진정한 인간으로 거듭 태어남을 의미하며, 이전과는 차원을 달리하는 새로운 인격의 탄생을 의미한다.

이 네 가지 원리는 선이 될 수 있는 중요한 원리임과 동시에 선가의 중요한 사상적인 원리이기도 하다. 위의 원리들은 '고난→ 죽음 → 재생'의 원리로 정리할 수 있다.

둘째, 팔조금법(八條禁法)에서 당시의 교육적 상황을 엿볼 수 있다. 팔조금법은 일명 '범금팔조'로 고조선의 사회질서를 유지하기 위한 법제로서 고조선 고유의 관습법인 동시에 만민법적 성격을 띤 일종의 민중교화법이다. 이는 모두 전해지지 않고 그 중 3조목만이 『한서』의 「지리지」에 기록되어 있다. ① 사람을 살해한 자는 즉시 사형에 처한다는 내용이며, 고대 관습법들에서 확인되는 공통적인 사항이다. ② 타인의 신체에 상해를 가한 자는 곡물로써 보상한다는 내용이다. ③ 남의 물건을 도둑질하면 그 소유자의 노비가 되어야 하지만 배상하려고 한다면 50만전을 내놓아야 한다. 그리고 팔조금법 중에는 이외에도 금간(禁姦)의 조목도 있었던 것 같다. 『한서』의 「지리지」에는 "비록 자속(自贖)하여 노비에게 면했을지라도 일반 풍속은 이를 부끄럽게 여겨 혼인에 있어서 배필이 없었다. 이로써 백성은 도둑질을 하지 않고 문을 잠그지 않고 부인은 정숙하여 음란하지 않았다."라고 적고 있는 것이다. 무릇 법령이라는 것은 그 전제조건으로서 각 개인의 선악에 대한 가치판단이 수반되는 것으로, 이 같은 가치판단은 그에 대한 교육적 기초가 마련되어 있어야 함은 지극히 당연한 것이다. 이와 같은 견지에서 상기 3조목을 볼 때, 사람을 죽이거나, 도둑질을 하거나, 남을 해치거나 하는 것은 나쁘다는 가치판단이 이미 설정되어 있었던 것이다. 이는 또한 이러한 가치판단의 전제로서의 기초적인 교육실천 요항인 사람을 죽이지 말며, 도둑질을 하지 말고, 남을 해하지 말라는 것이 설정되어 있다는 것을 말해 주는 것이다. 이러한 팔조금법은 고대사회에 있어서 일종의 도덕교육인 동시에 사회교화를 위한 현실적 교육실천의 의의를 지니는 것이다.

제4절 성년입사식의 교육적 의의

성년입사식은 성년식(成年式)과 입사식(入社式)의 합성어이다. 성년식은 사람이 일정한 연령에 이르러 소년에서 청년으로 넘어가는 시점을 삶의 경로에서 매우 중요한 하나의 문턱으로 생각하여, 복잡한 의식과 절차를 거행하는 통과의례(通過儀禮)라는 점을 강조하여 붙여진 이름이다. 입사식은 성년식을 거행한 다음에 남성들로만 결성된 비밀결사나 의례결사, 또는 미혼남성들이 남성가옥에 들어가 일정 기간 집중적인 집단교육을 받는 것에 강조를 두어서 붙여진 이름이다(피정만, 2011).

성년식은 축제와는 달리 그 자체가 교육의식이라고 할 정도로 교육적 의도 하에 이루어진 의식이다. 성년식의 형태는 자연적 조건이나 지역 환경에 따라서 다양하게 행하여졌다. 그리고 그 과정은 일정한 형태를 가지고 있었다. 성년기에 젊은 사람들을 한 곳에 모아서 단식을 시키거나, 땅에 묻고 흙을 빠져나오게 하거나, 얼굴에 상처를 내어 표시하는 방법도 있었다. 이러한 과정에서 죽은 일도 발생했다. 대체로 육체적인 고통과 시련이 대부분이었다. 이러한 고통을 이겨낸 사람은 그 사회의 일원으로 사회적 자격을 행사하게 되는 것이다.

우리나라 고대사회에도 이러한 형태의 의식을 행한 기록이 있다.

「三國志」 魏志 東夷傳(「삼국지」 위지 동이전)에 "그 나라의 관가에서는 나이 어린 용감하고 강건한 자들로 하여금 성곽을 쌓도록 하였고, 또 그들 모두의 등가죽에 구멍을 내어 큰 밧줄을 통하게 하고 열자나 되는 긴 나무를 꽂고 온종일 힘을 써도 아파하지 않으며, 더욱 힘을 쓸 정도의 강건함을 보이니 사람들은 이를 보고 환호하는 일이 그 나라에서는 있었다"는 기록이 있으며, 「後漢書」 東夷傳(「후한서」 동이전)에는 "소년들로 하여금 집을 짓게 하고 등가죽을 뚫어 밧줄을 꿰어 큰 나무를 끌게 하고 그 강건함과 용기를 보고 사람들은 모두 환호하였다"는 기록은 우리나라 고대사회에 있어서 성년식이 어떠했는가를 추측할 수 있게 한다.

성년입사식의 구체적으로 어떤 의미를 지니는지 생각해보기로 하자. 애초에 부족이나 씨족국가에서 살았던 사람들은 자연적 차원에 놓여 있는 자신들을 완성된 존재로 생각하지 않았다. 이러한 사실을 보여준 것이 성년입사식이다. 성년입사식이 가지는 의미를 다음과 같이 소개하기로 한다(박재문, 2003). ① 사람은 '주어진' 인간을 넘어서는 것 이상으로 그것을 폐기시킨 다음에야 비로소 완전한 인간이 된다는 것이다. 왜냐하면 성년식은 역설적이고 초자연적인 죽음과 경험과 부활, 혹은 재탄생으로 요약될 수 있기 때문이다. ② 시련과 상징적인 죽음 및 부활을 포함하는 성년식 의식은 신, 문화영웅, 혹은 신화적인 조상들에 의하여 정착되었다. 따라서 이들 의식은 초인간적인 근원을 가지며, 성인사회에 새로 들어오려는 사람은 그것을 수행함으로써 초인간적이고 신적인 행위를 모방하게 된다. 구체적으로 말하여, 성년식에 참여하는 자는 성인들의 경험을 모르고 있으며 그 의식에 참여하는 과정에서 자기들의 새로운 인간성 속에 성인들의 경험을 통합시킨다고 보아야 한다. 아이들은 성년식을 거치게 되면서 자신의 유치하고 세속적이며 부활 없는 생명에서 죽음을 겪고 새로운 성화된 존재로 다시 태어나게 된다. 결국 성년입사식은 '죽음'과 '새로운 탄생'을 경험하기 이해서는 많은 시련과 고통이 따르며 피나는 노력과 인내가 요구된다.

고대사회의 성년입사식의 교육적 의의를 제시하면 다음과 같다(피정만, 2011).

첫째, 성년입사식은 사회생활의 교육이다. 젊은 사람에게 여러 가지의 고통과 시련을 주고 이를 극복하는 과정을 통하여, 그 사회의 공동의 체험을 가지게 했다는 것이다. 아버지와 형, 이웃의 연장자가 동일한 형태의 고통과 시련을 극복함으로써, 사회 일원의 자격을 공유하게 되는 것이다. 성년입사식 과정에서 어른과 사회적 권위자에게 복종함으로써, 기존 사회의 질과 체제에 대한 긍정심을 가지게 되는 효과도 얻게 되었다.

둘째, 성년입사식은 실용적인 교육이다. 성년입사식의 형태는 대체로 육체적인 것이며, 그 자연 환경과 사회 환경에 따른 시련의 극복으로 주어지는 것이 대부분이다. 산악지대, 초원지대, 해안지방의 성년입사식은 다른 형태로 이루어진다. 그리고 내륙 지방과 섬의 성년입사식도 다른 형태이다. 이는 성년입사식이 자신의 사회가 처해 있는 자연환경의 극복과 사회의 현실적인 필요에서 그 형태가 달라진다는 것을 보여준다. 이는 청소년이 자연을 극복하고 사회적인 필요를 충족시킬 수 있는 훈련을 함으로써 이후의 생활에 편리를 주는 실용적 교육의 의의가 있다고 생각된다.

셋째, 성년입사식은 종교교육이 내포되어 있다. 고대사회의 성년입사식은 종교적 의식과 함께 시행되었다. 성년입사식을 주관하는 지도자나 성년입사식이 이루어지는 장소는 그 집단의 종교적 장식이나 표시를 하였다. 그리고 집단의 믿음을 성년입사식 행사 과정에서 습득하도록 하였다. 특히 문화의 진보는 종교적인 의식을 강화하여, 그 사회 일원의 정신적 동일화를 강조하게 되었다.

고대사회에서의 성년입사식은 청소년들에게 일정한 고통과 시련을 극복하게 하여, 이들이 자신이 소속된 사회집단의 생활양식에 대한 지혜를 배우고, 동일화를 이루게 하는 교육적 의의를 갖는다.

생각해보기

1. 팔조금법에 나타난 인간존중 사상에 대하여 생각해 봅시다.
2. 다양한 유형의 성년입사식을 조사해보고, 성년입사식의 교육적 의의를 생각해 봅시다.

CHAPTER 04

삼국시대의 교육

제1절 삼국시대의 사회적 특성
제2절 고구려의 교육제도
제3절 백제의 교육제도
제4절 신라의 교육제도

학습목표

1. 삼국시대에 나타난 교육적 특성을 열거할 수 있다.
2. 고구려의 태학과 경당을 비교 설명할 수 있다.
3. 백제의 교육제도를 설명할 수 있다.
4. 신라의 화랑도 교육의 역사적 의의를 제시할 수 있다.

Keyword

태학, 경당, 오경박사, 내법좌평, 화랑도교육, 원화, 국선, 문호, 낭도, 세속오계

낙랑군 지역을 제외한 한반도 북부와 남부에는 한 등 중국 세력의 직접 지배를 받지 않는 토착민들이 BC 4세기경부터 고대적인 국가 형성의 과정에 있었다. 북부에는 예맥족(濊貊族)의 부여와 고구려, 남부에는 한족(韓族)의 여러 나라들이 있었다. 이들 원시적 단계의 부족국가들이 주변의 여러 민족집단이나 국가들과 부단한 상호작용을 거치면서 고대국가로 형성해 갔다. 나중에 이들 세력들로부터 고구려, 백제, 신라의 고대 삼국이 주요한 국가로 성장하였다. 이렇게 보면 한민족은 대략 북부의 예맥족과 남부의 한족의 두 계통의 결합으로 형성된 것으로 보인다. 북부 계통의 주로 수렵과 목축을 주로 하는 유목민족이었다면, 남부 계통은 상대적으로 농경과 정착생활을 주로 하는 농경민족이었다고 할 수 있다. 고구려는 부여 계통의 사람들에 의해 BC 37년에 건국되었다. 백제는 BC 18년에 고구려의 건국 시조 주몽의 아들들에 의해 세워진 나라다. 신라는 BC 57년에 서라벌 혹은 사로국으로 출발하였다. 그러나 이러한 사실은 문헌자료의 기록일 뿐 실제로 그러했는지는 알 수 없다. 실제로는 고구려가 가장 일찍이 일어서고 그에 대하여 남부에는 진 혹은 한이라고 불린 나라들이 있었던 것 같다. 중국 기록에 의하면, 특히 남부의 삼한(마한, 진한, 변한)이라고 불린 지역에는 78개의 나라들이 있었는데(이기백, 1999), 이것은 한반도 남부가 북부에 비해 상대적으로 고대국가로의 발전이 늦었다는 사실

을 나타낸다(정규영, 2011).

삼국이 고대 국가적인 형태를 가지게 된 시기는 대략 4세기 초부터 7세기 중엽까지라 할 수 있다. 고구려, 백제, 신라의 삼국시대는 전제왕권이 강화되고, 율령을 반포하여 고대국가로 발전하면서 시작되었다. 특히 삼국시대의 교육적 상황은 문자의 사용과 유학의 보급은 학교 교육을 성립시키고 학문을 발전시켰으며, 불교는 전통적인 토착신앙과 결부되어 삼국시대 이후로 우리 민족의 신앙으로 자리 잡게 되었다. 특히 유학의 보급은 학교 교육의 발전에 지대한 영향을 미쳤다. 삼국 가운데 먼저 고대국가로 성장한 고구려와 백제는 불교와 유교를 수용하여 국가의 발전을 도모하였다. 왕권이 미약하여 상대적으로 고대국가로의 성장이 늦었던 신라는 이차돈의 순교를 계기로 법흥왕 15년(528)에 불교를 공인하고, 고대국가의 기반을 마련하였다.

4장에서는 삼국시대의 사회적 특성, 고구려의 교육제도, 백제의 교육제도. 신라의 교육제도 등을 고찰하고자 한다.

제1절 삼국시대의 사회적 특성

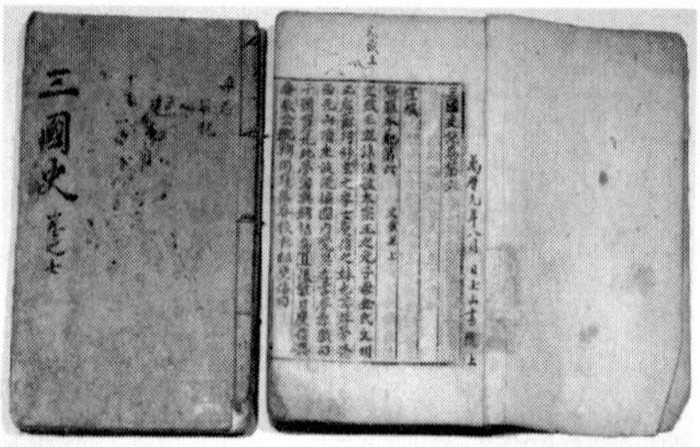

삼국사기

출처: https://terms.naver.com/entry.nhn?docId=892118&cid=60554&categoryId=60554

고구려, 백제, 신라 삼국은 기원전 1세기경 한반도를 중심으로 일어났다. 고구려는 압록강 주변 졸본지방에서 일어나 한반도 북부와 중국 등베이 지방을 중심으로 발전하였다. 백제는 한강 유역의 토착세력과 고구려 유민들이 세운 나라로, 시조인 온조왕이 기원전 18년, 한강 북쪽의 하남위례성에 도읍을 정하면서 시작되었다고 ≪삼국사기≫는 전하고 있다. 신라는 기원전 1세기에 한반도 동남부의 경주에서 시작하였다. 이후 삼국은 초기의 부족국가 단계를 거쳐 4세기경에 고대국가로 성장하게 되는 데, 이때부터 신라가

660년에 백제를, 그리고 668년에 고구려를 멸망시키고 삼국을 통일하는 시기, 즉 약 4세기경부터 7세기 중엽의 시기를 삼국시대라 한다(김명신, 2013).

삼국은 중앙집권적 통치기구를 확립하고 유학을 국가의 통치사상으로 삼아 교양을 갖춘 관리를 양성하였다. 그리하여 유학을 중심으로 하는 교육기관들이 설립되고 학교교육이 발전하게 되었다(김영우 외, 1997). 삼국시대에는 유교와 불교가 도입되어 전통적인 무속신앙과 조화를 이루면서 정치, 문화, 교육 전반에 큰 영향을 주게 되었고, 윤리의식의 발달과 정치제도의 발달을 촉진시켰다. 특히 유교의 수용과 더불어 한자의 도입은 형식적 교육기관을 성립시켰다. 삼국시대는 중국문화의 흡수를 통하여 새로운 한국적 문화를 형성한 시대로서 다음과 같은 교육적 특성을 가지고 있다(장덕삼, 2003).

첫째, 삼국시대는 정복적·군사적 성격이 뚜렷하였으므로 전쟁이나 정복과정에 부응한 전사(戰士)의 양성이 요구되었다. 결국 국가와 사회가 필요로 하는 인물은 용감한 병사나 실천적인 인간이어서 당시 교육제도의 근본 목적을 쉽게 알 수 있다.

둘째, 삼국시대는 강력한 왕권을 정점으로 중앙집권적 관료 정치체제와 엄격한 계급제도를 갖고 있었으므로 교육제도 역시 그러한 체제의 일환으로서 존재하였다. 그러므로 교육의 실제적 가치는 피교육자의 인격 함양이나 사회봉사의 기능보다는 계급적 지위와 지배자 또는 귀족으로서의 소양을 위한 특수성을 띠게 되었다. 하지만 치자(治者)로서의 교육을 받은 인물은 결국 사회봉사나 정치참여라는 이상을 실현하였다는데 교육의 효용성을 찾을 수 있다.

삼국시대 지도

출처: https://cafe.naver.com/enfflclffl/17

셋째, 삼국시대의 사상적 기반으로서 불교를 제외시킬 수 없다. 불교는 왕실과 귀족의 적극적인 보호로 국가적인 신앙으로 발전되었으며,

일체의 재래 신앙을 초월하는 이념으로 숭배되었다. 따라서 불교는 삼국의 문화 전반에 영향을 크게 주었으므로 자연히 교육에까지도 영향을 미치게 되었다. 즉 지혜와 정신의 개발에 따른 인격의 완성과 사회봉사라는 불교관이 교육 운영측면에 크게 투시되었음을 알 수가 있다.

넷째, 삼국시대의 정치사상이나 정치윤리 측면에 지대한 역할을 한 것은 유교였다. 이 유교정치사상은 한자와 더불어 한국 민족문화 형성에 결정적인 지위를 갖고 있는 것으로서 교육 전반에 걸쳐 영향을 주었던 것이다. 특히 삼국의 정치적 성장과정에서 그 내부적인 필요성은 유교사상을 발전시키게 하였으며, 유교사상은 지배체제의 원리로 등장하게 되었다. 더욱이 중국으로부터 한자와 유학의 도입으로 유교사상은 이른바 수기치인(修己治人)의 도덕적 이념과 정치적 근본사상으로 확립됨으로써, 교육은 곧 한학(漢學)이요, 또한 유학의 전단계라 불리어질 정도였다.

삼국시대의 교육도 원래는 오랜 시일의 원시적 교육 단계에서 비조직적으로 존속되었다고 생각하며 심신의 단련이나 사회봉사, 위기극복에의 실천도 덕을 위한 지행합일(知行合一)의 인물 양성이 그 목적이 되었을 것이다. 그러나 고대국가의 발전과 유교정치사상의 대두는 중국으로부터의 한자의 도입 이후 교육체제는 점차 학교교육으로 전환되어 갔다고 보인다. 즉 사회의 능률화와 복잡화 및 문화의 발전과 전문화 과정에서 일정한 전문적 교육의 장소로서 학교가 요구되었을 것이며, 계급적 지위와 그 교양을 위한 학교교육이 출현되었을 것이다. 이러한 사례는 고구려의 태학(太學), 경당(扃堂)의 경우로 추측할 수 있으며, 백제 및 신라의 경우도 그 존재 가능성을 추측할 수 있다.

그리고 삼국시대의 교육은 대개 다음과 같은 성격을 통해 그 윤곽을 고찰할 수 있다(김경배·김억환, 2004; 장덕삼, 2003). ① 삼국시대는 학교교육이 비로소 나타난 시대였으나 제도적 완비가 아니라 초보적 단계에 불과하였다. 따라서 그 목적도 관리양성보다는 지배계급의 계급적 지위와 학문적 교양을 위한 것이었고 교육내용도 오경 삼사 등 유교경전을 위주로 한 학문이었으며, 그 외의 약간의 무술을 닦게 하여 국가에 봉사할 수 있는 실천적 덕목을 주로 하였다. ② 당시 교육은 귀족의 독점물이며, 치자의 학문적 소양을 뒷받침하였고 지배자로서의 행위와 태도의 실천도덕에 역점을 두었다. ③ 삼국의 교육제도는 고구려의 태학, 경당만이 정식 기록이 있으며, 백제와 신라는 기록이 보이지 않는다. 하지만 백제는 박사 왕인, 아직기(阿直岐) 등의 도일(渡日)이나 유학생의 파견 등으로 교육제도의 존재 가능성은 인정될 수 있으며, 신라도 화랑도나 유학생의 존재로 보아 학교제도는 마련되었을 것이다. 단지 그 기록은 찾아볼 수 없다.

제2절 고구려의 교육제도

기원전 4~3세기 무렵, 철기가 도입됨에 따라 철제 농기구와 공구가 사용되기 시작하였다. 철기의 도입은 농업이 본격적으로 발전하는 계기를 마련해 주었다. 그 결과 씨족 간, 부족 간의 우열이 생기게 되었고, 부족 간의 이합집산으로 지역 정치집단이 생겨났다. 고구려의 명칭은 지역 정치집단이 중심이 되어 보다 큰 고을을 형성하게 되었을 때의 그 큰 고을을 뜻한다. 고구려라는 명칭은 고을을 뜻하는 '구려(句麗)'라는 말에 높다는 뜻의 관형사 '고(高)'가 덧붙여져 만들어진 것이다(고구려라는 명칭이 등장한 것은 기원전 2세기 말경으로 추측됨)(노태돈, 1991). 고구려는 삼국 중 가장 먼저 고대국가의 체제를 구비했다. 고구려는 지리적으로 한반도의 북방에 위치하여 일찍부터 중국과 교섭이 자주 있어서 중국 문화의 영향을 많이 받았다. 학교교육은 지식과 사상의 전달 수단인 문자를 사용하였고, 고구려에서는 문자의 사용에 관한 최초의 기록은 삼국사기(三國史記) 고구려본기(高句麗本紀)에 "국초부터 문자를 사용하기 시작하였다(國初始用文字)."

1. 고구려의 태학과 경당

고구려의 학교교육에 대한 최초의 기록은 삼국사기 고구려본기에 "소수림왕 2년(372)에 태학을 세워 자제를 교육했다(소수림왕 二年 夏六月… 入太學 教育子弟)."고 한데서 나타난다. 이는 우리나라의 학교교육에 관한 기록 중 최초의 것이다. 또한 이 시점에 전진(前秦)의 왕 부견(符堅)이 중 순도(順道)를 파견하여 불교의 경전을 전했고, 다음 해(373)에는 율령을 공포했다.

태학의 조직에 대해서는 「삼국사기」 고구려본기에 의하면, "영양왕 11년(600)에 이문진으로 태학박사를 삼다"라고 한 것과 고구려 직제에 "장차 관에 나아갈 사람은 조의선인(皁衣仙人)이라 하고, 이를 감독하기 위해 조의두(皁衣頭)라는 벼슬아치를 주다"라고 한 것으로 보아 조의두가 태학의 책임자였으며, 교사로서는 박사, 학생은 조의선인이었음을 짐작할 수 있다.

삼국사기에는 태학을 설립해서 자제를 교육했다는 단편적인 기록만 있을 뿐, 교육 목적과 내용 등에 관해서는 기록이 없다. 고구려는 전진의 각종 제도와 문화적 영향을 받은 것으로 보아 태학의 교육내용은 유교의 경전인 五經(詩經, 書經, 周易, 禮記, 春秋), 三史(史記, 漢書, 後漢書), 三國志, 晋春秋, 玉篇, 字統, 字林[1], 文選[2] 등을 학습한 것으로 추정된다.

태학은 고등교육기관으로 국가에서 직접 인재를 양성하여 뽑아 쓸 목적으로 세웠을 것이다. 태학에는 상류층(귀족)의 자제만이 입학할 수 있었으며, 15세에 입학하여 9년 동안 수학하였다. 또한 태학은 우리나라 최초의 형식교육기관이었으며, 고구려 최고의 국립고등교육기관이었다. 우리나라 문헌에 나타난 학교교육의 시초로써 역사적 의의를 가지고 있다.

한편 고구려에서는 태학이 관학인데 비하여 우리나라 사학의 시초라고 할 수 있는 경당(扃堂)이 있었다. 경당은 평민층의 자제에게 경전과 궁술을 교육하기 위하여 지방 각처에 설치하였던 것이다. 경당에 관한 기록은 중국의 사서인 『구당서(舊唐書)』(945)와 『신당서(新唐書)』(1060)에 각각 다음과 같이 기록되어 있다.

> 사람들이 독서를 즐겨하여 서민들이 사는 곳에 이르기까지 번화가에는 큰 집을 짓고 이를 경당이라 부른다. 마을의 결혼하기 전 청소년들이 밤낮으로 이곳에 모여 책을 읽고 활쏘기를 배운다. 책으로는 오경과 사기, 한서, 범엽 후한서, 삼국지, 손성 진춘추, 옥편, 자통, 자림,

---

1) 자림, 자통은 글자를 해설한 사전 내지 자전류이다.
2) 중국 진, 한나라 이후 제, 양나라의 대표적인 시문을 양나라의 소통이 집대성하여 펴낸 책이며, 이는 통일신라 독서삼품과의 상품과 시험과목들 중 하나로 부과되기도 하는 등 한국 한문학에 큰 영향을 미쳤다.

> 그리고 문선이 있다. 문선을 특히 중시한다(俗愛讀書 至於衡門廝羊之家 各於街衢造大屋 謂之扃堂 子弟未婚之前 晝夜於此讀書習射 其書有五更及史記 漢書 范曄後漢書 三國志 孫盛晋春秋 玉篇 字統 字林 又有文選 太愛重之).
>
> -『구당서(舊唐書), 동이전(東夷傳), 고려조(高麗條)』
>
> 사람들이 배우기를 좋아한다. 가난한 마을에 사는 천인들조차도 서로 권면하며 네거리에는 빠짐없이 엄옥을 지어놓고 경당이라고 부르는데 마을의 미혼 자제들이 만나는 곳이다. 경을 읽고 활쏘기를 배운다(人喜學 至窮里廝家 亦相矜勉 衢側悉構嚴屋 號扃堂 子弟未婚曹處 誦經習射).
>
> -『신당서(新唐書), 동이전(東夷傳), 고려조(高麗條)』

경당의 설립 시기는 분명치 않으나, 장수왕 때 평양 천도(427)를 전후하여 신에 제사하던 지방의 신전(神殿)을 독서와 무예의 장소로 개편한 것으로 보인다. 이때는 고구려 왕권 체제를 확고하게 확립한 시기이며, 동시에 대외 정복사업이 한창이었던 시기이다(이기백, 1967). 경당은 고구려의 교육기관으로서, 미혼 자제들을 대상으로 문무를 겸비한 교육을 실시했다는 점이 특징이다. 이런 점에서 고구려의 경당은 신라의 화랑도와 성격이 유사하다고 할 수 있다. 고구려의 경당은 서민의 교육장인 동시에 군사적으로 필요한 기술을 익히는 장소였다. 고구려가 수나라, 당나라 등의 주변 강대국들의 침입을 극복하고 강대한 국가를 형성할 수 있었던 것도 이와 같은 교육의 힘이 원동력이 되었다. 고구려의 태학은 관학으로서 중앙에 위치하였고, 귀족의 자제에게 유학을 교육하여 관리로 양성하였다. 한편 경당은 사학으로 전국 각처에 위치하였으며, 평민의 자제에게 유학과 무예 등을 교육하였다. 경서와 역사서 등은 태학과 경당의 공통된 교육 내용이나, 습사는 경당의 독특한 내용이라 할 수 있다. 고구려인들은 유학과 습사를 함께 하여 상무정신을 중요시한 것을 알 수 있다(박의수 외, 2019; 피정만, 2011).

당시에 유행한 경당의 교육사상을 제시하면 다음과 같다(장덕삼, 2003). ① 개국한 후 차츰 일반대중에게 널리 사학교육이 보급되었다는 점이다. ② 교육을 받는 대상은 소년기로부터 청년기에 걸쳐 실시되었다는 점이다. ③ 당시 고구려 국내의 정세에 비추어 문무일치 교육을 했다는 것이다. ④ 교과내용의 범위가 넓고 그 정도가 높은 것으로 미루어 경당은 초등교육 정도부터 고등교육 정도까지 겸한 교육기관으로 보인다. 그리고 경당은 고려와 조선시대에 나타난 서당의 기원으로 볼 수 있다.

제3절 백제의 교육제도

≪삼국사기≫에 의하면, 백제는 기원전 18년 한강 북쪽의 하남 위례성을 도읍으로 건국하여 660년(의자왕 20년) 나·당연합군에 의해 멸망하기까지 678년 동안 존속하였다. 백제의 주민은 나라를 세운 부여와 고구려 출신의 사람들, 그곳에 살고 있던 마한 사람들, 그리고 낙랑군과 대방군의 한족들 등 여러 종족으로 구성되었다. 백제는 외부세계에 대하여 매우 개방적인 성격을 가지고 있었으며, 또한 그 위치가 지리적으로 한강 유역의 비옥한 농경지에 있었으므로 일찍부터 정치적 및 문화적으로 선진성을 보이면서 빠르게 성장하였다(김명신, 2013).

하지만 백제의 경우는 고구려 이상으로 학교교육에 관한 기록이 부실하다. 다만 오경박사제도가 있었다는 것, 높은 수준의 학문과 기술이 존재했다는 것 등을 통해 중국문화의 영향을 받은 교육문화가 비교적 이른 시기부터 백제에 있었다는 것을 추측할 수 있다. 그리고 백제에 관해서는 고대 일본의 역사서에 상당한 양의 기록이 있는데, 그를 통해서도 백제에 상당한 수준의 학술과 교육 문화가 있었다는 것을 추정할 수 있다(정규영, 2011).

『삼국사기』에 따르면, 375년(근초고왕대)에 박사 고흥이 역사서 『서기(書記)』를 편찬하였다. 또 일본측 역사서 고사기(古事記), 일본서기(日本書記)에 의하면, 백제인 왕인이 일본에 논어와 천자문을 405년에 전했으며, 6세기 초에는 백제의 여러 오경박사들이 초빙되어 일본에 건너갔다(523년 오경박사 단양이, 516년 한고안무, 백제 26대 성왕 때 오경박사, 의박사, 역박사). 그 외 농업, 직조, 의약, 천문, 지리, 음악, 미술, 공예의 기술자가 백제에서 일본으로 건너가서 일본의 고대국가 건설 및 문화 발전에 크게 기여하였다. 이러한 사실로 미루어 볼 때, 백제의 학술 및 교육이 고대

동아시아에서 높은 수준에 도달해 있었다는 것은 분명한 사실이다. 오히려 여러 사료들을 통하여 보면, 고구려보다 앞서서 다양한 교육활동이 이루어졌을 것이라고 짐작된다. 그 근거로는 다음과 같은 것들을 들 수 있다(장덕삼, 2003).

첫째, '박사제도'이다. 박사란 교학지임(教學之任)을 맡은 관직, 즉 벼슬의 이름이다. 즉 유학의 경전에 정통한 학자들로서 가르치는 것을 주임무로 하는 교육의 관직인 것이다. 중국의 '오경박사', 고구려의 '태학박사'가 그것이다.

둘째, 백제의 중앙관제에서 학교 성립의 가능성을 발견할 수 있다. 백제는 육좌평의 중앙관제 중 내법좌평은 의례를 정하는 부서인바 이것은 조선왕조의 육조 중 예조에 해당한다 중앙의 교육행정 기구는 존재하면서 학교가 없다는 것은 논리적인 모순이다. 따라서 백제는 문교행정의 중앙기관으로서 내법좌평과 내법좌평의 지휘 감독을 받는 학교가 있었다는 것이 명백하다.

셋째, 백제의 풍속이 서적을 즐겨 읽었다고 하는데서 학교의 성립을 추측할 수 있다. 서적이 존재하고 있음은 어떤 형태로든 문자 교육을 위한 교육기관이 성립되어야 함을 전제로 한다. 백제가 서적을 중요하게 여겼음은 각종 기록에 나타나 있다.

> 풍속이 말 타고 활쏘기를 숭상하고 아울러 고서와 사서 등도 애독하며 뛰어난 사람은 문장을 엮을 줄도 알았다(俗重騎射 兼愛墳史 而秀者頗解屬文(北史卷九十四, 列傳 第八十二. 百濟).
>
> 책을 읽고 관리의 일도 잘 본다(讀書史 能史事(隨書 卷八十一, 列傳 第四十六東夷. 百濟).
>
> 서적으로는 오경과 제자서 및 사서가 있으며 표(表), 소(疏)의 글도 중화의 법에 의거한다(其書籍有五經·子·史·又表疏並依中華之法(舊唐書 卷一百九十九上. 列傳第一百四十九上 東夷. 百濟國).

넷째, 도당유학(渡唐留學)이다. 형식적인 교육기관은 존재하지 않았지만 당나라에 유학을 보낸 실정으로 보아 높은 수준의 학식과 덕망을 겸비한 인재를 양성화였을 것으로 짐작된다. 문맹자나 수준 이하의 인물을 해외로 파견하였다는 것은 예나 지금이나 있을 수 없는 일이기 때문이다.

따라서 백제는 기록상 학교교육의 모습을 발견할 수 없을 뿐 오늘의 형식 교육에 뒤지지 않는 교육 풍토가 조성되었을 것이라고 보아진다.

제4절 신라의 교육제도

신라의 교육은 통일 이전의 교육과 통일 이후의 교육으로 분류해서 볼 수 있다. 통일 이전의 교육은 신라에 고유한 화랑도(花郎徒) 교육이며, 통일 이후의 교육은 당(唐)의 교육 제도에 영향을 받은 국학(國學)의 교육이다. 그리고 신라의 교육에 관련된 것으로는, 당에 유학생을 파견한 것과 독서출신과(讀書出身科)를 통해 관리를 선발한 제도를 들 수 있다. 국학과 도당유학생, 독서출신과에 대해서는 5장에서 다루고자 한다.

1. 신라의 화랑도교육

신라는 지리적으로 한반도의 동남쪽에 위치하고 있어서, 고구려와 백제에 비해 중국문화의 수입이 늦었다. 그러나 신라는 고유한 문화를 가지고 있었을 뿐 아니라, 화랑도 조직을 통해 교육제도를 발전시켰다.

화랑도의 기원을 고찰하면, 화랑도 이전에는 인재등용을 위하여 원화(源花)제도가 있었다. 『삼국사기』와 『삼국유사』에 의하면, 진흥왕(576) 때에 군신들이 인재를 알아낼 수 없어서 원화를 내세워, 효제충신(孝悌忠信)의 덕목을 가르쳐 나라를 다스리고자 하였다. 원화는 아름다운 여성이었으며 남모와 준정을 원화로 내세웠다. 그 무리가 삼 백 여명이 되었는데, 두 여성이 미모를

화랑

출처: http://불교인터넷방송.kr/v2_board/bbs/board.php?&bo table=news&wr id=484

다투어 질투하다가 준정이 남모를 유인하여 억지로 술을 먹이고 강물에 던져 죽이는 사건이 발생했다. 이를 계기로 원화를 폐지하고 풍월의 도를 진작시키고 나라를 일으키고자, 훌륭한 가문의 청소년으로서 미모와 덕행을 갖춘 자를 뽑아 화랑이라고 하였다. 진흥왕 37년 화랑도가 국가적으로 채택된 이후 삼국을 통일할 때까지 매우 중요한 역할을 하였다.

화랑도의 조직을 살펴보면, 총지휘자로는 국선(國仙)이 있었다. 그 밑에 덕망과 용의(容儀)를 중심으로 13세 내지 18세의 청소년 3인 또는 8인 내외의 화랑(선랑)을 추대하고 또 아래에는 문호(門戶)라는 편성이 있어 수백·수천의 낭도(郎徒)가 결속되어 있었다. 이를 제시하면 ❙그림 4-1❙과 같다.

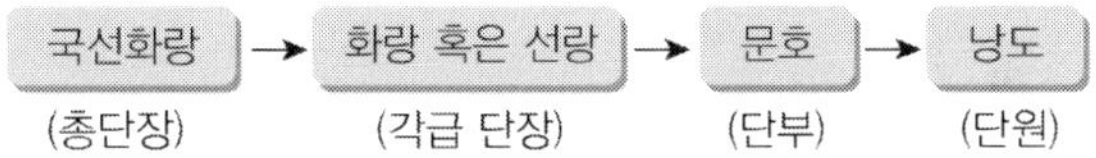

❙그림 4-1❙ 화랑도 조직

❙그림 4-1❙에서 살펴본 바와 같이, 국선 또는 화랑은 일종의 모범 사범(師範)으로, 많은 낭도들로 하여금 화랑을 사범으로 삼아, 그를 수행하는 동안에 아름답고 선량한 인격을 양성하려고 하였다. 화랑도 출신 성분은 귀족 지배적인 국가체제와 화랑도를 운영함에 있어서 소용되는 막대한 경비문제가 있어서 귀족 출신이 아니면 안 되었다. 이리하여 단장인 화랑은 귀족 중에서 선출하는 것이 원칙이었으나, 그를 중심으로 모여드는 낭도는 이와 달랐기 때문에, 신라의 귀족과 평민과의 교량적 역할을 했다고도 볼 수 있다. 신라의 고유한 전통사상에서 출발한 화랑도는 점차 국가에 필요한 인재를 양성하는 교육기관으로 되었다.

화랑도의 교육이념은 원광법사의 세속오계에 바탕을 두고 있다. 세속오계는 귀산(貴山) 화랑과 추항(箒項) 화랑이 원광법사에게 화랑도들의 이념적 지표를 요청하자 세속적인 5개조의 계명을 말하여 현실에 입각한 사회윤리와 국가윤리를 채택한 것이다.

① 사군이충(事君以忠): 충성으로써 임금을 섬긴다.
② 사친이효(事親以孝): 효도로써 부모를 섬긴다.

③ 교우이신(交友以信): 믿음으로써 벗을 사귄다.

④ 임전무퇴(臨戰無退): 싸움에 임해서는 물러나지 않는다.

⑤ 살생유택(殺生有擇): 살생을 함부로 하지 않는다.

화랑도의 교육목적은 국토방위와 국위선양, 민족통일의 대업 완수, 규율을 준수하고 희생정신을 함양하는데 두었다(장덕삼, 2003). ① 용감한 병사를 양성하는 데 있었다. 김대문(金大問)의 「화랑세기(花郎世紀)」에는 "위로 임금을 돕고, 아래로 만백성을 잘 다스리는 어진 재상이 여기서 발탁되고, 나라를 지키는 억센 장수와 용감한 군사가 이로 인하여 생겨났다"고 한 것으로 보아 신라는 화랑도를 통해 국가를 다스릴 중심인물을 양성하면서도 필요한 경우에는 군인, 무사가 될 수 있도록 국방의 인재를 양성하고자 했다. ② 화랑도를 통해 종교적 및 도덕적 교육을 실시하려 했다. 화랑도는 유취군유(類聚群遊)로서 그 사이에 도의를 상마(相磨)하고, 교우 사이에 생활의 규범을 배우게 했다. 화랑도의 종교 및 도덕교육의 바탕은 유교·불교·도교의 힘이 컸다.

화랑도의 교육내용(신차균 외, 2006; 피정만, 2011)은 지적인 면보다는 정의적이고 활동적인 면에 치중된다, 화랑도는 무술의 기초가 되는 칼쓰기, 활쏘기, 창쓰기, 말타기 등을 학습하였으며, 정서 도야에 필요한 시와 춤과 음악을 하였다. 그리고 전국의 명산대천을 두루 다니면서 심신을 단련하고 호연지기(浩然之氣)를 길렀다. 그리고 오상(五常: 仁義禮智信), 육예(六藝: 禮樂射御書數), 삼사(三師: 戒定慧), 육정(六正: 布施, 持戒, 忍辱, 精進, 禪定, 知慧)를 공부하였다. 오상과 육예는 유교의 정신이고, 삼사와 육정은 불교의 정신이다.

화랑도의 교육방법의 특징은 다음과 같다(김명신, 2013; 정영희 외, 2008).

> "相磨以道義(상마이도의), 相悅以歌樂(상열이가악), 遊娛山水 無遠不至(유오산수 무원부지)"
> "서로 도의로써 연마하고, 서로 노래와 가락으로서 즐기며, 산수를 유람하며 즐기되 아무리 먼 곳이라도 찾아간다." -삼국사기 진흥왕 37년(576) 조-

상기의 내용을 미루어 보건대, 화랑도의 교육방법은 ① 개인적인 것이 아니라 집단적인 교육으로 생활과정을 통하여 공동체의식, 인격교육의 기초를 수련했다.

② 제도적인 유교교육기관은 아니었다. ③ 생활양식이나 교육내용은 지적인 면보다 활동적인 것이었다. ④ 주로 도덕적·정서적·신체적·사회적·군사적인 훈련을 교육의 면에서 강조했다. ⑤ 무술, 이성도야, 정서도야, 심신단련과 직관도야를 통한 무형식 교육, 체험교육이었다. ⑥ 시가(詩歌)와 음악 등 풍류를 즐기면서 화랑도들의 쾌활, 명랑, 취미 등의 감정을 건전하게 발달시켰다.

화랑도교육의 역사적 의의는 다음과 같다(김명신, 2013). ① 신라가 고구려나 백제에 비하여 학교의 설립이 늦었던 것은 화랑도가 교육기능을 훌륭히 수행했기 때문에 학교의 필요성이 그만큼 적었던 것으로 볼 수 있다. ② 화랑도 교육은 현실적 국가주의와 유·불·선의 보편적 정신세계를 융합한 교육으로 신라의 삼국통일에 필요한 많은 인재들을 배출하였다. ③ 화랑도는 진흥왕이 제도적으로 조직한 때부터 삼국통일이 완성된 문무왕에 이르는 약 1세기 동안 융성하다가 이후에 쇠퇴하였다. 그러나 화랑도의 정신은 고려와 조선시대를 거치면서 면면히 이어져 국가 위기상황에서 커다란 정신적 지주 역할을 하였다.

생각해보기

1. 삼국시대에 설립된 교육기관의 특징을 비교 및 설명하시오.
2. 불교와 유교가 고대 삼국의 교육에 끼친 영향을 설명해 봅시다.
3. 화랑도에 의한 신라교육의 특징은 무엇인가?
4. 화랑도와 오늘날 청소년 단체의 특성을 비교 설명하시오.

CHAPTER 05

통일신라의 교육

제1절 국학의 성립과 내용

제2절 인재등용법: 독서삼품과

제3절 도당유학생

제4절 교육사상가

학습목표

1. 국학의 교육과정인 '삼분과제'에 대하여 설명할 수 있다.
2. 통일신라 때 인재등용법인 독서삼품과에 대하여 설명할 수 있다.
3. 원효의 교육사상에 대하여 설명할 수 있다.

Keyword

국학, 대사(大舍), 사(史), 박사, 조교, 대나마, 나마, 삼분과제, 학전제, 독서삼품과, 특품과, 견당유학생, 숙위학생, 빈공과, 제과, 화쟁사상, 정토사상, 발심수행장, 화왕계, 삼교관, 난랑비서

신라의 삼국통일은 정치, 군사, 종교, 교육의 분야를 책임지고 있던 김춘추, 김유신, 원광, 자장 등이 중심이 되어 국력을 결집한 결과로 이루어진 것이다. 화랑도의 존재를 떠나서는 상상할 수 없는 것이었다. 신라는 태종무열왕 7년(660)에 당의 도움으로 백제를 멸망시키고, 문무왕 8년(668)에는 고구려를 멸망시켰다.

신라의 삼국통일은 영토의 확장과 인구의 증가로서 새로운 문제가 제기되었다. 그중 가장 중요한 것은 관료기구의 확대에 의한 정치체제의 변화와 그에 따른 토지제도의 변질과 동시에 새로 편입된 지역의 문화적 전통과 당나라에 대한 외교정책에 의한 신라 교유의 사상적 기반이 급속도로 변질되었다. 정치적 측면에 있어서는 새로운 관료체제의 확립을 위한 시대적 요구로서 종래의 골품에 의한 신라 특유의 관료제가 파괴되고 고구려와 백제의 구관료를 새로운 통일 신라의 신관료로 포섭해야 하는 여건 등을 고려해서 새로운 관료제가 대폭 확대되지 않을 수 없었던 것이다. 특히 새로 편입된 지역을 통솔하기 위한 신관료군의 대폭적 증가는 더욱 이것을 촉구하지 않을 수 없었던 것이다. 특히 지방제도에서는 문무왕부터 신문왕 시기에 전국이 9주(州) 5소경(小京)으로 재편되고, 주 밑에는 군(郡)·현(縣)이 설치되었다.

한편 문화적 측면에서 고구려, 백제의 구문화적 기반과 당나라의 국제적 관계에서 생기는 대당정책의 결과로 나타나는 당 문화의 유입 등은 신라사회로 하여금 통일 이전의 씨족적 사회풍토에서 외래문화에 의한 종합적 문화를 기반으로 하는 신라사회로 변질되었다.

상기에서 살펴본 바와 같이, 정치, 경제, 문화적 변화는 신라사회의 학교교육에 대한 새로운 전통을 확립하게 되었으며, 그리고 당나라 문화와의 접촉에서 발생하는 새로운 문화수용 태도 등과 결부하여 나타나는 것이 통일 신라의 새로운 학교 전통의 수립인 국학으로 볼 수 있다. 따라서 5장에서는 국학의 성립과 내용, 인재 등용법: 독서삼품과, 도당유학생, 통일신라시대의 교육사상가 등에 대하여 고찰하기로 한다.

제1절 국학의 성립과 내용

신라는 통일 후 신문왕 2년(682)에 비로소 국학을 세웠다. 이는 기록상 고구려에 비해 310년이나 뒤늦은 셈이다. 다양한 정황으로 보아 이렇게 국학을 늦게 세운 것은 이상한 일이 아닐 수 없다. 국학을 세운다는 것은 유교가 국가이념으로 공인되었다는 것을 의미한다. 이러한 사실은 신라가 유교를 국가이념으로 채택하는 것이 늦었다는 것을 나타낸다. 심지어 신라는 통일 이전에 국가이념으로 유교보다는 불교를 수용했기 때문이다.

국학의 설치 목적은 유교사상을 연구 및 보급하고 유학 이념에 입각한 관리를 양성하려는 목적을 가지고 있다.

국학의 직제로는 당나라의 것을 모방한 것으로 경(卿: 6등관) 1명, 대사(大舍: 12등관) 및 사(史) 4명, 박사(博士)와 조교(助教) 약간 명을 두었다. 경(卿)은 국학을 총괄하고, 대사(大舍)와 사(史)는 국학의 행정을 맡았으며, 박사(博士)와 조교(助教)는 교육을 담당했다.

국학의 입학자격은 15~30세의 귀족 자제들로서 12관등인 대사(大舍)로부터 벼슬이 없는 사람(無位者)까지 입학할 수 있었다. 국학의 수업 연한은 9년이었다. 소질이 없는 자는 퇴학시키고 미숙하지만 가망이 있어 보이는 자는 9년 이상 재학할 수 있었다. 국학을 졸업하면, 성적에 의해 대나마(大奈麻: 10등관), 나마(奈麻: 11등관), 대사(大舍: 12등관)의 벼슬을 주었다. 신라의 정치조직은 17등관으로 나누어지는데 이들은 10~12등관에 해당된다.

국학의 교육내용은 유교적 윤리관을 확립하는 데 필요한 유학의 경전들이 주가 되었다. 국학의 박사와 조교들은 학생들을 삼분과제로 나누어 가르쳤는데 논어와 효경을 필수로 하였다. 삼분과제는 ① 1분과: 논어, 효경, 예기, 주역, ② 2분과: 논어, 효경, 좌전, 모시, 춘추, ③ 3분과: 논어, 효경, 상서, 문선 등으로 했다. 그리고 논어와 효경이 필수로 된 것은 유학의 기본 이념인 충과 효의 덕목을 강조하기 위한 것으로 생각된다(장덕삼, 2003). 또한 유교경전 이외에 기술교육(잡학교육)도 강화하였다. 특히 효소왕 1년(692)에는 의학을 개설했고, 성덕왕 16년(717)에는 국학에 의학박사, 산학박사를 두고 이듬해에는 천문학을 가르쳤다. 그리고 경덕왕 때에는 율학을 가르치기 위해 율령박사 6명을 두었다.

성덕왕 16년(717)에는 당나라에 파견되어 갔던 김수충이 가지고 온 공자와 그 제자인 10철(十哲)[1] 및 72제자의 화상(畵像)을 국학에 모시고 석전(釋奠)의 예(禮)를 행하였다. 이는 우리나라의 문묘(文廟)의 시작이었다. 이로써 국학은 명실상부한 유교 교육기관으로서의 체제를 완비하게 된 것으로 볼 수 있다. 이후 고려와 조선시대에도 국학, 즉 국립대학에 문묘가 설치되었다. 그런데 신라의 국학에는 문묘가 독립되어 있지 않았으나 후에 고려의 국가감에는 문묘를 따로 설치하게 되었다(박의수 외, 2019; 김명신, 2013).

그리고 통일 신라는 국학의 장려를 위해 녹읍(祿邑)[2] 등의 물질적인 원조도 하였다. 소성왕 1년(799)에 진주와 거제도를 학생의 녹읍으로 주어 학비를 조달케 하였다. 즉 국학 경영의 재정, 관학의 교육재정을 충당하였으며 이는 고려시대에 이르러 양현고로 발전하여 조선시대에까지 이어졌다. 통일 신라의 학전제(學田制)는

1) 공자의 열 사람의 뛰어난 제자, 안회(顔回), 민자건(閔子騫), 염백우(冉伯牛), 중궁(仲弓), 재아(宰我), 자공(子貢), 염유(冉有), 자로(子路), 자하(子夏), 자유(子游) 등이다.

2) 신라 때 백관(百官)에 주던 직전(職田)으로 주던 논밭

오늘날 바로 장학금 제도의 시초로 볼 수 있다.

국학은 국내 역사기록에서 운영 규정을 확인할 수 있는 최초의 국립대학으로써 학교의 사회적 선발의 기능을 수행했다. 그리고 국학의 2대 기능은 학업과 문묘제례를 들 수 있다.

제2절 인재등용법: 독서삼품과

삼국을 통일한 신라는 시간이 지나면서 사회적 안정을 이룩하였다. 하지만 다른 한편으로는 귀족들의 왕권 도전이 사회문제를 야기하면서 종전의 골품제도만으로 정치체제를 유지하기가 어렵게 되었다. 이에 원성왕 4년(788)에 소수 귀족이 관직을 독점하는 것을 막고 왕권을 강화하기 위한 정책의 일환으로 국학 내에 독서삼품과를 설치하였다. 이는 관리를 인재 본위로 등용하는 제도로 국학이 생긴지 100년이 지나서의 일이다.

독서삼품과는 과거제도의 일종으로 국학 출신자들의 성적을 상·중·하·특의 4등급으로 나누어 등용서열을 정하는 것이었다. 신라의 인재등용법이 족별, 학벌 위주로 치우침에 따라 인물중심(실력시험)의 제도로 전환되었음을 의미한다. 통일 이전에는 화랑도 교육과 궁전법(기마와 궁술: 弓箭法)으로 관리를 선발하게 된 것이다.

독서삼품과의 성적은 시험과목의 많고 적음에 따라 삼품(三品)과 특품(特品)의 4등급으로 분류하였다. 각 등급의 시험성적은 다음과 같다(김명신, 2013).

① 상품과: ≪춘추좌씨전≫, ≪예기≫, ≪문선≫, ≪논어≫, ≪효경≫

② 중품과: ≪곡예≫, ≪논어≫, ≪효경≫

③ 하품과: ≪곡예≫, ≪효경≫

④ 특품과: 오경(五經), 삼사(三史: ≪사기≫, ≪한서≫, ≪후한서≫), 제자백가(諸子百家)의 서적

이 중에서 특품과에 속한 사람은 출신에 관계없이 파격적인 벼슬을 주어 관리

로 특채되었으나, 그러한 경우는 매우 드물었던 것으로 보인다. 그리고 신라는 삼국 통일 이후에 당나라의 유학을 장려하여 당나라 말에 이르기까지 당에서 과거에 급제한 사람이 18명이나 되며 그 중에 학문에 이름을 떨친 사람으로서 최치원(崔致遠), 김가기(金可紀), 최승우(崔承祐) 등이 있고 최인곤은 귀국하여 집사시랑 서서원학사(執事侍郎 瑞書院學士)가 되었다가 후일 고려 태조에게 임관되어 문한직(文翰職)을 맡은 바 있다(한국교육사연구회 편, 1986). 이와 같이, 신라는 삼국통일 이후에 많은 학사를 당나라의 국자감에 파견하여 수학하고 돌아와 국학 교육을 진흥시켰으며, 나아가 유교적 학문의 기풍을 조성하였다. 특히 독서삼품과의 각 등급 모두 효경, 예기, 곡예가 공통 필수화되어 있는데 곡예는 예기의 한 부분에 지나지 않는 것으로 보아 이 두 과목은 중요한 시험 대상 과목임을 알 수 있다(신득렬 외, 2005; 장덕삼, 2003).

독서삼품과는 국학 내에 설치됨으로써 국학생들에게만 시험 기회가 주어졌기 때문에 좀 더 폭넓은 관리 선발제도로 정착되고 발전되기에는 처음부터 제약을 안고 있었다. 더군다나 신라 후기로 접어들면서 출신성분이 중요시되거나 당에 유학한 사람들이 관리로 등용되는 경우가 잦아져서 능력본위의 관리 선발이라는 독서삼품과 원래의 취지가 약해졌다.

독서삼품과가 설치될 당시 국학생의 대부분은 진골과 같은 세습 귀족 출신이 아니라 육두품 출신이었다. 진골보다는 못하지만 상급 신분층이었으나 골품제로 인하여 관직의 승진이 관등 6위인 아찬까지밖에 올라갈 수 없었던 육두품은 골품이 아닌 학벌과 실력 위주로 관리를 채용하는 독사삼품과의 설치를 환영하였다. 그러나 골품 귀족들은 자신들이 누렸던 특권에 상대적인 손해로 돌아오는 이 제도의 설치를 반대하였다. 하지만 시간이 경과함에 따라 원래의 취지가 약해짐으로써 독서삼품과는 결과적으로 실패한 제도로 볼 수 있다. 그러나 일종의 과거제도의 전신이라는 점에서 그 의의를 찾을 수 있다. 우리나라에서 본격적인 과거제도는 고려 광종 9년(958)에 가서야 실시되었으니, 신라의 독서삼품과가 설치되고 거의 2세기가 지난 후의 일이다(김경배 외, 2004).

제3절 도당유학생

삼국은 당나라의 선진 유학과 문물을 수입하기 위하여 당나라에 유학생을 보냈다. 신라에서는 당나라의 국자감에 유학생을 보냈는데, 이들을 도당(渡唐)유학생 또는 견당(遣唐)유학생이라고 한다. 진평왕 때인 621년 삼국 중 가장 먼저 당과 국교를 맺은 신라 선덕여왕 9년(640)에 당나라에 유학생을 보낸 이후 왕자와 우수한 학생을 뽑아 당에 유학시켰다. 유학생 수가 100여 명이 넘는 때도 있었다. 국가가 보낸 관비 유학생을 숙위학생(宿衛學生)이라고 하였는데, 이들 숙위학생 외에 사비로 유학을 간 학생들도 있었다. 외국인에게 국자감 입학을 개방한 당나라는 외국인을 접대하는 관서인 홍려시(鴻臚寺)를 통하여 유학생들에게 숙식과 의복을 지급하였으며, 신라는 서적 구입에 필요한 비용을 지불하였다. 특히 신라 말에는 도당유학생이 증가하면서 당에서 외국인을 대상으로 실시한 빈공과(賓貢科) 또는 제과(制科)에 급제하고 돌아오는 사람들이 많아졌다. 그들 중에서 독서삼품과의 여러 제약으로 승진에 제약을 받은 육두품 출신의 자제들이 다수 있었는데, 예를 들면, 신라 말 대표적인 지식인으로 3최라 불린 최치원, 최승우, 최언위 등이 그들이다. 당나라에 유학하면서 빈공과에 합격하고 귀국한 사람들은 당나라에서 경험한 신분제의 개방성과 과거제도에 대한 인식을 바탕으로 골품제에 기초한 신라사회의 폐쇄성을 비판하는 세력으로 등장하기도 하였다(남궁용원 외, 2008).

제4절 교육사상가

불교와 유교는 삼국시대의 교육의 특징을 결정짓고 있다. 대표적인 교육사상가로는 원효(元曉, 617~686), 설총(薛聰, 655~?). 최치원(崔致遠, 857~?) 등이 있다(정세화 외, 2011; 박재문, 2003; 장덕삼, 2003).

1. 원효

원효

출처: http://www.daegustory.com/daegu-budd/wonhyo.htm

신라시대를 대표하는 고승 원효는 불교의 새로운 좌표를 이론적으로나 실천적으로 제시했다. 원효는 진평왕 39년(617)에 경북 불지촌(현재 경북 경산군 자인면)에서 출생하였다. 본명은 설서억(薛誓憶)이다. 설총의 아버지이며 오늘날까지 위대한 대사상가로 추앙받고 있다.

소년 시절에는 화랑의 무리에 있었으나 출가할 것을 결심하고, 자기 집을 헐어 초개사(初開寺)라는 절을 지었으며, 진덕여왕 2년(648)에 황룡사에서 중이 되어 각종 불전을 섭렵하며 수도에 정진하였다. 원효는 진덕여왕 4년에 의상과 함께 당나라의 유학길에 올랐으나 고구려 순찰대에 발각되어 실패하였다. 그후 문무왕 1년(661)에 다시 길을 떠나 당항성(當項城) 현 남양부근에서 추침 중 해골에 괸 물을 마시고 모든 것은 마음에 달렸으며 사물 자체에는 정(淨), 부정(不淨), 선(善), 불선(不善), 호(好), 불호(不好)도 없음을 깨닫게 되었다.

> 生心則種種法生(생심즉종종법생) 心滅則種種法滅(심멸즉종종법멸)

이라 하고, 일심사상을 강조했다. 그는 유학에서 돌아와 분황사에서 많은 저술을 하고 불교의 대중교화에 힘쓰다가 신문왕 6년(687) 70세로 입적했다.

원효의 불교사상은 일반적으로 '화쟁(和諍)'사상이나 '정토(淨土)'사상으로 불리어진다. 화쟁이란 경전과 각 논에서 나타나는 쟁론을 화해하는 데 그치지 않고 당시 불교에서 가장 심각하게 대두되었던 사상문제를 극복하고자 한 사상이다. 그러나 복잡한 불교원리를 이해하기 어려운 일반 대중을 위하여 아미타불에 대한 절대적 신앙을 통하여 정토에 왕생(往生)한다는 정토사상을 보급하였다. 여기서도 화쟁사상을 볼 수 있다. 그는 정토(淨土, 깨끗한 땅)와 예토(穢土, 더러운 땅, 이승)가 본래 한마음이지만 한마음의 본원에 돌아가기는 쉬운 일이 아니므로, 석가는 예토에서 가르침을 펴고, 아미타는 "중생을 정토에 이끌어(引導)간다"고 하여 종교적 신앙의 차원에서 정토신앙을 방편으로 삼고 있음을 보여 준다.

원효의 발심수행장은 입산수도의 이익 및 그 결심을 초심자에게 적합하도록 저술한 것이다. 발심수행장에서 발심이란, 정각(正覺)을 얻어 번뇌로부터 해탈하겠다는 마음을 의미하며, 수행은 정행(正行)을 의미한다. 흔히 발심이란 두 가지로 쓰이는데, ① 배우려는 마음의 의미로 쓰는 경우이고, ② 불타가 되겠다는 마음을 일으켰다는 뜻으로도 쓰인다(장덕삼, 1994). 여기서 배우겠다는 마음은 깨닫겠다는 마음을 의미하고 불타가 깨달은 자를 의미하기 때문에 불타가 되겠다는 마음을 낸다는 것은 곧 깨달은 자, 즉 무지에서 해탈한 자가 되겠다는 마음을 뜻한다. 그렇기 때문에 발심의 두 가지 의미는 어리석음으로 말미암아 저질러지게 되는 죄의 생활로 전락하지 않기 위해서 먼저 어리석음으로부터 벗어남으로써 미(迷)로부터 오는 인간윤회에서 영원히 해탈하려는 의지를 뜻한다. 발심수행정의 내용을 고찰하면 다음과 같다. ① 탐욕을 멀리하고 수행하라, ② 올바른 방법과 과정을 거쳐서 수행하라, ③ 때를 놓치지 말고 수행하라고 하였다. 결국 원효는 발심수행장에서 수행의 목적을 강조했으며, 그 목적과 의의를 분명하게 인식해야 된다고 지적했다.

원효의 불교사상을 교육사상으로 환원하여 이해하면, 원효의 교육사상은 그 대상과 방법에 있어서 주목할 만하다. 당시 왕족과 귀족의 사상적 기반으로서만 기능하였던 불교가 철학적으로 뿐만 아니라 모든 민(民)을 대중 교화시키는 교육사상으로 전환하였다는 점은 커다란 교육사적 의의를 지닌다. 더욱이 그 교화의 성격이 지배사상으로서의 교화가 아닌, 모든 민의 주체적인 깨달음을 위한 교화란 점을 생각하면 만인 평등의 교육사상임을 이해할 수 있다. 이러한 측면은 현대 교육학에서도 동기를 학습의 중요한 요인으로 인정하고 있음은 우리가 경험하고 있는 사실이다.

2. 설총

설총의 호는 빙월당(氷月堂)이며, 아버지는 신라 십성중(十成中)의 한 사람으로 해동불교(海東佛敎)의 개조(開祖)로 알려진 원효대사(元曉大師)이다. 그리고 어머니는 요석궁(搖石宮)의 과공주(寡公主)이다. 설총은 아버지 원효를 닮아 처음에는 중이 되어

설총

출처: https://blog.naver.com/gbackock/120098153535

불경에 정통하였으나, 얼마 후 불교를 떠나 소성거사로 자칭하였다. 그는 경사에 능하였으며, 우리말로 구경(九經)을 읽고, 후학을 가르쳐 유학의 종주가 되었다. 설총은 신라 10현 가운데 한 사람이며, 문묘 동무에 신라 2현이라 하여 최치원과 함께 종향되었으며, 경주 서악서원에 제향되었다. 그리고 설총은 해동경학에 기여한 공으로 고려 현종 13년(1022)에 홍유후(弘儒侯)에 추봉되고 문묘에 배향되었다.

설총의 학문과 사상적 깊이를 알 수 있는 기록은 남아 있지 않지만, 그는 이두문인 향찰을 집대성하였고, 육경을 읽고 새기는 방법을 발명함으로써 한문을 국어화하고 유학 내지 한학의 연구를 발전시키는 데 공헌하였다. 그가 활동하였던 것으로 추정되는 신문왕 2년(682)에 국학이 세워지고, 유학 진흥이 두드러지는 점도 주목할 만하다.

삼국유사 설총조(薛聰條)에 설총이 유일한 저술로 믿어지는 화왕계(花王戒) 1편이 있다. 「화왕계」는 비유와 풍자로서 신문왕을 훈계하는 우화적인 왕자지계(王者之戒)로서 설총의 군왕교육 사상이 담겨있다. 그것은 신문왕이 설총의 이야기를 다 듣고 난 다음 “그대의 우언(寓言)에는 참으로 깊은 뜻이 있으니, 이를 써두어 왕된 자의 경계하는 말로 하라”고 한 데서도 더욱 밝혀진다. 비유와 풍자로서 신문왕을 훈계하는 「화왕계」야말로 교육자로서의 설총의 면모를 여실히 보여주는 귀중한 사료로서 교육사적 의의를 지닌다.

특히 설총은 신문왕 2년(682)에 국학이란 학교가 설립되고 교육내용을 유교의 경전류들로 삼은 것이나, 성덕왕대에 문선왕 10철 72제자의 도상을 모시는 등 유학 진흥의 노력은 교육사상의 측면에서는 불교의 영향력에서 벗어나고 있음을 알 수 있다. 그리고 설총은 화왕계라는 꽃을 의인화한 우화를 지어 국왕이 미녀와 신하 사이에서 무분별함을 경계하고 정사를 수행함에 있어 감각적인 욕망보다는 이성적인 절제와 도덕성이 필요하다는 것을 강조하였다. 이처럼 당시 제왕의 주변에서 이 같은 이야기를 서슴지 않고 진언하여 왕을 교도할 수 있었다는 사실은 신라 특유의 제도가 있었기 때문이다. 신라가 삼국을 통일할 수 있었던 힘은 교육적인 과정을 거친 국가관, 사회관 및 인생관을 확립시켰던 데서 나온 것이 아닌가 생각된다.

3. 최치원

최치원

출처: https://csense.tistory.com/284

최치원은 신라 말기의 대표적 학자로, 본관은 경주, 자는 고운(孤雲) 혹은 해운(海雲)이며, 그는 경부 사량부(沙梁部, 혹은 本彼部) 출신이다. 그의 집안 내력은 자세히 알 수 없다. 그의 문집에 보면, 어려서 찬찬하고 민첩하였으며, 학문을 좋아하였다고 한다. 그의 나이 12세에 당나라로 유학을 떠나려고 인사를 고할 때, 그의 아버지가 이르기를 '10년이 되도록 과거에 급제하지 못하면 내 아들이 아니다. 가서 학문에 힘쓰라'고 하였다. 최치원 나이 18세(乾符元年, 874년)에 예부시랑 배찬의 밑에서 과거를 보아 단번에 급제하여 선주 율수현위로 임명되었다. 또한 그의 공적을 고사(考査)한 결과 승무랑 시어사 내공봉으로 되어 자금어대(紫金魚袋, 당나라 때 사용하던 병부로서 황금으로 고기를 새겨 자루에 넣은 것)을 받았다. 이때 당나라에서 황소의 난이 일어났다. 고병(高駢)이라는 사람이 제도행영병마도통(諸道行營兵馬都統)이 되어 황소를 토벌하게 되었는데 최치원을 뽑아 종사를 삼아 서기의 임무를 맡겼다. 그때의 표문, 장계, 편지, 지시문들은 그의 손을 거치지 않은 것이 없다. 격황소서(檄黃巢書)는 그가 지은 것으로 황소가 놀란 나머지 앉았던 걸상에서 떨어졌다고 했다.

29세로 신라에 돌아오자, 헌강왕에 의하여 시독 겸 한림학사 수병부시랑 지서서감사(侍讀 兼 翰林學士 守兵部侍郎 知瑞書監事)에 임명되었다. 그리고 귀국 후 초기에는 당에서 배운 경륜을 살펴보고자 하였으나, 한계를 느낀 그는 외직(外職)을 원하여 대산군(大山郡, 현재 전라북도 태인), 천령군(天嶺郡, 경상남도 함양), 부성군(富城郡, 충청남도 서산) 등의 태수(太守)를 역임했다. 그리고 894년 시무책(時務策) 10여조를 진성여왕에게 올려서 문란한 정치를 바로 잡으려고 노력하기도 하였다. 이 시무책은 진성여왕에게 받아들여져서 6두품의 신분으로서는 최고의 관등인 아찬(阿湌)에 올랐으나 실천되기 어려웠다. 그는 40대에 은거를 결심하고, 경주의 남산(南山), 지리산의 쌍계사(雙磎寺), 동래의 해운대 등에 그의 발자취가 남아 있다. 만년에 가야산 해인사에 머물었으나, 언제 죽었는지에 대한 기록은 남아 있지 않다.

최치원의 삼교관에 의하면, 불교를 최고의 지위에 두고, 유교와 도교는 그 아래에 두었다. 바로 이것 때문에 그는 뒤에 유학자들로부터 비난의 표적이 되지만, 삼교는 신라시대에는 서로 반대되거나 갈등을 일으키지 않았다. 삼교는 서로 표리가 되어 관계가 밀접하였던 것이다. 그러므로 유가로서 노와 불을 겸한 이도 있고, 불가로서 유와 불을 겸한 이도 있었다는 것을 감안하면 그 비난은 그리 온당하지 않은 것 같다. 사실 여기서 불교는 위에 두고 다른 것은 아래에 두었다는 말을 하고 있지만, 최치원의 마음속에서는 그렇게 뚜렷이 구분되어 있는 것이 아니다. 최치원에게 있어서 삼교가 하나로 혼융되어 있다면, 즉 그야말로 그가 다른 사람과 다른 마음을 갖고 있다면, 그것이 바로 최치원의 사고방식이라고 할 수 있다.

또한 최치원은 「난랑비서」에서 유불선 통합의 풍류도(風流道)를 화랑의 정신으로 강조하였는데, 이는 통일신라시대의 교육정신의 특징으로 파악할 수 있다. 즉 유교, 불교, 도교의 조화를 강조하여 통일신라시대의 교육받은 인간상이 갖추어야 할 덕목을 풍류도로서 표현했다.

생각해보기

1. 통일신라시대에 화랑도 교육이 약화된 원인에 대하여 생각해 봅시다.

2. 통일신라시대의 인재등용제도에 대하여 생각해 봅시다.

3. 원효의 정토사상이 교육학에 미친 영향에 대하여 생각해 봅시다.

CHAPTER 06

고려시대의 교육

제1절 고려시대의 사회적·교육적 특성
제2절 교육제도
제3절 과거제도
제4절 고려 유교교육의 전환: 성리학의 도입
제5절 교육사상가

학습목표

1. 고려시대의 사회적·교육적 특성을 제시할 수 있다.
2. 고려시대 관학(국자감, 학당, 향교)에 대하여 설명할 수 있다.
3. 고려시대 사학(12도, 서당)에 대하여 설명할 수 있다.
4. 고려시대 과거제도의 변천을 세 가지로 구분하여 설명할 수 있다.

Keyword

국자감, 동서학당, 오부학당, 십이도, 향교, 서당, 칠재, 유경승업제도, 권학관, 경사육학, 문묘, 돈화당, 국자학, 율학, 서학, 산학, 식목도감, 양현고, 무학재, 섬학전, 경사교수도감, 경학, 향학, 문헌공도, 구경, 구재학당, 12공도, 하과, 각촉부시, 신급제자, 과거제도, 제술과, 명경과, 잡과, 제술업, 명경업, 명법업, 명산업, 명서법, 의업, 주금업, 지리업, 하론업, 승과, 지공거, 동지공거, 좌주문생제, 동년회, 용두회, 음서, 문음, 성리학, 주자학, 백운동서원, 소수서원, 사액서원, 양현고, 구재학사, 최공도, 해동공자, 속작시회

9세기말 신라는 지방의 호족들이 일어나고 중앙정부의 통치력이 약해지면서 혼란에 빠지게 되었다. 그 틈을 타 견훤은 900년 옛 백제의 중심지인 전주를 중심으로 후백제를 세웠다. 궁예는 901년 옛 고구려 땅인 철원을 중심으로 후고구려라고 부르는 태봉을 세웠다. 이리하여 후백제, 후고구려, 신라로 분열된 시기를 후삼국이라고 한다. 후고구려는 한때 후백제보다 큰 세력을 형성하였으나 궁예가 폭군으로 타락하여 민심이 이탈하게 되어 궁예의 측근들은 왕건을 새로운 왕으로 추대하고 궁예를 축출했다. 918년 왕으로 즉위한 왕건은 국호를 고려라 하였으며, 935년에는

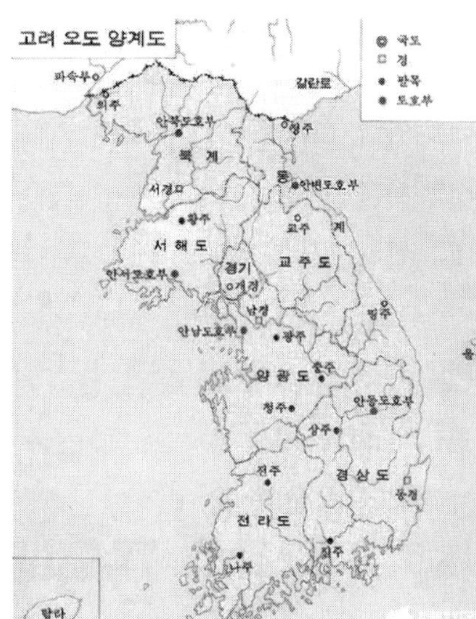

고려시대 지도

출처: https://m.blog.naver.com/tuzang99/221230288572

신라를 병합하고 936년에는 후백제를 굴복시켜 삼국을 다시 통일하게 되었다.

고려 건국 초기에는 중국이 당송오대(唐宋五大)의 혼란기에 해당하였기 때문에 외세에 영향을 받지 않고 안정된 사회 속에서 독자적인 성장을 추구할 수 있었다. 고려사회는 본질상 신라의 문화를 그대로 계승하였기 때문에 통일신라 사회와 그 구조가 크게 다르지 않았다. 고려 역시 통일신라와 마찬가지로 불교를 국교로 삼아 장려하였으며 통치이념으로는 유교를 택했다. 관료 양성을 위해 학교를 세우고 이 안에서 불교 대신 유학사상이 전수되었던 것도 통일신라시대와 같다. 하지만 고려시대에는 통일신라와는 달리 관리 선발이 과거제도를 통해 이루어짐으로써 학교 제도가 확대 및 발전하는 양상을 띠어 그 규모와 종류가 다양해지기 시작했다.

제1절 고려시대의 사회적·교육적 특성

고려는 태조 왕건이 철원에서 태봉을 멸망시키고 나라를 세워 왕위에 즉위한 918년부터 조선왕조가 시작된 1392년까지 474년 간 존속하였다. 고려의 국가 2대 정책으로 북진정책과 숭불정책을 시행하였다.

북진정책은 고구려의 계승국으로 고토회복(故土恢復)을 목표로 추진하였다. 고려 중기 이후 북방 민족인 요(遼), 금(金), 원(元) 등의 신흥 세력과 계속적으로 대립하였다. 이것은 고려의 강건한 자주정신의 발휘라고 할 수 있다.

반면에 숭불정책은 민심을 안정시키고 왕조의 확고한 발전을 기하기 위한 정책이었다. 불교는 삼국시대부터 국가와 국민의 종교로서 기층의 문화를 형성하고 있었다. 고려는 불교를 도참설(圖讖說)과 결부

태조왕건

출처: https://ko.wikipedia.org/wiki/%EA%B3%A0%EB%A0%A4_%ED%83%9C%EC%A1%B0

하여, 각지에 사찰을 세우고 승려를 우대하여 호국불교를 숭상하였다.

유교는 유교적인 통치체계가 확립되면서 치국(治國)의 도(道)로서 장려되었다. 이 때문에 수신치기(修身治己)의 도(道)로서의 불교와 치국(治國)의 학으로서의 유교는 한동안 서로 상극됨이 없이 병행하여 발달하였고 이것이 드디어 고려문화의 양대 지주를 이루었다. 하지만 고려 말기에 이르러 불교계의 타락상이 노정됨으로써 배불운동이 전개 및 심화되었고 유불의 갈등이 격화되었다. 이러한 고려 말기의 억불숭유책의 기풍은 드디어 조선왕조의 성립으로 숭유억불 정책이 제도화되기에 이르렀다.

이러한 고려사회의 사회 및 교육적 흐름에 비추어 고려 학교교육의 발달 시기를 분류하면 다음과 같다(신득렬 외, 2005; 피정만, 2011).

첫째, 관학의 설립과 쇠퇴 및 사학의 형성기이다(태조~숙종, 930~1105). 고려 건국 초기 각종 학교의 설치와 국가감의 설립 그리고 전란으로 인한 관학의 쇠퇴기이다. 그리고 문종 때의 사학이 설립된 시기를 포함한다.

둘째, 관학의 전성기이다(예종~충렬왕, 1106~1303). 예종과 인종 때의 교육 발달기이다. 국자감의 부흥과 지방의 향교 설립 등이 이루어지던 시기이다.

셋째, 성리학의 도입과 관학의 부흥기이다(충렬왕~공양왕, 1304~1392). 원(元)의 지배하에 고려는 성리학을 수용하면서 새로운 학풍이 일어난다. 성리학의 도입은 관학의 부흥을 촉진하고 이는 신진유학자들의 학문적 기반이 된다. 성리학의 유입과 관학의 부흥은 조선의 건국으로 사상적 교체를 단행하는 기반을 제공하게 된다.

제2절 교육제도

고려의 학교교육은 관리의 양성이라는 기능을 하였다. 유학 교육기관으로서는 수도에 관학인 국자감(國子監)과 동서학당(東西學堂, 오부학당), 그리고 사학인 십이도(十二徒)가 있었고, 지방에는 관학인 향교(鄕校)와 사학인 서당(書堂)이 있었다.

1. 고려의 관학(官學)

고려의 관학은 국자감, 향교, 학당에 대해 고찰하기로 한다.

고려의 국자감

출처: https://cafe.naver.com/yangseo10/2651

1) 국자감(속에 칠재)

고려사에 의하면, 태조는 재위 13년(930) 되던 해 서경(현재 평양)에 행차하여 학교를 창시하고 수재(手才) 정악(廷鶚)을 서학박사로 삼아 학생을 모아 가르치게 하였다. 그리고 별도로 학원을 세워 육부(이부·호부·예부·병부·형부·공부)에서 학생들을 모아 가르쳤다. 태조는 그 후 흥학한다는 말을 듣고 비단을 하사하고 이를 더욱 장려하여 의과와 점술과를 더 설치하고 곡식을 하사하여 학비로 삼게 하였다. 서경은 신라 통일 이후에 황폐한 채로 버려졌으나 고려가 북방정책을 내세우면서 북방 정벌을 위한 전초기지로 그 중요성이 강조되었던 곳이다. 태조는 북벌을 위해 서경을 복구 및 개발할 필요가 있었던 까닭에 정책의 일환으로 학교를 짓게 되었던 것이다. 당시 학원에서는 제 관성의 관리가 될 생도를 모아 훈련시켰던 것이다. 결국 학원은 고려시대의 대표적인 관학인 국자감의 전신으로 간주될 수 있을 것이다(정세화·이은송, 2011).

성종 1년(982)에 '지방관정에게 명하여 지방의 수재들이 국도에 와서 학업을 하게 했다"는 기록을 보아서 개경에 대규모의 국학이 성립되어 있었을 것이라는 추측이 가능하다. 그리고 지방호족 자제나 인재들을 국자감에서 수학하게 하는 유경습업제도(留京習業制度)를 비롯하여 성종 6년(987)에 경학박사와 의학박사를 12목에 파견하는 권학관(勸學館)제도를 실시하였다. 이는 지방호족들에 대한 유화책인 동시에 지방에 대한 통제책으로써 중앙집권적 통치체제를 강화하기 위한 정책의 일환으로 볼 수 있다. 결국 권학관제도는 지방교육을 담당하면서 지방감찰의 기능을 수행한 것으로 볼 수 있다. 이러한 노력은 성종 11년(993)에 국자감의 설립으로 중앙집권적인 통치가 가능하게 했다.

종합대학으로서의 국자감은 6학으로 조직되어 있다(장덕삼, 2003). 즉 국자학, 태학, 사문학, 율학, 서학, 산학이다. 국자학, 태학, 사문학의 3학은 유교(과)로써 모두 경학을 전공하고, 율학, 서학, 산학은 잡학(과)로서 모두 해당 기술학을 익혔다. 이를 경사육학이라고 한다. 국자감의 내부구조는 文宣王廟(文廟)와 강학하는 敎化堂, 그리고 유생들이 기숙하는 재(齋)로 조직되어 있다. 이러한 조직 구성은 국자감은 학생을 교육하는 학교 기능과 공자를 비롯한 선현을 제사하는 문묘의 기능까지 겸한 것으로 볼 수 있다. 특히 현종 11년(1020)부터는 신라학자들인 최치원과 설총이 차례로 문묘에 모셨다는 점은 특기할 만한 사항이다(정세화 외, 2011). 그리고 국자감의 직제는 관리직으로 판사(예종 때 대사성으로 개칭), 제주, 사업(司業) 등을 두고, 교수관직으로는 국자학, 태학, 사문학에 각각 박사와 조교를, 그리고 율학, 서학, 산학에는 각각 박사만을 두었다. 그러나 인원수는 그다지 분명하지 않았다.

국자감의 입학자격은 각학에 따라서 규정하고 있다.[1)]

국자학(國子學)은 ① 문무관 삼품 이상의 자손, ② 훈관 이품 대현공 이상의 자손, ③ 경관 사품, 대삼품 이상의 훈봉자 자손 등이다. 태학(太學)은 ① 문무관 오품 이상의 자손, ② 정종삼품의 증손, ③ 훈관삼품 이상의 유봉자의 자손 등이다. 사문학(四門學)은 ① 훈관 삼품 이상 및 무봉사품 이상의 자, ② 유봉 및 문무관 칠품 이상의 자 등이다.

반면에 율학, 서학, 산학의 입학자격은 다음과 같다. ① 문무관 팔품 이상의 자, ② 서인, ③ 문무관 칠품 이상의 자로서 청원하는 자 등이다.

그러나 국자감에 입학이 허가되지 사람은 다음과 같다.

---

1) 高麗史 卷 七十四 同前條.

① 잡로(雜路)[2] 및 장인(工), 상인(商), 악공(樂) 등 천한 일을 하는 자
② 대소공친[3]의 죄를 범한 자
③ 가도(家道)가 부정한 자
④ 반역을 범한 자
⑤ 천향 부곡인 등의 자손

국자감 학생 정원은 시대에 따라 다소의 차이가 있는 것으로 추측된다. 인종 때 학식(學式)에 의하면, 삼학(三學)에 각 300인으로 정하였다. 하지만 입학 정원은 항시 미달이었다. 즉 인종 때는 200명 정도이며, 공민왕 때는 100여명 정도였다고 한다. 기술계 삼학은 60~70여명 정도로 생각된다.

고려시대 교육기관은 인종 때에 와서 완비되었다. 예종에 이어 왕이 된 인종은 이자겸의 난(1126년), 묘청의 난(1135~1136) 등으로 정국이 불안한 가운데 국가의 법제를 논의하는 기관인 식목도감(式目都監)에 제정한 학식(學式)에 따라 국자감의 학제를 완비하였다. 이때 만들어진 국자감의 학제는 국자학, 태학, 사문학, 율학, 서학, 산학의 여섯 개 학으로 나누어져 있다. 이러한 학제에 따라 국자감의 교육제도는 서울(京)의 스승(師)들이 가르치는 여섯 개의 학과라는 뜻으로 경사육학(京師六學)이라고도 불린다. 그리고 고려시대의 대표적인 관학이자 당시 최고의 교육기관인 국자감의 교육목적은 국민을 교화시키고 유능한 인재를 선발하는 것이었다. 광종 9년(958)에 인재 양성과 왕권 안정을 목적으로 설치된 과거를 학교제도와 연계하여 활성화시키려는 의도도 있었을 것으로 보인다. 국자감의 교육내용과 수업연한은 다음과 같다(김명신, 2013). 교육내용으로는 모두가 ≪논어≫와 ≪효경≫을 필수적으로 먼저 이수한 다음, 경서들을 세 영역으로 나누어 각 영역에서 1개 경전씩을 이수해야 했으며, 수업연한은 9년이었다.

국자감의 경사육학의 교과목과 수학연한은 <표 6－1>과 같다.

---

2) 잡로(雜路): 천문, 의학, 음악 등 기술자를 의미함
3) 대공친(大功親): 4촌 형제, 시집 간 고모, 시집 간 누이 등의 친척을 말함
대공: 아홉 달 입는 상복을 의미함
소공친(小功親): 증조부모, 6촌 형제, 5촌 숙질 등 친척
소공: 다섯 달 입는 상복

표 6-1 국자감의 경사육학(京師六學)의 교과목과 수학연한

<table>
<tr><th>구분</th><th colspan="2">교과목</th><th colspan="2">수학연한</th></tr>
<tr><td rowspan="3">국자학
태학
사문학</td><td>필수</td><td>≪효경≫, ≪논어≫</td><td>1년</td><td rowspan="3">9년</td></tr>
<tr><td>선택</td><td>≪상서≫, ≪공양전≫, ≪곡량전≫, ≪주역≫,
≪모시≫, ≪주례≫, ≪의례≫, ≪예기≫, ≪좌전≫</td><td>각 2.5년
각 2년
각 3년</td></tr>
<tr><td>공통</td><td>산술, 시무책, 글씨, ≪설문≫, ≪자림≫, ≪삼창≫,
≪이아≫,</td><td>선택과 병행</td></tr>
<tr><td>율학</td><td colspan="2">율(律)·령(令)</td><td></td><td>6년</td></tr>
<tr><td>서학</td><td colspan="2">팔서(八書)</td><td></td><td>6년</td></tr>
<tr><td>산학</td><td colspan="2">산술(算術)</td><td></td><td>6년</td></tr>
</table>

문종 때 최충이 세운 문헌공도를 비롯한 십이도가 유학을 진흥시키고 과거시험에 합격자를 많이 내면서 이름을 떨치고 있을 때, 예종은 국자감 정비에 나섰다. 예종 4년(1109) 국자감에 칠재를 설치하고 1114년에는 일종의 육영재단인 양현고(養賢庫)를 두어 칠재에서 공부하는 유학생들의 학비를 충당하도록 하였다. 그리고 학문을 좋아한 예종은 학술기관인 청연각과 보문각을 설치하는 등 여러 측면에서 유학의 진흥을 위해 힘썼다. 그리고 국자감에 칠재를 설치하였다는 것은 국자감에 일곱 가지 전공 강좌를 두었다는 것이다. 강좌와 재의 이름, 강의분야, 인원은 <표 6-2>와 같다.

표 6-2 칠재의 강좌와 재의 이름, 강의분야, 인원

<table>
<tr><th>구분</th><th>재명(齋名)</th><th>강의분야</th><th>인원</th><th>계</th></tr>
<tr><td>유학(儒學)</td><td>여택재(麗澤齋)
대빙재(待聘齋)
경덕재(經德齋)
구인재(求仁齋)
복응재(服膺齋)
양정재(養正齋)</td><td>주역(周易)
상서(尙書)
모시(毛詩)
주례(周禮)
대례(戴禮)
춘추(春秋)</td><td>70</td><td rowspan="2">78</td></tr>
<tr><td>무학(武學)</td><td>강예재(講藝齋)</td><td>무학(武學)</td><td>8</td></tr>
</table>

무학재를 설치한 것은 당시 고려의 사회적 상황에 대한 문제의 해결을 학교의 교육을 통하여 실현하려는 것으로 보인다. 예종은 즉위하여 군비를 확충하고, 예

종 2년(1107)에는 윤관(尹官) 등으로 여진 정벌을 단행하여 구성(九城)을 축성하였으며, 예종 4년에는 구성의 반환문제를 결의하였다. 예종 때는 여진과 충돌이 가장 예민하게 대두된 시기이다. 고려사 선거 학교조에 예종은 국자감에 무학을 설치한 것에 대해 "문무 양학은 국가 교화의 근본이다. 양학을 세운 것은 재생을 교육하여 장차 장상(將相)을 양성하고자 함이다"라고 상세하게 설명했다. 여진과 더욱 관계가 심각하게 된 예종 14년에는 유학재의 학생 정원을 예종 4년에 책정한 70명에서 60명으로 감하고, 무학은 8명에서 17명으로 증원하였다. 여기에는 국학 교육을 통하여 국가의 국방 문제를 해결하려는 예종의 교육적 의도가 있었다. 우리나라 전통교육에서 최고 교육기관에서 국방 문제를 해결하기 위하여 국학에서 국방학을 교육한 것은 유일한 기록이 된다(신천식, 1983).

인종 때 국자감이 정비된 뒤 제18대 의종부터 제24대 원종에 이르기까지 약 100여 년 동안 고려는 커다란 혼란기를 겪었다. 무신의 난, 최충헌으로부터 최씨 일가 4대에 걸친 집권, 1231년부터 1257년에 걸쳐 일곱 차례나 걸쳐 몽고의 침입, 강화도 천도(1232)와 1270년 환도 등의 외우내환으로 국자감은 부진했을 뿐만 아니라 유지조차도 어려운 상태에 이르렀다.

제25대 충렬왕 원년(1275) 국자감을 국학으로 개칭하고 새로이 유학을 진작시키려고 노력하였다. 이때 안향은 국학의 쇠퇴와 양현고 자금의 고갈을 막기 위하여 문무관리들에게 기부금을 받아 그 이자를 교육비로 사용할 것을 건의하였다. 충렬왕이 이를 수용하여 일종의 섬학전(贍學田)을 설치하여 양현고에 귀속시켰다. 기부금은 6품 이상의 관리들이 은 1근, 7품 이하는 등급에 따라 옷감을 내어 마련하였으며, 충렬왕도 전곡을 내어 부조하였다. 섬학전은 일종의 국학의 진흥을 도모하기 위한 장학재단이다(김명신, 2013; 피정만, 2011).

성종 11년(992)에 세워진 국자감은 발전하면서 다양한 명칭으로 불리었다.

표 6-3 국자감의 명칭 변경

구분	왕명	연도	국자감 명칭	비고
1	태조 13년	930	서경: 학원(學院), 경주: 국학	국자감 설치 이전의 관학
2	**성종 11년**	**992**	**국자감**	**국자감 명칭의 출발**
3	충렬왕 1년	1275	국학	
4	충렬왕 24년	1298	성균감	
5	충선왕	1308	성균관	
6	공민왕 5년	1356	국자감	
7	공민왕 11년	1362	성균관	

고려 말기 국자감의 부흥에 커다란 공헌을 한 사람은 안향(安珦)이다. 안향(1243~1308)은 국가의 성쇠는 교육에 달려있다고 보고 유학교육에 힘썼다. 안향은 충렬왕 11년에 본국유학제학(本國儒學提學)으로서 연경에서 주자전서(朱子全書)를 보고 그것을 복사하고, 또 공자와 주자의 상을 그려 가지고 귀국하였다. 그리고 항상 회암(晦菴) 주자(朱子)의 상을 걸어두고 존경의 뜻으로 자신의 호를 회헌(晦軒)이라고 지었다. 안향은 주자학을 보급하고 교육하기 위해서는 국자감을 부흥시켜야 한다고 생각하였다. 그리고 안향은 박사 김문정(金文鼎)에게 부탁하여 원(元)에서 선성(先聖, 유학선성) 70인의 상(像)과 제기(祭器), 악기(樂器), 육경(六經), 제자(諸子), 사(史) 등의 물품을 구입하여 국학의 내용을 충실하게 했다. 그리고 국학의 유능한 교수를 확보하기 위하여 경사교수도감(經史敎授都監)을 설치하도록 건의하여 교수를 확보하였다. 이러한 안향의 노력은 당시의 정치적 사회적인 요구와 작용하여 관학의 진흥을 가속화시킬 수 있었다. 원으로부터 들어온 유학을 전공한 학자들은 새로운 성리학 사상을 교육계에 전파시켜 국자감은 새로운 발전을 하게 되었다(신차균 외, 2006).

2) 향교

고려시대에 중앙에 설립된 학교를 경학(經學)이라고 한다면, 향교는 지방에 세워진 학교이므로 향학(鄕學)이라고 할 수 있다. 향교는 지방에 세워진 최초의 관학이다. 고려는 건국 초기에 신라 말의 지방교육을 그대로 지방학교의 전통적 구조로 계승하고 있었으며, 이들 학교교육은 지방의 전통적 호족들과 연계되어 지방교육의 핵을 이루고 있었다. 성종 6년 8월에 과거 실시 후에 발표한 하교(下敎)에서 지방의 교육기관에서 교육을 받은 향공의 진사들이 유경습업(留京習業)의 제생에 비하여 학문적 소양이 우수하다는 평가를 하고 있다. 이는 지방의 교육기관이 상당한 수준의 교육을 행하고 있었음을 나타내는 것이다. 그리고 이때의 지방학생은 전년에 유경습업에서 귀향한 자를 중심으로 하였으며, 일반 백성의 자제에게도 문호가 개방되어 있었다. 이는 지금까지 향호(鄕戶)들에 의하여 운영되어 오던 지방의 독자적인 교육활동을 중앙통제 하에 흡수함으로써 집권적 교육체제를 시도한 정책으로 파악해야 할 것이다(피정만, 2011). 성종 6년(987)에 유경습업하는 학생들 중 귀향한 학생들을 교육하기 위하여 12목에 권학관(勸學館)을 파견하여 지방자제의 교육을 맡게 하였다. 이를 향교의 시초로 보는 학자도 있으나, 실질적 향교의 출발점은 인종 5년(1127) 3월에 왕은 "제주에 학교를 건립하여 널리 교도하라(諸州立學 以廣敎導)."는 조서(詔書)의 하교(下敎)를 그 기원으로 본다.[4] 따라서 고려시대의 향교는 성종 대를 거쳐 인종 대에 와서 비로소 문묘의 제를 갖춘 학교로서 지방의 군현에 하나씩 설치된 것으로 볼 수 있다. 이처럼 고려 초에 성행했던 향교는 지방민의 교화에 큰 영향을 미쳤으나 12세기 후반부터 점차 쇠퇴하여서 14세기 전반기에는 거의 황폐화되고 말았다. 그러다가 14세기 후반부터 안향, 이색, 정몽주 등의 유학자들이 유학 진흥을 위해 노력하였고, 그 즈음 주자학이 도입되어 유교 및 향교가 다시 부흥되는 듯하였으나, 고려왕조가 멸망할 때까지 큰 발전을 이루지는 못했다. 또한 향교는 여러 측면에서 국자감의 축소 형태로 만들어진 중등교육기관이다. 향교에는 국자감과 마찬가지로 문묘가 설치되었는데, 이는 향교가 지방의 청소년을 위한 교육기관이면서 동시에 유교의 사당으로 지방민을 교화하려는 목적으로 설치되었음을 의미한다(김명신, 2013).

고려의 향교는 문묘 이외에 명륜당이 있다. 명륜당은 학(學)을 강(講)하는 곳이다. 향교는 공자 등 선성(先聖)을 모시는 제사의 기능으로서의 문묘와 학생들을 강학하는 교육기능으로서의 명륜당을 공히 갖고 있다는 점에서 교육기관인 동시에 제사

4) 高麗史 卷 七十四 同前條

의 기능을 가진 기관이다. 이 두 가지 기능은 조선시대의 향교에도 그대로 계승되었다(장덕삼, 2003).

향교의 입학자격은 국자감의 율·서·산학의 경우와 마찬가지로 문무관 8품 이상의 아들과 서민에게 입학을 허가하였다(피정만, 2011). 향교의 교육과정은 국자감과의 큰 차이가 없을 것으로 보이지만 교관을 충당할 수 없는 현실적 여건 때문에 과목 수는 훨씬 적었고 수준도 낮았을 것이다. 과거시험을 준비하려는 학생이 주로 향교에 입학하였으므로 교육내용은 과거를 위한 과목, 즉 제술(製述)과 명경(明經) 등을 주로 가르쳤으며, 시(詩), 부(賦) 등을 짓는 문학 수련이 있었을 것으로 생각된다. 그리고 향교에서 성적이 우수한 사람은 국자감에서 공부할 수도 있었다(김명신, 2013).

한편 고려 초기에는 중앙에서 박사를 향교에 파견하였으나, 점차 향교가 늘어나면서부터는 지방관청에서 초빙하거나 혹은 지방의 수령이나 관리가 직접 교육을 맡는 일도 있었다. 이리하여 향교는 점점 높은 교관은 확보하지 못하게 되고, 이는 곧 향교 교육의 질적 저하로 이어지면서 결과적으로 향교가 쇠퇴하게 되는 원인이 되기도 하였다.

고려시대에 설립된 향교를 살펴보면 다음과 같다.

여주향교(驪州鄕校): 명종 26년, 1196년
양양향교(襄陽鄕校): 충숙왕 17년, 1330년
공주향교(公州鄕校): 충렬왕 27년 1301년
김해향교(金海鄕校): 충숙왕 2년 1334년
영해향교(寧海鄕校): 충목왕 2년, 1346년
남원향교(南原鄕校): 공민왕 8년, 1359년
통주향교(通州鄕校): 공양왕 1년, 1389년
제천향교(堤川鄕校): 충숙왕 17년 1330년
영주향교(榮州鄕校): 공민왕 20년 1371년
용담향교(龍潭鄕校): 공양왕 이전
강릉향교(江陵鄕校): 충렬왕 이전

강릉향교

출처: http://blog.naver.com/PostView.nhn?blogId=hanmun2014&logNo=220166794614

3) 학당

동서학당과 오부학당은 고려 후기의 학교로서 국자감, 향교와 더불어 관학이다. 향교가 지방에 설치된 학교인데 대하여 학당은 국자감 부속학교로 중앙에 둔 교육기관이다. 교육수준도 향교와 같은 중등정도인 학교로 보인다. 다만 학당이 향교와 다른 점은 문묘(文廟)의 제(祭)가 없이 학생을 강학하는 교육기능만 있었다는 것이다. 동서학당의 성립은 원종 3년(1262년) 2월 강도(江都)에서 출발하였다. 즉 원종 2년 3월에 「동서학당을 설립하여 별감(別監)을 두어 교학 교도(教學 教導)하였다」는 기록[5]이 있다. 그런데 이때는 고려가 강도에서 개경으로 환도(1270)하기 10년 전의 일이다. 따라서 동서학당이 처음부터 개경에서 성립되었다는 것은 잘못이다. 개경에서의 동서학당은 그로부터 10년이 지난 즉, 고려가 개경으로 환도한 직후인 원종 13년에 다시 동서학당을 두어 김궤(金軌)와 문열(文烈)을 별감으로 삼아 교육한데서 비롯된다.[6]

---

5) 高麗史, 卷 七十四 選擧二 學校
6) 高麗史節要, 卷 十八 元宗 十三年 六月條 文獻備考 卷之二百二 學校考 十一에는 元宗 十二년으로 되어 있음.

정몽주
출처: http://encykorea.aks.ac.kr/Search/List#modal

동서학당은 그 후 오부학당으로 증치되었다. 고려 말 공민왕 3년에 이루어 대성리학자 정몽주가 성균관의 대사성으로서 흥학(興學)을 위하여 기존의 동서학당 이외에 삼도학당을 증치하여 오부학당으로 넓혀 크게 문풍(文風)을 일으켰다. 정몽주전(鄭夢周傳)에 의하면, 「안으로 오부학당을 세우고 밖으로는 향교를 세워 유술(儒術)을 크게 일으켰다」[7]고 하였다. 여기에 오부학당이라는 것은 동·서·중·남·북부의 학당을 말한다. 이 오부학당은 그대로 조선시대로 계승되었다.

고려시대의 학당의 교육적 의의는 ① 국자감의 축소한 형태의 교육기관으로 볼 수 있다. ② 중앙에 설립된 공립 중등교육기관으로 볼 수 있다. ③ 서당 이수자가 입학해서 소정의 교과과정을 이수한 후 소과에 합격하면 성균관에 진학할 수 있는 길이 열렸다.

2. 고려의 사학(私學)

국자감을 비롯한 관학의 성립에도 불구하고, 고려 전기의 가장 대표적인 교육기관은 최충(崔沖, 984~1068)의 문헌공도(文憲公徒)와 같은 사학이었다. 고려시대에 관학보다 사학의 비중이 높아진 이유는 다음과 같다(정세화·이은송, 2011). ① 당시 관학의 부진을 꼽을 수 있다. 사학이 시작되었던 문종 때에는 향교의 보급이 미약하고 개경에 학당이 수립되기 이전이었으며, 국자감은 부진하였다. ② 입신출세를 위한 과거 준비 위주의 교육풍토가 관학 부진의 요인이 되었다. 제술시험에 대한 준비가 철저했던 십이도에서 과거급제자가 많이 배출되자 그 명망을 듣고 우수한 학도들이 더욱 몰리게 되었다, 구경(九經)과 삼사(三史)[8]의 교육은 국자감과 크게 다르지 않지만, 제술을 위주로 한 사학 교육이 더욱 적극적인 과거 준비교육이 가

7) 高麗史, 卷 百十七 鄭夢周傳
8) 구경: 주역, 시경, 서경, 예기, 춘추, 주례, 효경, 논어, 맹자이고, 삼사는 사기, 한서, 후한서이다.

능하였던 것이다.

특히 십이도는 11세기 중엽 최충이 세운 구재학당과 이를 본떠 설립된 11개의 사학을 합쳐 모두 12개의 사학(私學)을 이르는 말이다. 이들은 모두 개성에 설립된 고등교육기관으로 우리나라 교육사에서 가장 훌륭한 사립학교라고 평가되기도 한다.

고려사회의 사학을 십이도와 서당으로 분류해서 고찰하기로 한다.

1) 12도

십이도의 설립은 최충에서 비롯되었다. 최충은 고려 목종 때부터 문종 때까지 5대 왕에 걸쳐서 관직을 역임한 덕망 있는 학자이다. 최충은 문종 7년(1053)에 72세로 치사(致仕, 벼슬에서 물러남)를 한 후에 개인적으로 학교를 설치하여 운영하였다. 최충이 사학을 설립할 당시에 국자감의 교육은 매우 부진한 상태에 있었다. 국자감은 성종 때 정비되어 발전되었으나, 현종 때를 중심으로 거란과의 전쟁으로 인하여 국가에서 학교의 운영을 돌볼 겨를이 없었다. 이러한 시기에 최충은 교육적 문제를 해결하기 위하여 사학을 개설하였다. 최충이 개설한 사학은 송악산하(松岳山下)의 자운동(紫雲洞)에 있는 자신의 집이었다. 그는 자신의 집에서 구재학당(九齋學堂)을 열고, 구경(九經)과 삼사(三史), 제술(製述)을 가르쳤다. 구재는 유학 경전을 단위로 하여 구성한 것으로, 악성(樂聖), 대중(大中), 성명(誠明), 경업(敬業), 조도(造道), 솔성(率性), 진덕(進德), 대화(大和), 대빙(大聘)이라 했다. 구재학당은 최충이 사망한 후에 그이 익호를 따라서 문헌공도(文憲公徒), 또는 그의 관명을 따서 시중 최공도(侍中 崔公徒)라고 부르기도 했다. 그 당시 최공도의 교육적 성과가 널리 알려지자 많은 유신(儒臣)들이 유사한 학원들을 많이 설립하기에 이르렀다. 이들이 운영하는 사학이 나로 번창하여 12개교로 발전되었다. 이를 최공도와 더불어 12공도라고 했다.

표 6-4 고려 사학십이도 명칭과 설립자

구분	십이도명	설립자
1	문헌공도(文憲公徒)	시중 최충(侍中 崔沖)
2	홍문공도(弘文公徒)	시중 정배걸(侍中 鄭倍傑)
3	광헌공도(匡憲公徒)	참정 노단(參政 盧旦)
4	남산도(南山徒)	복사 김무대(僕射 金無滯)
5	서원도(西園徒)	제서 김상빈(祭西 金尙賓)
6	문충공도(文忠公徒)	시중 은정(侍中 殷鼎)
7	양신공도(良愼公徒)	평장 김의진(또는 박명보)(平章 金義珍(또는 朴明保))
8	정경공도(貞敬公徒)	평장 황영(平章 黃瑩)
9	정헌공도(貞憲公徒)	시중 문정(侍中 文正)
10	서시랑도(徐侍郎徒)	시랑 서석(侍郎 徐碩)
11	귀산도(龜山徒)	미상(未詳)
12	충평공도(忠平公徒)	유감(柳監)

사학십이도는 개인이 설립했으나 국가에서 감독을 했다. 인종 11년(1133)에는 각 도(各徒)의 학생이 소속된 문도에서 이탈하여 다른 문도로 옮기면 동당감시(東堂監試)에 응시할 자격을 박탈하여, 함부로 다른 학교로 진학할 수 없게 하였다. 그리고 인종 17년(1139)에는 동당감시를 치른 각도의 학생에게 국자감에서 50일간 학습하게 하였고, 접사(接寺) 30일과 사시(私試)로 제술(製述) 15수(首) 이상을 습업(習業)한 자를 교도(敎徒)가 정밀 조사한 후에, 각자의 성명 아래에 재학한 일수와 자신이 지은 글 여러 편을 기입하여 과거에 응시하게 했다. 이와 같이 국가는 십이도를 중시하고 과거의 응시 자격과 성균관에의 입학 등의 규정을 강화하여 사학을 관리하였다. 그리고 공민왕 24년(1354)에 이색(李穡)이 "향교와 학당의 생도를 고사(考査)하여 십이도에 올리고 십이도의 학생을 고사하여 성균관으로 올리자."고 주장한 것을 보면, 사학십이도는 국가의 공교육기관과 같은 위치에 있었다(피정만, 2011).

십이도 교육목적은 인격 완성과 과거준비에 역점을 두었다. 인의와 인륜도덕에 교육목적을 둔 구재학당의 교육내용으로는 구경(九經)과 삼사(三史)를 주로 하고 이외에 시부(詩賦)와 사장(詞章)을 가르쳤다. 이러한 교육과정은 덕행의 전거(典據)가

되는 유교 경전과 정사(正史)를 존중하려는 구재의 설립취지와 과거에 뜻을 둔 학생들의 욕구를 수용하여 구성된 것이라 볼 수 있다(김명신, 2013).

십이도 교육방법에는 하과(夏課), 각촉부시(刻燭賦詩), 신급제자(新及第者)의 교관 등용 등을 통해 학습의 효과를 증대시켰다(김명신, 2013; 피정만, 2011; 장덕삼, 2003).

① 하과(夏課)이다. 최충의 구재는 여름마다 사찰을 빌려 공부하는 하기강습회를 열었는데 이를 하천도회(夏天都會)라고도 불렀다. 하천도회에서는 구재의 학생들 중에서 과거에 급제했으나 아직 임관하지 못한 사람들이 강의를 하는 경우도 있었다. 결국 하과는 여름철에 사찰에서 학습하는 풍속이다. 우리나라에서 유학생이 사찰에서 학습하는 풍속은 신라 말 최치원이 산간에 은퇴하여 학문에 열중하는 등의 사례가 있어 매우 오래된 전통이었던 것을 생각되어진다. ② 각촉부시(刻燭賦詩)이다. 하기 강습회에서는 초에 금을 그어놓고 초가 타서 금에 닿을 때까지 부(賦)와 시(詩)를 짓게 하는 시험을 보기도 하였는데, 이를 각촉부시라고 한다. 이는 속작시를 시험한 것으로 일종의 모의 과거시험이었다. ③ 신급제자(新及第者)의 교관 등용이다. 과거에 새로이 합격한 사람을 관리로 등용되기 전에 학교의 교사로서 채용하는 것이다. 최근에 과거에 합격한 사람을 학교의 교사로서 채용함으로써 학도들에게 의욕을 돋우고 과거시험의 생생한 체험을 가지도록 하는 데 도움이 되게 하는 교육방법으로 생각된다. 십이도의 이러한 교육방법은 학습효과를 높이고, 과거시험에 더 많은 합격자를 배출하는 데 기여하였다.

상기에서 십이도를 고찰한 바, 그 당시 십이도가 크게 성공할 수 있었던 원인으로 관학의 부진, 과거시험이 치중과 향학의 불비(不備)로 인하여 문종 이후 크게 앙양된 향학열을 채워줄 수 없었던 상황을 들 수 있다(국사편찬위원회, 1975). 십이도는 하나의 학풍과 학벌을 형성하면서 관학인 국자감이 부진하고 향교와 학당이 아직 수립되기 전의 고려의 문교와 유교교육에 지대한 공적을 남겼다. 하지만 예종 이래 국학부흥에 힘을 기울이자 십이도는 점점 국학에 흡수되어 활발하지 못하였다. 그리하여 십이도는 고려의 마지막 왕인 공양왕 3년(1391)에 폐지되고 말았다.

그리고 십이도의 교육사적으로 기여한 점을 제시하면 다음과 같다(김명신, 2013). ① 최초의 본격적인 사립 고등교육기관으로서 사학교육의 전통을 확립하였다. ② 관학인 국자감이 부진하던 시대에 설립되어 사학으로서 유학 진흥에 기여하였다. ③ 십이도의 발전이 관학인 국자감의 진흥에 자극을 주었다는 긍정적인 평가도 있으나, 다른 한편으로는 오히려 관학의 위축을 초래했다는 부정적인 평가도 있다. 예를 들면, 예종은 관학인 국자감이 부진한 때에 사학인 십이도가 융성하자 국자감 진흥을 위하여 예종 4년(1109)에 국자감에 칠재를 설치하였고, 다른 한편으로는 과거를 준비하는 사람들이 과거급제자를 많이 내는 십이도로 몰리는 것을 막기 위하여 과거시험의 제술 및 명경과에 응시하는 사람은 반드시 국자감에서 3년 동안 수학해야 한다는 의무 규정을 만들었을 정도였다.

2) 서당

고려시대의 서당에 관한 구체적인 기록이나 문헌이 보이지 않으나 서당이 존재했다는 잔영은 엿볼 수 있다(안상원, 1998). ① 목종 6년(1003)에 교서(敎書)에 의하면, "태조 때부터 쑥대집의 천인 자제들이 책을 끼고 스승을 따라 배운다."라고 한 부분에서 흔적을 발견할 수 있고, ② 이제현이 충선왕과의 문답에서 "광종 이후로는 더욱 문교를 닦아서 안으로는 국학을 숭상하고 지방에서는 향교, 이상(里庠, 학교)과 당서(黨序)가 있어서 거문고를 타고 글을 읽는 소리를 서로 들었고, 스승과 제자들이 서로 함양하고…"라는 대답이 있다. ③ 인종 2년(1124) 송나라 사신으로 고려에 왔던 서긍(徐兢, 書狀官)의 ≪고려도경(高麗圖經)≫에는 다음과 같은 기록이 있다.

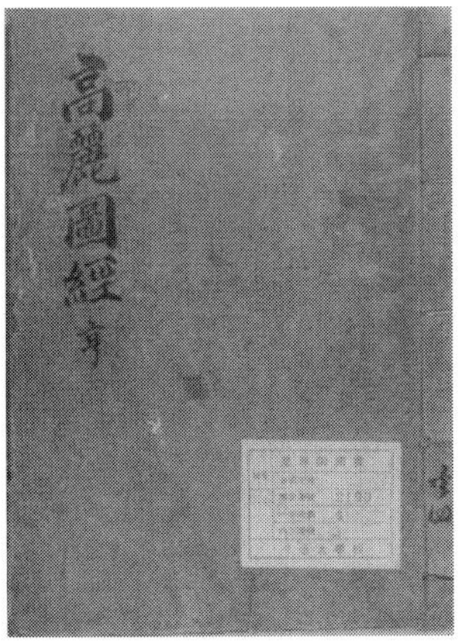

고려도경

출처: http://encykorea.aks.ac.kr/Contents/SearchNavi?keyword=고려도경&ridx=0&tot=8#

"마을 거리에는 경관(經館)과 서사(書社)가 두 개, 세 개씩 서로 바라보고 있으며 민간의 미혼자제(未婚子弟)가 무리를 이루어 스승에게 경(經)을 배우고, 좀 장성하면 저희들끼리 벗을 택하여 절간으로 가서 공부하고, 아래의 서인(庶人)이나 아주 어린아이까지도 역시 마을의 선생(鄕先生)에게 나아가 배운다. 아아 성(盛)하도다." (高麗圖經, 卷 第四十 儒學條)

이 교육기관의 명칭에 대한 자세한 기록이 없으나 사숙(私塾) 형태의 교육기관이었으므로 사숙 또는 서당이라고 부른다. 서당은 십이도나 향교와 같은 교육기관에 입학하기 전 단계로 마을에서 기초교육을 담당하였다. 고려시대의 서당의 기원을 고구려 경당에서 찾는 학자들도 있다. 고려의 서당은 조선시대까지 계승되어 발전하였다.

제3절 과거제도

과거제도는 중국과 한국에서 실시하였던 관리 선발제도로서, 시험을 통하여 관리를 선발하는 것이 중요한 특징이다. 과거제가 중국에서 처음 실시된 것은 587년 경으로, 천자가 귀족세력을 제압하고 중앙집권적인 관료체제를 확립하기 위하여 실시한 인사제도에서 비롯된 것이다. 그리고 중국에서 과거제도를 학교제도와 연계시키려는 시도는 송나라의 왕안석(王安石)에서 비롯된다. 한국의 과거제도는 중국의 과거제도의 영향을 받은 것이며, 고려 광종 9년(958) 후주(後奏) 사람으로 고려에 귀화한 쌍기의 건의로 당나라 제도를 모방하여 과거제도를 실시하였다. 이때에 과거제도를 실시하게 된 사회적 배경은 고려의 정치적 배경에서 비롯된다. 신라 말기에는 중앙정권이 약화되어 지방의 호족들이 독자적으로 세력을 키워 후삼국이 정립되었다. 왕건은 이러한 후삼국을 재통일하여 고려를 건국하였다. 하지만 지방에 근거하는 귀족들의 세력을 완전히 제어하지 못한 불완전한 상태에 있었다. 이와 같은 고려 초기의 정치적 혼란을 극복하는 과정에서 귀족 세력을 제어하고 중앙집권의 정치체제를 확립할 필요가 있었다.

과거제도의 변천을 다음과 같이 세 시기로 나누어 볼 수 있다(피정만, 2011). ① 과거제도의 정착기로써 광종 9년(958)~의종 24년(1170)까지이다. ② 무신집권 시대인 명종 1년(1171)~원종 15(1274)까지이다. ③ 충렬왕 1년(1275)~공양왕 4년(1392)까지이다.

첫째 시기는 과거제도가 처음 도입되던 시기이다. 이때는 당의 과거제를 모방하였다. 과거는 광종 9년(958) 5월에 최초로 실시되었다. 이때에 실시한 과거는 제술과(製述科)와 명경과(明經科)의 양대업(兩大業)과 잡과(雜科)였다. 이러한 과거시험은 고려의 전 시대에 걸쳐 시행되었다. 6대 성종 때에는 정치이념으로 유교를 숭상하고 이를 토대로 중앙 및 지방관료제도의 정비를 기하였다. 그리고 이에 필요한 인재의 양성을 목적으로 학교교육을 장려하였다. 관료의 선발이 활발해지고 학교교육이 정비되면서, 많은 사람이 과거에 관심을 가지게 되어 과거도 활발하게 시행되었다. 문종 때에는 사회가 안정되고 학문이 융성하여 많은 석학과 거유가 배출되었다. 그리고 사학십이도가 설립되어 과거시험이 더욱 치열한 경쟁을 보이면서 발전하게 된다. 이러한 과거제도의 발달은 대체로 예종의 관학 진흥정책, 인종 때의 과거 응시 자격의 확대 등으로 촉진되었다. 이 시기의 과거의 풍조는 대체로 유학의 경학보다는 사장 문예 중심으로 기울어진 경향이 강하다.

둘째 시기는 무신이 집권한 시기이다. 무신집권기에는 농민, 노비의 반란으로 사회가 혼란하였고, 대몽고 전쟁으로 인해 과거에 관심이 적었다. 무신정권은 과거에 의한 관리 등용보다는 정방(政房)·도방(都房)[9]의 집정 의지로 관리를 등용하는 일이 많았다. 그러나 무신들은 문한(文翰)이나 행정 능력이 있는 관리가 필요하였기 때문에 과거시험을 중단할 수는 없었다. 그래서 그들은 얼마간 과거시험을 실시하였다. 무신정권 하에서는 과거에 급제하여 협력한 관인들은 그 후 성장하여 무신정권이 몰락한 이후에 고려의 최고의 지배층으로 등장하게 되었다.

셋째 시기는 과거제를 정상화시키고자 노력하는 시기이다. 무신정권이 무너지

9) 정방(政房): 1225년 무인집정 최우가 자기 집에 설치한 데서 비롯되었다. 정방이 설치된 뒤 관리들에 대한 인사권이 정방에 집중됨으로써 권력의 독점과 인사 문란 등 많은 폐단이 일어났다. 이로 인해 시간이 흐르면서 권력이 재편될 때마다 폐지되거나 다시 설치되는 일이 반복되었다. 고려말에 이르러 1388년에 정방을 상서사로 고쳐 영구히 폐지했다.
도방(都房): 도방을 처음 조직한 사람은 1179년 정중부 일파를 제거하고 집권한 경대승이었다. 그는 정권 탈취 과정에서 대부분의 무인들을 적으로 돌려야 했기 때문에 신변보호를 위하여 결사대 백수십 명을 불러 모아 사제에 머물게 하고, 이를 도방이라 불렀다.

고 원의 지배 하에서 왕권이 회복되는 시기이다. 무신정권에서 문신계급과 부원세력 등이 새로운 지배계층으로 등장하면서, 이들은 과거제의 정상화와 관학의 부흥을 도모하였다. 특히 고려 말에 원으로부터 주자학이 유입되면서, 이들은 새로운 사조에 적응하면서 과거와 학교교육의 정상화에 노력하였다. 신지배계층은 과거제의 사장 중심의 한당(漢唐) 유학(儒學)을 배격하고 송나라 유학인 주자학(朱子學)을 신봉하였다. 이러한 변화에 따라서 과거제도나 학교제도의 변화가 생기게 되었다.

고려의 과거제도는 고려 초기의 정치 및 사회상에 나타난 왕권확립이라는 필요성에서 그 배경을 찾을 수 있다. 고려 초기 권호세가들의 힘은 왕권을 약화시켜 이른바 '君弱臣强'케 하는 사회상이 노정되자 과거제도를 실시, 유교적 교양에 도양된 선비로서 왕권의 충복으로 하는 귀족관료 등을 형성할 목적으로 과거제도를 도입 실시한 것이다(남궁용권 외, 2008).

과거제의 종류는 문관등용시험인 제술과(製述科)와 명경과(明經科), 그리고 기술관등용 시험인 잡과(雜科)가 있었다. 이외에 승려들을 위한 승과가 설치되었다. 무신을 등용하기 위한 무과(武科)가 고려의 마지막 왕인 공양왕 2년(1390)에 실시되었다고는 하지만 이후 고려가 곧 멸망하였기 때문에 고려시대에는 무과가 없었다고 할 수 있다. 인종 14년(1136)에 제정된 과거절목(일종의 과거시행령)에 나타난 당시의 과거시험 종류와 시험과목은 <표 6-5>와 같다.

표 6-5 과거절목(일종의 과거시행령)에 나타난 당시의 과거시험 종류와 시험과목

과거제 유형	시험과목
제술업(製述業)	經義(경의), 詩(시), 賦(부), 頌(송), 策(책), 論(론) 등
명경업(明經業)	書(서), 易(역), 詩(시), 春秋(춘추), 禮記(예기) 등
명법업(明法業)	律(율), 令(령) 등
명산업(明算業)	九章(算術), 綴術(철술), 三聞(삼문), 謝家(사가)
명서업(明書業)	說文(설문), 五經字樣(오경자양), 眞書(진서), 行書(행서), 印文(인문)
의업(醫業)	素問經(소문경), 本草經(본초경), 明堂經(명당경), 脈經(맥경), 針經(침경) 등
주금업(呪噤業)	脈經(맥경), 劉涓子方(유연자방), 瘡疽論(창달론), 明堂經(명당경), 針經(침경), 本草經(본초경) 등
지리업(地理業)	新集地理經(신집지리경), 劉氏書(유시서), 地理決經(지리결경), 競緯令(경위령), 地境經(지경경), 口示決(구시결), 胎藏經(태장경), 歌決(가결), 簫氏書(소시서) 등
하론업(何論業)	眞書泰章(진서태장), 何論(하론), 孝經(효경), 曲禮(곡례), 律(률) 등

*자료: 장덕삼(2003). 한국교육사, 서울: 동문사, p. 87.

<표 6-5>에서 살펴본 바와 같이, 과거에서는 문관등용시험을 더 중시하여 제술과(製述業)와 명경과(明經業)를 양대업(兩大業)이라 하였다. 고려의 귀족들은 경학(經學)보다는 문학을 숭상하였기 때문에 문학적 재능과 정책을 시험하는 제술과가 더 중시되었다. 제술과는 주로 시(詩), 부(賦), 송(頌), 책(策), 론(論) 등 문예를, 그리고 명경과는 유교경전에 관한 내용을 시험보았다. 한편 잡과는 광종 때 과거제도가 처음 실시될 때부터 있었으나 잡과의 종류는 시대에 따라 변화가 있었다. 인종 때 정비된 고려의 잡과는 명법업(明法業), 명산업(名算業), 명서업(明書業), 의업(醫業), 주금업(呪噤業), 지리업(地理業), 하론업(何論業)이 있었으며 제술과와 명경과보다 그 격이 낮았다. 잡과(雜科)의 시험 내용은 해당되는 기술과 기능에 관한 학문이었다.

고려시대에는 오역(五逆), 오적(五賊), 불충(不忠), 불효(不孝), 그리고 향·소·부곡인(鄕·所·部谷人), 악공(樂工)·잡류(雜類)와 같은 천인을 제외한 모든 양인 신분의 사람들은 원칙적으로 과거를 볼 수 있었다. 그러나 실제로 문신등용시험인 제술과와 명경과의 경우에는 중앙의 귀족이나 지방의 일부 권력의 자제에게만 기회가 주어졌으며, 잡과의 경우에만 일반 양인들에게도 응시기회가 주어졌다. 그리고 고려시대에는 과거제도가 처음 실시된 승과를 설치하여 합격한 사람에게 승계(僧階)를 주었으므로 승려에게도 시험을 통하여 출세할 수 있는 기회가 주어졌다. 승과는 교종선(敎宗選)과 선종선(禪宗選)으로 나누어 따로 뽑았다. 교종의 최고법계인 승통(僧統)과 선종의 최고법계인 대선사(大禪師)는 국사(國師)나 왕사(王師)로 추대되어 국왕과 국가의 자문역을 맡기도 하였다(김명신, 2013).

고려시대 과거의 시험관은 지공거(知貢擧)라 한다. 과거제도가 처음 실시되었을 때의 지공거는 쌍기였으며, 이후 문관 1명이 지공거를 수행하다가 지공거의 보조격으로 한명을 더 두었는데 이를 동지공거(同知貢擧)라 한다. 과거를 보기 전에 미리 지공거를 임명함에 따라 시험 문제가 유출되는 등의 여러 폐단이 일어나자 공민왕 때에는 과거가 있기 하루 전에 임명하는 일도 있었다. 좌주는 과거의 시험관인 지공거이고, 문생은 과거에 응시하여 합격한 사람이다. 이들이 좌주 문생이라는 사제지간을 형성하는 것이다. 좌주와 문생은 과거로 맺어진 관계를 그 후에도 지속시켜서 은문(恩門)이라는 관계를 맺어 일생 동안 마치 부자간의 예로서 결합된다. 이를 좌주문생제(座主門生制)라 한다. 이는 학벌이 형성되는 계기가 되기도 하고 문생에게는 출세의 배경이 되기도 했다. 특히 무신정권기인 명종 때부터 생겨났는데 정치적 붕당을 가져와 그 폐해가 매우 심하였다. 같은 해에 과거에 급제한 사람들의 모임인 동년회(同年會), 장원급제자들의 모임인 용두회(龍頭會) 같은 것도 있었다. 이러한 좌주문생제도는 한국의 문벌을 형성하는 의식에 영향을 미친 것으로 생각된다(피정만, 2011; 김명신, 2013).

과거시험 이외에 관리가 되는 방법으로 '음서(蔭敍)'와 '문음(門蔭)'제도가 있었다. 음서는 5품 이상 문무관의 아들 한 명에게 관직을 주는 제도이다. 이들은 관직 승진에 제한이 없었고 재상이 되는 경우도 있었다. 문음은 개국공신을 포함하여 국가에 공이 있는 자손의 경우 과거시험을 거치지 않고 관리로 등용하는 제도였다. 이러한 음서와 문음에도 불구하고, 과거제도는 능력에 따라 관료를 등용하기 위한 중요한 제도였다(정영희 외, 2008).

과거제도와 학교교육은 서로 밀접하게 관련되어 있다. 과거시험 종별에 따른 학교교육이 성립되었던 것이다. 고려시대의 과거제도와 교육과정과의 관계는 ‖그림 6-1‖과 같다.

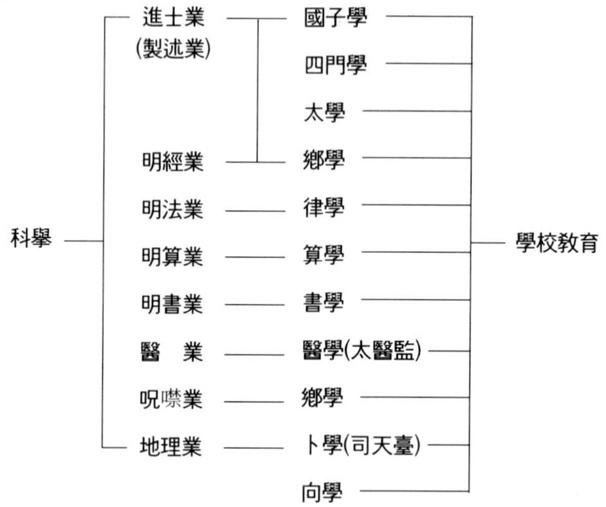

‖그림 6-1‖ 고려시대의 과거제도와 교육과정과의 관계

*자료: 장덕삼(2003). 한국교육사. 서울: 동문사, p. 89.

고려시대의 학교교육은 교육 본연의 목적인 전인(全人)으로서의 인격형성에 있는 것이 아니고 과거에 급제하는데 있었다. 그러므로 학교교육은 과거 합격을 위한 수단에 지나지 않았다. 그래서 국학이 과거공부에 유리하다면 국학인 국자감으로, 사학인 십이도가 유리하다면 십이도로 과거응시자들이 몰리는 현상이 나타났다. 이러한 현상들은 불가피하게 교육의 수단화를 부추기는 결과를 가져왔다. 왕을 비롯한 귀족들이 과거제와 학교제도를 왕권강화를 위한 수단으로, 국민들은 입신출세의 수단으로 여기게 된 것이다. 교육의 수단화는 인간의 내적 성장이라는 교육의 내재적·본질적 목적의 상실을 가져왔으며, 이로 인한 폐단은 조선시대를 거쳐 오늘의 교육현실에 있어서도 지대한 영향을 미치고 있다(신차균 외, 2006; 장덕삼, 2003).

제4절 고려 유교교육의 전환: 성리학의 도입

유학이 형식적인 교육기관을 통하여 발전하는 동안 불교는 국교로 사회 전반에 위용을 떨쳤다. 고려시대의 불교는 외적의 침입과 같은 국란기에 호국불교로 거듭나 팔만대장경과 같은 위대한 문화유산을 남겼다. 사상적으로도 크게 진보하여 대각국사 의천(義天, 1055~1101)은 교선화합을 위한 사상의 틀을 세워 천태종을 창시하였고, 보조국사 지눌은 한국적 선불교를 여는 조계종을 세웠다. 하지만 고려 중기 이후 교육은 여진과 거란과 같은 북방 민족의 잦은 위협으로 국력이 소모가 많았고, 내부적으로는 문벌과 외척들의 부패와 전횡이 일어나는 등 국세가 급격히 약화되었다. 고려 말 이와 같은 상황을 구제하려는 개혁세력이 등장하였다. 이들은 성리학을 사상적 기반으로 받아들인 신흥사대부들이 그 중심이 되었다(정세화·이은송, 2011).

성리학이 고려에 처음 들어온 것은 충렬왕 16년(1290) 안향(安珦, 1243~1306)에 의해서이다. 안향은 유학의 부흥을 필생의 과업으로 삼고 충렬왕 11년에 원의 연경에 들어가 주자전서와 공자, 주자의 상을 가지고 고려에 돌아와 백이정(白頤正, 1260~1340) 등의 제자에게 주자학을 전하였다. 백이정은 충선왕을 따라 원의 연경에 가서 10여

년간 주자학을 배우고 성리학 서적인 주자의 가례(家禮)를 들여왔다. 최문도(1287~1345) 역시 원에서 성리학을 배워왔으며, 격물치지(格物致知)와 수기치인(修己治人)의 도를 터득하고 실제로 행하여 성리학자의 전형을 보여 주었다. 권부(1262~1346)는 사서집주를 간행하여 보급하였다. 신흥사대부들은 당시 폐단의 온상이 되었던 사원을 비판하는 대신 숭유억불 정책을 주장하였고, 그 일부가 중앙으로 진출하여 공민왕의 개혁정책을 돕기도 하였다. 공민왕은 지방학교(중외학교)들을 수리하고(1357), 국자감을 성균관으로 개명하고 그 직제를 개편하고 건물을 신축하는 등 교육개혁(1363)을 시도하였다. 그러나 공민왕의 개혁정치는 쇠퇴일로의 고려의 사회적 및 정치적 여건 속에서 별 성과를 거두지 못하였다. 대신 신흥사대부가 중심이 된 개혁세력은 성리학을 통치이념으로 조선이란 새로운 왕조를 개창하게 되었다. 이 시기의 대표적인 유학자로는 이색(李穡, 1328~1398), 정몽주(鄭夢周, 1337~1392)를 비롯하여 조선시대를 여는 과정에서 사상적 기반을 제공한 정도전(鄭道傳, 1337~1398) 등이 있었다(정세화 · 이은송, 2011).

고려말기에 신진사대부들의 노력은 헛되지 않아 고려 유학교육의 방향을 바꾸어 놓게 되었다. ① 유학이 과거시험을 통해 관리가 될 수 있는 수단으로만 인식했던 것을 과거시험뿐만 아니라 심성 함양 쪽으로 향하게 한 것이다. ② 교육내용 측면에 있어서도 종래에는 오경삼사와 제술에 중점을 두었는데 사서오경과 실용윤리를 강조하는 측면으로 바뀌게 되었다. 이러한 경향은 이후 조선이 건국되면서 이어지게 된다(정영희 · 조정호, 2008).

제5절 교육사상가

고려시대 교육사상가로는 최충과 안향에 대하여 고찰하기로 한다.

1. 최충

고려 문종 때 교육학자인 최충(984~1068)의 자는 호연(浩然), 호는 성재(惺齋), 월포(月圃), 시호는 문헌(文獻), 본관은 해주이다. 목종 8년(1005)에는 갑과에 장원급제하여 현종 때 한림학사 예부시랑 간의대부 등을 지내고 덕종 초에 형부상서 중추원사 등을 역임했다. 문종 7년(1053)에 이르러 중서령(中書令)으로 퇴관한 후 후진을 양성하며 여생을 보냈으나 학도들이 모여들자 구재학사(九齋學舍)를 설립하였고 이것이 12도 중의 하나인 문헌공도이다. 최충의 문헌공도에 뒤이어 사학의 개설이 유행하다시피 하여 11개소가 더 신설된 것이다.

현종 이후에 난리가 잦아 국가에서 교육에 관심을 가질 겨를이 없었으므로 사재를 털어 사학의 풍을 일으켜 후진양성에 성공한 것이 유명한 구재학당이다. 그 명칭을 낙성(樂聖), 대중(大中), 성명(誠明), 경업(敬業), 조도(造道), 솔성(率性), 진덕(進德), 대화(大和), 대빙(待聘)이라 하고 이것을 일명 최공도(崔公徒)라 불렀다.

이 구재학당에 이름을 붙인 것은 모두가 도(徒)에 들어가는 요점이 되는 것이다.

① 성인 본받기를 즐겨라(樂聖)
② 크게 중도를 지켜라(大中)
③ 진실로서 선을 밝혀라(誠明)
④ 학문을 공경하라(敬業)
⑤ 도에 나아가라(造道)
⑥ 성을 따르라(率性)
⑦ 덕으로 나아가라(進德)
⑧ 크게 화하라(大和)
⑨ 빙문을 기다려라(待聘) 등이다.

최충의 9재로 말미암아 오히려 관학인 국자감은 그 부진을 면치 못했다. 학교를 세우고 학문을 숭상케 하여 인재를 기르는 흥학육재(興學育才)는 벼슬이 높고 정치능력이 뛰어났다고 해서 되는 것이 아니다. 최충의 구재는 정치적인 영향으로 이루어진 것이 아니고 흥학육재에 따른 교육적인 열의에 의해서 나타난 것이기에 고려 사학(私學)의 원조로서 우리나라 교육을 진흥시킨 공과를 인정받아 해동공자라고 불렀다.

교육방법으로는 계절에 따른 수업실시와 조교제(助敎制)를 실시하였다. 즉 매년 여름이면 절(寺刹)을 이용하여 학습효과의 부진을 탈피하려 했으며 문도(門徒) 중

과거 합격자로 아직 임관(任官)하지 않은 사람을 강사로 하였다. 또 구재로 찾아오는 사람이 있으면 '각촉부시(刻燭賦詩)'라는 속작시회(速作詩會)를 열어 성적을 정한 후 순서대로 불러들여 주연(酒宴)을 마련하였다. 이때에는 나이 어린 소년들이 좌우로 열을 지어 앉아 술과 안주를 바쳤고 진퇴(進退)에 모두 예의가 바르고 장유(長幼)의 서열이 분명해 칭찬이 잦았다고 한다. 고려사에 의하면, "동방의 학교가 일어난 것은 최충으로 인하여 비롯한다"고 할 정도로 그는 당시의 교육계에 새로운 학풍을 진작시켰다(장덕삼, 1995). 최충의 교육은 조선시대 선비문화, 선비정신을 형성하는 기틀을 마련하였다. 한국교육사적 입장에서 그의 위치를 살펴보면 다음과 같다(손인수, 1984). ① 부진한 유학(儒學)의 발전에 지대한 기여를 하였다. 이는 유학생들이 향학열에 불탔고 그것은 예종, 인종대의 국학진흥 또는 주자학이 전래되는 고려 말의 학문적 기반을 다져 준 것이었다. ② 최초의 사립학교 설립자라는 사실이다. 관학이 부진하던 때에 사립대학의 설립은 전무한 일이었으며 그것도 과거준비만을 위한 학교의 성격이 아니라 유학의 발전과 수기적(修己的)인 인간교육을 통한 고려 유학의 정착과 우리 문화의 발전에 기여한 것이다. ③ 구재학당의 설립으로 사학의 발전은 물론 관학의 진흥을 촉진시켜 고려교육의 발전에 기여한 것이다. ④ 교육사적인 측면에서 보아 두드러진 것은 유학교육의 진흥과 형식교육의 발전에 기여했다고 볼 수 있다. 유학의 발전을 체계화시키고 제도사적인 측면에서 교육기관의 발전을 촉진시켰다는 것이다. 해동공자 최충은 오히려 화려한 관직보다도 구재학당의 설립자로서 역사상 더욱 부각되고 있다. 그 자신이 학문과 도덕적 경륜을 강조한 것처럼 바로 인생의 말년을 그의 포부대로 교육에 전념하였던 것이다. 최충의 교육적 공헌은 동시대뿐만 아니라 고려 말 이후 조선시대까지 주자학적 발전을 밑거름을 조성해 왔던 것이다. 또한 우리민족의 사학적 전통으로 내려오는 도덕적 인간교육과 학문발전의 추진세력이 되어 우리 민족의 사학사적 생명력을 일깨워 주었던 것이다. 이와 같이 최충은 교육제도사적으로 또 교육이념과 내용사적으로 두드러진 위치에서 한 시대를 대표한 사학의 원조(元祖)라 할 수 있다.

2. 안향

고려 고종 30년(1234) 흥주성 평리촌(현 경북 영풍군 순흥면)에서 탄생한 안향(安珦, 1234~1306)은 어지러운 난국을 유교교육을 통해 일으키고자 노력한 인물이다. 조선시대의 지배사상인 주자학을 도입한 사람으로서 안향은 당시에 산적한 문제들을 주자학적인 인식을 통하여 유교교육을 중흥시킴으로써 극복하고자 한 실천가였다. 안향이 탄생한 시기는 고려의 쇠망기로 장기간의 무인집권과 더불어 몽고와의 전란이 치열한 시기였다. 유년시절 안향은 집 근처 숙수사에 왕래하면서 경서를 읽고, 본가에 와서 복습하였다고 한다. 원종 원년(1260)에 18세의 나이로 과거 문과에 급제하여 관직에 등용된 이후 충렬왕 32년(1306)에 64세를 일기로 사망할 때까지 약 47년간 주요 관직을 역임하였다.

안향

출처: http://encykorea.aks.ac.kr/Search/List#modal

안향이 64세 일기로 세상을 떠나자 충숙왕 5년(1318)에 원나라 화가에게 명하여 회헌(안향의 호)의 초상화를 그리게 하여 지금까지 소수서원에 보관 중이며 이는 현재 국보 111호로 지정되어 보호받고 있다. 소수서원은 조선 중종 37년(1542)에 풍기군수인 주세붕이 안향을 제사하기 위하여 순흥리 백운동에 따로 사당을 세우고 이듬해 서원을 건립하여 백운동서원(白雲洞書院)이라고 하였으니, 이것이 우리나라 서원의 효시가 되었다. 또한 명종 5년(1550)에 이황(李滉)이 군수로 부임하여 왕에게 서원을 도와줄 것을 요청하니 왕은 '소수서원(紹修書院)'이라 사액(賜額)하고 사서오경 등을 하사하였으며 이것이 또한 사액서원의 시초가 되었다.

안향의 교육사상은 주자학에 기초하고, 교육의 목적은 충, 효, 예, 신, 경, 성의 여섯 덕목을 갖춘 인재 양성에 있었다(이원호, 1975). 좀 더 구체적으로 그는 일상윤리가 성인지도라는 것을 다음과 같이 강조하고 있다. 즉 "성인의 도는 일용윤리에 불과하니 신화로서 임금에 충성하고, 자식으로서는 마땅히 효도하고 예의로서 가정을 다스리고 신의로서 친구와 사귀고 수기에는 반드시 경으로 하고, 입사(일의 처리)에는 반드시 성을 다할 뿐"이라 말하고 있다. 이와 같이, 안향은 그의 전 생애를 흥학하고 양현하는데 주력하였다. 그의 흥학양현(興學養賢)의 활동 중 흥학은 국학의 부흥운동으로 나타났고, 양현의 활동은 '섬학전(贍學田)'으로 나타났다. 말하자면 안향의 교육적 이상은 '섬학전'제도에 의한 국학의 부흥운동으로 실현하고자 한 것으로 요약될 수 있다. 안향은 국학을 부흥시키기 위하여 충렬왕 30년(1304)에 섬학전을 설치할 것을 주장하여 그것이 받아들여졌다. 즉 장학기금으로서 6품 이상의 관리는 각 은(銀) 1근씩, 7품 이하는 포(布)를 내게 하여 섬학전이라 하고 양현고(養賢庫)에 귀속시켜 그 이익으로서 국학을 운영하게 하였다.[10] 박사 김문정(金文鼎) 등을 중국에 보내어 공자 및 칠십자의 상(七十子像), 제기, 악기와 육경, 제자, 사 등 경서를 구해 오게 함으로써 국학의 내용이 충실하게 되었다.

생각해보기

1. 고려시대 관학의 유형과 성립과정에 대하여 생각해 봅시다.

2. 고려시대에 사학이 출현하게 된 배경을 기술하고, 교육사적 의의를 제시하시오.

3. 고려시대 관학과 사학의 상관관계를 생각해 봅시다.

4. 과거제도 시행의 배경요인에 대하여 토론해 봅시다.

5. 고려 말 성리학의 도입으로 인한 학교교육의 변화를 설명하시오.

6. 최충의 교육사상을 정리하시오.

---

10) 高麗史 卷 二十二 忠烈王 三十五年 五月

CHAPTER 07

조선시대의 교육

제1절 조선시대의 사회적·교육적 특성
제2절 교육제도
제3절 교육에 관한 법규
제4절 과거제도
제5절 조선시대의 성리학과 교육
제6절 조선시대의 실학과 교육

학습목표

1. 조선시대 관학에 대하여 설명할 수 있다.
2. 조선시대 사학에 대하여 설명할 수 있다.
3. 조선시대 관학과 사학을 비교 설명할 수 있다.
4. 조선시대 아동교육에 대하여 설명할 수 있다.
5. 조선시대 교육에 관한 법규를 열거할 수 있다.
6. 조선시대 과거제도의 성립과 유형을 제시할 수 있다.
7. 이황의 교육사상을 이해할 수 있다.
8. 이이의 교육사상을 이해할 수 있다.
9. 조선시대 실학의 특징, 발전과정을 설명할 수 있다.
10. 실학의 교육사상적 의의를 제시할 수 있다.
11. 정약용의 교육사상을 설명할 수 있다.
12. 실학사상의 교육사적 의미를 제시할 수 있다.

Keyword

성균관, 사학, 향교, 서원, 서당, 국학, 태학, 반궁, 현관, 수선지지, 석전제, 문묘, 신규석전의, 대사성, 존경각, 양현고, 생원, 진사, 승보생, 향시, 한성시, 상재, 하재, 장의, 재회, 출재, 도기, 원점, 학전, 연고, 월고, 순고, 일고, 문과관시, 한성시, 대통, 통, 약통, 조통, 행학, 사부학당, 구임법, 양노례, 향음례, 향사례, 경연, 서연, 종학, 석강, 순강, 망강, 월강, 장판고, 서고, 제기고, 고사, 유희, 원장, 원이장, 강장, 훈장, 재장, 집강, 도유사, 부유사, 장의, 색장, 직월, 훈장자영서당, 유지독영서당, 유지조합서당, 동리공동서당, 동족조합서당, 관립서당, 접장, 강독, 제술, 습자, 괘책례, 장원례, 쌍륙놀이, 종정도놀이, 화승작, 초달, 역학, 의학, 무과, 율학, 산학, 자학, 이학, 악학, 화학, 음양학, 동몽교육, 격몽, 훈몽자회, 신증유합, 아학편, 동몽선습, 격몽요결, 명심보강, 소아수지, 향학지규, 학령, 권학사목, 학교사목, 진학절목, 학교절목, 경외학교절목, 제강절목, 원점절목, 구제학규, 학교모범, 학제조건, 향학사목, 알성례, 식년시, 생진과, 학례강, 사학합제, 공도회, 승보시, 성균관시, 전례강, 특별시, 증광시, 별시, 중시, 절일제, 춘당대시, 황상시, 문과정시, 기노과, 도기시, 외방별시, 음직, 남행, 강경·제술논쟁, 도회, 관시, 알성시, 절일시, 황감시, 전강, 도기과, 정시, 입학도설, 실학, 경세치용, 이용후생, 실사구시, 방상, 향상, 사학, 읍학, 영학, 중학, 태학, 일신전공

조선은 성리학(주자학)의 시대였다. 조선 초기의 교육은 고려의 과거제도와 관학 체계를 계승하였지만, 주자학에 맞게 전개되었다. 과거제도는 인재를 선발하여 관리로 중용하는 사회적 장치가 되었다. 그리고 조선시대 교육제도는 관학과 사학으로 구분했으며, 관학에는 성균관, 사학(사부학당), 향교, 종학 등이 설치되었으며, 사학으로는 서원과 서당이 있으며, 잡과교육과 아동교육도 실시되었다. 그리고 조선시대의 교육에 관한 법규, 과거제도, 성리학과 교육, 실학과 교육 등에 관하여 고찰하기로 한다.

제1절 조선시대의 사회적·교육적 특성

고려 말 정도전 등 신진사대부의 도움으로 실권을 잡은 이성계는 1392년 공양왕을 양위시키고 왕위에 올라 조선을 건국하였다. 조선 건국 초기에 여러 측면에서 안정이 시급하였던 상황에서 조선왕조가 실시한 정책은 다음과 같다(안상원, 1997). ① 조선은 대외적으로 대국인 명(明)을 섬기면서 국가의 안정과 왕권의 안정을 도모하는 한편, 왜국과 여진 등의 이웃 나라와는 대등하게 교류하면서 평화를 유지하는 사대교린(事大交隣) 정책을 펴 나갔다. ② 조선은 문화정책으로는 고려 말 폐해가 막심했던 불교를 배척하고 유교를 정치·문화·사상의 지도적 근본이념으로 삼는 숭유배불주의(崇儒排佛主義)를 견지하였다. ③ 고려 말 파탄에 이른 국민생활의 안정을 위한 사회·경제정책으로는 농본민생주의(農本民生主義)를 채택하였다.

이러한 조선왕조가 실시한 정책을 고찰한 바와 같이, 조선사회의 지향점은 국왕을 정점으로 하는 신분사회이며, 유교중심의 숭유억불책을 강조하고 있고, 성리학의 발달과 실학사상의 대두를 들고 있다. 이러한 조선사회의 지향점을 토대로 교육체제는 시대에 따라 변화가 있는데 이를 시대적으로 구분하면 다음과 같다(피정만, 2011).

첫째, 교육체제의 확립기(태조~연산군, 1392~1506)이다. 조선의 왕권확립과 조선사회의 지배체제와 교육체제가 확립되는 시기이다. 이 시기는 국가가 교육정책에 적극적으로 개입하여, 교육사상의 확립, 교육체제의 확장과 장비, 교육과정, 교육방법의 정비가 이루어진다. 그리고 교육과 과거제도가 확립되어지는 시기이다. 특히 교육사상적 측면에서 숭유억불 정책을 과감하게 시행하였으며, 교육제도에서 관학을 확장 및 정비하여 성균관, 사학, 향교가 발달하였다.

둘째, 교육사상의 발전과 사학의 발달기(중종~경종, 1506~1724)이다. 조선 건국 이후 형성된 전통적 훈구파와 사림에서 학문 연구를 통하여 형성된 신진 사류(士類) 사이에 이념적 투쟁이 일어났고, 정치적으로 권력 투쟁이 발생된다. 사상적으로 성리학의 연구가 활발하여 대유학자인 서경덕, 이황, 이이 등을 배출하였다. 교육적으로는 국가의 교육정책이 관학위주에서 개인이 설립하는 서원의 교육에 주도권이 이전되면서 서원의 교육이 크게 발전하였다.

셋째, 실학 교육사상의 형성 및 발전기(영조~고종, 1725~1876)이다. 임진왜란과 병자호란이 있은 후에 사회적 변동에 대한 자각과 반성이 일어나는 시기이다. 조선은 사화(士禍)와 당쟁(黨爭)으로 정치체제가 문란해지고 정치적 혼란이 생겼다. 그리고 임진과 병자 양란으로 사회의 기강이 문란하고 민생이 도탄에 빠져 있었다. 이에 대한 반성과 문제해결을 위한 실학사상이 대두하게 되었다. 실학자들은 청조(淸朝)의 고증학(考證學)과 서학(西學)의 영향을 받아 문제해결을 구상하게 되었다. 교육적 측면에서는 학제의 개편, 국가의 교육관리, 교육내용에 자국문화의 포함 등을 구상하였다.

넷째, 근대교육의 형성기(고종~순종, 1876~1910)이다. 우리나라의 근대교육의 도입기이다. 조선이 외국의 문물을 도입 수용하는 시기로서, 서양의 교육사상, 교육내용, 교육방법이 접촉하게 된다. 그리고 새로운 교육운동이 전개되고 서양식 학교가 건립되어진다. 조선을 침략하고자 하는 열강에 대항하여 민족 교육운동이 일어난다. 민족 교육운동은 재래의 학교교육인 주자학에 대한 반성으로 나타나고, 서양교육사상에 의한 자주적 국가, 자주적 시민교육을 목적으로 학교교육을 형성하게 되었다.

조선 전기의 교육제도는 고려시대의 교육제도를 그대로 이어 받아 체계화한 데 그 특색이 있고, 중종~경종(1506~1724) 때에는 사상적으로 성리학의 연구가 활발해지면서 개인이 설립하는 서원교육이 크게 발전하였다. 영조~고종(1725~1876) 시기에는 청조(淸朝)의 고증학(考證學)과 서학(西學)의 영향을 받아 실학사상이 발전하는 시기이다. 그리고 고종~순종(1876~1910) 시기는 근대교육의 도입기로서, 서양교육사상에 의한 자주적 국가, 자주적 시민교육을 목적으로 학교교육을 형성하게 되었다.

제2절 교육제도

조선은 건국 이후 치국의 제일 과제는 교화에 있으며 학교는 교화의 근본이라는 유교적 통치이념에 바탕을 두고 학교와 교육제도를 정비해 나갔다. 조선의 학교와 교육제도는 고려의 것을 많이 답습했으며 세조 및 세종 때에 이르러 정비되었다. 서울과 지방에는 각급학교가 위계적으로 설치 및 운영되었고 이와 연계된 과거제도가 시행되었다. 교육제도의 운영은 각종 교육법규에 의해 규제되었다(김병희, 2013).

조선은 흥학을 실현하는 학교교육을 중시했다. 학교제도는 국가의 주도하에 관학으로 중앙에 성균관(成均館), 사학(四學), 왕실교육기관 그리고 지방의 각 행정단위에 향교(鄕校)를 설립하고, 개인들에 의하여 설립되는 서원(書院), 서당(書堂) 등을 장려하였다. 또한 잡과교육과 아동교육에도 힘썼다.

1. 조선시대의 관학

조선시대 관학으로는 성균관, 사학(四學), 향교(鄕校), 왕실교육기관 등으로 고찰하고자 한다.

1) 성균관(成均館)

조선의 성균관은 고려의 관학제도를 이어받은 유학교육기관이다. 조선왕조가 개국되어 수도를 한양으로 옮기면서 1398년에 국립대학으로서 성균관이 설립되었다.

우선 성균관의 의미를 살펴보면 다음과 같다(피정만, 2011). 성균관은 국가의 최고 교육기관으로 정부의 강력한 정책적 배려를 받았다. 성균관은 국가적 차원에서 많은 의미를 가진다. 이를 명칭에서 의미를 살펴보면 다음과 같다. 성균관은 성(成)과 균(均), 그리고 관(館)의 뜻이 합하여진 것이다. 성은 인재를 이룬다는 의미이다(成人材之未就). 균은 풍속을 고른다는 의미이다(均風俗之不齋). 그리고 관은 기관(公館)이라는 의미이다. 성균관은 인재를 양성하고 풍속를 바르게 하는 기관을 의미한다. 성균관은 다름 명칭으로 불리어지기도 하였다. 성균관의 다른 명칭은 국학(國學), 태학(太學), 반궁(泮宮), 현관(賢館)이라고 하였다. 국학은 국가의 학교라는 뜻이고, 태학은 최고의 학교라는 뜻이다. 반궁은 제후의 지역에서 대학교육을 한다는 뜻이며, 현관은 현명한 사람을 양성하는 기관이라는 뜻이다. 수선지지(首善之地)라는 명칭을 사용하기도 하였다. 이는 유학사상의 핵심인 선(善)을 행하는 최고의 터라는 의미이다.

성균관의 교육목적은 통치이념인 성리학을 연구 및 보급하는 것과 통치체제에 필요한 관리를 양성하는 것이었다. 고려와 조선이 모두 최고 교육기관을 통하여 고급관리를 양성하려는 목적을 가지고 있었으나 특히 조선은 성리학을 보급하는 데 더 역점을 두었다. 이후 1,000여 년간 국가의 지배사상이며, 민중의 정신적 지주가 되어 왔던 불교를 배척하고, 유학을 국가의 통치이념으로 채택하여, 사상적 교체를 단행하였다. 이러한 사상의 교체에 따라 새로운 사상의 보급이 필요하게 되었는데, 국가의 통치이념인 유교를 보급하는 데 중요한 역할을 담당한 것은 각종 교육기관이었다.

성균관은 문묘에 제향(祭享)을 하는 것이 최고의 임무였다. 성균관은 대규모의 문묘(文廟)를 설치하여 춘추 2회로 석전제(釋奠祭)[1]를 지내고, 유생들을 매월 초하룻날마다 참배케 하였다. 그리고 주자예법에 따라 신규석전의(新規釋奠儀)를 제정하여 제향을 했다. 성균관의 석전제는 국가의 큰 행사로, 군왕을 비롯하여 대신들이 참여하고, 유생들의 참석은 필수적이었다. 성균관의 문묘제향과 석전제는 유교 국가의 대의명분을 세우는 대표적인 것이었다. 그리고 왕이 석전제를 지낸 다음에

1) 음력 2월과 8월의 상정일(上丁日)에 문묘(文廟)에서 공자(孔子)에게 지내는 제사

성균관에서 특별히 과거를 시행하는 경우가 있었는데 이를 알성시(謁聖試)라 한다(김명신, 2013).

성균관 대성전

출처: https://blog.naver.com/jnkab/140185371357

성균관 명륜당

출처: https://blog.naver.com/hopgfujd/220578455507

성균관의 교육은 유학 이념에 입각하여 인재를 양성해서 관리로 등용하는 것이다. 성균관의 교육내용은 유교 경전(經典)과 제술(製述)이 기본 교과목이었다(김명신, 2013; 피정만, 2011; 장덕삼, 2003). 성균관의 교과교육에 중요한 것은 ① 유학 경전인 사서(四書: 大學, 論語, 孟子, 中庸)와 오경(五經: 禮記, 春秋, 詩傳, 書傳, 周易)이었다. 이 사서오경을 각 과목에 따라 나누어 구재(九齋)를 만들어 교육했다. 즉 대학재, 논어재, 맹자재, 중용재, 시재, 서재, 예기재, 춘추재, 역재가 그것이다. 구재는 일종의 전문 강좌로 고려 국자감의 칠재에 비해 더 체계화된 것이라고 할 수 있다. 그리고 구재학규에 의하면, 매년 봄과 가을에 정기시험을 보았으며, 구재의 낮은 단계인 ≪대학≫에서부터 가장 높은 단계인 ≪주역≫까지 각 단계마다 시험을 보아 통달하면 다음 단계로 올라갔다. 그러나 여러 책을 통달한 사람은 단계를 건너뛰어 올렸으며 마지막 단계인 ≪주역≫까지 오른 사람은 식년마다 바로 복시에 응할 수 있는 자격을 주었다. 성균관 교육에서 ② 제술은 사서의(四書疑), 오경의(五經義), 시(詩), 부(賦), 송(頌), 책(策) 등이 있었다. 사서의와 오경의는 경서의 본문을 보고 논설을 전개하는 것이며, 부·송·시는 문장을 짓는 것이고, 책은 국가의 정책을 논의하는 과목이다. 이러한 경전교육과 제술은 1개월을 단위로 하여 20일간은 경서(經書)를 가르치고, 4일간은 경서를 고강(考講, 시험)하며, 나머지 6일간은 제술을 교육하였다. 이러한 성균관의 교육내용은 조선시대 과거시험의 과목과 대체로 비슷하였다. 성균관의 교육은 과거시험 과목의 영향을 많이 받았다.

성균관의 시설과 구조를 고찰하면 다음과 같다(장덕삼, 2003). 성균관의 주축이 되는 건물로 성자를 봉안한 문묘(文廟)와 유생의 학문을 강학하는 명륜당(明倫堂)이 있다. 문묘에는 공자를 모신 대성전과 공자의 제자와 역대의 대유를 모시고 종사 또는 배향(配享)하는 동서 양무(東西 兩廡)가 있다. 그리고 명륜당은 유생을 강학하는 곳이며, 그 좌·우에는 유생이 기숙하는 동·서의 양재(兩齋)가 있었다. 성균관의 부속건물로서는 문묘의 제사를 관장하는 향관청(享官廳)과 도서관으로서의 존경각(尊經閣), 공자, 맹자, 인자, 증자, 자사 등의 부친에게 제사를 올리는 계성사(啓聖祠), 과거장인 비천당(丕闡堂), 임금이 성균관에 거동하여 성현에게 제향하고 활을 쏘는, 즉 대사례(大射禮: 弓術)를 행하는 육일각(六一閣), 교육재정을 비축하는 양현고(養賢庫) 등이 설치되었다.

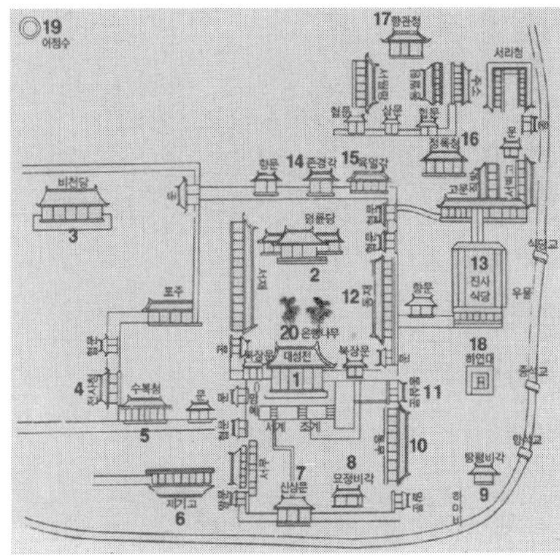

성균관의 배치도

출처: https://blog.naver.com/yjo0312/130189295671

성균관의 교관의 직제는 태조가 고려왕조의 정권을 이어받았으므로 고려의 관제를 물려받았다. 성균관을 비롯한 모든 교육의 직제도 고려의 제도를 따르게 된 것이다. 성균관 교관의 직제는 다음과 같다.[2)]

지사(知事, 정2품, 겸관) 1인, 동지사(同知事, 종2품, 겸관) 2인, 대사성(大司成, 정3품) 1인, 제주(祭酒, 종3품) 2인, 낙정(樂正, 정4품) 3인, 직강(直講, 정5품) 4인, 전적(典籍, 정6품) 13인, 박사(博士, 정7품) 3인, 학정(學正, 정8품) 3인, 학유(學諭, 정8품) 3인, 학록(學錄, 정9품) 3인 등 모두 38인으로 구성되어 있다.

지사와 동지사는 다른 관직에 있는 사람이 겸임하였으며, 대사성은 성균관의 최

2) 世宗實錄, 卷 三十八, 世宗十二年, 正月 戊午.

고 책임자로 오늘날의 대학 총장에 해당된다. 다른 관직을 맡고 있는 유능한 인물이 성균관의 교관으로 가르치는 경우도 있었고, 성균관 교관이 다른 교육기관, 즉 4학이나 왕족 교육기관인 종학(宗學)의 교육을 담당하는 경우도 있었다. 그리고 교관이 성균관의 도서관인 존경각이나 재정을 담당하는 양현고의 관리로 임명되기도 하였다.

그리고 성균관 교관 자격은 법제상에 별도의 규정은 없었으나 인품이 중요시되었던 것으로 판단된다. 성균관의 교관 자격으로 중요시 한 것은 ① 경서와 문장에 통달한 학식이 있는 자, ② 유교적 윤리관에 입각한 덕행을 갖춘 자, ③ 나이가 많을 것 등이다(피정만, 1990). 그리고 이 자격 기준이 엄격히 규정된 교관직은 대사성(大司成)과 학정(學正) 등이었다. 대사성은 성균관의 최고 행정 책임자로서 "교중천백거세사(教中千百巨細事: 학교의 많은 크고 작은 일을 본다)"를 관리하므로 그 인품과 학식이 뛰어나야 했다. 그리고 학정은 유생의 품행을 지도하는 관계로 비록 하위직이나, 그 선발에 신중을 기하였다. 아울러 교관의 공통된 업무로는 ① 유생의 교수, ② 유생의 생활지도, ③ 성균관에서 행하는 과거시험의 감독, ④ 성균관의 각종 행정의 담당 등이었다. 성균관의 모든 업무의 책임은 대사성이 지게 되어 있다. 그리고 업무에 소홀한 교관은 문책하였다(피정만, 1977).

성균관은 관리를 양성하는 교육기관으로, 주로 양반의 자제들에게 입학 자격이 주어졌다. 그리고 양반자제라 하더라도 일정한 자격요건을 갖추어야 했다. 경국대전에 의하면, 성균관의 입학자격은 ① 성균관 입학시험에 합격한 생원(生員)·진사(進士), ② 사학(四學)·문음(門蔭)의 승보생(陞補生)이 중심이 되었다. ③ 문과 향시(鄉試)·한성시(漢城試) 일도(一度) 합격자, ④ 현직 관리 중 참상(參上), 참외관(參外官) 등은 시험 없이 입학할 수 있었다(피정만, 2011).

성균관에 정규과정인 생원, 진사로 입학한 유생은 상재(上齋)에 기숙하고 사학(四學)에서 올라온 유생과 경향(京鄉)의 유학으로 입학한 유생은 하재(下齋)에 기숙하게 하여 엄격히 구별하였다. 유생의 정원은 조선 건국 초에 150명으로 되어 있었다. 세종 11년에 50명을 증원하여 200명이 되었는데, 이 200명은 상재생 100명, 하재생 100명으로 구성되었다. 이 정원은 그 후 경국대전에 명문화되어 계속되다가 영조 때의 속대전(續大典)에 74명이 감해져서 상재생 106명, 하재생 20명으로 되었다. 이 법제상의 정원은 국가에 흉년이 들면 일시적으로 100명에서 50명까지 감하는 일이 있었다. 이렇게 성균관의 정원에 미달된 원인으로는 ① 성균관의 재정 부족과 시설의 불비, ② 권문자제와 생원 및 진사의 취학 기피, ③ 성균관의 교관 부족과 무능자 임명, ④ 성균관의 엄격한 생활 규제로 인한 취학 기피 등이었다. 또는 국가에서는 성균관에 유생을 취학시키기 위하여, ① 성균관의 시설 정비(약방, 존경각 설치 등)와 재정 지원(어장, 현물지급 등), ② 권문세가 자제의 문음(門蔭, 蔭任)을 억제하여 성균관에 취학하도록 유인하였으며, ③ 성균관 유생에게 과거시험의 특전을 부여하는 등의 노력을 기울였다.

성균관의 유생은 모두 재에서 기숙하였다. 유생의 생활은 조선 초에 규정한 학령에 따라 엄격하게 이루어졌다. 학령의 대강은 다음과 같다.

① 미명에 북소리가 한 번 울리면 기상한다.
② 북소리가 두 번 울리면 의관을 갖춘다.
③ 북소리가 세 번 울리면 식당에 간다.
④ 교관이 명륜당(明倫堂: 講學所)에 들면 유생들은 집례(절)를 청한다.
⑤ 북소리가 한 번 나면 유생들이 교관에게 집례한다. 그리고 유생들은 교관 앞에 나아가 일강을 청하고 교관은 강(講)을 행한다. 그리고 유생들의 학업 진도를 기록하게 된다.
⑥ 북소리가 두 번 나면 유생들은 교관 앞에 나가서 배운 것을 강난(講難)하여 변의(辯疑)하는 등의 유생의 일과를 정했다.

그리고 학령에 나타난 생활규범에 관한 사항으로는,

① 노장(老莊)·불경(佛經)·잡류(雜類)·백가자집(百家子集) 등의 이단서(異端書)를 읽지 말 것
② 수업 시 졸거나 한눈을 팔지 말 것
③ 글을 쓸 때 해서(楷書)로 단정히 쓸 것
④ 수업을 받지 않거나 성적이 나쁘면 처벌한다고 했다.

도덕적 사항으로는,

① 성현을 숭상하는 마음을 가질 것
② 조정을 비방하는 말을 하지 말 것
③ 주색·재물에 관한 이야기나 고담준론(高談峻論)을 하지 말 것
④ 오륜을 지킬 것
⑤ 사장(師長)에 예(禮)를 다할 것
⑥ 말을 타지 말고 유희 등을 하지 말 것 등이다.

학령은 시험에 통과하지 못하거나 학업태도가 불량하거나 권세에 아부하거나 하는 경우에는 벌로 다스리고, 오륜의 죄를 범한 자는 퇴학시킨다는 등의 사항을 자세히 규정하고 있다. 교관은 유생들의 생활을 관찰하여 선악부에 기재하였으며 이는 과거 응시 자격을 판단할 때 참조하였다(김명신, 2013).

성균관의 유생들은 학생활동으로서 재생의 자치활동이 있었다. 이는 성균관 교육의 특징으로서 재생들은 재생 중에서 장의(掌議: 유생대표)를 뽑아 장의의 주재 하에 재회(齋會: 학생총회)를 열어 동료 유생을 제재(制裁)하기도 하며 또 경우에 따라서는 출재(黜齋: 퇴교)하기도 하였다. 그리고 성균관 유생들은 재회를 통하여 자신들의 의사를 조직적으로 표시할 수 있었다. 그 방법은 상소(上疏, 儒疏)[3], 권당(捲堂), 공관(空館)[4]등 이었다. 성균관 유생의 상소는 '사습(士習)의 원기(元氣)'라고 하여 다른 상소보다 우대하였다. 유생의 상소는 내용의 옳고 그름이나 경중대소(輕重大小)를 가리지 않고 접수하여, 이에 대한 비답(批答)[5]을 내리는 것이 관행이었다. 이는 성균관 유생의 상소가 자유로운 비판정신을 일깨워줌으로써, 국가 미래의 이상을 가지게 하려는 배려였던 것이다. 권당은 성균관 유생들이 자신들의 의사를 관철시키고자 하는 의도에서 식당에 들어가지 않는 시위방법이다. 이는 단식투쟁의 시위라고 보는 것보다는 식당에 비치된 도기(到記, 출석부)에 유생들이 원점(圓點, 출석기재)을 거부하는 행위로 봄이 타당하다. 공관은 유생들이 성균관을 떠나는 시위 방법이다. 이는 성균관의 전 기능이 정지되는 것으로 유생들의 시위 방법 중 가장

3) 유생들이 연명(連名)하여 올리던 상소
4) 조선시대에 성균관 유생들이 제 주장이 관철되지 않았을 때 일제히 관을 물러나던 일, 권당(捲堂)과 같은 말임
5) 상소에 대한 임금의 대답

강경한 것이다(피정란, 1993).

유생들의 상소는 조선 초기에 불교에 대한 척불 상소가 중심이 되었으며 그에 따른 권당이 주류를 이루었다. 그러나 조선 중기 이후는 유학의 이념의 수호, 정치적 문제, 성균관 지위상의 문제가 중심이 되었다. 당파적인 문제로 기울기도 하여 당쟁에 이용되기도 하였다. 이는 조선시대의 성균관의 성격 변천을 나타내주는 일면이기도 하다(김경배 외, 2004; 김명신, 2013).

성균관의 재정은 국가에서 내리는 학전(學田)과 노비에서 나오는 수입으로 충당하였다. 조선 초기에 학전의 규모가 2,400결에 달하였으나 조선 후기에는 임진왜란 등의 여파로 400결 정도로 줄어들었다. 또한 성균관의 노비는 잡역에 종사하며 외부의 노비는 신공(身貢)을 바치어 재정을 충당하였다. 성균관의 노비는 건국 초기에 약 300명이 되었다. 이는 고려조의 성균관에 소속된 노비로 그 중에는 안향이 기증한 노비의 후손이 많았다. 그 후 세종 원년에 100구, 문종 원년에 죄인의 속공노비(屬公奴婢) 10구, 그리고 중종 때에 80구, 명종 때에 50구 등이 지급되었다. 이러한 노비는 조선 후기에 크게 증가되었다. 영조 대에 전국에 산재해 있는 성균관의 노비수가 장노비(壯奴婢) 6,214구, 약노비(弱奴婢) 3,242구로 총 9,456구에 달했으며, 또한 양현고(養賢庫)의 노비수가 전국에 1,302명이나 되어 총 10,758구가 되었다. 이들 노비는 문묘의 제향과 유생의 조석 공궤(供饋), 기타 성균관 내의 수위, 사환 등의 잡역에 종사하는 자가 있고, 외방에서 농사나 상업에 종사하면서 해마다 일정한 신공을 바치는 자도 있었다(外擧奴婢), 대체로 후기의 노비들은 외거노비들이 대부분으로 이들이 바치는 신공은 성균관의 재정에 커다란 부분을 차지했다(이성무, 1967).

성균관에는 중기 이후 어장(漁場)이 지급되어 그 세(稅)로 유생의 조찬(助饌: 반찬) 경비를 충당하게 하였으며, 시장(柴場)에서는 땔감을 공급하였다. 이러한 성균관의 재정은 양현고에서 관리하였다. 양현고는 호조(戶曹)에 속한 관아로서, 성균관 내에 위치하고 그 관원도 성균관 교관 중에서 임명하여 운영하였다. 성균관의 재정은 호조의 통제 하에서 운영되었다.

성균관의 성적평가는 연고(年考), 월고(月考), 순고(旬考), 일고(日考)의 4종이 있었다. ① 연고(年考)는 3월 3일과 9월 9일에 시행하는 것을 원칙으로 하고(사정이 있을 때는 다음날로 미룸), 의정부(議政府)의 6조와 제관(諸官)의 당상관(堂上官)이 고시관이 되어 제술을 고강하여 성적을 장부에 적고 특히 우등생 3명은 문과 복시에 응할 자격을 준다. ② 월고(月考)는 예조 당상이 매월 1회의 고강(考講)을 받아 그 성적을 장부에 적어 두며, ③ 순고(旬考)는 매순(초순, 중순, 종순) 제술을 고강하여 장부에 성적을 적고, ④ 일고(日考)는 매일 추첨하여 재생이 읽는 글의 성적을 장부에 기록한다. 그리고 여러 해 동안 거재하여 학문이 깊고 행실이 뛰어난 만 50세가 된 자와 일고, 순고, 월고의 성적이 우등한 자 및 여러 해 동안 과거에 응시하여 문과 관시(文科館試)·한성시(漢城試)에 7회 합격하고 나이 50이 된 자는 장계(狀啓)를 올려 등용시켰다.

성균관 유생의 성적평가는 다음과 같다(김명신, 2013).

① 대통(大通): 구두에 밝고 설명이 막힘이 없으며 책 한권의 강령과 취지를 죄다 깨달아 여러 책까지 종횡출입(縱橫出入)하여도 아주 밝게 알고 철저하게 통하여 더할 수 없는 데까지 이른 자
② 통(通): 더할 수 없는 데까지 이르지 못하였어도 구두에 아주 밝고 설명이 막힘이 없으며, 책 한권의 강령과 취지를 죄다 깨달아 아주 밝게 알고 철저하게 통하는 자
③ 약통(略通): 아주 밝게 알고 철저하게 통하지는 못하나 구두에 아주 밝고 해석에 막힘이 없으며 연상접하(連上接下)하여 한 장의 큰 뜻을 잘 아는 자
④ 조통(粗通): 구두에 아주 밝고 글의 뜻을 깨닫고 한 장의 큰 뜻을 알기는 하나 설명에 미진한 곳이 있는 자
⑤ 조통 이하: 이는 벌함

행학(幸學)은 왕이 직접 경사관학에 나아가 문묘의 성묘를 배알하고 명륜당의 유생들과 경의 문답하는 것을 말한다. 우리나라는 일찍이 통일신라부터 왕이 국학에 나아가 성묘를 하고 친히 유생들과 강론하였다. 그리고 고려 왕조에서도 행학으로 국자감 또는 성균관의 교육을 진흥시켜 왔다. 조선시대의 행학은 태종 때에 시작하여 역대 왕조에서 계속되어 왔고 제왕 중에서도 중종은 유도(儒道)를 숭상하여 선현을 숭배하는 서원의 건립기에 성균관의 행학으로 열의를 보였다. 조선 왕조에서 행학의 횟수가 많았던 왕조의 순을 보면 영조 19회, 중종 17회, 성종과 숙종이 각 12회, 세종, 명종, 선종이 각 11회 등으로서 영조조에서 가장 많았던 것이다(장덕삼, 2003).

2) 사학(四學): 사부학당(四部學堂)

사학은 고려 원종 2년(1261)에 설립한 동서학당이 기원이다. 동서학당이 고려 말엽에 오부학당으로 개편되고, 조선 초기에 사부학당으로 되었다가, 세조 때에 사학으로 명칭이 변경된 것이다. 고려 말의 오부학당은 조선 건국 초기에는 별로 발전이 없었다. 오부학당은 국도의 행정구역인 오부에 하나씩 설치할 의도였으나, 초기에는 동·서학당만 있었을 뿐이다. 그리고 건물을 제대로 갖추지 못하여 사찰의 건물을 빌려 쓰고 있었다. 하지만 태종이 즉위한 후 정치적 안정이 이루어지고 동왕 5년(1405)에 국도를 한성으로 옮기게 되자 사학의 발전의 계기를 마련하게 되었다. 태종은 국가 지도이념인 유학의 진흥을 위해 교육에 관심을 기울였다. 그리하여 태종 11년(1411) 10월에 남부학당을 설립하였는데, 이는 학당 중에서 최초로 독립된 학사를 갖게 된 것이다(피정만, 1972). 하지만 세종 27년(1445)에 북부학당이 설치되지 못함으로써 사부학당만이 세워지게 되어 사학(四學), 즉 사부학당이 되었다(장덕삼, 2003).

사학은 관학으로서 지방의 향교와 함께 성균관의 예비학교이며 하급교육기관이다. 이 시기에 고려시대의 사학십이도를 폐하게 된다. 이는 오부학당이 동서학당뿐만 아니라 십이도의 성격까지도 포함하기 때문인 것으로 생각된다. 이러한 사학의 흐름에 비추어서, 태종 11년 11월에 송나라 외학제(外學制)를 모방하여 제정한 오부학당제에 반영한 것이다. 오부학당제 내용은 다음과 같다(남궁용권 외, 2008).

① 송의 외학제에 따라 오부학당의 교육은 성균관의 교관으로 하여금 그 책임을 맡도록 한다.
② 학당의 유생은 10세 이상부터 취학시키고 15세가 되어 소학(小學)의 공을 이루면 성균관에 진학케 한다.
③ 성균관의 유생이 정원에 미달되면 학당 유생을 시험 보여 우수한 자를 진학시켜 수를 채운다.
④ 권과법(勸課法)도 송나라의 법에 따라 성균관에서 학당을 총괄케 한다.
⑤ 학당의 학령은 성균관의 학식에 따른다.

사학의 운영은 성균관에서 총괄하도록 되어 있으며 교관의 임용, 유생의 입학, 학교의 규칙 등이 모두 성균관과 깊게 관련되어 있다. 사학은 문묘가 설치되지 않았고, 성균관의 문묘에 참배하도록 했다. 이러한 정황에 비추어보면, 사학은 성균관의 예비학교(부속학교)의 성격을 가지고 있었다.

사학의 교육에 대하여 소개하면 다음과 같다(피정만, 2011). 사학 유생들의 교재는 소학(小學)을 비롯하여 효경, 사서(논어, 맹자, 중용, 대학), 오경(시경, 서경, 예기, 춘추, 역경), 문공가례집(文公家禮集), 제사(諸史) 등과 초사(楚辭), 문선(文選), 역대제가시(歷代諸家詩) 등도 학습하였다. 이 중에 소학은 유교사회의 도덕규범 중 기본적이고 필수적인 내용을 초록한 것으로, 사학유생들의 필수과목이었다. 그리고 소학은 사학유생들의 학령(학생생활규칙)이 되었으며 성균관에 진학하기 위한 승보시(升補試)의 중요한 시험 과목의 하나였다. 또한 사학 유생들의 교육목표는 성균관에 입학하는 것과 생원 및 진사시에 합격하는 것이다. 그리고 6월 도회(六月都會)나 알성시(謁聖試)를 통해 생원·진사시에 응시할 수 있는 특전을 주었다. 이때 원점수(圓點數: 재학일수)가 차고, 시험 성적이 우수한 사학 유생은 생원·진사 회시(會試)[6]에 응시할 수 있었다. 6월 도회와 알성시는 과거시험에 응시할 사학 유생에게 주는 특전이었다.

사학의 교관은 다음과 같다(장덕삼, 2003). 교수와 훈도 각 2명씩 두어 가르치게 하였다. 성종 8년(1477)까지는 성균관의 학관이 사학의 교육을 겸하고 있어서 많은 폐단을 가져왔는데, 이에 성종은 학관의 겸임제를 폐지하고 사학을 전담하는 학관을 주었을 뿐 아니라 교육의 전문화와 안정을 기하기 위한 근속제로서 구임법(久任法: 일을 오래 맡김)을 제정 및 실시하였다. 사학교관들에 30개월 구임법을 제정한 것은 인품이 있고 경학에 밝은 인물을 오래 교육기관에 머물게 함으로써 유생들에게 효과적인 교수와 지도가 이루어지게 하기 위한 것이다.

사학의 입학자격은 양반과 서민의 자제로서 10세 이상으로 하고 이들 중에서 성적이 우수하면 성균관에 승학(陞學)으로 진학시켰다. 정원은 학당마다 각 100명으로 사학을 합쳐 총 400명이었으나 부진하여 정원을 채우지 못하는 경우가 허다했다.

사학의 재정은 다음과 같다(피정만, 2011). 사학은 조선 초에는 일정한 재원이 마

---

6) 조선시대, 초시(初試)에 합격한 사람이 두 번째 단계로 보는 시험.

련되지 않아 기숙사(齋舍)가 없었다. 그래서 사학 유생들에게 점심도 제공 못하고 매일 통학을 하도록 했다. 비로소 사학은 태종 때에 이르러 독립된 학사(學舍)를 가지게 되고 성균관의 양현고에서 운영경비를 지급하게 되었다. 때로 흉년이 들면 조세 수입도 부족하여 유생의 정원을 감하고, 음식을 줄이고, 방학을 하기도 하였다. 조선 중기에 사학은 전답과 어장을 내려 독립된 재정을 마련해 주었다. 사학의 재정은 학전과 노비 외에 어장(만경, 고군산, 부안, 대도 등)의 세수로 충당하였으므로 학생들의 학비는 모두 관급으로 교육하였다.

사학의 학생들은 매 5일마다 시험을 치렀고 사학의 감독기관인 예조에서는 매월 고사를 실시하고 1년의 성적을 왕에게 보고하였다. 성균관의 대사성(大司成)은 매월 6일에 사학의 유생들에게 고사를 실시하여 우수자 20명을 뽑아 남학에 모이게 하여 이들을 다시 문신 3인으로 하여금 고강(考講) 혹은 제술(製述)로서 시험을 실시하여 우수자 10명을 선출해 생원 및 진사과에 응시할 수 있는 자격을 부여하는 특전이 있었는데 이를 보시(補試)라 한다(장덕삼, 2003).

사학의 유생 정원은 조선시대의 정치적 흐름에 따라 많은 변화가 일어났다. 조선 초기의 유학의 진흥책 일환으로 사학의 유생 정원이 각학 100명으로 법제화되었다. 하지만 조선 중기 이후 임진왜란이 일어나자 학당이 불타고 건물을 재건하였으나 병자호란 이후에는 각 학 2명으로, 그리고 인조 때에는 각 학 5명으로 책정하였다. 사학 유생 정원의 변화는 사학의 발전과 쇠퇴를 잘 나타내주고 있다(피정만, 1981).

3) 향교(鄕校)

향교는 국가에서 지방의 각 행정단위인 주(州), 부(府), 목(牧), 군(郡), 현(縣)에 성균관을 축소하여 설치한 유학교육기관이다. 고려 향교는 인종 때에 설치되었으나 그 후의 사회적·정치적인 혼란으로 별다른 발전이 없었다. 하지만 고려 말기에 주자학이 도입됨과 더불어 사대부의 성장과 함께 급격히 발전하면서 특히 고려 말에서 조선 초기에 괄목할만한 발전을 하였다(한동일, 1982).

조선시대의 향교 설치목적은(김영훈 외, 2018) ① 통치체제에 필요한 관료 자원의 확보이고, ② 새로운 통치체제의 정치 이념에 입각하여 백성을 교화하려는 것이었다. 이 중에서 유학이념에 따라 백성을 교화하려는 것을 더 중요시하였다. 관립 학교 중에서 향교는 국가 통치의 기간 인재인 관료 자원의 확보를 위해서 뿐만 아니라, 지방의 교화기관으로 매우 중요시되었다. 특히 향교는 성균관과는 달리 전국의 각 지방에 산재해 있었기 때문에, 지역적으로 서민문화의 기층에 깊이 접근할 수 있었다. 고려시대부터 서민문화의 심층에 뿌리를 내리고 있던 불교문화를 유학문화로 대치하는 데 있어 향교 이상 좋은 수단은 없었다. 이 때문에 향교에 대한 정부의 관심이 지대하여 향교 교육의 성패를 지방 행정관의 진퇴를 가름하는 제일 중요한 정책과업으로 규정하였다. 지방 수령의 기본 업무인 '수령칠사(守令七事)'[7) 중에 '수명학교(修明學校)'가 있다. 이는 조선 왕조가 향교에 기대했던 것이 매우 컸음을 알 수 있다.

향교는 성균관과 같이 문묘기능과 교육기능을 동시에 갖고 아울러 사회교화, 향풍순화 등 사회 교육적인 기능도 지니고 있었다. 향교의 건물과 배치는 성균관과 마찬가지로 문묘와 명륜당으로 구성되었으니, 규모는 성균관의 것보다 작았다.

향교의 제도적 성격은 다음과 같다(피정만, 2011).

① 향교는 학교제도의 단계적 측면에서 보면 중등교육기관에 속한다. 향교는 성균관의 하급교육기관이다. 성균관의 교육은 유생들에게 대과를 준비하는 교육기관이고, 향교는 소과를 준비하는 교육기관이다. 향교는 한문의 기초를 가르친 서당보다는 높은 단계의 교육기관이었다. 따라서 향교는 중등교육기관으로 볼 수 있다. ② 향교의 교육내용은 유학이 중심이 되었다. 향교는 유교 이념에 따라 인재를 양성하는 한편, 지방민을 유교 이념에 따라 교화하는 기관이었다. 그러므로 향교의 교과목은 유교와 직접 관계되지 아니하는 것은 모두 제외되었다. ③ 향교는 공교육기관으로 국가에서 설립하고 운영하였다. 향교는 정부의 지시와 감독을 받도록 법으로 규정하였다. 교육행정 체계상으로는 예조(禮曹)의 행정 소관이고, 그 교

---

7) 경국대전 이전(吏典) 고과조(考課條)에 수령이 수행해야 할 일곱 가지 직무, 즉 수령칠사에 대한 규정이다. ① 농상(農桑)을 성하게 할 것(農桑盛), ② 호구를 증식할 것(戶口增), ③ 학교를 일으킬 것(學校興), ④ 군정을 바르게 할 것(軍政修), ⑤ 역의 부과를 균등하게 할 것(賦役均), ⑥ 소송을 바르게 할 것(詞訟簡), ⑦ 교활하고 간사한 버릇을 없앨 것(奸猾息) 등이다.

관의 임명은 이조(吏曹)의 권한과 책임이었으나, 일차적 책임은 각관 지방의 수령이 지도록 되어 있었다. 중앙의 성균관이 국립 교육기관이라면, 향교는 공립 교육기관인 셈이다. ④ 기능 측면에서 보면, 향교는 교육과 교화(敎化)의 양면성을 지닌 기관이었다. 조선은 국가에서 필요로 하는 인재를 전국의 향교를 통하여 양성하고 과거를 통하여 선발하였다. 그리고 유학 이념에 따라 민간 풍속과 사회 질서를 정립하는 데는 향교만큼 좋은 교육관은 없었다.

향교는 유생을 교육하고 선현을 향사하는 이외에 예양(禮讓)을 존중하는 풍토와 향풍을 수립시키는 이른바 향풍순화에도 힘을 기울였다. 그것이 향교에서 실시한 양노례(養老禮), 향음례(鄕飮禮), 향사례(鄕射禮) 등이 있다. 이를 자세하게 소개하면 다음과 같다(김명신, 2013).

① **양노례**(養老禮): 마을의 노인들을 초빙하여 예의를 갖추어 노래와 주연을 베푸는 행사이다. 각 지방관들은 양노례가 지방의 미풍양속에 중요했기 때문에 예속행정(禮俗行政)의 하나로 향교 직원의 협력을 받아 향교 교정에서 양노례를 행하였다.

② **향음례**(鄕飮禮): 매년 10월에 향촌의 나이 많고 덕행이 높은 이들을 주빈으로 모시고 음악과 주연을 베풀고 마을의 자치규약인 향약(鄕約)을 읽는 의식인데 매우 성대하게 베풀어졌다. 향음례가 열리면 여러 속에서 선비들과 학생들, 그리고 많은 구경꾼들이 모여 함께 하였다.

③ **향사례**(鄕射禮): 매년 봄과 가을, 두 차례 시행되었다. 예양(禮讓) 훈련을 목적으로 하는 이 행사는 효·제·충·신하고 예를 숭상하는 이를 주빈으로 모시고 엄중히 예의를 갖추어 술과 음악과 활쏘기를 함께 즐기는 의식이었다.

지방장관인 각 도의 관찰사에게는 향교를 감독하고 진흥시켜야 할 의무가 있었다. 이에 따라 관찰사는 유생의 성적과 근면, 태만 상황과 향학열 등을 조사하여 예조에 보고하고 상벌을 행하게 하였다. 향교를 잘 다스리지 못하는 수령을 엄하게 다스리는 것도 관찰사의 일이었다. 관찰사는 자신의 도내에 있는 향교 유생을 골라 매년 6월에 도회소(都會所)를 설립하고 문관 3명을 보내어 강론이나 제술을 시험하게 하였다. 이 도회에서 성적이 우수한 사람은 생원시와 진사시의 복시를 볼 수 있는 자격을 주었다(김명신, 2013). 특히 관찰사의 주요 과업 가운데 향교교육의 진흥이 중요한 업무였다.

조선 초기의 향교 교관제도는 대체로 고려 말기의 교관제도를 그대로 계승했다. 태조 때에는 향교 교관은 교수관과 훈도관이 있었다. 6품 이상은 교수관이라고 했으며, 7품 이하는 훈도관이라고 불렀다. 하지만 유자격 교관이 충분히 확보되지 못한 상황이었다.

한편 경국대전이 완성된 세조, 성종 연간을 중심으로 향교의 교관제도가 확립되었다. 이때부터 향교 교관의 명칭은 교수관(6품 이상)과 훈도관(7품 이하)으로 고정된다. 그 후 각종 병란을 겪은 후에는 법정 자격 교관을 확보할 수 없어, 학장으로 향교교육을 지도하게 하고 이들을 감독하고 장려하는 제독관(提督官)이 등장한다. 이들은 학장으로 충원된 교관들을 감독 및 지도하던 장학 행정관이었다. 경국대전에 의하면, 전국 향교의 교관 정원은 교수관이 72명, 훈도관이 257명, 총 329명이다.

나주향교

출처: https://blog.naver.com/greenjeonnam/70183623417

표 7-1 조선시대 향교수와 교수관 및 훈도관의 수

구분	향교수	교수관	훈도관	비고
경기도	3	11	26	
충청도	54	4	50	
경상도	67	12	55	부산포, 제포의 위학훈도 2명 포함
전라도	57	8	49	
강원도	26	7	19	
황해도	24	6	18	황주의 역학훈도 1명 포함
영안도	22	13	9	
평안도	42	11	31	평양, 의주의 역학훈도 2명 포함
계	329	72	257	

*자료: 장덕삼(2003). 한국교육사. 서울: 동문사, p. 122.

교관의 연령은 40세부터 70세로 한정하였다. 이 때문에 대과에 합격하여 자격을 갖추었다고 해도 나이 40세가 되어야 교관으로 파견되었다. 그리고 교관의 임기는 경국대전에 900일이라고 명시되어 있다. 그런데 단종 때에 벽지에 파견되는 교관에게는 15개월을 감축해 주는 특전이 있었다. 선조 때부터 설치되기 시작한 제독관의 임기도 교수관에 준하여 30개월로 하였다. 다만 학장에 관하여는 관인이 아니었기 때문에 전근이나 임기가 적용될 수가 없었다.

조선시대의 관학의 교관은 모두 중앙정부에서 선발하여 파견한 것이 특징이다. 이는 중앙집권적인 왕권을 강화하고 유교이념에 입각한 새로운 체제를 확립하고, 새로운 유교이념에 입각하여 국가에서 양성하고 선발한 관인을 지방교관으로 파견한 것이다.

향교에는 양반과 평민의 자제가 입학할 수 있었다(김명신, 2013). 현실적으로는 조선이 양반중심 사회였기 때문에 양반의 자제들이 많았지만 평민의 자제도 상당수 있었다. 교생들이 기거하는 동재와 서재 중에서 양반, 서재에는 평민이나 서출의 자제들이 기숙하였다. 그리고 향교의 학생 정원에 대한 경국대전의 규정에 의하면, 행정단위에 따라 부(府)와 대도호부(大都護府)와 목(牧)에 90명. 도호부(都護府)에 70명, 군(郡)에 50명, 현(縣)에 30명이었다. 나이는 법적으로 16세 이상으로 제한

되었다. 그러나 16세가 되지 않은 학생은 정원에 관계없이 향교에서 교육을 받을 수 있었다. 이들은 동몽교생(童蒙教生)이라 하여 별도의 명단으로 관리하였다. 그리하여 나이 8~9세 정도 이상의 교생은 정원 외로, 16세 이상은 정식 교생으로 향교에서 교육을 받았다.

조선은 중앙집권적 왕권을 강화하기 위하여 유교이념에 입각하여 관료를 양성하고, 유학을 보급하고 민중을 교화하려 하였다. 향교의 교육과정은 그 목적을 실현하는 데 연관이 있다. 향교의 교육과정은 소학, 사서오경을 중심으로 구성되었다(김명신, 2013). 이외에 근사록(近思錄), 효경(孝經), 제사(諸史), 삼강행실도(三綱行實圖) 등도 교재로 사용하였다. 향교에서도 사학(四學)과 마찬가지로 강독과 제술 위주로 가르친 것은 과거시험과 관련이 있다. 당시 과거시험을 보아 생원 및 진사가 되기 위해서는 향교에 적을 두어야 했기 때문에, 향교가 과거준비를 소홀히 할 수 없었기 때문이다. 그리고 농업과 잠업에 관한 서적이 사용되었다는 점으로 보아, 약간의 실업교육도 행해졌던 것 같다. 향교의 방학은 농번기와 기근이 들었을 때 실시하였다(피정만, 2011).

향교의 운영경비는 관학이므로 국왕이 하사한 학전과 이밖에 지방의 유림으로부터 희사 받은 기부금으로 사들인 전지, 어장, 산림 등의 수세(收稅)로 충당하였다. 태조 때에 학전으로 전(田) 15결을 사하였고, 태종 10년에는 30결을 지급하였으나 영조 때의 속대전에 의하면, 책(冊)·부(府)의 향교에는 7결, 군(郡)·현(縣)의 향교에는 5결로 고정되었다.

조선 초기에는 향교는 유교이념을 전국적으로 파급시킴으로써 국가의 권력을 강화하려는 목적으로 일읍일교(一邑日校) 원칙을 시행했다. 지방의 경우 과거시험에 응시하려면 향교에 적을 두어야 했기 때문에 조선 중기 이후의 향교는 과거의 준비장이 되었다. 그러나 조선 중기 이전부터 향교는 계속된 병란과 흉년, 서원의 속출 등으로 교육기관으로서의 기능을 점차 잃어 가면서 쇠퇴하기 시작하였다. 향교가 쇠퇴하게 된 원인은 여러 가지가 있다. ① 향교와 과거와의 연계성이 약화된 것을 들 수 있다. 과거를 보고 성균관에 입학하기 위하여 향교에 들어왔던 양반자제들의 상당수가 세종 때부터 사학(四學) 출신자도 과거를 볼 수 있게 되자 향교를 떠나 향교보다 교육의 질이 높은 사학으로 옮겨가게 된 것이다. 효종 때에는 지방 유생으로서 향교의 향교안(鄕校案)에 이름이 오르지 않은 사람은 과거를 볼 수 없게 하는 등의 부흥책을 쓰기도 하였으나 이렇다 할 효과를 보지는 못하였다. 또한 ② 향교 교관의 무능력도 향교를 기피하게 만드는 원인이 되었고, 16세기 말과 17세기 전반 임진왜란과 병자호란을 겪으면서 향교의 교생에게는 부역이 면제되는 점을 이용하여 공부에는 뜻이 없고 부역을 면제 받으려는 사람들이 향교에 모여들게 되었다. 향교의 진흥책에도 불구하고 향교에 관한 법률도 유명무실해지고 교관의 질은 떨어져서 심지어는 교관도 없는 향교가 생겨나게 되었다. 그리하여 향교는 결국 교육기관으로서의 기능보다는 석전제를 비롯한 유교적 의례행사 위주로 명맥을 유지하였다. 그후 향교는 고종 31년(1894)에 과거제도가 폐지됨으로써 학교로서의 기능은 사라지고 문묘 배향의 기능만 남았다.

4) 왕실교육기관

조선시대 왕실교육으로는 경연, 서연, 종학, 세자시강원 등으로 구분하여 고찰하기로 한다(김명신, 2013; 정규영, 2011; 정영희 외, 2008).

첫째, 경연(經筵)이다. 이는 중국 한나라 때 유학자들이 황제에게 오경을 강의한 데서 비롯된다. 우리나라는 고려 때 예종이 경연을 처음 도입했으나 그다지 활발하지 못하였다. 더욱이 무신집권 때는 경연이 폐지되었다. 원나라의 지배 아래에서는 명칭이 '서연(書筵)'으로 격하되어 겨우 명맥만 유지하였다. 조선시대에 들어와 숭유정책을 실시하면서 경연은 비약적으로 발전하였다. 태조는 경연청을 설치했고, 정종과 태종도 각각 경연을 실시하였다. 세종은 즉위한 뒤 약 20년 동안 매일 경연에 참석했으며, 집현전을 정비해 경연관을 강화하였다. 성종은 재위 25년 동안 매일 세 번씩 경연에 참석, 여러 정치 문제를 협의하기도 해 경연이 정치의 중심부가 되기도 하였다. 경연은 세조와 연산군에 의해 폐지되기도 했으나 곧 부활되어 고종 때 까지 존속하였다. 경연의 강의는 주로 홍문관원이 맡았으며, 사서오경, 역사, 성리학 서적 등을 교재로 하여 일정한 순서에 따라 강의하였다. 그리고 일정은 매일 아침에 조강(朝講)을 실시하는 것이 원칙이었으며, 주강(晝講)과 석강(夕講)을 포함하여 하루에 세 번 강의하는 경우도 많았다.

둘째, 서연(書筵)이다. 이는 왕세자에게 유학의 경서와 역사를 강론하여 유교적 소양을 쌓게 하려는 목적으로 설치되었다. 서연을 주관하는 관원은 서연관이라고 불렀다. 국왕의 '특별학교'가 경연(經筵)이듯이, 서연은 왕세자를 위한 특별학교라 할 수 있다. 왕세자에서 국왕으로 됨에 따라 군주의 교육기관이 서연에서 경연으로 바뀌는 것이다. 이렇게 조선시대에는 왕세자의 교육과 국왕의 교육이 연속되어 있었다. 이러한 군주교육의 과정에서 왕세자의 서연은 국왕 준비교육이라는 막중한 의미를 지녔다. 한 예로 태종이 세자의 서연에 대하여 얼마나 깊은 관심을 기울였는지를 조선왕조실록은 생생히 전해준다. 그리고 태조는 세자관속(世子官屬)에서 서연을 담당하도록 하였으며, 세조 11년(1466)에 세자관속은 세자시강원(世子侍講院)으로 명칭이 바뀌었다.

셋째, 종학(宗學)이다. 이는 종친에 대한 교육을 담당하는 학교였다. 종친이란 왕의 적자들 중에서 왕위계승자(세자)를 제외한 나머지 사람들과 그 후손을 의미한다. 종학은 세종 10년(1428)에 설치되었다. 조선은 개국 초부터 고려의 교육제도를 계승하여 왔으나 종학만은 조선시대에 신설된 교육제도이며 타 학교처럼 예조에서 관장하지 않고 특별히 종부시(宗簿侍)의 감독을 받았다. 그리고 종학의 직제는 세종 12년(1430)에 종학학식(宗學學式)을 세워 종학의 체제를 확립하게 되었다. 처음에는 종학박사 4인을 두었으며 세종 15년(1433)에는 2인을 증원하였고, 그 후에 관원으로 도선(導善), 전훈(典訓)을 각 1인과 사회(司誨) 2인을 두면서 종학에 근무하는 학관은 성균관의 사성(司成) 이하 전적(典籍) 이상의 관원으로 하여금 겸직하게 하였다. 그리고 종학의 교과과정은 성균관과 같이 경술과 문예를 주로 하였으나 특별히 소학(小學)을 중요한 과목으로 과했던 것이 특색이었다.

그리고 ≪경국대전≫의 장권(奬勸)에는 종학의 교육에 관한 규정을 제시하고 있는데 이는 종학교육의 성격을 엿볼 수 있다.

① 종친(宗親)은 15세가 되면 종학에 들어가 공부를 하게 하되, 매일 이미 읽은 책 중에서 추첨(抽籤)하여 강(講)을 받게 하여 통(通)과 불통(不通)을 기록하며 송(誦)도 같다. 매월 말에 왕에게 보고한다. 또 매월 일찍이 읽은 책 중에서 추첨(抽籤)하여 다섯 차례 강을 시켜 세 번 불통한 자는 논벌(論罰)한다.
② 이유 없이 종학에 나가지 아니하는 자나 예절을 어기고 영(令)을 범한 자는 종부시(宗簿寺)에서 부과(附過)하였다가 매 계절 끝 달에 왕에게 보고하여 논벌 한다.
③ 나이가 40이 차고 소학과 사서일경(四書一經)에 통한 자나, 비록 40이 차지 아니하였더라도 소학과 사서이경(四書二經) 이상에 통한 자나, 종부시 제조(提調)가 종학의 관원과 함께 매서(每書)에 세 곳을 강하게 하여 2조(粗) 1략(略) 이상을 뽑는다.
④ 경서 중 전강(殿講)에서 약(略) 이상의 성적으로 합격한 자는 장부에 기록하여 두고 연말에 왕에게 보고하여 장권(奬勸) 한다.
⑤ 해마다 6, 7, 11, 12월은 방학(放學)한다. 매월 초 1일, 초 8일, 15일, 23일은 휴가를 준다.

이처럼 종학의 교육이 엄격했던 이유는 보통 왕족이 체통을 잊고 함부로 권세를 부리는 종친들이 있어서 그들이 왕실의 위신을 추락시키는 일을 미연에 방지하려는 것과 왕족의 위엄과 교양을 고취시키기 위해 교육을 철저히 하였던 것이다.

2. 조선시대 사학(私學)

조선시대의 사학은 서원과 서당을 중심으로 고찰하고자 한다.

1) 서원(書院)

서원은 조선 중기 이후 사람들이 명현(明賢)을 제사하고 인재를 키우기 위해 전국 곳곳에 세운 중등교육기관 정도의 사설기관이며 향촌자치기구이다. 서원은 제사를 지내고 인재를 교육한다는 점에 있어서는 관학인 성균관이나 향교와 같다. 그러나 성균관과 향교의 문묘가 공자 이래의 역대 유학 성현들에게 제향(祭享)한 반면, 서원은 서원의 설립자와 지원자들이 존숭(尊崇)하는 명유(名儒)나 공신(功臣), 또는 지연(地緣) 등 유서가 있는 성현을 정해서 모셨다는 점에서는 성균관이나 향교와 다르다(신득렬 외, 2005; 김명신, 2013).

소수서원(전신: 백운동서원)

출처: http://www.poemlane.com/bbs/zboard.php?id=moeum&no=675

서원은 당나라 선비 이발이 세운 백록동서원에 그 기원을 둔다. 이후 송나라 때에 학교제도가 주로 과거준비의 기능을 수행하게 되자, 이를 비판하며 유교교육의 본연인 인격의 연마를 추구하는 서원이 활기를 띄게 되었다. 중국에서 본격적으로 서원이 성행하게 된 것은 주자가 최초의 서원인 백록동서원을 재건하면서부터이다. 우리나라 서원은 조선 중기 이후에 본격적으로 세워졌다. 조선시대 서원의 설립과 전개는 당시의 정치적 및 사회적 연관을 가진다. 하지만 한국은 고대부터 민간교육의 열의가 대단하였고, 그 대표적인 사례는 고구려의 경당과 신라의 화랑도 교육제도를 비롯해서 고려시대의 십이도와 같은 사학들을 지적할 수 있다. 따라서 조선시대 서원의 정신적 고향을 통상적으로 송나라의 백록동서원(白鹿洞書院)에서 그 기원을 찾았으나 다른 한편으로는 상기에서 제시한 고대 이래 사학의 전통적 역사 속에서 심층적인 연원을 찾아볼 수 있다(장덕삼, 2003).

조선시대 최초의 서원은 중종 38년(1543) 순흥에 세워졌다. 풍기 군수 주세붕(周世鵬)이 고려시대의 명유 안향(安珦)을 추모하고 안향의 연고지인 순흥(順興)에 사우(祠宇)와 서원을 세우고 그 이름을 백운동서원이라 칭하였다. 이 서원은 명종 5년(1550)에 주세붕의 후임 군수로 부임했던 이황(李滉)이 감사(監司)에게 액(額, 현판)을 사(賜, 하사)하고 서적과 전토(田土) 및 노비를 주어 학자(學者)로 하여금 간직케 하여 달라는 글을 올리자 감사가 다시 이황의 글과 같은 뜻을 왕에게 알림으로써 왕은 소수서원(紹修書院) 이하는 편액(扁額, 크고 넓적한 현판)을 내리고 사서오경과 성리대전(性理大全) 등의 서적을 하사(下賜)하였으며 또한 노비와 전토를 주어 크게 장려하게 되었던 데서 연유하게 되었다(정영희 외, 2008).

다음은 서원의 발달과정을 고찰하면, ① 명종 5년(1550)에 백운동서원에 소수서원이란 사액이 내려지자 전국 각지에 서원이 29개의 서원이 설립되었다. 서원의 발전은 관학의 부진과 향촌의 사림(士林)의 발전이 중심이 되었다. 서원은 연산군 이래 사화(士禍)가 거듭됨에 따라 향촌(鄕村)에 퇴거하였던 사림이 도학(道學, 성리학)을 존중하고, 새로운 학풍을 조성함으로 발전이 가능하였다. ② 서원은 선조 때부터 숙종 때까지 154년간에 걸쳐 커다란 발전을 보았다. 서원은 관학의 부진에 더하여 임진왜란과 병자호란에서 희생된 충신(忠臣)과 의사(義士)에 대한 향사가 증대되고, 당쟁(黨爭)이 격심하게 되어, 자기의 당파에 속한 사람들을 모시고, 강학소를 설치함에 따라 많이 건립되었다. 이 시기에 서원은 577개소가 되었다. 이와 같이, 서원의 난립은 붕당(朋黨)과 결탁하여 당쟁의 근거지가 되었고, 사람들이 서원에 들어가서 군역(軍役)을 피하는 등의 폐단이 생기게 되었다(정규영, 2011; 장덕삼, 2003).

당시 서원이 가져온 폐해를 요약하면 다음과 같다(김영훈 외, 2018; 김명신, 2013).

① 향교의 학생이 서원으로 이동함으로써 향교의 쇠퇴의 원인이 되었다.
② 군역과 부역을 피하려는 자들의 도피처가 되었다.
③ 서원이 남설(濫設)되자 수준 높은 교관을 구할 수 없게 되었고, 유생들이 모여 공부는 하지 않고 한담을 일삼는 일이 많았다.
④ 민중 위에 군림하여 그들을 착취하고 횡포를 부리는 악덕배(惡德輩)의 온상이 되었다.
⑤ 면세된 서원 소유의 토지에서 수확된 것이 유생의 음식으로 낭비되었다.
⑥ 중앙에서 사색파쟁이 정권을 다툴 때마다 서원이 가세하는 등 당쟁의 온상이 되었다.

따라서 인조 때에는 서원의 설립을 국가에서 허가제로 하여 제한하였고, 숙종 때에는 서원의 첩설(疊設, 거듭 설치함)을 금지하였다. 하지만 서원의 수는 계속 증가하여 한 도(道)에 80~90개에 이르는 난립상을 나타냈다. 서원의 정리기에 해당하는 경종 이후에는 사묘(四廟, 고조·증조·조부·부의 네 위패를 모신 사당)가 중복된 서원을 철폐하고 사액을 불허하였다. 그리고 서원은 1현(縣) 1서원(書院)을 설치하도록 하였다. 그 결과 영조 때에는 약 300여 개의 서원이 남았다.

조선 말기에 대원군이 집정하여 서원에 대한 일대 정비령을 내리게 되었다. 고종 5년(1868)에 비사액서원을 철폐하고, 고종 7년(1870)에는 사액서원이라 하더라도 붕당을 만들어 백성들을 해친다고 인정되는 서원은 모두 철폐하였다. 그리고 이듬해인 1872년에는 1선현(先賢) 1서원(書院) 외에 중복되어 설치한 서원은 모두 철폐하여 전국에 서원은 47개만 남게 되었다(피정만, 2011).

서원 철폐령 후의 보존 서원은 <표 7-2>와 같다.

표 7-2 서원 철폐령 후의 보존 서원

도명	소재	서원명	주사자(主祀者)
경기도	개성	숭양(崧陽)서원	정몽주(鄭夢周)
	포천	용연(龍淵)서원	이덕형(李德馨)
	여주	강한사(江漢祠)	송시열(宋時烈)
	과천	노강(鷺江)서원	박태보(朴泰輔)
	과천	사충(四忠)서원	김창집(金昌集)
	김포	우저(牛渚)서원	조헌(趙憲)
	파주	파산(坡山)서원	조혼(趙渾)
	양성	덕봉(德峯)서원	오두인(吳斗寅)
	광주	현절사(顯節祠)	김상헌(金尙憲)
	용인	심곡(深谷)서원	조광조(趙光祖)
	강화	충렬사(忠烈祠)	김상용(金尙容)
	고양	기공사(紀功祠)	권율(權慄)
강원도	영월	창절(彰節)서원	박팽년(朴彭年)
	금화	충렬(忠烈)서원	홍명구(洪命耉)
	철원	포충사(褒忠祠)	김응하(金應河)
황해도	해주	청성묘(淸聖廟)	백이(伯夷)
	장연	봉양(鳳陽)서원	박세채(朴世采)
	평산	태사사(太師祠)	신숭겸(申崇謙)
	백천	문회(文會)서원	이이(李珥)

평안도	영유	삼충사(三忠祠)	제갈량(諸葛亮)
	정주	표절사(表節祠)	정기(鄭耆)
	평양	무렬사(武烈祠)	석성(石星)
	영변	수충사(酬忠祠)	휴정(休靜)
	안주	충민사(忠愍祠)	남이흥(南以興)
충청도	연산	둔암(遯巖)서원	김장생(金長生)
	노성	노강(魯岡)서원	윤황(尹煌)
	청주	표충사(表忠祠)	이봉상(李鳳常)
	충주	충렬사(忠烈祠)	임경업(林慶業)
	홍산	창렬사(彰烈祠)	윤집(尹集)
전라도	태인	무성(武城)서원	최치원(崔致遠)
	장성	필암(筆巖)서원	김인후(金麟厚)
	광주	포충사(褒忠祠)	고경명(高敬命)
경상도	경주	서악(西岳)서원	설총(薛聰)
	경주	옥산(玉山)서원	이언적(李彦迪)
	예안	도산(陶山)서원	이황(李滉)
	동래	충렬사(忠烈祠)	송상현(宋象賢)
	고성	충렬사(忠烈祠)	이순신(李舜臣)
	순흥	소수(紹修)서원	안향(安珦)
	함양	남계(藍溪)서원	정여창(鄭汝昌)
	상주	흥암(興巖)서원	송준길(宋浚吉)
	상주	옥동(玉洞)서원	황희(黃喜)
	거창	포충사(褒忠祠)	이술원(李述原)
	선산	금오(金烏)서원	길재(吉再)
	안동	병산(屛山)서원	유성룡(柳成龍)
	현풍	도동(道洞)서원	김굉필(金宏필)
	진주	창렬사(彰烈祠)	김천일(金千鎰)
함경도	북청	노덕(老德)서원	이항복(李恒福)

*자료: 김병구(1995). 한국교육사의 탐구. 서울: 교육출판사, p. 131.

서원의 설립 목적은 선현존경과 후진장학에 있었다. 따라서 서원의 궁극적 목적은 성현 군자를 경건히 숭배하면서 인재를 양성하는 전형적인 교육기관이었다. 그러나 당시의 서원은 위와 같은 본질적 목적 이외에도 관리의 등용 방법이었던 과거제도의 영향을 받아 그 준비를 위한 기능을 탈피할 수 없었다. 그러므로 서원의 교육내용과 교과목은 과거시험 교과목과도 밀접한 관련을 갖게 되었다.

서원의 원생 정원은 초창기에는 일정한 규정이 없었다. 소수서원등록(紹修書院謄錄)에 의하면, 원생의 정원을 10인으로 규정한 것으로 보아, 초창기의 다른 사원들도 10인 내외의 정원을 수용한 것으로 생각된다. 그러나 후대로 내려오면서 서원의 원생 정원은 30인 정도로 증가한 것으로 생각된다. 숙종 때에는 이것을 제한하여 사액서원에 20인, 미사액서원에 15인으로 법제화하였다. 그리고 서원의 원생 입학자격은 시대별·지역별·서원별로 천차만별이다. 백운동서원의 원규(院規)에 의하면, 서원의 입학자격은 ① 생원과 진사를 원칙으로 하였다. ② 생진과 초시 합격자로 하였다. ③ 초시에 불합격한 자라 하더라도 향학열이 높고 행실이 바른 사람으로서 유사(有司)가 유림(儒林, 사림)의 승인을 받아 허락하였다. 이러한 유생의 입학 자격은 중앙의 성균관의 입학자격과 비슷한 것으로, 서원의 교육 정도가 상당히 수준이 높았음을 나타내는 것이다(정영희 외, 2008).

서원의 교육목적은 국가에 필요한 선비를 양성하는 데 있었다(정세화 외, 2011; 피정만, 2011). 과거를 통하여 관리가 되는 것은 부차적인 것이었다. 선비란 성현의 교훈에 따라 염치와 절의를 존중하고, 시비를 구별하며, 이를 지키는 도학적 성리학의 이상적인 인간상을 뜻한다. 서원의 교과내용은 소학과 가례(家禮)를 입문으로 삼고, 사서오경(四書五經)을 기본으로 하였다. 독서의 순서는 소학, 대학, 논어, 맹자, 중용, 시경, 서경, 주역, 춘추로 정하였다. 제사(諸史), 자집(子集)은 윤리와 관련하여 읽도록 하였다. 과거에 필요한 사장(詞章)과 과거문(科擧文)도 읽도록 하였으나 그것은 이차적인 학습활동이었다. 서원에서는 제술과 습자도 익혔다. 제술에 있어서 작문은 의리를 나타내는 본(本)이 된다고 하여, 이단의 서적과 잡문은 짓지 못하도록 하였다. 습자는 반드시 해서를 원칙으로 하였다. 그리고 서원에서는 강(講)을 교수하였다. 강은 학습한 문장을 소리 높이 읽고 의리를 묻고 답하는 교수방법이다. 강을 통하여 학업에 대한 평가도 동시에 이루어졌다. 강에는 매일 실시하는 석강(夕講), 열흘마다 행하는 순강(旬講), 보름마다 실시하는 망강(望講), 매월 실시하는 월강(月講)으로 구별된다. 강은 암송을 중심으로 하지만 문리(文理)를 터득하는 일에 중점을 둔 학습활동이다. 또한 도기제도(到記制度)를 도입하여 원생의 출석을 확인하고, 학령의 준칙에 따라 고과평정(考課評定)과 독서지침을 제시하였다(정영희 외, 2008). 그리고 강(講)을 통한 학업의 성적 평가는 대통(大通), 통(通), 약통(略通), 조통(粗通), 불통(不通)의 5단계 평가, 또는 통(通), 약(略), 조(粗), 불(不)의 4단계 평가로 이루어졌다. 또한 서원에서는 유교 교육과 더불어 선현에 대한 제향을 통하여 의식화 교육을 하였다. 서원은 존현숭덕(尊賢崇德)이 설립목적의 하나였기에 향사는 대단히 중요시되었다. 조선 후기에 내려올수록 강학보다 향사에 치중하는 경향이 있었다(정규영, 2011).

각 서원의 교과목은 <표 7-3>과 같다.

표 7-3 각 서원의 교과목

서원명	교과목	
서악서원(西岳書院)	小學 四書 五經	家禮, 諸史集, 詞章
석강서원(石岡書院)	小學 四書 五經	諸性理之書, 史學, 子集
인현서원(仁賢書院)	小學 四書 五經	家禮, 子, 史集, 詞章
지천서원(知川書院)	小學 四書 五經	擊蒙要訣, 先賢性理之書
이산서원(伊山書院)	小學 四書 五經	家禮, 諸史, 子集, 文章
덕양서원(德陽書院)	小學 四書 五經	心經, 近思錄, 程朱之書
고암서원(考巖書院)	小學 四書 五經	心經, 近思錄, 程朱之書

*자료: 정재철·손인수(1975). 교육사. 서울: 교육출판사. p. 42.

서원의 운영과 강학활동은 서원의 운영규칙인 원규(院規)에 의해서 이루어졌다(정영희 외, 2008). 우리나라 서원은 주자의 백록동학규를 모범으로 하여 독자적인 원규를 제정하였다. 이황은 서원에 사액을 내리기를 명종에게 건의하여 사액서원의 전통을 만들었을 뿐만 아니라 명종 14년(1559)에 이산서원원규(伊山書院院規)를 찬하였다. 이산서원원규는 서원 특유의 자율성과 특수성을 고려하여 수학(受學) 및 거재(居齋) 규칙, 교수 실천요강, 독서법에 관한 규정을 담고 있으며, 이후 서원의 운영, 지방에서 서원을 통한 성리학의 토착화 등에 커다란 영향을 미쳤다.

그리고 서원의 구성과 배치를 보면(정영희 외, 2008), 선현의 제사를 지내는 사당과, 선현의 뜻을 받들어 교육을 실시하는 강당, 원생 및 진사 등이 숙식하는 동재(東齋)와 서재(西齋)가 있다. 이외에 문집이나 서적을 펴내는 장판고(藏版庫), 책을 보관하는 서고, 제사에 필요한 제기고(祭器庫), 서원의 관리와 식사준비 등을 담당하는 고사(庫舍), 시문을 짓고 대담을 하는 누각 등이 있다.

서원의 임원 조직을 고찰하면 다음과 같다(김영우 외. 1997; 안상원, 1998). 서원은 제향(祭享)과 강학(講學)을 담당하는 인적 조직이다. 서원의 임원은 유회(儒會, 齋會, 서원의 자치회)를 통하여 지역 및 국가에 대하여 영향력을 행사하였다. 유회는 백성의 행위의 시비를 가리어 효열(孝列)의 인사를 표창하고, 강상(綱常)에 기강을 세우는 일을 하였다.

서원의 임원조직은 서원에 따라 약간씩 차이가 있다. 무성서원(武城書院)의 사례를 보면 여러 직임이 있는데 서원의 임원을 제시하면 다음과 같다.

① 원장(院長): 서원의 유림 중에서 선임하였다.
② 원이장(院貳長): 원장을 보좌하고 원장의 유고 시에는 그 직무를 대행하였다.
③ 강장(講長): 유생들에 대한 강학을 담당했으며, 60세 이상으로 한 고을을 넘어 도내의 명망 있는 인사로 위촉했다.
④ 훈장(訓長): 60세 이상으로 명망이 있고 학문과 교학에 힘써 원생들에 대한 훈도를 맡았다.
⑤ 재장(齋長): 재중의 사무를 일체 결재하였으며, 50세 이상으로 행동이 바른 사람으로서 그 임무를 담당토록 하였다.
⑥ 집강(執綱): 50세 이상으로 바르고 정직한 사람으로 임무는 서원의 풍기를 담당하고 원생들의 훈육을 맡았다.
⑦ 도유사(都有司): 50세 이상으로 청렴하고 덕망이 있는 사람으로 서원의 크고 작은 일을 감독하였다.
⑧ 부유사(副有司): 도유사를 보좌하였다.
⑨ 장의(掌議): 지방의 선비 중에서 유식한 자로서 40세 이상으로 사무에 능통한 사람이어야 했다.
⑩ 색장(色掌): 20세 이상의 성실한 원생으로 서원의 모든 일을 직접 담당하였다.
⑪ 직월(直月): 유회에 사무를 집행했으며, 직일(直日)은 직월을 보좌하였다.

서원의 교육재정은 토지, 노비, 현물경제가 중심이 되었다. 서원의 재정적 기반은 토지였다. 서원전은 속대전(續大典)의 규정에 의하면 3결(結)로 하였다. 서원은 사액서원이거나 미사액서원이거나 사사위전(寺社位田), 원입전(願入田), 면역전(免役田), 매득전(買得田), 속공전(屬公田) 등에 의하여 서원전을 확대해 나갔다(김영광, 2011).

① 사사위전(寺社位田): 억불숭유정책에 따라 서원의 정비와 함께 그 경제적 기반을 정리하여 전지(田地)를 서원에 귀속시킨다.
② 원입전(願入田): 뜻있는 지방의 인사로부터 기부 받은 토지이다.
③ 면역전(免役田): 서원을 배경으로 역전의 면제를 원하는 자가 바친 토지를 말한다.
④ 매득전(買得田): 서원의 재산으로 매입한 토지를 뜻한다.
⑤ 속공전(屬公田): 관의 조치에 의하여 서원에 이속된 공전을 이르는 것이다.

서원의 다양한 재정수입을 제시하면, 왕이나 지방관이 지급하는 현물이 차지하는 비중도 컸다. 왕으로부터는 사액과 더불어 토지가 주어졌고 현물과 서적이 주어졌다. 그리고 지방관으로부터는 서원에서 필요로 하는 물품들이 제공되었다. 지방의 관찰사들은 서원 유생들의 물품지급을 도내의 각 읍에 행정명령으로 하여 등유, 사기, 기와, 목반, 각종 종이, 묵, 모필, 화목(火木) 등의 일용잡물을 바치도록 했다.

서원의 노비는 각종 사역에 종사하였으며, 세습되는 재산으로 간주되었다. 서원 설립 초기에는 사액과 더불어 노비를 각각 1인씩 정부에서 지급하였으나, 각 서원은 지방관이나 서원의 자체적인 노력으로 많은 수의 노비를 확보하였다. 효종 8년(1657)에 사액서원 7인, 미사액서원 5인, 향현사(鄕賢祠) 1인으로 정하여 노비의 수를 제한하였다. 서원의 노비들은 교육기관에 종사한다는 중요성 때문에 타 사노비에 비하여 특별한 보호를 받았으며, 관에서는 노비에게 특전을 주어 국가에서 부과하는 노역을 면제하여 주었다. 서원은 토지 노비 등의 재정을 확보하여 융성한 모습을 보여주었다(피정만, 2011).

상기에서 서원에 대하여 고찰한 바와 같이, 국가로부터 특수한 사립교육기관으로서 인정받은 서원이 다른 교육기관과 다른 점은 다음과 같다(안상원, 1976). ① 번거로운 세속을 떠나 산수 좋고 한적한 장소에 위치한 탓으로 수양과 사색하기에 적당하다. ② 복잡한 학령이나 학칙의 구속에서 벗어나 공부하기에 편리하고 자유스러웠다. ③ 세속적인 사물과 세정에 접촉이 적으므로 심지(心志)의 동요가 적었다. ④ 성균관이나 향교가 공자를 비롯한 4성 10철 6현과 문묘향배자를 모시는데 반하여 서원은 특정한 한 사람의 명유나 공신을 모신 점이다.

조선시대 서원 중에서도 가장 유명한 서원은 도산서원, 송악서원, 화양서원(華陽書院), 만동묘(萬東廟)였다. 화양서원과 만동묘는 당시 일종의 행정명령과 같은 '통첩'을 내기도 했는데 이 통첩이 유명한 '화양묵패'이다. 이 화양묵패는 관·민은 물론 누구도 이 묵패에 추종하지 않을 수 없었다. 고종 1년(1864)에 서원의 모든 특권을 철폐하고 이듬해인 1865년에는 서원 횡포의 소굴인 만동묘를 철폐했다.

2) 서당(書堂)

서당은 옛날부터 내려오는 사숙, 서재, 정사, 서숙, 학당, 강당, 강사, 가숙, 글방, 서방, 책방 등 여러 가지 이름으로 불리운다. 서당은 고려시대부터 조선시대에 걸쳐서 국민대중의 자제들을 위한 민간의 사설 교육기관이다.

서당(김홍도)

출처: https://m.post.naver.com/viewer/postView.nhn?volumeNo=14024805&memberNo=32787874

서당의 기원은 고구려의 사설 교육기관인 경당에서 비롯된다는 주장이 있다. 이는 사설 교육기관이었다는 성격에서 비롯된 것이다. 서당은 고려시대에 존립되고 있었다. 고려는 국초부터 유학진흥에 힘썼으나 불교가 국가의 이념으로 별다른 발전을 하지 못했다. 고려 중기 이후에 외세의 침입과 무인의 전권 및 불교계의 횡포 때문에 낙향한 유학 지식인이 고향의 소재에 머무르는 사람이 많아졌다. 시골 유학자들이 자기의 서재에서 유학을 연구하면서 이웃 자제들을 모아 가르치는 교학이 함께 하는 상황이었다. 이러한 서재에 붙여진 이름을 헌(軒), 재(齋), 당(堂)이라고 하였는데, 이는 모두 일종의 서당이라고 보는 주장이 있다.

서당이라는 표현은 조선 성종 때에 처음으로 나타난다. 성종실록에 "유인달은 광주에 사는데 서당을 별도로 설립하여 촌의 자녀들을 모아서 부지런히 교육을 하고 있다"라고 했다. 이 기록은 서당을 사설 초등교육기관으로 보았다. 그리고 서당은 조선시대를 거치면서 크게 보급되었고, 일본 통치기를 지나 8·15 광복 후에도 전국 각 지방에 잔존하여 전래의 교육을 계속하여 왔다. 그리고 1950년대에는 국민학교를 마치고 중학교에 진학하지 못한 학생들의 한문 교육기관으로 기능을 수행하기도 하였다. 서당교육은 한국의 고대에서 현대까지 그 교육적 자생력을 가진 민족의 교육기관이다(박래봉, 1984).

서당의 교육적 및 제도적 성격은 다음과 같다(한동일, 1985). ① 학교제도의 단계상으로 보면, 초등교육기관이라고 할 수 있다. 서당은 초보적인 교육을 실시하였기 때문에 초등교육단계로 본다. 서당은 대부분 초보적 유학을 교육했는데 때로는 개인적으로 개설한 서당에서 유학의 높은 단계의 교육을 실시한 곳도 있다. ② 교육 내용 측면에서 보면, 서당은 순수한 유학 교육기관이었다. 서당에 다니는 목적은 문자를 학습하고 초보적 유학지식을 습득하는 데 있다. ③ 서당은 운영상에서 대부분 개인이나 촌락의 주민들에 의하여 설립된 교육기관이다. 서당의 설립에는 일정한 규제가 없었다. 그러므로 개인에 의해 설립되거나 혹은 촌락의 주민들이 필요에 의하여 설립과 폐지를 자유롭게 할 수가 있었다. ④ 서당은 기능면에서 지역(촌락)의 교화의 중심지이었다. 서당은 지역자제들을 교육하는 기능을 가지고 있으면서 더불어 지역의 문화에 영향을 미치는 기능이 있었다. 서당은 그 지방, 향촌의 교화의 중심 기관이다. ⑤ 서당은 유학의 기초교육을 담당하면서도 향사(享祀)를 하지 않았다.

서당교육의 목적은 사학(四學)과 향교(鄕校)에 입학을 위한 준비기관이었으나 실제로는 지방의 청소년들에게 한문의 독해력을 이해시키고 유교에 대한 초보적 지식을 이해시키는 데 적지 않은 역할을 하였다.

서당의 입학자격은 다음과 같다(김명신, 2013). 서당에는 지배층의 자녀뿐만 아니라 평민의 자제들도 입학하였다. 연령으로 보면, 대개 7~8세가 되면 서당에 입학할 수 있었고 15~16세의 아동들이 주가 되었으나 때로는 20세 또는 25세가 되는 경우도 많았다.

서당의 설립과 운영은 누구나 뜻이 있으면 자유로웠다. 서당의 운영 형태는 다음과 같다(피정만, 2011; 김명신, 2013; 정영희 외, 2008; 장덕삼, 2003).

① **훈장자영서당**(訓長自營書堂): 지방 유지나 유학자가 훈장이 되어 자기 생계의 수단으로 직업적으로 경영하거나, 아니면 교학일체의 취미로 운영하는 서당이다.

② **유지독영서당**(有志獨營書堂): 가세가 풍족한 집안에서 훈장을 초빙하여 급비를 부담하면서 자기 집의 자제 또는 친척의 자제들을 가르치도록 한 서당이다.

③ **유지조합서당**(有志組合書堂): 마을의 유지 및 사람이 조합하여 훈장을 초빙하여 조합원의 자제들을 가르친 서당이다. 훈장의 의·식·주 및 서당에 드는 경비는 조합원이 함께 부담하였다.

④ **동리공동서당**(洞里共同書堂): 마을 전체가 경비를 공동으로 부담하여 훈장을 초빙하고 그들의 자제를 공부시키는 서당이다.

⑤ **동족조합서당**(同族組合書堂): 같은 성을 가진 씨족이 조합(계)을 구성하여 경비를 공동으로 부담시키면서 자기들 가문의 자제들을 교육시키는 서당이다.

⑥ **관립서당**(官立書堂): 지방관청의 소재지에 지방 행정관에 의하여 설립 및 운영하던 서당이다.

서당의 설립이나 운영의 형태가 다양하였다(피정만, 2008). 서당의 운영에는 훈장 가족의 생활비를 해결하는 것이 기본적인 부담이었고, 그 외에 경우에 따라서는 훈장의 의복이나 잡 경비도 부담하였다. 그리고 서당의 학생 수는 규모가 작은 서당은 2~3명에서 많으면 40여명이나 되는 서당도 있었다. 서당의 인적 구성은 훈장, 접장, 학도로 구성된다.

① **훈장**(訓長): 학도를 가르치는 주체인 교사이다. 그러나 당시 서당의 훈장은 그 학식이 일정하지 않았다. 그러나 경(經)·사(史)·자(子)·집(集)에 두루 통하는 자는 드물었고, 이들에 대한 사회적·경제적 지위는 열악한 것이었다. 당시의 일반적으로 훈장은 멸시의 대상이 되기도 하였다. 그들은 경전의 주석과 언해(諺解)를 보고 그 글의 대강의 뜻을 해득한 정도가 대부분이었으며, 심지어 벽촌의 훈장 가운데는 한문을 제대로 활용할 줄 모르는 경우도 있었다.

② 접장(接長): 학도 중 연장자나 학력이 우수한 자를 골라 그로 하여금 훈장을 대신하여 학도를 가르치게 하는 사람을 지칭한다. 원래 접이라는 말은 단체를 뜻하니 접이 큰(학생 많은) 서당에서는 훈장 혼자서도 많은 학도를 가르칠 수 없음으로 접장제도가 생긴 것이다. 이 접장제도는 서양의 산업혁명 당시 영국에서 탄생된 조교제도(monitorial system)와 일맥상통한다.

③ 학도(學徒): 7~8세에 입학하여 15~16세에 마치는 것이 보통이다. 20세가 넘는 경우도 많았다. 성별로는 남학생 위주의 교육이 원칙이었고, 여자를 위한 규방교육의 서당이 가숙(家塾)의 형태로 이따금 설립되기도 했다. 여자를 위한 서당교육이 보편화되기 시작한 것은 일제 강점기의 개량서당이 보급되면서부터라고 할 수 있다.

서당의 설립 주체가 다양하였고, 훈장과 학도의 수준도 서당에 따라 차이가 컸기 때문에 교육내용과 수준도 단일하지 않았다. 문자해독에서 그치는 서당이 있는가 하면 성리학을 공부하는 서당도 있었다. 그리고 궁극적으로 과거를 보려는 사람들은 서당을 거쳐 향교 또는 사학(四學)에서 공부하고, 이어서 성균관으로 진학하였다. 교육내용은 강독(講讀), 제술(製述), 습자(習字)로 구성되었다(피정만, 2011; 김명신, 2013).

① 강독(講讀)의 내용은 처음에는 천자문(千字文)이나 유합(類合)으로 시작하여 동몽선습(童蒙先習), 소학(小學)으로 나아가고, 그 다음에 통감(痛鑑), 사서삼경(四書三經), 사기(史記), 당송문(唐宋文), 당률(唐律)로 나아갔다. 서당의 규모나 훈장의 학식의 수준에 따라 춘추(春秋), 예기(禮記), 근사록(近思錄) 등을 읽히기도 하였다. 서당의 중요한 교재로 사용하였던 교재는 천자문과 동몽선습 등이다. 천자문은 학생들이 한문을 초보적인 지식을 습득하게 하는 문자교육의 중심이 되었다. 동몽선습은 분량은 적지만 매우 간략하면서도 조리 있게 우리의 역사를 정리하여 어린이의 초학서로 사용하였다.

② 제술(製述)은 운문이나 산문 등의 글짓기로 오언절구(五言絶句), 칠언절구(七言絶句), 사율(四律), 고풍, 십팔구시(十八九詩) 및 작문을 가르쳤다. 훈장의 자질에 따라 제술을 가르치지 않는 서당도 있었다.

③ 습자(習字)는 처음에 일점일획을 정확히 쓰는 해서(楷書)를 많이 연습시켜 어느 정도 익숙해지면 행서(行書), 초서(草書)의 순으로 익히게 했다. 습자는 붓으로 글자를 쓰는 의미를 넘어서서 정신 집중이나 예술적 표현의 의미도 가지고 있으므로 서당에서 교육받는 내내 학습하였다.

서당의 교육은 개별교수법으로 진행되었다(피정만, 2011; 장덕삼, 2003). 일률적으로 주입식과 암기위주의 방법이었다. 우선 천자문을 한 자, 한 자 가르치고 다음에는 동몽선습 같은 것으로 단어를 붙여서 음독하는 법을, 그 다음에는 구독의 문리(文理)를 또 그 다음에는 한 문장의 대의를, 마지막으로 학생 스스로 풀이하여 읽도록, 즉 자해자독하게 하였다. 이 때 머리가 둔하여 빨리 깨우치지 못하는 학도는 야독(夜讀)을 장려하여 12시가 넘도록 계속 공부하게 하는 경우가 더러 있었다. 그리고 강(講)의 종류는 전일에 배운 것을 평가하는 지강(指講), 책 한권을 다 마치면 실시하는 괘책례(掛册禮: 책세식이라고도 했다), 서당의 전체 행사로서 실시하는 장원례(壯元禮)가 있었다. 이는 서당 전체 학생들을 대상으로 매월 2~3회 강하여 석차를 매겨, 수석을 차지한 학생의 부모가 잔치를 베풀어 훈장에게 사은의 뜻을 표한다. 평정의 등급은 순(大通), 통(通), 약(略通), 조(粗通), 불통(不通)의 5단계로 하였다.

서당 교육의 특색 중 하나가 계절학습이다. 예를 들면, 봄과 가을에는 ≪사기≫나 고문 같은 것을 읽히고, 겨울에는 어려운 경서를 읽게 하였다. 여름에는 흥취를 돋우는 시나 율을 짓게 하였다. 또한 하루 중 집중력이 떨어지는 오후에는 암기나 이해가 많이 필요하지 않은 습자나 글쓰기를 하였다. 서당에서 활용한 수준별 학습, 개별학습, 완전학습, 학습지도에 따른 무학년제 등은 오늘날의 교육개혁에 시사하는 바가 크다. 그밖에도 소리를 내어 암송하는 방식도 청각을 활용하여 오랫동안 기억할 수 있도록 돕는 효과적인 교육방법이다(김명신, 2013).

그리고 계절학습과 더불어 유희학습이 있었다. 서당의 학동은 연령상 한창 놀이를 즐기는 나이였다. 그래서 쌍륙(雙陸·雙六)놀이를 이용한 '종정도(從政圖)놀이'로서 경외관직명(京外官職名)을 익히도록 하는 가하면, '고을 모둠'이라 하여 8도의 각 고을 이름을 외우도록 하였다. '초(初)·중(中)·종(終) 놀이'를 통하여 옛 사람의 시구

(詩句) 한 구절을 부름으로써 그 대구(對句)를 찾는 일종의 시공부 놀이를 하기도 했으며, 정도가 높은 학동들에게는 '화승작(火繩作)'이나 '각촉부시(刻燭賦詩)'와 같은 글짓기 겨룸의 놀이도 하였다. 그리고 이따금 투호(投壺)를 하게 하여 심신의 집중력을 기르며 여유를 맛보게도 하였다. 학업성적이 나쁘거나 품행이 불량하거나 태만한 학생에게는 초달(楚撻)로써 징계하였으며, 성적과 품행이 양호한 학생은 표창하고 상품을 주기도 하였다(정영희 외, 2008).

그리고 서당에는 일정한 방학은 없었지만, 농번기에는 수업을 하지 아니하였다. 이 밖에 고정된 휴일은 민속병절, 즉 정초(正初), 중삼(重三, 삼짇날), 한식(寒食), 단오(端午), 유두(流頭), 칠석(七夕), 중양(重陽), 세모(歲暮), 석전제일(釋奠祭日), 공자탄강일(孔子誕降日) 등이었다. 그 밖에도 천재지변이나 길흉사에도 휴업하였다(김명신, 2013; 신차균 외, 2006).

한편 서당의 소요경비는 전액 서당 설립자의 부담이다. 대체로 훈장과 그 가족의 생활비는 학도의 부형들이 분담하되 현찰이 아니고, 모두가 예컨대, 시(柴), 량(糧)을 비롯한 김장 등 일체를 물자로 구입 혹은 출렴(出斂)하여 제공하고, 만약 훈장이 객지인 경우에는 의복, 세탁, 식사까지 부형들이 주선하는 것이 관례로 되어 있었다.

상기에서 서당을 살펴본 바와 같이, 고려시대부터 시작한 서당교육이 조선시대 서당교육의 번성기를 거치면서 조선 말기에 와서는 문자해독교육을 위한 기관으로 명맥을 유지하였다. 그러다가 19세기 말 근대식 교육이 도입되자 서당은 변화를 겪게 되었다. 외세에 맞서 민족의 전통을 지키려는 재래식 서당과 더불어 시대적 변화에 따라 신식 교과와 방법을 도입한 개량서당이 나타나게 된 것이다. 일제강점기에 들어와서 일제의 탄압이 시작되자 서당은 민족의식이나 독립의식을 전파하고 고양시키는 교육기관의 성격을 띠기도 하였다. 1908년 8월 일제 통감부는 사립학교령을 발표하였고, 이에 따라 많은 사립학교들이 문을 닫게 되었다. 이러한 상황 속에서 생겨난 개량서당은 교육을 받으려는 사람들과 경제적 빈곤 등의 이유로 정규학교에 다니기 어려운 아동이나 농민들에게 교육기회를 제공하면서 교육의 저변 확대에 기여하였다.

일제하에서 서당을 개량하여 근대교육을 실시하려고 한 것은 두 가지의 의미가 있다(장덕삼, 2003; 김경배·김억환, 2004). ① 일본의 입장에서 한문 이외에 일본어를 가르침으로써 민족의식을 약화시키고 동화의 수단으로 이용하기 위한 것이며, ② 서당교육을 쇄신하여 근대적 초등교육기관으로 활용한다는 의미를 가지고 있다. 1920년대에 들어와서 교육열이 고조되었을 때 초등교육기관의 부족으로 서당을 개량하여 활용했으며 농촌에서는 그 필요성이 더욱 절실하여 서당이 정규학교에 준할 수 있는 역할을 하였다. 전통적으로 내려온 서당을 개량하여 교육방법을 근대적으로 개선함으로써 한국교육이 시대적 과제를 해결하고자 했던 점이 바로 서당교육이 현대교육에 크게 기여한 것으로 볼 수 있다. 또한 여교사와 여학생의 증가는 한국 여성교육의 근대화를 의미하는 것으로 민족을 위한 운동을 하겠다는 여성의 의욕과 여성도 서당교육 정도는 가르쳐야 하겠다는 서민층의 교육열에 의한 서당교육이 또한 현대교육에 물려준 의의있는 일이라 할 수 있다.

이상과 같은 내용을 토대로 서당교육의 현대적 의의를 제시하면 다음과 같다. ① 사설교육기관으로서의 의의, ② 전통문화 계승으로서의 의의, ③ 초등교육기관으로서의 의의, ④ 서민 교육기관으로서의 의의, ⑤ 문맹퇴치 운동으로서의 의의, ⑥ 민족의식 앙양으로서의 의의, ⑦ 도덕성 함양으로서의 의의, ⑧ 여성교육 신장으로서의 의의, ⑨ 구국운동으로서의 의의, ⑩ 개인차를 고려한 교수-학습 방법으로서의 의의를 전파시켰다.

3. 잡과교육

잡과(雜科)교육은 유학교육을 제외한 외국어교육, 의학교육, 무과교육, 음악교육, 미술교육, 천문학교육 등을 포함한 교육을 의미한다. 즉 잡과교육은 행정기술의 실무를 맡는 하급관리를 양성하는데 그 목적이 있다. 잡과교육은 조선이 유학을 숭상하고 문치주의의 정책을 시행함으로써 유학교육에 비하면 소홀한 면이 있었으나 실제적인 국가체제를 운영하는 데는 중요한 분야였다(이건형, 1981).

잡과교육은 우리 민족의 교육에서 상당한 역사적 전통을 가지고 있다. 잡과교육을 실시한 것은 삼국시대 이전부터일 것으로 생각되어진다. 조선의 잡과교육은 대체로 고려 말의 잡과교육을 답습하여 정비하였다. 조선의 잡학교육은 태조 2년에 중국의 주제(周制)를 모방하여, 병학(兵學), 율학(律學), 자학(字學), 역학(譯學), 의학(醫學), 산학(算學)의 육학(六學)을 설치하였다. 이는 태조 6년에 무학(武學), 이학(吏學), 역학(譯學), 음양학(陰陽學), 풍수학(風水學), 의학(醫學), 자학(字學), 율학(律學), 약학(藥學)으로 확대되었다. 또한 잡학은 중앙의 경우 각기 소관아문에서 교육을 실시하였다. 역학은 사역원, 의학은 전의감과 혜민서, 음양학(천문학)은 관상감, 산학은 호조, 율학은 형조, 화학은 도화서, 도학은 소격서, 악학은 장악원에서 각각 그 교육을 전담하였다. 조선시대의 과학, 기술교육은 인문교육처럼 별다른 교육기관이 있었던 것이 아니라 각기 맡은 관아에서 국가가 필요한 인원을 뽑아 한 과목씩을 전문으로 교육시켰을 뿐이다. 이런 상인계급(常人階級)은 과학적 기술방식의 도입과 그들의 노력에 의한 지위 향상의 가능성이 전혀 고려되지 않았기 때문에 체념의식 속에서 생활하였다(손인수, 1988).

조선의 기술교육이 제도적으로 정착되는 것은 성종 때의 경국대전(經國大典) 예전(禮典)의 생도조(生徒條)에 각 학교의 생도를 법적으로 명시한데서 비롯된다(피정만, 2011). 조선시대 잡과교육의 유형을 제시하면 다음과 같다(박의수 외, 2019; 김영훈 외, 2018; 김명신, 2013; 피정만, 2011; 정규영, 2011; 김영광, 2011; 박재문, 2003; 장덕삼, 2003).

첫째, 역학(譯學)교육(외국어 교육)이다. 역과는 외국과의 교류에 필요한 통역관을 양성하는 교육이다. 역과에서 교육하는 외국어는 한학(漢學, 중국어), 몽학(蒙學, 몽고어), 여진학(女眞學, 청학), 왜학(倭學, 일본학)으로 대별된다. 이와 같은 외국어는 사역원(司譯院)을 중심으로 하여 해당 지방 관아에서 필요한 인원을 양성하였다. 사역원(司譯院)에서 한학(漢學)은 교수 4명, 훈도 4명이 학생 30명을 양성하였다. 몽학은 훈도 2명과 학생 10명이 정원이었다. 여진학은 훈도 2명과 학생 20이 정원이었다. 왜학은 훈도 2명과 학생 15명이 정원이었다.

둘째, 의학(醫學)교육이다. 의학교육은 삼국시대와 고려를 거치면서 발전하고 제도가 정비되어 왔다. 조선시대에는 잡학 중에서 의학과 역학이 중시되었다. 중앙에서는 전의감(典醫監)이 의료행정과 의학교육을 주로 담당하였고, 의녀(醫女)에 대한 교육은 혜민서(惠民署)에서 담당하였다. 지방에서는 부·목·군·현 등의 지방 관청에 의원을 양성하는 교육기관이 설치되었다. 여성에 대한 의학교육이 다른 분야보다 일찍 이루어진 것은 주목할 만한데, 이는 남녀의 접촉을 방지하려는 이유가 큰 것이다.

셋째, 무과(武科)교육이다. 조선시대에 무술교육은 병조(兵曹)의 훈련원(訓練院)에서 실시하였는데 훈련제도와 내용은 경국대전에 명시되어 있다. 경국대전 병전에 "병사가 무재(武才)의 시험, 무예의 연습, 병서의 강습 등의 사무를 분장한다. 습독관(習讀官, 武經[8] 습독의 임무를 담당하는 직)은 30명으로 록관(祿官), 권지(權知)와 더불어 병요(兵要), 무경칠서(武經七書), 통감(痛鑑), 장감(將鑑), 박의진법(博儀陳法, 병서 설진법), 병장설(兵將設) 등을 습득하고, 혹은 활을 쏘는 법과 말을 타는 법도 연습한다. 그리고 무과교육의 하나로서 군사 장비에 대한 제작을 맡은 군기시(軍器侍), 경공장 등에 기술 인원을 두어 갑옷, 화살, 활, 화약 등을 제조하였다. 이는 관계기관에서 자체 내의 인원에 의하여 전수된 것으로 보아진다.

넷째, 율학(律學)교육이다. 율학은 형률(刑律)에 관한 기술학으로서 범죄인에게 법률을 적용하는 것이기 때문에 국가적으로 매우 중요시되었다. 율학교육을 주관하는 중앙 관청은 형조(刑曹)였다. 형조에서는 교수 1명, 별제 2명, 훈도 1명을 두고 학생은 40명이었다. 지방에서는 행정 규모에 따라서 차이가 있었다. 각 행정단위에 훈도를 두고, 목·부·도호부에서는 학생 각 14명이 정원이며, 도호부는 12명, 군은 10명, 현은 8명이 정원이었다. 그리고 율학도들이 소정의 학업을 이수하게 되면 율과나 율학 취재에 응시하여 합격함으로써 율관이 될 수 있었다. 율관이 되면 병역이 면제되기 때문에 양가자제(良家子弟)와 향리자제(鄕吏子弟)가 대부분인 율학생도들 가운데는 율학 전문가가 되려는 목적보다는 율관이 되어 군역(軍役)이나 향역(鄕役)을 면하려는데 더 큰 목적을 둔 자도 있었던 것 같다. 그래서 이들은 율관에 합격하여 8, 9품직이나 권지(權知)에 임명되어 거관(去官)한 뒤 군역이나 향역을 면한 데 스스로 만족하여 율학에 정진하지 않고 다투어 향리로 돌아가 한가롭게 즐기면서 폐업하는 실정이다. 이에 국가에서는 이들로 하여금 바로 취직케하고

---

8) 군사 및 병법에 관한 책

취직하지 않는 자에게는 향역을 다시 부과하거나 군역에 종사하도록 하였다.

다섯째, 산학(算學)교육이다. 산학은 오늘날 산술, 통계, 측량, 회계 등에 관계된 분야인데, 조선시대에는 곡식의 회계를 담당하는 관리를 양성하는 기관으로 산학을 두었다. 그리고 조선시대 산학은 호조(戶曹)에 소속되어 교육을 실시하였고, 출납, 회계를 담당할 인재를 양성하였다. 호조에는 산학 교수 1명, 별제 1명, 훈도 1명을 두고 있었다. 산학생도로 입학하는 자도 양가자제였던 것 같다. 그리고 3품 이상의 첩자손도 들어갈 수 있었다. 산학생도들은 과거가 설치되어 있지 않았기 때문에 소정의 학업을 마치면 산학취재를 통해서 산학의 기술관이 될 수 있었다. 그리고 산학생도에 대한 교육내용은 명확히 알 수는 없지만, 경국대전, 산학 취재 시의 시험과목을 통하여 짐작해 보면 대체로 상명산법(詳明算法), 산학계몽(算學啓蒙), 양휘산(楊輝算) 등이었다.

여섯째, 자학(字學)교육이다. 자학교육은 정부의 문서정리와 교정을 담당하는 실무의 관리를 양성하는 것이다. 자학교육은 교서관(校書館)[9]에서 관장하였다. 교육내용은 설문, 자림, 정자, 부경삼체, 도화 등이었다. 자학은 조선 개국 초인 태조 2년에 실시하여 세조 12년 이후 없어졌다.

일곱째, 이학(吏學)교육이다. 이학은 태종 8년(1408)에 문서응봉사(文書應奉司)에서 관장하며 공문서를 작성하는 하급관리를 양성하는 데 목적이 있었다. 특히 조선이 사대교린(事大交隣)을 하는 데 필요한 문서의 작성, 관청과 관청 사이의 공문, 소송과 판결에 필요한 문서 작성 등을 교육하였다. 그리고 문서응봉사는 태종 11년(1411)에 6월에 승문원(承文院)[10]으로 개칭되었다.

여덟째, 악학(樂學)교육이다. 조선시대 음악은 궁정음악과 민속음악으로 대별된다. 궁정에서 음악은 각종 의례와 관계되어 국가적으로 관심사가 되었다. 조선시대 국가의 음악을 관장하는 기관은 장악원(掌樂院)이었다. 장악원은 악곡의 제작, 악보의 편찬, 악기의 제조, 악공의 양성 등 음악에 대한 모든 것을 관장했다. 장악원은 악사(樂師, 典樂과 副典樂), 악생(樂生, 아악 종사자), 악공(樂工, 속악 종사자)으로 구성되었다. 경국대전 아속악조(經國大典 雅俗樂條)에 장악원의 인원을 보면 상당한 규

---

9) 조선 때 經書의 인쇄와 교정·香祝(제사에 쓰는 향과 축문)·印篆 등을 맡아 보던 관아

10) 조선 때 외교에 관한 문서를 맡아보던 관아

모였다. “아악은 좌방에 소속하며, 악사 2명과 악생 297명(후보생 수백 명)은 모두 양인으로 충용한다. 속악은 우방에 속하며, 악사 2명과 악공 518명(매 10명에 후보생은 1명이다) 및 가동(歌童, 대궐 안 잔치 때에 노래하는 아이) 10명은 모두 공천(公賤, 국가에 속한 노예)에서 보충한다. 악공은 체아직(遞兒職)으로 정원 20명인데, 그 중에 당악(唐樂)은 12명, 향악(鄕樂)은 8명이다. 관현맹(管絃盲, 관현악을 하는 맹인)은 재직기간 400일이면 품계를 높이며, 천인은 종 6품으로 제한한다.” 음악에서 학습은 세습적이며, 도제적인 방법에 의하여 이루어졌다. 악기의 제조는 풍물장(風物匠)에서 상의원 소속 8명이 맡고 있었다. 악기의 제조는 세습적이고 도제적인 방법에 의해서 이루어졌다.

아홉째, 화학(畫學)교육이다. 조선시대의 회화는 도화서(圖畫署)에서 관장하였다. 도화서의 위치는 중부 견평방(堅平坊, 현재 서울특별시 종로구 견지동)에 있었다. 도화서는 국가의 기관으로 설립된 것으로 국가에 필요한 도서의 삽화, 도면의 제작, 초상화, 중국화의 모사(模寫) 등의 작업을 하였다. 도화서의 인원은 경국대전 이전(吏典) 도화서조에 “화원은 20명이다. 계속 근무하는 사람은 서반(西班)의 체아직(遞兒職)으로 하여 종6품 1명, 종7품 1명, 종8품 1명으로 한다.”고 하였다. 이것을 보면 도화서의 화원은 일정한 녹봉을 받는 정규직이 아니라, 일이 있을 때에만 일 하는 임시직이 많았던 것으로 생각된다. 화원을 선발하는 방법을 보면 경국대전 예전 취재조에 “대(竹), 산수(山水), 조수(鳥獸)의 그림, 화초 중에서 두 가지에 대하여 시재(試才)하며, 대를 1등으로 하고, 산수를 2등, 인물 조수화를 3등, 화초를 4등으로 하여, 화초의 그림에서 통(通)의 성적을 받으면 2분, 약(略)을 받으면 1분의 점수를 주고, 인물 조수화 이상은 차례로 등급을 올려서 그 성적에 따른 점수를 보탠다.” 라고 규정하였다. 화원에게 대를 그리는 것을 첫째로 보고, 그 다음으로 산수를 그리는 것을 중요하게 여겼음을 알 수 있다. 화원의 학습과정은 사사(私事)를 받으며 반복 훈련을 통하여 자신의 경지를 얻는 형태를 취하였다. 이러한 과정은 특히 예술의 전수에서 사용하는 학습방법이 되었다.

열째, 음양학(陰陽學)교육이다. 조선시대 음양학의 교육을 담당했던 관상감(觀象監)은 세조 15년(1425) 서운관(書雲觀)이 개칭된 것이다. 이 관상감은 경복궁 영추문

(迎秋門) 안의 상의원(尙衣院) 남쪽에 위치해 있었고 분관(分館)이 북부 광화방(廣化坊, 현 서울특별시 종로구 원서동)에 있었다. 조선 역대 군왕이 천문학(음양학)에 관심을 가지게 된 것은 농업국가로서 산업체제를 발전시키고 유지하기 위하여 점성과 천문학에 비중을 두지 않을 수 없었다. 조선 초기부터 중국의 역법(曆法)을 수정하여 우리나라에 알맞은 역법을 제작하고 기상을 관측하며 강우량을 측정하는 등의 사업을 시행하였다. 관상감의 직제에 의하면, 학생 정원은 천문학이 20명, 지리학이 15명, 명과학이 10명이었다. 태종 6년에 음양풍수학으로 시작한 것이 세조 13년에는 음양학을 명과학(命課學)으로, 풍수학은 지리학(地理學)으로 명칭을 변경함과 동시에 또 여기에 천문학이 새로 나타나게 되었다. 지리학과 천문학에는 교수, 훈도 각 1명씩을 두었으며 명과학에는 훈도만 2명을 두었다. 입학자격은 20세 이상의 능력 있는 양가자제(良家子弟)를 원칙으로 하였다.

4. 조선시대의 아동교육

우리나라 전통사회에서는 아이가 여섯 살이 되면 수와 셈하는 것, 동·서·남·북의 방위를 가르치고, 아홉 살이 되면 초하루, 보름과 육십갑자를 가르친다는 것은 십간(十干)과 십이지(十二支)를 순차로 배합하여 육십 가지로 배열하는 것을 가르친다는 것을 말한다. 이와 더불어 어른들은 아이가 어려서부터 바르게 생활하는 방법, 어른들에 대한 예절 등을 나이에 맞게 가르친다. 우리나라 전통사회에서는 유아교육 또는 아동교육을 동몽교육(童蒙教育) 또는 격몽(擊蒙)이라 하였다. 문자를 읽고 쓸 수 있는 나이가 된 아동은 교재를 가지고 공부를 하게 된다. 문자교육의 단계는 대체로 먼저 한자의 음훈을 익히고 나서는 간단한 문장이나 명언과 함께 간단한 기초 지식을 습득한다. 그 다음에는 역사와 예절의 기초를 익히는 단계로 나아간다. 우리나라 전통사회에서 문자 교육이 시작된 나이는 일정하지 않았다. 조선시대에 부유한 양반집에서는 학덕이 높은 사람을 독훈장으로 모셔다가 아이에게 글을 가르쳤고, 할아버지나 아버지가 학식이 높은 경우에는 직접 가르치기도 하였다. 그러나 그런 경우가 많은 것은 아니었기 때문에, 아이가 7~8세가 되면 아이를 서당에 보내서 글공부를 시키는 것이 보통이었다(정낙찬 외, 2000: 116).

조선시대 아동교육에 대한 내용은 다음과 같다(김명신, 2013). 조선시대 초기에 아이들에게 문자를 가르치는 교재로는 ≪천자문≫이나 ≪유합(類合)≫이 흔히 사용되었다. ≪천자문≫은 중국의 주홍사가 만들었다고 하는 것으로 '천지현황(天地玄黃)'으로 시작되는 사언고시(四言古詩) 250구(句)의 총 1,000자로 구성되어 있다. 조선 전기 문신이자 학자인 서거정(1420~1488)이 만든 한자 입문서인 ≪유합≫은 기본 한자를 수량·방위 등을 종류에 따라 구별하여 음과 훈을 붙여 만든 책이다.

조선 중기 선조 때에는 ≪천자문≫과 ≪유합≫의 미흡한 점을 보완하기 위하여 최세진의 ≪訓蒙字會≫(1527), 유희춘의 ≪신증유합(新增類合)≫(1576)이 간행되었다. 이어서 이 책들은 본떠 만든 비슷한 종류의 한자 학습서들이 여럿 나왔다. 조선 후기에는 정약용이 ≪천자문≫을 비판하며 ≪아학편≫(1804)을 짓기도 하였다. 이러한 책들의 공통점은 모두 글자를 제시하고 밑에 음과 훈이 달려 있다는 것이다. 또한 한자의 낱자를 익히고 나서 배우게 되는 교재로는 박세문의 ≪동몽선습≫(1670)이나 이이의 ≪격몽요결≫(1577), ≪명심보강≫ 등이 사용되었다. ≪명심보감≫은 일찍이 고려 충렬왕 때 문신 추적이 저술한 책이다. 아동들은 이러한 교재를 통하여 앞서 배운 낱자들과 기초적 지식에서 한 걸음 나아가 초보적인 문장의 뜻과 함께 교훈적인 내용도 아울러 배웠다. 그 다음 단계는 ≪십팔사략(十八史略)≫, ≪통감(痛鑑)≫ 등의 역사서와 ≪소학≫을 학습하고 나면 ≪사서오경≫으로 나아갔다.

한편 이이(율곡)는 선조 15년(1582)에 어린이를 위한 동몽교육(초등교육)으로서 '소아수지(小兒須知)' 17조를 제정하여 그를 위반하였을 때는 벌하도록 하였다. 그 내용을 정리하면 다음과 같다.

① 교훈을 따르지 않고 다른 일에 마음이 쏠리는 것
② 부모의 명한 바를 곧 시행하지 않는 것
③ 형장(兄長)에 불경하여 폭언하는 것
④ 형제가 불애하여 분쟁하는 것
⑤ 음식을 서로 빼앗고 사양하지 않는 것
⑥ 다른 아이를 업신여겨서 서로 분쟁하는 것
⑦ 서로 경계를 받지 않고 원노(怨怒)를 쉽게 일으키는 것

⑧ 두 손이 단정하지 않고 옷소매가 풀려서 한쪽에 기대는 것
⑨ 걸음걸이가 경솔하여 뛰어 넘는 것
⑩ 희롱하는 것을 좋아하고 소란을 피우는 것
⑪ 무익하고 관계없는 일을 지어내기 좋아하는 것
⑫ 일찍 자고도 늦게 일어나 게으름 피우며 책 읽지 않는 것
⑬ 독서할 때 서로 돌아보고 잡담하는 것
⑭ 방심하고 혼미하여 낮에도 앉아 조는 것
⑮ 일 없이 노는 사람을 대하여 잡담으로 일을 하지 않기를 좋아하는 것
⑯ 잘못된 곳을 덮을려고 하며 허물을 감추어 언어가 불실한 것
⑰ 초서를 좋아하여 난필로 종이를 더럽히는 것 등을 벌하되 범칙이 중하면 한 번 범해도 벌하고 경하면 세 번 범하면 벌한다.

제3절 교육에 관한 법규

교육에 관한 법규는 경국대전에 근거한 교육의 모법인 학령(學令)을 비롯하여 전국의 학교 교육에 적용될 사목(事目), 절목(節目), 학규(學規), 모범(模範) 등을 제정하여 운영하였으며 더욱이 사설교육기관인 서원은 물론 각 마을에 설립된 서당교육에까지 시행될 향학지규(鄕學之規)를 제정하여 적용하였다. 이처럼 조선시대에 이르러 교육법규를 제정하여 운영함으로써 학교교육을 체계화하였으며 또한 교육의 객관적 합리성을 보존한 데 대하여 교육사적 의의가 큰 것이다. 그리고 조선시대에 제정된 규칙들을 크게 구분하면 사목과 절목으로 구분할 수 있다. 사목은 국가와 사회의 공공사업을 규정한 법규로서 국가 또는 왕명으로 제정되며 그에 비해 절목은 사목의 실천 조건 또는 실시 조항을 규정한 법규로서 사목이 상위법인데 비해 절목은 하위법의 성격을 갖는다. 즉 사목은 교육의 모법이고, 절목은 교육의 시행령에 해당하는 성격을 가지고 있다.

3절에서는 경국대전(經國大典), 학령(學令), 권학사목(勸學事目), 학교사목(學校事目), 진학절목(進學節目), 학교절목(學校節目), 경외학교절목(京外學校節目), 제강절목(制講節目), 원점절목(圓點節目), 구제학규(九齋學規), 학교모범(學校模範), 학제조건(學制條件),

향학사목(鄕學事目) 등을 고찰하기로 한다(김명신, 2013; 정규영, 2011; 정세화·이은송, 2011; 김영광, 2011; 박재문, 2003; 장덕삼, 2003; 안상원, 1998; 김영우·피정만, 1997).

1. 경국대전(經國大典)

≪경국대전≫은 오랜 작업을 거쳐 성종 16년(1485)에 편찬한 조선시대의 기본법전이자 최고의 법전이다. 교육제도와 관련하여 ≪경국대전≫에 나오는 학규는 성균관, 사학(四學), 향교 등의 제도에 관한 것으로 직제, 입학자격, 정원, 평가제도 등을 규정하고 있다.

경국대전

출처: http://blog.daum.net/lee7997/1065

2. 학령(學令)

학령은 성균관에 관한 규정으로 조선시대 초에 제정되었다. 주로 유생의 행실에 관한 규정으로 매월 초하루 문묘에서의 알성례(謁聖禮)와 매월 제술, 매일의 일과와 독서·강경(講經)의 성적 구분, 일상생활의 절차, 유생이 지켜야 할 태도, 처벌 등에 관하여 자세한 내용을 담고 있다. ≪경국대전≫이 제도에 관한 규정이라면, 학령은 주로 학생 수업에 관한 규제이다. 그리고 학령은 성균관 유생에 관한 규정이지만 사학(四學), 향교 등의 관학과 서원, 서당 등의 사학(私學)에도 적용되는 기본적인 교육법이었다. 조선의 학령은 세종 21년(1439)에 처음으로 성균관 주부(酒簿) 송을개(宋乙開)의 상서로 시작되어 예조에 명을 내려서 관학의 기본적인 규약이 되었다.

3. 권학사목(勸學事目)

권학사목 8조는 권근이 태종 7년(1407)에 왕에게 지어 올린 과거제 개선 및 학술 진흥책 등을 담은 학규이다. 권근(權近, 1352~1409)은 권학사목에서 주자(朱子)의 ≪소학≫이 인륜에 필요하므로 서울과 지방의 학생 모두에게 ≪소학≫을 먼저 익히게 하는 등 모든 교육을 ≪소학≫에 기초하여 실시할 것, 생원시나 성균관의 입학 시험에 ≪소학≫을 필수과목으로 할 것을 건의하였다. 권학사목에 제시된 건의사항들은 과거제도 개선과 학사행정에 크게 반영되어 조선 초기 교육정책에 큰 영향을 미쳤다.

4. 학교사목(學校事目)

학교사목은 선조 15년(1582)에 이이(李珥)가 왕명에 의하여 지은 10개 항목으로 구성된 학규이다. 이이는 선조의 명으로 지어 올린 학교사목 10조에서 학관의 인사에 관한 5개 조항과 학생의 입학, 정원, 선발, 거재(居齋), 장학 등의 5개 조항으로서 학교경영의 법규, 즉 학교법을 구체적으로 제정하였다.

학교사목의 교원에 대한 규정을 제시하면, 교원은 성균관생과 전에 조관(朝官)으로 있던 자나 생원 및 진사의 명칭이 붙어 있는 자를 교관으로 임명하고 생원 및 진사가 아닌 자는 반드시 인격을 평가하여 교관으로 임명하거나 다른 관직으로 갈 사람을 임시 교관으로 채용하였다. 그리고 학생에 관한 규정으로는 생원 및 진사를 제외하고는 서울에서 입학을 지원하는 자는 모두 하재(下齋)나 사학(四學)에 입학하게 하였고, 지방의 지원자는 향교에 입학케 했다. 처음 입학할 때는 제생(諸生) 10명의 추천을 받아 시강하여 입학시키도록 하였다. 학생의 정원은 사학과 향교의 소재지에 따라 정원이 달랐다. 모든 학생은 시강(試講)하여 선발하되 실력 소지자가 부족할 때는 정원을 채우지 아니하고 학생들은 반드시 예(禮)로서 대우하도록 하여 수령(守令)은 관사(官事)라 하여 학생에게 일을 시키지 못하도록 규정함으로써 모든 학생은 오직 학문에만 전념하도록 규정하고 있다. 이이(李珥)가 제정한 학교사목의 내용은 율곡전집(栗谷全集)과 문헌비고(文獻備考)에 잘 나타나 있다.

5. 진학절목(進學節目)

진학절목은 성종 원년(1470)에 예조에서 제정한 법규로 교관의 임용 및 전직(轉職), 유생의 면학과 출결을 규정한 보충학규이다. 중요한 내용으로는 ① 성균관과 사학의 결원 교수는 학식과 덕행이 사표가 될 만한 인물을 예조와 각관에서 합의하여 선발 임용하되 다른 사무는 면제하여 오로지 가르치는 교수에만 전념토록 하였다. 또 ② 근속하는 교수의 사기를 진작시키기 위해서 문신(文臣)으로 외읍교수(外邑教授)가 되어 다년간 한 곳에서만 근무하고 영전하지 못한 교수는 필히 자리를 이동하도록 규정하고 있다. ③ 한편 사학의 유생들은 야간 독서의 당번을 짜서 분번야독(分番夜讀)을 장려하게 하였고 유생이 여러 가지 이유로 거관(居館)치 않거나 출석이 의무를 이행하게 하고 학문에 전념하게 하였다.

6. 학교절목(學校節目)

학교절목은 인조 7년(1629)에 조익(趙翼)이 지어 올린 것으로 각종 학교의 신입생, 결석생, 장학성적, 서류, 교육과정(학과), 자격 등에 관하여 단편적으로 보충한 규정이다.

① 경중(京中)사학과 경외(京外) 선비들의 명단을 책자로 작성하여 그들의 제반사항을 파악해서 기록하게 하였다. 예를 들면, 신입생에게 소학을 강하고 조(粗) 이상의 평가를 받아야 입학이 허가되었고 명단에 기록되지 않으면 생원 및 진사시험에 응시하지 못하게 하였다. 그리고 서울이나 지방선비로서 35세 이하인 자에게는 모두 소학을 의무적으로 읽게 하고 매월 초순에 각급 학생들을 모으고 통독시키되 서울에 있으면서 여러 번 불참한 자는 제적시켰다.

② 장학제도는 춘추에서 고강하여 그 강(講)한 바를 기록 보관하게 하고 식년마다 3년간 강한 성적을 참조케 하였다.

③ 특히 관관(館官)은 재관자(在館者)로서 독서를 게을리 하지 못하도록 독려하게 하였고 계절마다 강(講)한 바를 평가하고 기록해 놓았다가 연말에 점수를 통계하고 인원을 정하여 보고하면 급제초시를 주었으며 복시(覆試)에 응하는 것을 허락하였다.

7. 경외학교절목(京外學校節目)

경외학교절목은 명종 원년(1546)에 예조에서 제정 반포한 것으로 서울과 지방의 전국 학교에 적용시킨 학규이다. 교원의 채용, 학과목, 입학, 성적고사, 상벌 등을 광범위하게 다루었으며 학령과 ≪경국대전≫보다 세밀하게 규정하였다. 동몽교육에 관한 규정도 포함하고 있는 것이 특징이다.

중요한 규정 내용으로는 교관의 채용, 학생의 입학, 교과내용 및 평소의 성적평가와 상벌 등 각종 학사를 매우 상세하게 규정해 놓고 있다.

① 성균관과 사학의 교관 임명은 문관으로서 학문과 행실이 사표(師表)가 될 만한 자로 경학에 정통한 자로 하였으며 거관(居館)한 생원, 진사와 사학(四學)의 유생들에게 독서하는 성적에 따라 독파하는 기한을 정했으며, 독서방법으로는 통독이나 나누어서 독서(分讀)하되 책마다 시작과 끝나는 날짜를 그 책의 이름 밑에 적도록 하였다.

② 성적평가는 매월 초에 예조와 성균관 당상(堂上)이 회동하여 고강하도록 하였고 평점은 네 단계로 통(通), 약(略), 조(粗), 불(不)을 받는 자 가운데 생원진사는 이를 벌(罰)하고 상하의 학생은 출석부에서 제명하고 3개월 간 복학을 허락하지 못하게 하였다.

③ 향교의 교관 임명은 생원·진사 중에서 덕망 있는 자를 각도의 감사로 하여금 연초에 천거케 하여 이조(吏曹)에서는 이들을 특별 전형하여 채용케 하였다.

④ 향교의 교생은 나이가 30세가 넘도록 어느 책에도 통하지 못하는 자는 제외하고 그 밖의 교생은 세공(歲貢)을 면제해 줌으로써 학업을 장려하도록 규정하였다.

⑤ 동몽교육에 종사하는 훈도는 사족 서얼(庶孼)을 분별하지 않고 정해진 인원 6명 이외에도 4명을 증원한다. 예조에서는 훈도의 근면을 조사하여 정, 종 9품의 관등으로 승급시킨다.

⑥ 동몽의 입학자격은 사족, 평민자제로 나이 8세에서 15~16세의 사람으로 한다. 동몽의 학과 교수는 먼저 소학을 가르치고 구독(句讀)에 밝고, 문리(文理)

를 깨친 후에 대학, 논어, 맹자, 중용을 가르쳐서 성균관이나 사학에 진학시킨다.

⑦ 예조에서는 매년 아동의 성적을 고사하여 훈도의 근무 성적에 참고한다.

8. 제강절목(制講節目)

제강절목은 영조 18년(1742)에 성균관 유생의 정원에 관하여 제정한 법규이다.

① 성균관의 유생의 정원은 태조 7년(1398)에 최초로 150명으로 정하였다. 세종 11년(1429)에 50명을 증원하여 200명으로 하였다. 세종 19년(1437)에 100명으로 감축하고, 세종 21년(1439)에 다시 200명으로 환원되었다. 세조 3년(1457)에 100명으로 감축되었다가 다시 200명으로 환원되어 경국대전에 고정했다.

② 영조 18년(1742)에 이르러 성균관 유생을 재조정하여 제강절목으로서 정원을 규정하였다. 만일 결원의 보충이 필요할 때는 공고하여 차례를 정하고 공고의 차례가 동일할 때는 연령순으로 입학을 허가하도록 하였다.

9. 원점절목(圓點節目)

① 성균관 학생들은 성균관의 재(齋)에서 거처했는데, 원점절목은 유생들의 면학을 장려하고 근면한 태도를 평정하기 위하여 제정된 학사규정이다.

② 성균관에 기숙하는 유생은 매일 아침식사와 저녁식사에 식당에 참석하면 도기에 둥근 점을 찍어 1점을 주었는데, 이 원점이 300개가 되어야 문과 초시에 응시할 자격이 주어졌다.

③ 세조 5년(1460)에 제정된 이후 여러 차례 개정하여 정조 때에 이르러 완비된 제도이다.

④ 원점제도의 목적은 기숙사에서 생활하는 유생들의 수학에 있어서 근태 성적을 점수화함으로써 근면성을 중시하고 장려하려는 데 있었다.

10. 구재학규(九齋學規)

① 구재학규는 세조 9년(1463)에 예조에서 제술한 학규로서 성균관의 교육내용을 '대학'으로부터 '주역'에 이르기까지 교과목에 따라 구재로 편성하고 그 세목을 명시한 학규이다.

② 구재로 편성된 학과는 대학, 논어, 맹자, 중용, 시전, 서전, 춘추, 예기, 주역 등이었고,

③ 유생들은 매년 춘추로 2회에 걸쳐 고강(考講)으로 진급하게 되었다. 이때 여러 학과를 한꺼번에 통하면 월반할 수도 있었는데 진급을 승재(陞齋)라 했고, 월반(越班)을 월재(越齋)라 하였다.

④ 정기시험의 시험관은 성균관 당상 및 예조의 당상 2명 예문당상 1명, 대간(臺諫)[11]각 1명으로 하여 실시하게 하고, 시험기준은 구독(句讀)에 익숙하고 의리를 관통하는데 중점을 두었다.

⑤ 이와 같은 정기시험을 거쳐 주역까지 모든 사람이 식년(式年)마다 회시(會試)에 응시할 자격을 갖도록 하였다.

11. 학교모범(學校模範)

① 학교모범은 선조 15년(1582)에 율곡 이이(栗谷 李珥)가 지은 규범으로 16조로 되어 있으며 학생 훈육 및 학생 수양에 관하여 세밀하게 규정한 것이다.

② 16 조항을 구체적으로 보면, 입지(立志: 뜻을 세움), 검신(檢身: 몸가짐), 독서(讀書: 글 읽기), 신언(愼言: 말을 삼가는 것), 존심(存心: 마음속에 간직하여 잊지 말아야 할 것), 사친(事親: 어버이를 섬김), 사사(事師: 스승을 섬김), 택우(擇友: 벗을 택함), 거가(居家: 가정생활), 접인(接人: 사람의 접함), 응과(應科: 과거에 응하는 것), 수의(守義: 의리를 지킴), 상충(尙忠: 충직함을 숭상함), 독경(篤敬: 공경을 돈독히 함), 거학(居學: 학교에 거처함), 독법(讀法: 글 읽는 방법) 등을 내용으로 한다.

③ 학교모범은 학자가 지켜야 할 조건을 상세하게 제시하고 교관의 선발, 임명,

11) 조선시대 사헌부·사간원의 벼슬의 총칭

처우, 평가에 대한 사항을 제시하고, 학생의 선발, 강의의 순서, 정원의 책정, 장학의 실시 등을 상세하게 제시하였다.

12. 학제조건(學制條件)

학제조건은 선조 17년(1584)에 김우현이 지은 것으로 그때까지 나온 규제들을 보충하는 규정이다. 교원과 학생에 관한 인사문제를 중심으로 다루며, 내용이 있어서는 학교사목과 유사한 점이 많다.

13. 향학사목(鄕學事目)

향학사목은 조선 초의 학자 권근(權近)이 태종에게 지어 올린 교육관계 법규이다. 다른 교육관계 법규가 대부분 성균관 관계 규정, 사학(四學) 및 향교 내지 아동교육에 관한 것인데 비해, 권근은 향학사목에서 고려시대의 12도와 같은 사학(私學)의 효과를 언급하면서 사학(私學)의 교사를 관학에 채용하는 일과 사학의 생도를 강제로 향교에 옮기는 일이 없도록 감사와 수령이 힘써야 할 것 등을 건의하였다.

제4절 과거제도

조선사회는 원칙적으로 과거를 통하여서만 양반이 될 수 있었다. 조선시대의 관료는 대체로 과거에 합격하지 않으면 그 명맥을 유지하기가 어려웠다.

조선시대의 과거의 특징을 살펴보면 다음과 같다(김영훈 외, 2018; 피정만, 2011).

과거시험

출처: https://blog.naver.com/ttl2255/220129111569

① 문무의 양과를 균형 있게 운영한다. 고려시대에는 과거에 무과가

없었으나, 조선시대에는 문과와 무과를 실시함으로써 문무 양반의 체제를 확립하고자 했다.

② 생원시(生員試)의 중시이다. 조선 건국에 공헌한 신진유학자들은 고려시대의 유풍인 사장(詞章) 중시의 진사시(進士試)를 억제하고 유학의 경전을 외우는 생원시를 중시하였다. 주자학이 도입된 뒤 유학의 경향은 사장 중심에서 경학 중심으로 바뀌어 가게 된 추세가 보다 중요한 원인이 되었다.

③ 관학(官學)을 육성하여 과거제와 유기적으로 연결시킨다는 것이다. 조선은 법적으로 학교교육과 과거제를 연계하여 성균관에 일정기간을 재직해야 과거에 응시할 수 있도록 하였다. 하지만 법적인 조건은 예외의 규정이 많아져 문란하게 되었다. 4절에서는 과거제도의 성립과 유형, 학교교육과 과거제도 등에 대해서 고찰하기로 한다.

1. 과거제도의 성립과 유형

조선시대의 교육목적이 치자계층(治者階層)을 위한 인재양성에 있었으며, 국가가 인재 발굴의 방법을 과거라는 전형적인 형식을 통하였기 때문에 과거와 교육은 뗄 수 없는 밀접한 관련을 지니고 있었다. 과거는 개인적으로 보면 입신출세와 부귀영달의 첩경이었으므로 몇 자리 안 되는 관리직을 향한 거생(擧生)들의 경쟁은 치밀한 바 있었고, 드디어 사풍(士風, 선비의 기풍)의 타락과 당쟁의 요인으로까지 파급되기에 이르렀다. 조선시대의 과거법은 태조가 즉위(1392. 7. 17)한 그해 10월에 제정되어 과거가 실시되었다. 이는 조선 과거제의 시초가 되었다.

조선시대의 과거시험은 3년에 한 번씩 시행되었다. 이를 식년시(式年試)라고 한다. 식년시는 정규적인 시험이며 그 규모가 가장 컸다. 그리고 경축이나 필요가 있을 때에 과거를 보는 별시(別試)가 있었다. 식년시는 조선시대의 과거시험의 대표적인 시험으로 문과와 무과와 잡과의 3종으로 대별할 수가 있었다. 문과시험은 소과와 대과로 대별된다. 소과는 대과에 응시하기 전에 보는 시험으로서, 생원시와 진사시로 나누어진다. 생원시는 경서를 외는 시험이고, 진사시는 문장을 짓는 능력을 시험하는 것이다. 대과는 관리(문관)로 임용되는 시험으로 조선시대에 최고의 시험단계이다. 무과는 무관을 선발하는 시험이다. 무과는 조선시대에 처음으로 생긴 과거시험이다. 고려 말기에 무과시험을 제정했으나 실제는 시행을 하지 못하였다. 무과는 문과시험에 비하여 중시하지는 않았지만, 조선의 관제에서 양반을 형성하는 문관 및 무관 중에서 무관을 채용하는 시험이다. 그리고 잡과는 국가의 필요한 기술 관료를 선발하는 시험이다. 여기에서는 생진과, 문과, 무과, 잡과, 강경·제술논쟁 등에 대해서 살펴보기로 한다.

1) 생진과(生進科: 小科)

생진과는 문과의 소과로서 생원과, 진사과를 합쳐 생진과라 한다. 이 생진시를 사마시(司馬試) 또는 감시(監試, 국자감시의 준말)라고 부르기도 한다. 생원과(生員科)는 명경(明經)의 시험이고, 진사과(進士科)는 제술의 시험이다. 명경(경전)의 합격자를 생원, 제술(시·부)의 합격자를 진사라 했다.12) 이들 합격자에게는 백패(百牌)를 주며, 성균관의 입학자격과 하급 문관에 등용되는 자격, 그리고 문과(대과)에 응시할 수 있는 자격을 이울러 갖게 된다.

소과 초시(생진 초시)는 식년시(式年試)의 전년, 즉 상식년(上式年) 가을에 한성과 각 도별로 실시된다. 한성에서 실시되는 것을 한성시, 지방별로 시행되는 것을 향시라고 한다. 한성시는 예조와 성균관에서 열렸고 향시는 각도의 읍 중에서 그때마다 정해서 열렸다(장덕삼, 2003).

생원과는 경학(經學), 즉 유학 경전의 이해 정도를 시험하는 것이었는데, 시험과목은 사서의(四書疑) 1편과 오경의(五經疑) 1편이었다. 사서의란 ≪대학≫, ≪논어≫, ≪맹자≫, ≪중용≫ 등 사서에 관한 문제를 내는 것이다. 오경의는 ≪예기≫, ≪춘추≫, ≪시경≫, ≪서경≫, ≪주역≫ 등 오경의 훈의(訓義)에 관한 문제를 내는 것이다. 한편 문예 창작 능력, 즉 제술에 대한 시험인 진사과의 시험과목은 부(賦) 1편, 고시(古詩)·명(銘)·잠(箴) 중 1편이었는데, 실제로 명(銘)·잠(箴)은 거의 출제되지 않고 시·부가 주가 되었다.

12) 生員과 進士는 본래 同格이었는데 시간이 흐름에 따라 진사가 선비의 榮稱으로 보편화되자 생원도 또한 진사라 부르게 되고, 생원은 年老한 선비를 부르는 말이 되었다.

생원과와 진사과의 초시 합격 정원은 각각 한성시에서 200명, 향시에서는 경기 60명, 경상 100명, 충청 및 전라 90명, 강원과 평안은 각 45명, 황해와 함경에는 각 35명, 계 700명을 감사가 사차원(使差員, 파견시험관)을 통해서 시취(試取, 시험으로 보아 인재를 뽑음)한다. 초시에 응할 수 있는 자격은 경향 유생(사학 및 향교의 유생)과 통덕랑(通德郎)13) 이하의 문관이다.

소과(생원과 및 진사과)의 지역별 선발 인원은 <표 7－4>와 같다.

표 7－4 소과(생원과 및 진사과)의 지역별 선발 인원

구분	한성시	경기	경상	충청	전라	강원	황해	평안	함경	계
생원과 초시	200	60	100	90	90	45	35	45	35	700
진사과 초시	200	60	100	90	90	45	35	45	35	700

소과의 복시(생진복시)는 회시 또는 감시라고도 불렀다. 초시 합격자들을 대상으로 식년 2월이나 3월에 한성에서 예조의 주관으로 실시되었다. 선발 인원은 생원, 진사 각 100명으로 총 200명을 뽑았다. 시험과목은 생원과, 진사과의 초시 과목과 같았다. 그런데 복시를 보기 전에 먼저 ≪소학≫과 ≪가례≫를 시험보아 통과해야 복시를 볼 수 있었는데, 이를 학례강(學禮講)이라고 한다.

한편 소과 초시를 보지 않고도 복시를 볼 수 있는 길도 있었다. 사학합제, 공도회, 승보시 같은 시험인데, 이러한 시험은 소과 초시에 해당하는 것으로 볼 수 있다.

① 사학합제(四學合製)이다. 이는 성균관 대사성(大司成, 조선 때 성균관의 으뜸 벼슬)이 주관하여 서울의 사학(四學)의 학생들에게 시험을 보여 이에 합격한 사람에게 소과 복시에 응할 자격을 주는 것이었다.

② 공도회(公都會)이다. 이는 해마다 각 도(道)에서 향교 학생 등 지방 유생들에게 실시된 시험이다.

③ 승보시(陞補試)이다. 고려시대에도 있었던 것으로 사학(四學) 유생 중에서 15세

13) 조선시대 정 5품 동반의 官階(벼슬 등급)

가 되어 성적이 우수한 자를 시험하여 성균관기재(成均館寄齋)에 입학시키는 제도인데, 정규 학생은 아니었지만 승보시에 합격하면 소과 복시에 응시할 자격을 주었다.

이렇게 초시를 보지 않고도 복시를 볼 수 있도록 한 것은 모두 성균관, 사학(四學), 향교의 학생들의 학업을 권장하기 위한 것이었다(김명신, 2013).

생진과에 합격한 선비는 사회적 지위가 공인되었으며, 후일 과거제도가 권력층의 농락을 받게 되면서부터 생원, 진사를 '소성(小成)'이라 하여 이에 만족하고 대과에 응시하는 것을 단념하는 기풍이 생겼으며, 또 이를 오히려 청렴한 것으로 여기기도 하였다(장덕삼, 2003).

2) 문과(文科: 大科)

문과는 고급 문관의 등용시험으로 흔히 대과 또는 동당시(東堂試, 조선 때 식년과의 별칭)라 하며, 오늘날 고등고시와 유사하다. 문과 시험이 소과와 대과 시험으로 되어 있지만, 좁은 의미에서는 이 대과 시험을 문과 시험이라고 간주하기도 하였다. 대과는 초시, 복시, 전시로 이루어진다. 초시에는 관시, 한성시, 향시가 있었다. ① 성균관시라고도 하는 관시는 성균관 유생 중에서 성균관 출석점수인 원점 300점을 받은 유생들이 응시할 수 있었고 선발 인원은 50명이었다. ② 서울의 일반 유생인 유학(幼學)과 성균관에 진학하지 않은 생원과 진사들을 위해 한성에서 보는 시험이 한성시인데, 서울의 일반 유생과 당하관(堂下官) 이하의 관원이 주로 응시하였다. 시험장은 예조와 성균관 두 곳이었고 각각 30명(처음에는 20명), 총 60명을 선발하였다. ③ 지방에서 치러지는 향시는 지역에 따라 뽑는 정원이 정해져 있었으므로, 경기 10, 강원 15, 황해 10, 충청 25, 경상 30, 전라 25, 평안 15, 함길(함경) 10명으로 모두 140명을 뽑았다. 이렇게 하여 대과 초시에서 선발하는 인원은 모두 250명이었다.

문과에 응시 자격은 생원, 진사로 성균관에서만 300일 이상 학을 닦은 자(거관 300일)나 경향 유생 및 통훈대부(通訓大夫)[14]이하의 문관이다. 응시 자격이 없는 자는 ① 죄를 범하여 영구히 임용치 않게 된 자, ② 장리(贓吏, 장물죄로 처벌된 관리),

③ 재가하였거나 실행한 부녀자 및 자손, ④ 서얼의 자손이다. 이것은 소과의 생진과도 마찬가지다.

대과(문과) 초시는 모두 식년 전해 9월초에 전국에서 일제히 거행되었고, 초시 합격자 250명은 식년 봄에 서울에 모여 2차 시험인 복시를 보는데, 복시의 선발인원은 33명이었다. 대과 시험의 초시와 복시는 모두 초장, 중장과 종장의 3차례 시험을 치러야 했는데 관례적으로 1일의 간격을 두고 실시하였기 때문에 동당삼장(東堂三場)이라고 불렀다.

문과(대과) 초시와 복시의 초장은 사서오경, 즉 유학의 경전에 대한 지식과 이해 정도를 시험하는 것이었으며, 중장은 문예적 소양을 시험하는 것이었다. 초시의 시험과목은 초장에서는 사서의(四書疑)·오경의(五經疑)·논(論) 중에서 2편, 중장의 시험과목은 부(賦)·송(頌)·명(銘)·잠(箴)·기(記) 중 1편과 표(表)와 전(箋) 중 1편이었다. 종장은 개인의 정치적 식견을 평가하는 것으로 대책(對策) 1편을 짓게 하는 것이었다.

대과 복시의 시험과목은 초장에서 사서삼경의 각 1대문(단락)씩, 즉 7대문을 강경하는 방법으로 시험을 보았다. 그리고 중장과 종장의 시험과목은 초시의 중장과 종장의 시험과목과 동일하였다. 대과 초시 합격자들은 소과 초시의 합격자들과 마찬가지로 ≪소학≫과 ≪가례≫를 시험보아 통과해야만 복시에 응시할 수 있었다. 이를 전례강(典禮講)이라고 한다.

문과 시험의 절차와 시험과목은 <표 7-5>와 같다.

표 7-5 문과(소·대과) 시험의 절차와 시험과목

구분		절차	시험과목
소과	생원시	초시	사서의(四書疑) 1편과 오경의(五經疑) 1편
		복시	초시와 동일
	진사시	초시	부(賦) 1편, 고시(古詩)·명(銘)·잠(箴) 중 1편
		복시	초시와 동일

14) 조선시대 문관의 정 3품 당하관의 관계(官階, 벼슬의 등급), 정3품에는 당상관(通政大夫)과 당하관(通訓大夫)이 있음

대과	초시	초장	사서의(四書疑) 1편과 오경의(五經疑), 논(論) 중에서 2편
		중장	부(賦)·송(頌)·명(銘)·잠(箴)·기(記) 중 1편과 표(表)와 전(箋) 중 1편
		종장	대책(對策) 1편
	복시	초장	사서삼경의 각 1대문(단락)씩, 총 7대문(講經)
		중장	초시의 중장과 동일
		종장	초시의 종장과 동일
	전시		대책(對策)·표(表)·전(箋)·잠(箴)·송(頌)·제(制)·조(詔) 중 1편

복시 합격자 33명은 한성 예조의 주관 하에 치러지는 3차 시험인 전시(殿試)를 보았다. 전시라는 이름은 이 시험이 국왕이 참석한 가운데 시어소(時御所) 전정(殿庭)에서 시행되기 때문에 붙여진 것이다. 전시의 시험과목은 대책(對策)·표(表)·전(箋)·잠(箴)·송(頌)·제(制)·조(詔) 중 1편을 시험을 보는 것이었으나 실제로는 대책이 많이 출제되었다.

전시는 선발하는 시험이라기보다는 등급은 1466년(세조 12) 갑과(甲科) 3명, 을과(乙科) 7명, 병과(丙科) 23명으로 나누어졌다. 갑과 합격자 3명 중 1등을 장원(壯元)이라 하여 종6품, 2등은 방안(榜眼)이라 하고 정7품, 3등인 탐화(探花)에게는 정7품, 을과 합격자는 정8품, 병과 합격자는 정9품을 부여하여 관리에 임용하였다. 합격자 중에 이미 관료인 사람의 경우에는 장원은 4등급 승진, 방안과 탐화는 3등급, 을과 합격자는 2등급, 병과 합격자는 1등급 승진하였다. 그리고 임금은 등급에 관계없이 전시 합격자 모두에게 합격증이라 할 수 있는 홍패(紅牌)를 하사하였다(김명신, 2013).

문과 등용 시험에서 식년시 외에 특별시가 있다. 특별시는 증광시(대증관시도 포함), 별시, 정시, 알성시, 중시, 절일제, 춘당대시, 황상시, 문과정시, 기노과, 도기시(반제), 외방별시. 종친과, 현령과, 그리고 중시의 일종으로 발영시, 등준시, 전문시, 진현시, 접영시 등이 있었으며, 이미 본 통독, 공도회, 승보, 사학합제 등도 특별시의 일종이다.

상기에서 살펴본 바와 같이, 관리의 등용은 식년시이든 특별시이든 과거를 거치는 것이 정칙이나 이것을 거치지 않고 특별임용에 의하여 사관(仕官)하는 경우가 있다. 이를 음직, 음서, 문음 또는 남행이라 한다. 이는 모두 공신 또는 현직 상당관의 자손들이 과거에 의하지 않고 조상의 혜택으로 관리로 채용되는 것이다. 이와 같이 문음으로 채용되어 음사하는 관원을 음관 또는 남행관이라 부른다(신차균 외, 2006; 장덕삼, 2003).

3) 무과(武科)

무과는 고급 무관의 등용자격 시험으로 태종 8년(1408)에 처음으로 설치하고 용호방(龍虎榜)이라 하였다. 무과는 문과와는 달리 소과, 대과가 없는 단일과이다. 시험과목으로 궁술, 창술, 격술, 보·기병으로서의 무예와 경서, 병서가 부과되고 역시 초시, 복시, 전시의 절차를 밟는다. 무과 초시는 식년의 전년 가을에 한성의 훈련원과 각도 병마절도사(병사)의 주재 하에 실시된다. 훈련원에서 선발하는 원시(院試)는 70명을 선발하고, 향사는 경상 30명, 충청과 전라 각 25명씩, 강원·황해·평안·함경 각 10명씩을 선발하였다. 총 190명을 시취한다(김명신, 2013).

무과 응시 자격은 무관 자제들을 위주로 하여 향리나 양인을 무경, 무예 등에 소양이 있는 자에게는 응시할 수 있게 했다. 무과 복시는 초시 합격자들이 식년의 봄에 한성에서 병조와 훈련원의 주재로 실시하여 28인을 선발한다. 무과 전시는 왕의 친임 하에 복시에서 합격한 28인이 응시한다. 이것 역시 불합격이 없고 28인의 서열을 결정한다. 즉 갑과 3인, 을과 5인, 병과 20인의 등차가 결정된다. 합격자의 품계는 문과와 같고, 문과와 같이 홍패(紅牌)가 수여된다. 무과의 시험과목은 다음과 같다(장덕삼, 2003).

① 초시(初試): 목전(木箭)[15], 철전(鐵箭)[16], 편전(片箭), 기사(騎射), 격구(擊毬)[17]
② 복시(覆試): 사서오경 중 일서, 무경칠서(武經七書, 육도, 삼략, 위료자, 손자, 오자, 사마법, 이위동) 중 택일, 육서(六書: 通鑑, 兵要, 將鑑, 博議, 武經, 小學) 중 택일

무과에는 상기의 초·복시 이외에 무과 도시가 있다. 이는 매년 춘추에 병조와 훈련원, 지방은 각도 병사의 주관 하에 군사, 동서반의 종5품 이하의 한량 등의 자

15) 조선 때 무과시험에 쓰던 나무로 만든 화살
16) 조선 때 六兩箭·亞兩箭·長箭 따위의 무쇠로 만든 화살의 총칭
17) 구장(毬場)에서 말을 타거나 걸어 다니면서 막대기로 공을 치던 무예

원에 의거 시취한다.

무과에도 식년시 이외에 여러 특별시가 있었다. 즉 증광시, 별시, 알성시, 춘당대시, 외방별과가 있었다. 그리고 군대 기관인 내금위(內禁衛)에서도 시험을 하여 무관을 등용하였다(피정만, 2011).

4) 잡과(雜科)

잡과는 기술관 채용고시로 역과(한학·몽학·왜학·여진학), 의과, 음양과(천문학·지리학·명과학), 율과 등의 네 종류가 있었다. 잡과는 역학, 의학, 음양학, 율학 등 국가의 잡학 교육기관에서 업을 닦은 중인계급들에게 독점 전승되고 양반계급은 관여하지 않았으며 상민, 천인은 이에 참여할 수 없었다.

잡과는 초시·복시만 있고 전시는 없었으며 초시는 해당관청에서, 복시는 해당관청과 예조가 주관하여 실시되었다. 역과는 사역원, 의과는 전의감, 음양과는 관상감, 율과는 형조가 해당관청이었다. 잡과는 무과와 같이, 대·소과의 구별이 없는 단일과이며, 초시, 복시의 2단계로 과시할 뿐 전시는 없었다. 식년시 이외에 가끔 증광시가 있었다(정규영, 2011).

역과(漢學)만 초시에서 한성시와 향시가 있었으나, 의과, 율과, 음양과는 초시, 복시 모두 중앙의 각 해당 관아에서 실시했다. 즉 역과는 사역원에서, 초시의 경우 한학은 한성시에서 23인, 향사에서 22인(황해 7인, 평안 15인) 총 45인을, 몽학, 위학, 여진학은 사역원에서 각 4인을 시취했다. 그리고 역과 복시는 초시 합격자를 대상으로 한학 13인, 몽학, 위학, 여진학은 각 2인씩 선발했다. 율과는 형조에서 초시에 18인, 복시에서 9인을 최종 선발하고, 의과 역시 전의감, 혜민서에서 초시 18인, 복시 9인을 시취했다. 음양과는 관상감에서 초시의 경우 천문학은 10인, 지리학과 명과학은 각 4인을 선발하고 복시에서 전문학 5인, 지리학, 명과학은 각 2인을 최종 선발했다(김병희, 2013).

지금까지 문과(대과, 소과), 무과, 잡과의 과거제의 선발 정원을 정리하면 <표 7-6>과 같다.

표 7-6 문과(대과, 소과), 무과, 잡과의 과거제의 선발 정원

과명		식년(式年)		
		초시(初試)	복시(覆試)	전시(殿試)
文科(大科)		240	33	33 (갑과 3/을과 4/병과 23)
生進科(小科)		생원 700 진사 700	100 100	– –
武科		190	28	28 (갑과 3/을과 5/병과 20)
잡과(雜科)	역과(譯科)	57(한학 23)	19(한학 13)	–
	의과(醫科)	18	9	–
	음양과(陰陽科)	18	9	–
	율과(律科)	18	9	–

그리고 조선시대 과거의 지역별 선발 인원은 <표 7-7>과 같다.

표 7-7 조선시대 과거의 지역별 선발 인원

구분	문과(대과) 초시	생진과(소과) 초시		무과 초시	합계
		생원과	진사과		
한성부	40	200	200	70	510
경기도	20	60	60	0	140
강원도	15	45	45	10	115
황해도	10	35	35	10	90
충청도	25	90	90	25	230
경상도	30	100	100	30	260
전라도	25	90	90	25	230
평안도	15	45	45	10	115
함경도	10	35	35	10	90
합계	190	700	700	190	1,780
		1,400			

*자료: 정규영(2011). 동서양 교육의 역사. 서울: 학지사, p. 381.

5) 강경·제술논쟁

학교교육제도는 그 시대의 사회적·정치적·문화적 상황과 긴밀한 관련성 안에서 전개된다. 우리나라는 이미 삼국시대부터 여러 왕들의 왕권을 강화하기 위하여 중앙집권제를 공고히 하려는 의도로 학교제도를 정비했으며, 고려시대 광종 때 과거제도를 실시한 것도 동일한 맥락에서 이루어진 것으로 볼 수 있다. 학교나 과거제도를 권력 강화의 수단으로 삼은 것은 왕에게만 국한된 것이 아닐 것이다. 그 당시 세력을 다투는 여러 이해집단들이 학교제도와 과거제도의 구성과 운영에 깊은 관심을 가진 것은 틀림이 없을 것이다. 그 이유는 그러한 제도와 입시문제가 자신들의 집단 세력을 구축하고 강화하는 데 매우 중요했다. 그리하여 지배계층의 여러 집단들은 학교 및 과거제(입시제)를 둘러싸고 지속적인 갈등을 빚을 수밖에 없을 것이다. 또한 그러한 갈등으로 인하여 학교와 과거제(입시제도)는 변화를 겪을 수밖에 없다. 과거시험을 둘러싼 여러 집단 간의 이해 충돌은 고려시대 및 조선시대를 거치면서 더욱 격렬하게 진행되었고, 1894년(고종 31년) 갑오개혁으로 과거제도가 폐지될 때까지 끊임없이 지속되었다.

문관이 구비해야 될 자질은 사장과 경학에 대한 능력으로 나눌 수 있다. 사장이란 시·부·송 등을 문학적으로 글짓는 것을 의미하며, 경학에 대한 능력은 유교 경전에 대한 이해도를 뜻한다. 이처럼 유학 경전을 중시하는 강경파와 글짓기를 중시하는 제술파 간의 뜨거운 논쟁은 치열하게 전개되었다(김병희, 2013; 김명신, 2013).

① 과거제도가 본격적으로 실시된 고려시대에도 의견 대립이 있었지만, 고려의 귀족들은 경학보다는 문학을 숭상하였기 때문에 문학적 재능과 정책을 시험하는 제술과가 경학을 시험 보는 명경과보다 일반적으로 더 중시되었다. 그러나 ② 성리학을 통치이념으로 받아들인 조선 초에는 유학지식을 중시한 신흥사대부들이 과거시험에서 사장만을 숭상한 고려 말의 폐습을 비판하고 경학을 중시함으로써 진사시를 없애고 생원시만 두었다. 진사시는 이후 단종 때 부활되었고 점차로 진사시가 중시되었다. 사장과 경학을 둘러싼 대립은 그것으로 끝난 것은 아니었다. ③ 조선 초부터 문제가 되었던 것들 중의 하나는 시험방법을 둘러싼 대립이다. 조선시대 문과시험 중에서 초시와 복시의 초장은 사서오경, 즉 유학의 경전에 대

한 시험이었다. 이 시험의 방법을 구술시험인 강경(講經)으로 할 것인가 아니면 글을 짓게 하는 제술(製述)로 할 것인가를 놓고 관료들 간에 견해가 갈라졌던 것이다. 강제시비(講製是非)라고도 하는 이 논쟁은 한동안 지속되다가 세조에 이르러 초시는 제술로 그리고 복시는 강경의 방법으로 실시하는 것으로 절충되었다. ④ 강제시비에서, 같은 세력 집단 내에서도 반드시 동일했던 것은 아니지만, 일반적으로 훈구파는 시험내용과 시험방법에 있어서 사장 중심의 제술을 중시하였고, 사림은 경학 중심의 강경을 중시하였다. 이는 단순히 각 집단의 학문적 입장에 있어서의 차이라기보다는 집단 간의 세력다툼에 더 큰 원인이 있었다. ⑤ 사림이 경학시험의 방법에 있어서 구두시험, 즉 강경으로 실시해야 한다고 주장한 데에는 그들 나름의 또 다른 이유가 있었다. 제술 능력을 기르는 데에는 체계적인 훈련과 오랜 시간이 필요하였다. 따라서 경학의 시험방식을 제술로 하게 되면 어려서부터 체계적인 교육을 통하여 제술 능력을 기를 수 있었던 기득권 자제들이 많은 서울의 유생들에게 유리하였다. 그런데 사림의 세력기반은 품관을 받은 지방의 향리로 구성된 재지사족(才地士族)이었다. 그리하여 사림이 자신들의 세력을 구축하고 강화하기 위해서는 지방 사림에게 유리한 강경을 주장할 수밖에 없었던 것이다(강창동, 2002: 129).

경학의 시험방식인 강경과 제술은 각각 장단점이 있다. ⑥ 강경(講經)이라는 방식의 장점은 운영이 잘 될 수 있다면, 응시자가 경전의 내용과 뜻을 잘 이해하고 있는지 깊이 있게 물어볼 수 있다는 것이다. 그러나 여기에는 시험관에 따라 채점 기준이 달라지고 모호해질 수도 있다는 점이다. 아울러 응시자 한 명을 시험 보는 데 많은 시간이 소요된다는 점은 운영상의 문제점으로 드러나기도 했다. 그렇다고 하여 경전을 암송하는 식을 보게 되면 이해력보다는 암송력을 시험 보는 것이 되기 쉽다. 그렇게 된다면, 응시자들은 경전을 이해하기보다는 단순히 암기하는 데에만 매달리게 된다는 문제점이 생긴다.

한편 ⑦ 제술(製述)은 근본적으로 유학 지식을 기초로 하여 창조적인 글을 짓는 것이다. 그러나 제술에 치중하다 보면, 경전의 내용을 이해하기보다는 문장을 잘 짓는 기술을 습득하는 훈련으로 흐르게 되는 단점이 있다. 실제로 조선 후기의 여러 실학자들이 과거공부가 과거를 준비하는 사람들로 하여금 공리공론(空理空論)의 미사여구(美辭麗句)를 짓는데 매달리게 한다는 것을 과거의 폐단으로 지적한 것은 이와 무관하지 않다.

2. 학교교육과 과거제도

조선시대에 있어서 관료가 된다는 것은 치자계급(治者階級)을 뜻하며, 양반계급은 관료가 되는 것 이외에 사회구조상 할 일과 갈 길이 없었다. 결국 개인의 입신과 부귀, 영달의 첩경으로서 과거로 향한 노력은 끊임없이 지속되었다. 이는 조선시대의 모든 교육시스템이 과거제와 연결되지 않는 교육이 없을 만큼 밀착되어 버렸다. 조선시대에 성균관을 비롯한 사학, 향교, 서원 등 모든 교육기관은 과거시험을 위한 준비교육기관에 지나지 않았던 것이다. 이 때문에 과거의 시험과목은 곧 학교교육의 교과목이었고, 학교의 교과목은 바로 과거의 시험과목인 것이었다.

조선시대의 학교교육과 과거와의 관계를 도식화하면 ▌그림 7-1▐ 과 같다.

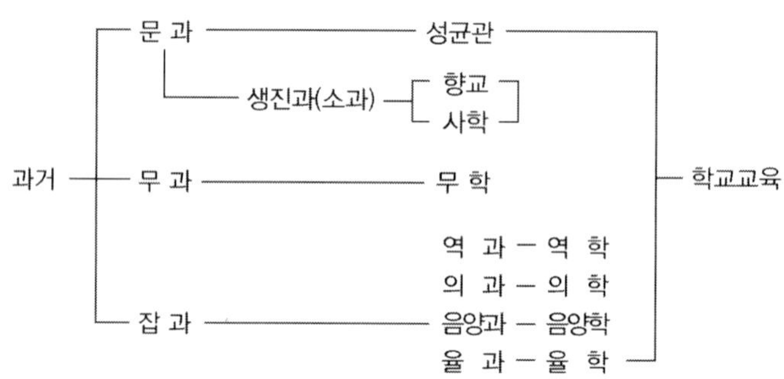

▌그림 7-1▐ 조선시대의 학교교육과 과거와의 관계

조선시대의 과거는 예조의 소관이었다. 그러나 과거의 실무는 성균관 정록소(正錄所)에서 담당하였다. 정록소는 성균관의 일반 서무를 맡은 기관이나, 과거 시에는 과거의 실무를 관장하였다(피정만, 1990). 조선의 과거는 태종 때에 새롭게 제정하였다. 특히 성균관과 문과의 시험을 명시하는 규정이 상세하게 서술되어 있다. 문과 시험의 자격을 성균관의 유생인 생원이 원점 300점을 취득할 것을 명시하였다. 원점은 성균관의 재학 일수를 나타내는 것으로, 하루에 1점씩이다. 과거에 응시하기 위해서는 성균관에 300일 이상은 재학하여야 한다고 규정하고 있다. 이 규정은 비록 시행 과정에서 여러 가지의 변화가 있었으나 법적으로 정해진 규정이다(김영우 외, 1998).

학교 교육시스템과 과거를 연계시킨 것으로 성균관 유생의 과시(科試) 특전이 있었다. 즉 성균관 유생의 사기를 진작시키기 위한 과거시험으로는 관시(館試), 도회(都會), 알성시(謁聖試), 절일시(節日試), 황감시(黃柑試), 전강(殿講), 도기과(到記科), 정시(庭試) 등이 있다(피정만, 2011; 신차균 외, 2006; 장덕삼, 2003).

① 관시(館試)이다. 이는 성균관 유생들만의 과거 시험이다. 문과의 초시에 향시, 한성시, 관시가 있다. 관시는 성균관 유생 200명 중 원점 300점이 되는 유생들에게 응시 자격을 주어 50명을 선발하는 것이다. 이는 향시와 한성시에 비해 경쟁률이 낮은 편이며 때로는 미달이 되는 경우도 있었다.

② 도회(都會)이다. 이는 성균관 유생에게 매년 봄(3월 3일)과 가을(9월 9일)의 2회에 의정부(議政府), 육조(六曹) 및 성균관의 당상관이 과거를 시행하여, 우등자 3인을 선발하여 문과(文科)의 복시(覆試)에 응시할 자격을 주는 것이다. 문과의 복시는 문과의 당락을 결정하는 최종의 고시 단계로 도회에서 선발된 유생은 복시의 삼장(三長)을 통과하면 문과 급제가 되는 것이다.

③ 알성시(謁聖試)이다. 이는 왕이 성균관의 석전제(釋奠祭)에 참석하거나, 시학(視學)의 일환으로 성균관에 갔을 때, 또는 명나라에서 온 사신이 성균관의 문묘에 알성할 때 성균관에서 유생들에게 베푸는 과거시험이다. 알성시에서는 대체로 2~3명의 합격자를 선발하였다.

④ 절일시(節日試)이다. 이는 절일제(節日製) 또는 반제(半製)라고도 하며, 성균관 유생들에게 입일제(入日製: 1월 7일), 삼일제(三日製: 3월 3일), 칠석제(七夕製: 7월 7일), 구일제(九日製: 9월 9일) 등의 절일에 과거시험을 보이는 것이다. 이 시험에 응시하기 위한 유생들의 원점은 속대전(續大典)에는 50점, 대전회통(大典會通)에는 30점으로 되어 있다.

⑤ 황감시(黃柑試)이다. 이는 매년 12월 제주 목사가 왕에게 바치는 감귤을 성균

관 유생에게 나누어 주면서 실시하는 과거로서, 인조 19년(1641)에 처음으로 실시하였다. 이때 응시 자격은 원점 20점이었다.

⑥ 전강(殿講)이다. 이는 매년 2, 4, 6, 8, 10, 12월의 16일에 성균관에 취학한 유생을 대상으로 실시하는 과거이다. 성종 1년부터 실시하였으며, 속대전(續大典)에 명문화되어 있다.

⑦ 도기과(到記科)이다. 이는 원점과(圓點科)라고도 하며, 춘도기(春到記)와 추도기(秋到記)가 있다. 춘도기는 1월 1일부터 7월말 사이에 실시하며, 추도기는 8월 1일부터 12월말 사이에 실시한다. 왕은 도기과를 시행하기 전에 사관(史官), 중사(中使)로 하여금 성균관의 도기를 가져오게 하여, 원점 30점 이상인 유생에게 응시 자격을 부여하였다.

⑧ 정시(庭試)이다. 이는 매년 봄가을에 성균관 유생을 임금이 불러서 시험을 보이는 것으로, 합격자에게는 전시(殿試)에 응시할 자격을 주거나 다음 과거에 급분(給分)을 주었다.

이러한 과거와 학교교육과의 연계는 향교에도 있었다. 태종 13년에 성균관 대사성인 권채는 "도내의 계수관(界首官)이 향교 생도를 시험하여 합격한 사람을 예조에 보내어 생원시에 응시하게 하되 도의 향시 액수를 2배 뽑아서 올리고, 사학 유생에 대하여는 예조와 성균관이 시험하여 합격한 사람을 예조에 보내어 생원시에 응시하며, 생원시에 합격한 사람은 성균관에 입학시켜 면역의 특전을 주고 원점을 300점이 되면 과거에 응시케 하자."고 주장을 하였다. 이러한 주장은 그대로 실시되지는 않았지만 학교제도와 과거제도를 연계시키려는 노력이 있었음을 보여준다. 결국 이 제도는 향교와 사학의 학교시험에서 우수한 성적을 받은 사람을 각각 3명씩 뽑아서 생원시의 회시에 직접 응시케 하는 정도로 그치고 말았다(남궁용권 외, 2008; 장덕삼, 2003).

또 과거의 시행에 있어서 상피(相避)가 있었다. 상피는 관리들이 서로 가까운 친척과 같은 기관에 근무하는 것을 피하는 것이다. 즉 시관(試官)과 수험생이 부자관계이면 상피한다는 것이다(김영우 외, 1998: 130~132).

제5절 조선시대의 성리학과 교육

성리학은 중국 남송에서 발흥하여 주희(1130~1200)에 의해 집대성된 유학의 학문적 경향이다. 공자와 맹자에 의해 성립된 유학이 한과 당을 거치면서 행위의 실천윤리에 치중했다면, 성리학은 유학의 실천윤리에 형이상학적 설명 원리를 제시하고자 했다. 성리학은 실천윤리의 근거로서의 인간의 본성과 우주의 본질을 해명하려는 유학이라고 할 수 있다.

성리학은 14세기 초 고려 말에 우리나라에 전래된 이후 연구의 깊이를 더해오다가, 16세기 말에는 주리적 경향의 퇴계학파와 주기적 경향의 율곡학파로 분화되면서 더욱 심화 및 발전되었다. 조선사회에 성리학이 뿌리내리면서 선비의식은 사대부의 규범으로 정착되었고, 성리학적 교육적 과제는 선비의식의 함양과 실천으로 귀착되었다. 조선사회의 성리학은 그 학문적 성과들을 바탕으로 교육적 인간상으로서의 선비의 내면적 조건과 실천적 원리를 정립하는 데 기여했다는 점에서 교육사적 의의를 찾을 수 있다(김병희, 2013: 48~49).

5절에서는 조선사회의 성리학의 발달과 교육사상가들에 대해 고찰하기로 한다.

1. 성리학의 발달

조선전기는 관학의 정비와 서원의 성립 등 성리학에 기초한 교육체제의 정비를 그 특징으로 한다. 조선 전기의 성리학은 의리와 명분을 강조하는 도학적 성격을 갖는다. 15세기 후반 사람림으로 불리는 세력들의 의리론은 의리를 통해 군자와 소인을 분별하고, 시비와 선악을 판단하는 데 날카로운 태도를 지녔다. 군왕을 바로 잡아야 정치의 근원을 바르게 세울 수 있다는 신하들의 태도는 군왕에게 끊임없는 도덕적 압력과 비판을 가하였다(금장태, 1994). 여러 차례의 사화를 겪으면서도 사림들은 16, 17세기를 거치면서 정치와 교육 등을 주도하는 중심세력으로 부상하게 된다.

16세기 사림의 성장은 성리학의 학문적 논의의 측면에서 이황과 이이와 같은 학자를 탄생시켰다. 이황과 이이는 성리학의 존재론적 원리인 이(理)와 기(氣)에 대한 해석의 차이에 따라 각기 이기이원론(理氣二元論: 主理的 입장)과 이기일원론(理氣一元論: 主氣的 입장)으로 발전하였다.

성리학에서 이(理)란 형이상(形而上)의 것인 데 반하여 기(氣)는 형이하(形以下)의 것이라고 한다. 이황은 이의 실재성을 전제로 이(理)가 기(氣)의 주재자(主宰者)이며 기를 낳게 한 근원으로서 이선기후(理先氣後) 또는 이귀기천(理貴氣賤)을 주장하였다. 반면에 이이(李珥)는 理와 氣는 서로 떨어질 수 없다(理氣不相離)는 원칙을 주장하여, 이황이 理와 氣의 작용을 분리하고 理의 우월성을 부당하게 강조하고 있다고 반박하였다. 당시 인간의 본성에 관한 대표적 논쟁인 사단칠정론(四端七情論)은 이 두 입장의 논쟁이라고 할 수 있다.

이러한 사단칠정논쟁은 역사적으로 한국의 성리학이 본토 중국의 성리학을 능가하였다는 점에서, 한국 독자적인 성리학파가 성립되었다는 점에서, 그리고 이러한 논쟁의 주도세력이 사림파로 이들이 조선사회의 정신적 지도세력이었음을 이해할 수 있다(윤사순, 1987). 이 두 다른 입장은 영남학파 대 기호학파, 퇴계학파 대 율곡학파 등으로 불리면서 조선시대 학문을 이끌었다. 그러나 이들의 학문적 논의는 결국 예송(禮訟)논쟁 등을 통해 정치적인 문제에까지 영향을 미쳐 극심한 명분론 투쟁의 당파 싸움으로 전개되었다는 부정적인 측면을 가지게 된다.

이 시기의 대표적인 교육사상가로는 관학의 발전을 책임졌던 정도전과 권근, 조선 성리학을 이론적 완성을 이룬 이황과 이이 등이 있다.

2. 교육사상가

1) 정도전(鄭道傳, 1337~1398)

정도전의 본관은 봉화(奉化)이고, 자는 종지(宗之), 호는 삼봉(三峰)이다. 출생지는 충청도 단양 삼봉(三峰)이다. 이색(李穡)의 문하에서 수학하면서 정몽주(鄭夢周)·박상충(朴尙衷)·박의중(朴宜中) 등과 교유하였다. 1360년(공민왕 9) 성균시에 합격하고 1370년에는 성균관 박사로 있으면서 정몽주와 더불어 교육활동에 힘을 쏟았다. 조선 개국의 주역을 담당하면서 정부의 요직을 담당하였다. 『조선경국전』, 『심기리』, 『불씨잡변』, 『경제문감별집』 등의 저술을 집필하였으며, 한양 천도 이후 율령 제정 등에 노력을 기울여서 관제와 제도를 정비하려고 노력하였다. 정도전은 그의 이론을 기반으로 조선의 제도로서 정착시켜 사상 및 제도상으로 조선의 기초를 놓았다는 점에서 중요한 의미가 있다.

또한 그는 불교의 사회적 폐단과 철학적 비합리성을 비판하고, 성리학만이 실학(實學)이요 정학(正學)임을 이론적으로 정립해 유교 입국의 사상적 기초를 다졌다. 하지만 성리학을 강력하게 옹호했다 해서 주자학의 전 체제를 모두 수용한 것은 아니었다. 『주자가례』나 『자치통감강목』 그리고 주자학에서 중요한 사회정책으로 간주되는 사창제(社倉制)·향약(鄕約) 등에 관해서는 거의 관심을 가지지 않았다. 또한 주자학자들이 일반적으로 이단시하는 한당(漢唐)의 공리적 사상(公利的 思想)이나 부국강병에 유용한 문물제도에 대해서는 포용적이었다. 주자학만으로는 당시의 시대적 과제인 부국강병 달성이나 천민·서얼의 인심 수람(收攬), 무인세력의 지위 안정, 무전농민(無田農民)의 구제 등 새 왕조 개창에 필요한 문제를 해결할 수 없었기 때문이다. 이러한 문제들을 해결하기 위해 기층신앙(基層信仰)으로 굳어진 불교·도교·참설(讖說) 등을 부분적으로 수용할 필요가 있었다. 그러므로 그의 사상체계는 기본적으로 주자학을 바탕으로 하면서도 음성적으로 이단을 포용하는 절충적인 측면을 가지고 있었다. 그리고 정도전(鄭道傳)은 학교를 중시하여 학교와 정치를 연결하고자 하였으며 과거제도를 충실하게 운용할 것을 주장하였다. 잡과교육으로 이과(吏科)나 의과 등의 잡학(雜學)을 둘 것을 주장하기도 하였지만 모든 학문의 전제 조건은 덕(德)에 바탕을 두어야 한다고 보았다(정영희 외, 2008).

2) 권근(權近, 1352~1409)

조선시대 유학의 문형(文衡)[18]으로 일컬어지기도 했던 권근은 고려 공민왕 원년(1352) 10월 6일에 출생했다. 집안은 대대로 높은 벼슬을 지냈고, 본은 안동이다. 호는 양촌(陽村)이고, 시호는 문충(文忠)이다. 그리고 그는 17세에 성균관시(成均館試)에

18) 조선 때 대제학(大提學, 홍문관, 예문관의 정2품 벼슬)을 달리 일컫던 말

합격하였고, 18세에 문과(文科) 전시(殿試) 병과(丙科)에 2등으로 합격하였다. 그해 7월에 춘추관 검열에 임명되어 관직생활을 시작하였다. 19세에는 중국의 과거인 제과(制科) 향시(鄕試)에 3등으로 합격하였으나, 본시(本試)는 치루지 않았다(정세화 외, 2011).

양촌 권근은 삼봉 정도전과 더불어 이성계를 도와 문교입국(文敎立國)의 기초를 세우는데 지대한 역할을 했음은 물론 억불숭유정책의 이론적 뒷받침을 한 유학자이기도 하다. 정도전은 기존의 성리학에 입각하여 관학화(官學化)에 힘을 기울인데 반해 권근은 순수한 학문에 입각한 새로운 성리론을 개발하는 데 치중한 것이다(장덕삼, 2003).

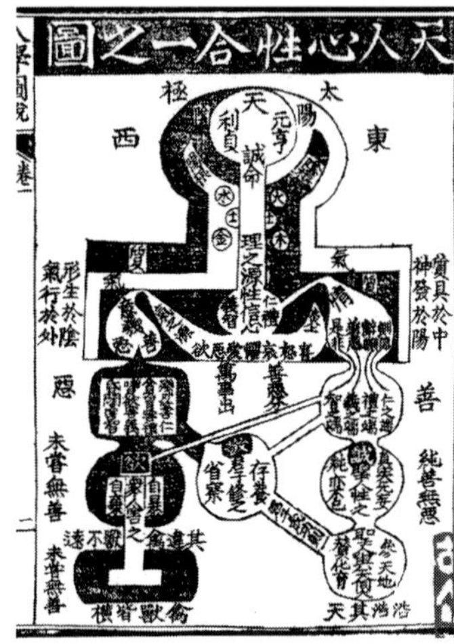

권근의 입학도설

출처: http://www.haksunje.com/shop/shopdetail.html?branduid=18398

권근은 조선 태조의 부름으로 중추원사에 임명되고 명나라와의 정치적 갈등을 평화적으로 해결하는 등 외교가로서의 면모도 발휘하였다. 이후 첨서중추원사, 예문춘추관 학사 등을 역임하였다. 1402년(태종 2년)에는 왕명으로 하륜, 이첨 등과 함께 ≪동국사략(東國史略)≫을 편찬하기 시작하여 이듬해 완성하였다. 또한 그는 권학사목, 향학사목을 제정하는 등 교육제도 정비에도 크게 기여했다(김명신, 2013).

목은 이색(李穡)의 애제자였던 권근은 성리학을 배웠고, 당대의 석학들인 정몽주, 김구용, 정도전, 이승인 등과 교유하면서 성리학연구에 정진하여 고려 말의 학풍을 일신하였다. 특히 그가 은거생활에 들어갔던 공양왕 2년(1390) 이후 4년 동안에 오직 학문과 후진의 교육에 전념을 기울이게 되었다. 『입학도설(入學圖說)』과 『오경천견록(五經淺見錄)』 등이 이때 지어진 것이라고 한다. 성리학자이면서도 사장(詞章)을 중시하여 많은 시문을 남겼다. 조선시대에도 주로 춘추관이나 예문관, 성균관, 경연 등에서 관직생활을 했었기 때문에 그는 새 왕조의 유학교육 진흥에 힘을 기울일 수 있었다(정세화 외, 2011).

권근의 교육철학과 교육방법은 그의 저서인 ≪입학도설(入學圖說)≫(1390)에 그대로 나타나 있다. 권근은 의주 유배지에서 제자 몇 사람에게 ≪중용≫과 ≪대학≫

을 가르치다가 제자들이 배움에 어려움을 겪는 것을 보고 그들에게 쉽게 설명할 수 있도록 도표를 만들어서 가르쳤다. 이것을 기회로 하여 그는 천인심성합일도(天人心性合一圖), 천인심성분석도(天人心性分析圖), 대학지장지도(大學指掌之圖) 등 모두 40종의 도표가 들어 있는 책을 만들었는데 그것이 ≪입학도설≫이다. 이 책의 내용은 ≪대학≫과 ≪중용≫ 등 사서오경을 중심으로 성리학의 기본원리를 설명한 것이다. ≪입학도설≫은 중국 북송의 유학자 주돈이의 저서인 ≪태극도설(太極圖說)≫을 본뜨고 주자의 중용장구를 참고로 하여 도표를 만들고, 선현(先賢)의 격언을 인용하여 해설한 형식을 취하였다. 이외에도 저자와 배우는 사람과의 문답형식의 해설이 삽입되었다. 40종 도표는 각 내용을 배우는 사람이 쉽고 간단하게 이해할 수 있도록 필요에 따라 일람표, 설명도, 분류 정리표, 비교표, 요약문, 체계도 등으로 만들어졌다. 즉, 요점을 요약 제시하고, 내용을 분석하고, 체계를 정연히 하고, 상상을 실제화 하는 등의 교수법을 활용하여 제작된 것이다, ≪입학도설≫은 한국교육사상 처음으로 도표를 사용한 책이다. ≪입학도설≫이 1390년에 저술되었으니, 감각적 직관을 중시한 코메니우스(J. A. Comenius)가 서양 최초로 그림을 삽입하여 만든 교과서인 ≪세계도회≫(1658)보다 시기적으로 훨씬 앞선 것이다. ≪입학도설≫은 후세에 많은 영향을 미쳐 이후로 도설이 많이 나왔는데, 대표적인 것으로는 이황의 ≪성학십도(聖學十道)≫(1568)를 들 수 있다(신차균 외, 2006; 김명신, 2013).

양촌이 입학도설에서 천인심성합일도(天人心性合一圖)를 맨 앞에 강조한 것은 본래의 이상인 천인합일에 비중을 두고 이어서 인(人)·심(心)·성(性)을 설명하여 심성(心性)으로 천인관계를 설명하는데 주력을 한 것이다.

권근은 인재양성과 이를 위한 학문의 중요성을 제시하여 교육이 국가발전을 위해 매우 중요함을 주장하였고, 교육은 가깝고 작은 것을 먼저 하고 멀고 큰 것은 나중에 하여 어렸을 때부터 예의나 염치에 힘쓰고 자기직책을 다할 수 있도록 해야 한다고 하였다. 이를 위하여 『소학』을 중시하여 무엇보다도 『소학』을 먼저 읽어야 한다고 하였다. 이로 인해 학교교육에서나 개인적인 공부의 과정에서 『소학』은 입문서로 자리 잡게 되었고 각종 시험에서도 중요한 기준으로 작용하였다(정영희 외, 2008).

그리고 양촌은 그의 아들 권규(權珪)에게 다음과 같은 네 가지의 교육내용을 전하였다(장덕삼, 2003).

① 공(公): 공정하면 사(私)가 없고 마음이 맑아 욕심이 없으니 이것이 정직하다.
② 근(勤): 근면하면 게으르지 않아 허물이 없고 언제나 부지런하니 이것이 충실하다.
③ 관(寬): 관용하면 까다롭지 않고 모두가 인후하니 이것이 군자의 덕이요 선비의 덕이다.
④ 신(信): 신뢰하면 망령되지 않고 서로의 뜻을 지켜 스스로 변경되지 않는다.

양촌 권근은 입학도설과 소학교육으로서 조선 전기 성리학의 발달과 교육사상에 새로운 방향을 제시했다.

3) 이황(李滉, 1501~1570)

퇴계 이황

출처: https://news.joins.com/article/23412226

송대 주자의 이기론(理氣論)을 철학적으로 심화시킨 이황은 이이와 더불어 조선 성리학의 양대 산맥을 이루고 있다. 이황은 지금의 안동군 도산면인 경상도 예안현 온계리에서 좌찬성 식의 7남 1녀 중 막내아들로 태어났다. 자는 경호(景浩)이고, 호는 퇴계(退溪), 시호는 문순(文純)이다. 생후 7개월에 아버지가 작고하셨지만 어머니의 엄격한 교육을 받았다고 한다. 어머니를 상고하면서 '비록 문자를 익히지 않았어도 의리를 가르치고 사정을 밝히는 식견과 사려는 사군자(士君子)와 같았다'고 한 것을 볼 때, 어머니의 교육이 성장에 큰 영향을 준 것으로 보인다. 6세부터 『천자문(千字文)』을 배우기 시작한 이황은 12세에 숙부에게서 『논어』를 비롯한 유학경전을 배웠고, 14세부터는 혼자 독서하기를 좋아하였다고 한다. 20세경에는 침식을 잊을 정도로 『주역(周易)』 공부에 몰두하여 건강을 해쳤다. 이로 인해 평생 다병한 사람이 되었다고 한다(정세화 외, 2011).

1527년 27세의 나이로 경상도 향시의 진사시에는 수석, 생원시에는 2등으로 합격하였다. 1533년 성균관에 유학하고, 1534년 3월에 대과에 급제하여 관료의 길에 들어섰다. 승문원권지부정자(承文院權知副正子)에서 시작하여 박사(博士)·호조좌랑(戶曹佐郞), 1539년 수찬(修撰), 정언(正言) 등을 거쳐 형조좌랑으로서 승문원교리(承文院校理)를 겸직했다. 1542년 충청도 암행어사로 나갔다가 사인(舍人)으로 문학(文學), 교감(校勘) 등을 겸직하였고 이듬해 대사성(大司成)이 되었다. 1545년(명종 즉위) 이기의 상소로 관직이 삭탈되었다가 이기가 잘못 아뢴 것을 사죄하고 직첩을 돌려줄 것을 청하여 관직 첩지를 도로 받았다(김명신, 2013).

이황은 명종 2년(1547)에 단양군수에 이어서 풍기군수로 부임하여 백운동서원에 조정의 사액을 청원하여 소수서원을 사액하게 하고 신병으로 관직을 물러나서 고향 예안에 정습당(靜習堂)을 세워 학문을 하였다. 하지만 조정의 소환을 받아 명종 7년(1557)부터 대사성, 형조, 병조의 참의(參議), 공조판서(工曹判書), 예조판서(禮曹判書)와 1568년(선조 원년)에 우찬성사(右贊成事)를 거쳐 대제학을 끝으로 고향에 돌아와 도산서당(陶山書堂)을 짓고 성리학을 연구하여 율곡 이이(栗谷 李珥)와 함께 조선 유학계의 대유학자로서 쌍벽을 이루었다.

50세 이후에 학문이 완숙한 단계에 오르면서 수많은 글을 지었으며, 대표적 저서는 정지원의 ≪천명도설(天命圖說)≫을 개정하였고, 노수신의 ≪숙흥야매잠도(夙興夜寐箴圖)≫를 논의하였으며, 57세에 ≪역학계몽전의(易學啓蒙傳疑)≫를 완성하고, '사단칠정(四端七情)'에 대한 질의응답을 서신으로 교환하였다. 이후에도 ≪송원이학통록(宋元理學通錄)≫을 비롯하여 ≪심경후론(心經後論)≫ 및 ≪성학십도(聖學十道)≫를 저술하였다. 당대에 많은 후학을 육성하여 대표적 제자로는 유성룡(柳成龍)·정구(鄭龜)·김성일(金誠一) 등이 있으며, 지역적으로 영남을 중심으로 하여 주리파(主理派) 철학을 형성하였다.

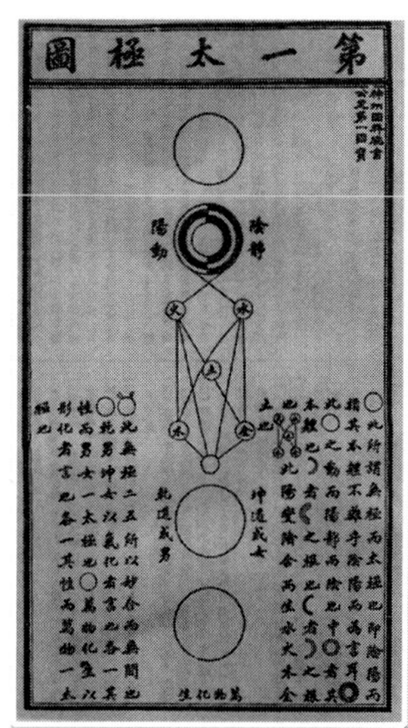

퇴계의 「성학십도」 제1도

출처: http://cafe.daum.net/ygmui/52qe/4283?q=%EC%84%B1%ED%95%99%EC%8B%AD%EB%8F%84&re=1

퇴계 이황의 이기호발설(理氣互發說)에 대해서 정리하면(김명신, 2013), 성리학은 이(理)와 기(氣)의 개념을 사용하여 우주론, 심성론 등을 다루면서 그때까지의 한·당 훈고학에서 더 나아가 형이상학적 기초를 다졌다. 성리학의 이기론(理氣論)은 우주와 인간의 성립을 이(理)와 기(氣)의 두 원칙에 기초하여 설명하는 이론이다. 성리학을 이해하기 위해서는 먼저 이기론을 알아야 한다. 이(理)와 기(氣)의 관계를 어떻게 설명하느냐에 따라서 심성론과 선악을 보는 시각뿐만 아니라 교육을 보는 시각도 달라지기 때문이다. 성리학에서 이(理)란 모든 존재의 원인 또는 이치로서 사물의 유적 보편성을 성립시키는 원리 또는 본질을 뜻하는 형이상학적 개념이다. 이에 반하여, 기(氣)라는 개념은 만물을 구성하는 기본 요소로서 물질의 근원 및 본질을 뜻한다. 즉, 기(氣)는 형이하(形而下)의 구체적 개체의 존재현상으로, 이(理)가 성(性), 즉 본성이라면 기(氣)는 형(形)을 뜻한다. 퇴계는 이기론에 있어서 주자의 사상을 받아들이면서도 독자적인 이론을 구축하였다. 이기론에서 퇴계가 주자와 달리하는 점은 이(理)의 해석이다. 주자는 이(理)는 발하지 못하고 발하는 것은 기(氣)라고 하였다. 그런데 퇴계는 이(理)도 발하는 것이라고 보았기 때문에 그의 이기론을 이기호발설(理氣互發說)이라 한다.

퇴계는 이(理)도 발하고 기(氣)도 발한다는 이기호발설을 사람의 심성에 적용하여 사단칠정론을 폈다. 인간의 마음에는 사단과 칠정이 있는데, 사단(四端)이란 맹자가 마음의 근본이라고 하면서 처음으로 등장한 것으로, 측은지심(惻隱之心), 수오지심(羞惡之心), 사양지심(辭讓之心), 시비지심(是非之心)을 말한다. 칠정(七情)이란 사람이 가지는 일곱 가지 감정, 즉 ≪예기≫와 ≪중용≫에 나오는 희(喜: 기쁨), 노(怒: 화냄), 애(哀: 슬픔), 구(懼: 두려움), 애(愛: 사랑), 오(惡: 미움), 욕(慾: 욕심)이 그것이다. 퇴계는 인간의 마음은 이와 기를 함께 지니고 있으며, 사단과 칠정은 이와 기가 모두 작용하여 생긴다. 사단칠정 중에서 '사단(四端)은 이(理)의 발동으로 생기는 것, 즉 이(理)에서 나오는 마음이고, 칠정(七情)은 기(氣)의 발동으로 나오는 것, 즉 기(氣)에서 나오는 마음이다'라고 했다.

퇴계의 교육방법은 교육목적을 인(仁)에 두었기 때문에 이것을 수행하기 위한 방법을 거경궁리(居敬 窮理)에 두고 '경(敬)'을 교육방법의 원리로 삼았다. 궁리(窮理)

는 지적 행위이고, 거경(居敬)은 실천적 행위이며 경(敬)으로서 지(知)와 행(行) 또한 이론과 실천을 통일하여 철두철미하게 지식을 생활화하는 자성수양(自醒修養)의 원리로 삼았다. 이와 같이, 퇴계는 경(敬)을 인격 실현의 지도이념으로 삼았을 뿐 아니라 교학정신(教學精神)의 중심 개념으로 하였던 것이다. 퇴계는 학습을 하는 중요한 요인의 하나로 입지(立志)를 들고 있다. 입지란 자각적 태도로서 이러한 자각의 정신적 준비태세가 이루어져야만 교육은 가능하다. 그리고 입지를 위한 학습단계로는 박문(博問), 심사(審思), 신사(愼思), 명변(明辯)으로, 많이 알고, 깊이 생각하고, 차근차근 생각하고, 바르게 판단한다는 것을 들고 있는데, 그 가운데서도 신사(愼思)를 가장 중요한 것으로 보았다. 그는 학습내용에 있어서 청년기에는 윤리를 강조하는 효경(孝經)과 소학(小學)을 읽게 하고 청년 후기에는 이론적 철학서인 심경(心經)을 읽도록 권장하였다(장덕삼, 2003).

퇴계의 교육내용으로는 ≪주자대전≫, ≪심경(心經)≫, ≪태극도설≫, 그 다음에는 ≪소학≫, ≪근사록≫, ≪효경≫, ≪가례≫, ≪사서≫ 등을 중시하였다. 그리고 학습에 있어서도 형식적 태도나 문장의 단순한 암기는 무의미하다 하여 독서의 정독주의를 강조하였다(김병희, 2013).

퇴계의 인간관에서 사람은 보통인(理人)과 특수인(氣人)으로 구별될 수 있다. 그러나 기(氣)에는 상·중·하의 구분이 있고 맑고 흐리고 순수하고 얼룩짐(淸, 濁, 粹, 駁)의 갈래가 생긴다고 보아 태어날 때부터 불편하거나 고정되어 있는 것은 아닌 것이다. 사람은 태어날 때 모두가 같이 천지의 이기(理氣)를 받고 태어나서 이(理)와 기(氣)를 합하여 마음이 되며 이 마음은 한 사람의 마음이자 천지의 마음이고 만인의 마음이기도한 것이다(정순목, 1986).

그리고 조선 왕조 '제왕학(帝王學)'의 절정이라 평가받는 『성학십도(聖學十圖)』를 저술하여 선조에게 바친 이황은 성학의 도를 일깨우고 있다. 또한 『자성록』을 비롯하여 『수신십훈』 등은 오늘날까지도 함양과 체찰이라는 마음공부법을 전해주고 있다(신창호, 2010).

4) 이이(李珥, 1536~1584)

◘ 율곡 이이

출처: https://blog.naver.com/belldandy719/50105592657

율곡은 중종 31년(1537)에서 선조 17년(1584)까지 조선 중기를 빛낸 대학자이다. 강원도 강릉 외가에서 태어났으며, 부친은 이원수(李元秀)이며, 모친은 사임당 신씨(師任堂申氏)였다. 본관은 덕수(德水)이며, 경기도 파주시 선대의 고향이다. 호는 율곡(栗谷), 석담(石潭), 우재(愚齋) 등으로 불렀고 시호는 문성공(文成公)이다. 율곡은 어려서부터 신사임당에게 학문을 배워 명종 3년(1548)에 13세로 초시에 합격하였다. 하지만 16세에 어머니가 작고하자 19세 때 금강산에 들어가서 불교에 귀의한 후 의명(義明)이란 법명으로 승적까지 가졌으나 1년 뒤에 환속하여 유학(儒學)에 전력을 경주하였다. 율곡은 23세에 이황을 찾아가 구교(求敎)의 뜻을 표명하고 같은 해 겨울에 별시과(別試科)에 응시하여 장원급제한 것을 비롯하여 여러 차례 장원한 실력을 인정받아 그를 구도장원공(九度壯元公)으로 불린다. 29세에 호조 좌랑으로 관직으로 시작하여 사간원 정언, 이조좌랑, 사헌부 지평, 성균관 직강, 홍문관 직제학 등을 거쳐 이조판서, 병조판서, 의정부 우참찬에 올랐다. 36세이던 1571년 청주목사로 있으면서 교화에 힘썼고, 서원향약을 지어 주민의 자치 능력을 길렀으며, 1577년에는 해주향약을 만들어 고을의 폐습을 바로잡고, 사창(社倉) 제도를 실시하여 빈민구제에 힘썼다(장덕삼, 2003).

선조 9년(1576) 즈음 동인과 서인의 갈등이 심화된 데다가 자신의 건의한 개혁안이 받아들여지지 않자 벼슬을 그만두고 파주 율곡리로 낙향하여 한동안 해주에 은병정사(隱屛精舍)를 짓고 후학의 교육과 교화사업에 몸담았다. 율곡은 45세에 대사간의 임명을 받아들여 관직으로 돌아왔다가 48세 때 다시 관직을 떠나 다음 해인 1584년 병을 얻어 사망하였다. 이후 문묘에 종향되었으며, 파주의 자운서원과 강릉의 송담서원 등 전국 20여 개 서원에 배향되었다(김영우 외, 1997).

율곡은 이(理)란 스스로 발(發)하지 않으면서 기(氣)의 주재가 되어 기(氣)가 운동하게 하는 원인이 된다고 하였다. 율곡의 이기론의 취지는 이기지묘(理氣之妙), 기발이승(氣發理乘), 이통기국(理統氣局)의 세 가지로 정리될 수 있다(김명신, 2013).

율곡의 「성학집요」

출처: https://blog.naver.com/kmbira/150011489138

① 이기지묘(理氣之妙)는 문자 그대로 이(理)와 기(氣)가 묘한 관계로 합해 있다는 뜻이다. 율곡에 의하면, 기(氣)는 작용하는 것, 즉 발하는 것이며 이(理)는 기(氣)로 하여금 발하게 하는 것이므로, 이와 기는 서로 떨어져서 존재할 수 없다는 것이다. 이러한 관계를 율곡은 이(理)와 기(氣)는 하나면서 둘이요, 둘이면서 하나(一而二 二而一)인 묘합(妙合)관계, 즉 이기지묘(理氣之妙)의 관계라고 표현한 것이다. 이(理)와 기(氣)는 같은 것은 아니지만, 그렇다고 하여 언제인가 이(理)가 기(氣)과 만나서 합해지는 것이 아니라 본래 합해 있는 것으로 보는 율곡의 이기론(理氣論)은 이기이원론적 일원론(理氣二元論的 一元論)이라고 할 수 있다.

② 율곡은 이(理)는 스스로 작용할 수 없으며 발한 기(氣)에 탄다는 기발이승(氣發理乘)의 입장을 취한다.

③ 원리로서의 이(理)는 무형이며 질료로서의 기(氣)는 유형이다. 이(理)는 형체를 가지지 않은 초월적 존재로 시간과 공간에 국한되지 않고 모든 것에 공통된다. 그러나 기(氣)는 물질적이므로 시간적·공간적으로 국한된다. 이것이 율곡이 말하는 이통기국(理統氣局)이다. 인간뿐만 아니라 모든 사물들에는 서로 공통된 원리인 이(理)가 내재되어 있으나, 개인과 각 사물에 국한된 기(氣)가 바로 각각을 개별자로 존재하게 하는 것이다.

율곡은 교육의 목적은 "교육의 이상과 현실을 조화하는 것"으로 생각하고 모름지기 선비는 그 뜻을 크게 하여 성인으로 본을 삼고 그것에 미치지 못하면 선비의 일을 다 하지 못하는 것이라 하였다. 이와 같이 학문에의 길을 현실과 이상으로 조화하려는 율곡의 사상은 후일 실학사상을 낳게 한 계기를 마련하게 되었다(김병희, 2013).

율곡의 교육방법은 입지(立志), 거경(居敬), 궁리(窮理), 역행(力行)을 제시했다(정세화 외, 2011).

① 입지(立志)란 문자 그대로 성인이 되리라는 뜻을 세워 결코 그 뜻에서 물러서지 않는 것을 뜻한다.
② 거경(居敬)이다. 율곡은 학문함에 있어서 경(敬)의 중요성을 강조하면서 "성(誠)하면 뜻이 저절로 서게 되지만 경(敬)으로 이것을 지속하는 것이 좋다"고 하였다. 성(誠)이란 자신과 학문에 대한 참되고 성실한 태도를 뜻하며, 경(敬)은 잡념이 없이 고요히 깨어 있는 것을 뜻한다. 즉 거경(居敬)이란 성(誠)으로 뜻을 세워 경(敬)으로 물러나지 않고 지속하는 것이다. 거경의 자세와 태도는 입지에서 역행까지의 모든 과정의 기본원리이기도 하다.
③ 궁리(窮理)이다. 각자 일상생활에서 마땅히 해야 할 도리를 하려면 먼저 이치와 도리에 맞는 것이 무엇인지를 구해야 하는데, 이것이 궁리(窮理)이다. 그리고 이치를 궁리(窮理)하려면 먼저 책을 읽어야 한다.
④ 역행(力行)은 궁리하여 얻은 것을 실천으로 행하는 것이다. 학문이란 '평범을 떠난 이상스럽고 별다른 것'이 아니므로 배운 것을 실생활에서 힘써서 실천해야 한다.

율곡의 교육사상은 실학적·실천적 교육관, 자발성을 중시한 교육원리 등으로 요약할 수 있다.

율곡의 교육과정은 다음과 같다(김영우 외, 1997; 안상원, 1998).

율곡이 ≪격몽요결≫ 제4장 독서편에서 제시한 독서의 순서는, ≪소학≫에서 시작하여 ≪대학≫, ≪논어≫, ≪맹자≫, ≪중용≫, ≪시경≫, ≪예경≫, ≪서경≫, ≪역경≫, ≪춘추≫를 차례로 읽고, 이어서 ≪근사록≫, ≪가례≫, ≪이정전서(二程全書)≫, ≪주자대전(朱子大全)≫≪주자어류(朱子語類)≫와 기타 성리학을 읽어 의리를 몸에 익히고, 여력이 있으면 역사서를 읽어야 한다는 것이다. 이와 같이, 율곡이 제시한 독서의 순서는 경험적이고 구체적인 내용에서부터 시작하여 추상적이고 형이상학적인 것으로 나아간 것으로, 조선시대의 사림파가 일반적으로 중시한 독서의 순서이기도 하다.

율곡의 교육사상은 다양한 저서에 나타나고 있다. 교육을 목적으로 쓴 저서는 ≪성학집요≫, ≪학교모범≫, ≪격몽요결≫, ≪학교사목≫등이 있다.

≪성학집요≫는 국왕의 학문을 위하여 저술한 것이며, ≪학교모범≫과 ≪학교사목≫은 관학교육을 위한 것이며, ≪격몽요결≫은 초학자의 기초교육에 관한 것이다. 이들 저서에서 학문이란 자신의 수양을 목적으로 추구해야 한다는 율곡의 위기지학(爲己之學) 사상이 드러나 있다. 이는 조선 전기의 훈구파가 자행한 타인을 다스리는 데 둔 학문, 소위 위인지학(爲人之學)과 시가와 문장(사장)을 중시한 것을 비판한 것이며, 또한 유학의 근본인 경학을 중시한 16세기 이후 사림의 특징이기도 하다.

제6절 조선시대의 실학과 교육

실학은 조선 후기인 17세기 후반부터 19세기 전반에 전통유학을 비판하면서 일어난 유학의 한 분파이다. 6절에서는 실학사상의 등장 배경, 실학의 특징, 실학의 발전과정, 실학의 학문적 토대, 실학의 교육적 인간상, 실학의 교육사상적 의의, 실학의 공헌점과 한계, 교육사상가 등을 고찰하고자 한다(김명신, 2013; 김병희, 2013; 정규영, 2011; 피정만, 2011; 정세화 외, 2011; 김영광, 2011; 정영희 외, 2008; 장덕삼, 2003; 박재문, 2003; 김영우 외, 1998; 안상원, 1998).

1. 실학사상의 등장 배경

조선은 건국 이후 200여 년간 정치적·사회적으로 안정되어 있었다. 따라서 문화적으로 많은 발전을 이루었다. 하지만 조선 중기에 이르러 임진왜란, 정유재란, 병자호란을 치르면서 분열과 대립으로 기강이 무너졌다. 조선의 지도사상인 성리학(性理學)의 사상체제는 조선 전기의 안정된 사회체제를 이끌어 오는 데 공헌하였으나, 전란 이후의 혼란한 사회문제를 해결하는 데는 미흡함이 있었다. 17세기 초부터 일부 지식인들에 의해 당시 조선사회의 여러 문제들에 대한 비판과 자아반성이 있었다. 당시 실학이 대두하게 된 배경은 내적 요인과 외적 요인으로 나누어 볼 수 있다. 내적 요인으로는 임진왜란과 병자호란 등으로 인해 극도로 피폐한 민생을 구제하고 사회현상을 타개하자는 데 있었다. 그리고 외적 요인은 당시 청조에서 발달한 고증학(考證學)과 서학(西學) 등의 영향을 받아 실용성과 실증성을 지닌 방법을 강구하게 되었다.

이러한 서양문물의 전래는 당시의 지식인들에게 여러 가지 영향을 주었다(김명신, 2013). ① 서양의 문명국에 대하여 알게 되면서 그때까지 한문문화권을 하나의 보편적 문화로 보던 세계관에 변화를 가져왔다. ② 당시의 지식인들은 천문학을 비롯한 서양 과학의 성과를 접하면서 과학과 기술, 그리고 합리적인 사고에 눈을 뜨게 되었다. 그러나 당시 우리나라의 형편은 많은 모순과 후진성에 매달리고 있었다. 양반사회는 공리공론에 매달리고 있었고 민생은 피폐해져 있었다. 이러한 사정은 실학자들의 민족적 자각을 자극하였고, 선진 문물을 받아들여 실생활의 문제를 해결하고 나라를 바로 세우는 일의 절실함을 깨우쳐 주었다.

이러한 상황에서 우리보다 앞선 청나라의 과학과 기술을 받아들이자는 주장이 일어났다. 이는 청에 대한 사대사상을 뜻하는 것이 아니라 우리의 상황을 개선하기 위해서는 외국의 것이라도 우수한 것은 받아들여야 한다는 것이었다. 이들을 북학파라고 부르는데, 박제가의 저서 ≪북학의(北學議)≫가 그러한 주장을 대변하고 있기 때문이다. 과학과 기술에 대한 인식의 변화는 고려시대와 조선시대를 지배하던 사농공상(士農工商)이라는 신분 차별의식의 변화를 예고하는 것이기도 했다

2. 실학의 특징

실학의 학풍의 특징은 제시하면 다음과 같다(김명신, 2013; 피정만, 2011).

① 실학은 전근대의식에 대립되는 근대의식 내지 근대지향의식이다. 즉, 객관적 사실에 근거한 과학적 태도를 지향한다.

② 실학은 민족의식의 각성에 기초한다. 중국 중심의 화이사상(華夷思想)에서 벗어나 우리 민족에게 고유한 역사의 중요성을 인식하였고, 학문연구에 있어서도 조선의 역사, 지리, 물산, 풍토 등을 연구대상으로 삼았다.

③ 실학사상은 민본사상에 기초하여 국민적 평등과 국민 생활의 안정에 관심을 두었기 때문에 후에 민본주의와 민주적인 사상을 싹트게 하는 밑거름이 되었다. 즉 종래의 주자학이 지배계층의 이익을 대변한 것에 비하여, 실학은 민중의 편에 선 지식인들의 개혁사상이다.

④ 무실론적(務實論的) 교육, 즉 생활에서 동떨어진 교육이 아니라 참되고 생활에 실속이 있는 실천의 교육관을 강조하였다.

⑤ 실학파는 이용후생(利用厚生)과 경세제민(經世濟民)을 구상하였다. 실학은 원시 유학의 공맹(孔孟)의 도덕세계를 목표로 설정하고, 경세제민의 학으로 이를 실천하고자 하는 것이다. 따라서 경제제도, 인사제도, 형벌제도, 교육제도 등의 개혁을 구상하였다.

⑥ 실학파는 외국의 문물을 수용하고자 하였다. 실학자들은 외국의 문물제도 중 발전되고 우수한 것은 받아들여 수용하고자 하였다. 그들은 당시 중국에서 수용하고 있는 서구의 신문화를 수용하고자 하였으며, 청조(淸朝)의 학풍을 받아 고증학의 학문을 연구하였다.

3. 실학의 발전과정

실학의 발전은 학문 방법과 인물의 계보를 중심으로 유파를 나누어 볼 수 있다. 초기 성리학의 틀 속에서 현실제도의 문제를 체계적으로 구명하였던 경세치용학파, 18세기 후반에 양명학, 고증학을 새로이 수용함과 동시에 청나라의 선진 문물을 접하면서 생산기술과 통상에 관심을 두었던 이용후생학파(또는 북학파), 19세기에 들어와 고증학, 금석학 등의 학문적 기초 위에서 발전한 실사구시학파 등으로 구분할 수 있다. 실학의 철학적 기반을 독자적으로 정립한 정약용(丁若鏞, 1762~1836)과 최한기(崔漢綺, 1803~1877)는 하나의 유파로 구분하기는 어렵지만, 실학의 발전을 집대성한 인물이다(정세화 외, 2011).

실학의 발전과정을 고찰하면 다음과 같다(김명신, 2013; 김영광, 2011; 안상원, 1998).

첫째, 경세치용학파의 대표적인 인물로서는 최초의 실학자라고도 할 수 있는 반계 유형원(柳馨遠, 1622~1673)과 그의 사상을 계승한 성호 이익(李瀷, 1682~1764) 및 그의 제자들을 중심으로 형성된 성호학파의 여러 학자가 있다. 경세(經世)란 '세상을 다스림'이라는 뜻이듯이, 경세치용학파의 학자들은 학문이란 세상을 다스림에 있어서 실익을 증진시키는 데 쓰여야 한다는 주장을 폈다. 그리고 그들은 주로 토지제도, 행정기구 및 여러 제도를 개혁하는 데 관심을 기울였다. 특히 이들은 전란 이후의 토지의 감소와 토지 겸병으로 인한 자영농의 감소가 결국 조세수입을 감소시키고, 양인의 몰락을 가져옴으로써 국가 기반을 약화시켰다고 진단하여, 토지제도의 개혁을 매우 중요시한다. 유형원은 특히 그의 저서 『반계수록』을 통하여 토지제도, 관리 선발제도, 관제, 교육제도, 군사제도 등을 망라한 사회제도 전반의 전면 개편을 주장하였다. 그리고 유형원의 사상에 영향을 받은 이익은 토지의 국유를 원칙으로 한 토지개혁론인 균전론(均田論)을 주장하였다. 그러나 이들의 사회개혁 요구는 지배층의 탄압을 받아 실현되지는 못하였다.

둘째, 이용후생학파는 18세기 후반 영·정조 시대를 중심으로 활동하였다. 이들은 당시 위정자들이 의리(大義名分論)를 내세워 청을 배척하려 했던 것과는 달리 청나라의 문물을 받아들이려 하였고, 북쪽 대륙으로부터 문물을 배우는 과제를 '북학'이라 칭하였으므로 이러한 이름을 얻게 되었다. 그 어원은 박제가(朴齊家, 1750~1805)가 『북학의(北學義)』 서문에서 맹자 등용문편을 인용하여 '북쪽으로 가서 중국에서 배운다(北學於中國)'라고 하였던 것이라고 전해진다. 북학파들은 대개 사신의 수행원 자격으로 청나라를 방문하여 청조의 선진 문물과 제도를 직접적으로 접하게 됨으로써 사상적 전환을 맞게 되었던 양반들과 중인들로 이루어졌다.

북학파 또는 이용후생학파는 편리한 기구 등을 잘 이용해서 살림에 부족함이 없게 한다는 뜻으로, 이용후생학파는 자연과학을 도입하고 실용을 추구하였다. 그들은 상업과 수공업의 발전에 뜻을 두고 상공업의 유통, 일상생활에 필요한 생산기구와 기술을 혁신시켜 생산력을 향상시켜야 한다는 주장을 폈다.

셋째, 경세치용학파와 북학파의 양대 흐름으로 논의가 진행되던 실학은 19세기 다산 정약용에 의해 집대성됨으로써 하나의 독자적인 철학으로 그 기반이 마련되었다. 정약용은 양명학·고증학·서학을 수용하여 다방면에 걸친 방대한 연구를 꾀하였고, 당시의 실학적 논의를 총망라하여 실학을 집대성하였다. 19세기의 실학은 기본적으로 '실사구시(實事求是)'정신을 표방하였다. 실사구시(實事求是)란 문자 그대로, 실제로 있는 사실(實事)에서, 옳은 것(是)을 구(求)한다는 뜻이다. 다시 말하면, '실사구시'란 다른 것이 아닌 바로 객관적 사실에 근거하여 진리나 진상을 탐구하여 정확한 판단을 하려는 학문적 태도 또는 방법을 말한다. 김정희는 경문(經文)과 금석(金石) 등을 엄밀하고 정확한 고증에 의하여 연구하는 데 주력하였으므로 고증학파라고도 한다. 정약용, 안정복, 신경준, 유득공, 한치윤, 이긍익, 박세당, 김정희 등의 실학자가 영·정조 때에 역사, 지리, 금석학 등의 고증학 연구로 활약하였다. 이들은 또한 조선의 역사, 지리, 물산, 풍토 등을 연구대상으로 삼아 민족적 자각을 드러냈다.

4. 실학의 학문적 토대

실학의 학문적 토대를 민족적 주체의식, 객관적 자연관, 실천적 윤리 측면에서 정리하고자 한다(김영광, 2011).

첫째, 민족적 주체의식이다. ① 근대적인 민족적 주체의식은 중국 중심의 '화이론'의 세계관을 극복하는 데서부터 출발한다. ② 한국문화의 독자성을 발견하여 국사·지리·언어·산업에 대한 연구가 활발히 진행되었다. ③ 실학사상이 교육에 미친 영향은 우리 민족의 고유한 학문을 발전시켜 학문적 자주성을 확보한 것이다. ④ 교육내용의 개혁으로서 경전과 중국의 사서중심의 내용에서 우리나라의 역사와 문학을 매우 강조하였다.

둘째, 실학의 세계관은 객관적 자연관이다. 성리학의 세계관은 주관적 세계관이다. 다시 말하면, 실학의 자연관은 자연을 파악하는데 있어서 규범적인 인식을 극복하고 순수한 물질적 존재로 객관화하는데 있다.

셋째, 실학은 경험적인 실천윤리이다. ① 인간의 윤리는 자연의 사변적인 원리에서 해방되어 사회적인 실천윤리로 전환하였다. ② 실학의 윤리는 일하지 않는 자는 먹지도 말라는 생활윤리를 강조하였다.

5. 실학의 교육적 인간상

실학의 교육적 인간상을 제시하면 다음과 같다(김영광, 2011).

① 인간 이성의 구사로써 문제해결과 사리판단의 근본으로 삼아서 합리주의 정신, 비판정신·과학정신·실증정신을 길러주었다.

② 전통과 개혁의 조화를 조성하여 민족의 가치관·주체성·독립성을 갖게 했다.

③ 민족의 고유문화를 애호·육성하고 또한 조선의 역사와 지리를 중시하여 한국학의 뜻이 드러나게 되고, 국민정신이 성장하게 되었다.

④ 생활복리, 공교육

⑤ 무실역행할 수 있는 성실한 상

⑥ 자기 힘으로 자기생활을 할 수 있는 자주인 상

⑦ 실질을 숭상하는 유용인 상

⑧ 노작을 통하여 학문과 기술을 습득하며, 동시에 땀을 흘릴 수 있는 근로인 상

⑨ 민족정신에 자아를 각성할 수 있는 주인정신·민족정신의 함양

⑩ 실학자들의 근본정신인 국민적 평등과 국민생활의 안정에 있기 때문에, 민본주의와 민주적인 사상을 싹트게 했다. 즉 국민적 평등과 국민생활의 안정에 기여했다.

6. 실학의 교육사상적 의의

18, 19세기에 사상적으로 풍부한 논의를 전개하면서 완성된 실학사상의 교육사적 의의는 다음과 같다(신재흡, 2018; 정세화 외, 2011; 박재문, 2003; 김영우 외, 1998; 안상원, 1998).

첫째, 실학은 당시 학교제도와 과거제의 문제점을 진단하고 적극적으로 실제적인 대안을 제시하였다. 관료 선발제도였던 과거제는 지나친 시행 남발로 인하여 급제자의 적체 현상이 뒤따르게 되고 자연히 관료 선발의 기능을 제대로 하지 못하였다. 선조 이후에는 과거 합격자를 전원 관료로 등용하기 위해서는 관직을 40배 늘려도 부족한 상태가 될 정도로 급제자의 적체 현상이 심각하였다고 하였

다.[19] 예비관료의 누적 현상은 학교 교육의 부재 현상과 함께, 공리공담을 일삼는 무력한 지식인을 양산하는 결과를 빚었다. 특히, 이들은 국가경제의 근간을 이루는 농업을 비롯하여 공업과 상업을 천시하면서 무위도식하는 자들의 처지를 오히려 더욱 고귀한 것으로 생각하는 오만의 과오를 범하였다. 유형원이 과거제를 폐지하고 대신 능력에 따른 천거로 관료를 임용하는 새로운 등용법으로서 공거제(貢擧制)를 제안한 것이나, 이익이 선비계층도 농업 생산에 종사할 것을 요구하는 사농합일(士農合一)의 원칙을 제시한 것은 교육의 변화를 유도하는 획기적인 개혁안이라 할 수 있다.[20]

둘째, 실학사상은 새로운 교육의 목표를 확립하는 데 기여하였다. 교육목표의 재정립과 관련해서는 실학자들은 정통 성리학자들의 관념적·사변적·추상적인 학문 추구가 결국 의리와 대의명문만을 강조한 나머지 현실 생활의 문제를 해결할 수 없었다는 것을 비판하면서 학문 추구의 목표가 실용적·실제적으로 수립되어야 한다고 주장했다. 특히 북학파 실학자인 박지원은 『서경(書經)』에 나오는 정덕(正德), 이용(利用), 후생(厚生)의 상관성에 대해 '利用을 이룬 다음에서 厚生할 수 있고, 厚生을 이룬 다음에야 正德을 이룰 수 있다'고 하였다. 이는 도덕보다는 실용을 앞세워야 한다는 것, 즉 이용과 후생을 선행시켜야 한다는 것을 의미한다. 추사 김정희도 실사구시(實事求是)를 주장하면서, 이론적 지식의 추구가 아니라 실생활과 밀접한 학문을 추구하는 것이 오히려 성현의 덕을 기리는 일, 학문 연구의 옳은 자세라고 했다.

셋째, 실학자들은 민족 주체성에 대한 자각을 가능하게 하였다. 실학자들은 성리학의 숭명배청(崇明排淸) 정신 안에 내재한 화이론(華夷論)을 극복하고, 민족의 역사 및 정체성에 대해 새롭게 눈뜸으로서 주체적인 민족의식을 탄생시켰다. 홍대용은 『의산문답(醫山問答)』에서 역외춘추론을 제기하여 청조의 선진문물을 인정함으로써 화이론을 극복하고 주체적인 세계인식을 가질 것을 주장하였다. 박제가는 『북학의(北學議)』 외편에서 존주론(尊主論)과 북학변(北學辯)을 통하여 중화와 오랑캐의 구분은 어느 문화가 백성에게 이로운가에 따라 선택해야 하는 문제라고 주장하였다. 여기서 박제가는 도학자들의 폐쇄적인 화이관이 사회를 낙후시키게 된

19) 이익, 『藿優錄』 卷 1, 朋友條
20) 이익, 『星湖僿說』 卷 7, 人事文 爲學沿生條 士君子當以農務爲生商買雖爲逐末果處之不失義理亦無不可

원인이라고 지적하고, 청조의 선진 문물을 받아들여서 사회와 경제를 부흥시켜야 한다고 강력하게 주장하였다.

넷째, 실학자들의 방대한 연구는 주자학 일변도의 학문적 분위기를 쇄신하고 다양한 학문을 수용하게 함으로써 사상의 근대화에 이바지하였다.

다섯째, 사회적 기강의 문란과 경제적 빈곤을 극복하기 위하여 구상된 사상이다.

여섯째, 개인의 수신보다는 생활의 실용을 강조하는 사상체계이다.

일곱째, 사회생활의 유용성을 교육목적으로 삼았다.

여덟째, 교육의 공공성 및 교육의 국가관리 등의 교육제도의 개혁을 구상하였다.

아홉째, 교육내용의 개혁으로 우리나라 역사와 문학을 강조하였다.

7. 실학의 공헌점과 한계

실학의 공헌점과 한계점을 제시하면 다음과 같다(신재흡, 2018; 김영광, 2011).

첫째, 실학의 공헌점으로는 ① 실학사상은 우리의 사고나 주체적인 인식을 하게 하였고 실증적인 정신을 일깨워 주었다. 민족주체 정신과 실용·실증정신을 중시하였다. ② 주체적 인식과 실증적 정신이 근대지향 의지를 발아시켜 근대로 안내하였으며, 역사의지로 승화되어 19세기말의 개화사상으로 연결되었다. ③ 무실역행하는 성실인과 근로인, ④ 민족 고유문화의 애호 및 육성, ⑤ 비판정신, 과학정신을 강조, ⑥ 민본주의와 민주주의 사상을 발아시켰다.

둘째, 실학의 한계점으로는 ① 실학파 역시 성리학자이기 때문에 실학 자체가 유학적인 한계와 성리학의 가치관을 극복하지 못해 근대적 과학적 학문으로 발전하지 못했다. 경전을 통한 개인의 수양생활의 복리를 우선하는 사상으로 경술(經術)을 강조한 것이지 생산기술에 발전이 되는 지식탐구를 강조한 것은 아니다. 그리고 ② 실학자들의 사상은 우리 민족의 주체성을 유도하는 데 기여하게 되었으며 또는 관념적 세계관에서 실증적 사고를 불어 넣게 되어 근대지향의 의지를 싹트게 하였다.

8. 교육사상가

실학사상가 중에서 대표적인 교육사상가를 소개하면 다음과 같다.

1) 류형원(1622~1673)

류형원

출처: https://blog.naver.com/gksmfdl2136/30143417043

반계(磻溪) 유형원(柳馨遠)은 우리나라의 실학을 학문적으로 체계를 세운 사람이다. 유형원이 출생하기 전에 임진왜란(1592~1598)이 있고, 그의 소년 시절에는 병자호란(1636~1637)이 있었다. 반계는 세종 때 명상 류관(柳寬)이 그의 9대조였다. 그의 조부(祖父)와 부(父)도 관직을 지낸 사족의 가문에서 태어나 공음(功蔭)의 혜택을 받을 수 있었으며 그의 인척도 당당한 사대부의 가문이었다. 유형원은 5세에 글을 읽기 시작하여 7세에는 서경(書經) 우공기주(禹貢冀州) 편을 읽고 이해할 수 있었다고 하며, 10세에는 경서(經書)를 비롯하여 명인의 문장을 독파하였다. 15세에는 병자호란으로 가족과 함께 원주로 피난했다. 그리고 23세에는 조모를, 27세에는 모친을, 30세에는 조부를 여의었다. 그는 소년시절에 병란을 겪고, 청년시절에 가족의 잇따른 죽음을 보았다. 반계는 모친의 3년상을 마치고 32세에 부안(扶安)의 우반동(愚磻洞)에 은거하여 저술에 전념하였다. 유형원은 사회적 지위에 관계된 것은 33세 때에 조부의 유언을 지키기 위하여 과거에 한번 응시한 것이 전부이다. 유형원은 조선의 17세기에 태어나, 일생을 벼슬을 하지 않고, 초야에 묻혀 독서와 저술로서 생을 마친 학자이다.

반계의 사상은 이익, 홍대용, 정약용 등의 실학자들에게 많은 영향을 주어 실학의 발전에 이바지하였다. 그는 20여년에 걸쳐 저술한 『반계수록(磻溪隧錄)』(26권) 등을 통하여 전제(田制), 관제(官制), 병제(兵制), 교육 등 전반적인 제도개편을 구상하였다. 그의 저서는 20여종 정도가 있었으나, 현존하는 저서는 『반계수록』과 『군현

제(郡縣制)』 뿐이다.

반계 유형원의 교육사상, 목적, 내용, 학제안 등에 대해 기술하고자 한다(신재흡, 2018; 김명신, 2013; 피정만, 2011; 김영광, 2011; 남궁용권 외, 2008; 장영희 외, 2008; 장덕삼, 2003).

유형원의 교육사상은 신분에 구속되지 않고 모두에게 교육기회를 제공하자는 교육의 기회균등, 모든 국민에게 초등교육을 보급할 것, 학교교육을 중심으로 한 교육제도의 개편, 과거제의 폐지와 공거제(貢擧制)를 골자로 한다. 공거제는 학교교육을 기본으로 하여 학교교육과 인재의 선발을 연계시키는 것으로 학교교육을 통해 양성한 인재를 별도의 시험 없이 천거하여 관리로 등용하자는 것이다. 즉 학교교육과 관리 선발의 일원화를 주장하고 있다.

유형원에게 교육목적은 사람다운 행실과 그 능력을 가진 인간 육성에 두었다. 그렇게 하기 위해서는 ① 학문하는 일(爲學之事), ② 몸을 닦고 일을 처리하고 사물을 대하는 것(修身 處事 接物), ③ 공부할 때 앉는 자세와 눕는 일(修學中 行往坐臥), ④ 학문을 위하여 독서하는 것(讀書爲學), ⑤ 집에서 사람을 접대하는 것(居家接人)이다. 즉 그는 시험에 의한 것이 아니라 장기간에 걸친 전인적 평가에 기초하여 인재를 추천하는 방식을 제안하였던 것이다. 그리고 인재의 등용이 중앙에 집중되지 않도록 각 지방의 인구비례에 따라 인재를 선발할 것을 강조하였다.

반계의 교육내용으로는 학교교육에서 시구(詩句)나 경전(經典)의 암송을 피하고 덕행과 식견을 정확히 파악하는 선비를 기르며 향약에 의한 덕업을 서로 따르고(德業相勸), 과실을 서로 규제하고(過失相規), 예속을 서로 나누고(禮俗相交), 환난을 서로 도우면서(患難相恤), 그 지방에 맞게 생활할 것을 주장하였다. 그리고 유형원은 당시의 서원 존중에 대한 폐단을 거론하여 지방 향약에서 향교를 도와 문벌이나 세도가문을 배제하여 학행과 재덕의 인물을 기르는 기풍을 일으키게 하였다. 그러므로 그는 족당사회(族黨社會)에 좌우되기 쉬운 서원교육에 비판을 가하고 공교육의 정상화 방안을 내놓은 것이다.

『반계수록』의 교선지제(敎選之制)에는 유형원이 제시한 학제안은 교육사상이 잘 드러나 있다. 그의 학제안의 특징은 다음과 같다.

① 서울의 각방(坊)에는 방상(坊庠)을, 그리고 지방인 주와 현의 각 향(鄕)에는 향상(鄕庠)이라는 초등교육기관을 설치할 것을 강조하였다.
② 서울에는 사학(四學), 도호부, 목, 군, 현에는 읍학(邑學)이라는 중학교에 해당하는 교육기관을 설치할 것을 강조하였다.
③ 방상(坊庠), 사학(四學)에서 선발된 자를 교육하는 학교로 서울에는 중학(中學), 지방 도 단위에서는 영학(營學)이라는 고등학교에 해당하는 교육기관을 설치할 것을 강조하였다.
④ 전국에 있는 영학(營學), 중학(中學)에서 선발된 자를 교육하는 곳으로 서울에 설치된 태학(太學)이라는 대학교에 해당하는 교육기관을 설치할 것을 강조하였다.
⑤ 학교제도를 서울과 지방의 2원제로 편성한 것은 중앙의 인재 독점을 막고 전국에서 인재가 고루 등용될 수 있게 하려는 제도이다.
⑥ 인간평등관에 입각하여 신분에 관계없이 각자가 지닌 능력이나 연령 등에 따라 실시되어야 한다고 주장하였다. 그런데 그는 평민의 지제들에게까지 학교입학을 개방해야 한다고 하면서 사학(四學)과 읍학(邑學) 이상의 학교에는 공장(工匠), 상인 등 시정배자녀들과 무격(巫覡)잡류(雜類)의 자녀 등을 입학시키서는 안 된다고 함으로써 평등관의 시대적인 한계를 드러냈다.

유형원의 학제 개혁안을 제시하면 <표 7-8>과 같다.

표 7-8 유형원의 학제 개혁안

구분	초등학교	중학교	고등학교	대학교
지방	향상(鄕庠)	읍학(邑學)	영학(營學)	태학(太學)
중앙	방상(坊庠)	사학(四學)	중학(中學)	

상기에서 살펴본 바와 같이, 유형원의 학제안의 특징을 정리하면 다음과 같다.
① 교육의 국가통제이다. 당시 관학인 성균관, 사학, 향교와 사립교육기관인 서원, 서당의 기존 교육제도를 국가의 공교육 체제 속에 계열화시키고자 하였다.
② 과거제도를 폐지하고 학교교육을 통하여 능력 있는 인물을 관리로 등용하기

위해서 학교에서 인재양성과 관리 선발을 통합적으로 실시하는 제도를 구상하였다. 학교의 교육과 관리 선발을 연계하는 제도이다.

③ 학제구상은 행정단위를 중심으로 하여 교육기관을 4단계로 나누었으며, 학교의 각 단계는 서로 연계되며, 최고 교육기관은 관리등용과 연계되는 공거제(貢擧制)를 구상하였다.

④ 향상·방상 → 영학·중학 → 읍학·사학 → 태학의 4단계 발달단계에 의한 근대적 학제안을 제시하였다. 즉 단선형의 학제를 지향하고 있다.

반계 유형원이 제시한 근대적 학제안은 그 당시에는 매우 혁신적인 것이었다. 하지만 그의 사상도 유교적 한계를 벗어나지 못한 측면이 있으며 정책에 반영되지 못한 채 이론으로 머물고 말았다.

2) 이익(1681~1763)

성호 이익(星湖 李瀷)은 18세기 우리나라 실학사상가 중에서 가장 뛰어난 사람이다. 그는 유형원의 학문을 계승 및 발전시켜 경세치용의 학문관을 전개하였는데, 경세치용의 학문관이란 학문은 세상을 다스리는 데 실지로 사용될 수 있는 것이어야 한다는 것이다.

이익

출처: http://www.kyeonggi.com/news/articleView.html?idxno=675165

이익은 명문가의 자손으로 대사간을 지낸 아버지 이하진의 유배지였던 익산에서 출생했으며 아버지는 이익이 태어난 그 이듬해 사망했다. 이익은 25세 때 숙종 1년(1705) 증광시에 합격하였으나 그의 형 잠(潛)이 당쟁으로 희생된 후 과거 공부를 중단하고 평생토록 학문에 몰두하였다. 그의 저서로는 『곽우록』, 『성호집』, 『성호사설』 등 다수의 저작에는 경세치용과 관련하여 통렬한 사회비판, 사회 및 제도개혁안 등의 내용이 담겨 있다.

성호는 사회현실을 역사적으로 고찰하기 위해서는 실증적·비판적인 태도로서 학문에 접근해야 한다고 주장했다. 그리고 제한된 직제에 비해 생업에 종사하지 않는 관리의 등용이 필연적으로 당쟁을 조성하는 것이라고 하며 양반도 산업에 종사하여야 한다는 사농합일(士農合一)을 주장하고 아울러 과거제의 재검토를 제안하였다.

성호 이익의 교육목적, 교육내용, 교육방법, 교수의 순서, 과거제도 개선안, 교육제도 개혁안 등에 대해 고찰하고자 한다(신재흡, 2018; 김명신, 2013; 피정만, 2011; 김영광, 2011; 장영희 외, 2008; 장덕삼, 2003).

첫째, 성호의 교육목적은 생산적인 인재 양성에 두고 비실용적인 관료기구를 축소하고 교육받은 선비들이 무위도식하는 악습을 버려 농토에 돌아가서 실제 생산에 종사하는 생산적 풍토를 기르기 위하여 양반의 잘못된 생활관을 고쳐 '사농합일(士農合一)'이 실현되어야 한다고 주장했다. 다시 말하면, 인간을 도덕 판단의 척도를 지닌 자율적 존재로 이해하고 교육목적을 자율인의 육성, 자기향상, 실제적인 생활에서 생산적인 사람의 육성에 두었다.

둘째, 교육내용은 학교교육에서 경술(經術)과 예절을 쌓아가며 또한 한국사 교육을 주장하였다. 그의 경학연구의 순서는 맹자부터 대학, 소학, 논어, 중용, 근사록, 심경(心經), 주역, 서경, 시경 등의 순서로 이어가 주자학의 독서 순을 따르지 않고 맹자를 우선하였다. 그리고 『퇴계집(退溪集)』을 배워야 한다고 했다.

셋째, 교육방법으로 일신전공의 방법을 주장하였다. 발견적 태도와 적극적 질의를 강조하였다. 특히 이익은 자각(自覺), 즉 능동적으로 스스로 깨닫는 것이 가장 좋은 교육방법이며, 교육은 이 자각에서 시작해야 한다고 본다. 가르치는 사람은 배우려는 사람이 스스로 깨닫도록 인도하고 분발하기를 기다린 다음 그 이후에 깨우쳐야 하는 것이다.

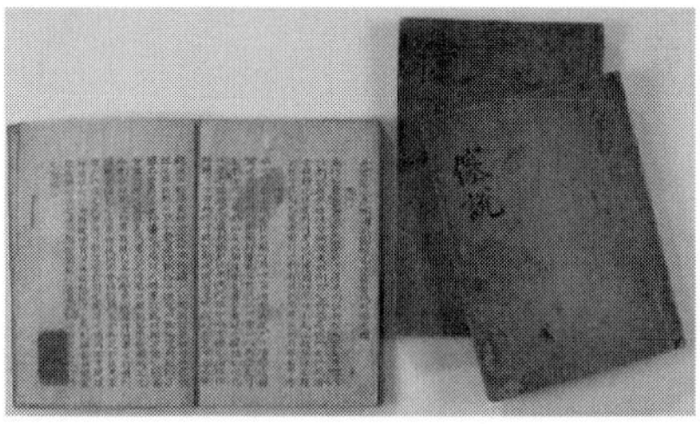

성호사설(星湖僿說)

출처: https://blog.naver.com/seonghoeeik/40199088379

① 탐구식 교수방법, 교육방법에 있어 능동적으로 스스로 깨닫는 자각을 중시하였다.
② 일신전공(日新全功)의 교육방법을 통하여 탐구심의 계발이 자기계발의 요소이며, 자기수양에 있어서 항상 일신(日新: 매일 새롭게), 득사(得師: 스승을 구하고), 호문(好問: 호기심을 지니고 의문을 가지며, 즐겨 질문하는 왕성한 탐구심)이 참다운 살아 있는 교육임을 강조하였다.
③ 일신(日新)은 자기수양의 방법으로 항시 새로운 것을 생각하는 방법이다.
④ 전공(全功)은 집중적으로 학문에 정진하는 것이다. 즉 집중주의와 점진주의적인 학습방법을 제안했다.
⑤ 일신전공(日新全功)에는 일신(日新), 득사(得師), 호문(好問) 이 있다.
⑥ 호문은 묻기를 즐겨하는 것으로 자기가 모르는 것은 물어서 아는 것이다. 교육방법으로 중요시 여긴 것은 호문이다.

그리고 교수법으로 질의응답을 강조한 것은 소크라테스(Socrates)의 문답법식의 학습의 장점을 그대로 제창하고 있다는 점에서 큰 의의를 지닌다. 그리고 정밀하게 질의하고 정리하는 방도로서 서독질의(書牘質疑)가 있다. 이는 의문 나는 문제를 글로써 기록하여 질의하는 것으로 자신의 의문점의 핵심을 명백하게 하는 데 도움이 된다.

넷째, 교수의 순서이다. 이익은 배우는 사람이 학문을 좋아하지(好學) 않는다면, 깨달음이 오래가지 못할 것이기 때문에, 가르치는 사람은 배우는 사람이 지각하기 시작할 때 공부에 마음을 붙이도록 칭찬과 격려를 아끼지 말아야 하고, 이렇게 하여 배우는 사람이 학문에 흥미를 느끼고 좋아할 수 있도록 인도해야 한다고 하였다. 이를 정리하면, 지각(知覺), 격려(激勵), 흥미(興味)의 순서로 이어지는 단계라고 할 수 있다.

다섯째, 과거제도 개선안이다.

① 과거제도의 결함과 병폐를 시정하기 위하여 과거제 일부를 수정하여 천거제를 병용하자는 '과천합일'을 주장한 공거사의(貢擧私議)에서 개혁방안을 제시하였다.
② 과거의 시험절차를 일시에 전과목을 치르게 하는 것이 아니라 5년에 한 번 시험을 치르게 하되, 매년 한 과목을 시험하여 수험자가 각 과목마다 착실하게 준비를 할 수 있도록 할 것을 제안하였다.
③ 과거제도가 당쟁으로 병들었을 뿐만 아니라, 현실과 너무 유리된 내용을 다루고 있다고 비판하였다.

여섯째, 이익의 교육제도 개혁안은 『곽우록 학교조(學校條)』에 나타나 있다.

① 형식적인 교육기관에서 교육을 하되 하급교육기관에서 단계적으로 진학하여

최종적으로 교육을 마치고 관직에 종사하는 교육제도를 구상했다.

② 교육을 4단계로 구분하고 있다.

> ① 1단계: 향학과 사학: 향학에서는 사서 중 일서와 소학, 가례서를 가르치며, 사학에서는 우수자를 선발하여 태학에 천거하고, 성적 불량자는 퇴학시킨다.
> ② 2단계: 태학으로써 군경(群經)과 작문을 가르친다.
> ③ 3단계: 전강(殿講)이며 그 시험은 작문으로 한다.
> ④ 4단계: 사제(賜第)이며, 이를 받으면 벼슬길에 나아간다.

③ 학제 요약을 사대부와 서민을 나누어서 제시했다.

> ① 사대부(士大夫): 사학 → 태학 → 전강 → 사제
> ② 서민: 향학 → 태학 → 전강 → 사제

④ 교육과정의 개혁을 주장했다.

> ① 북학론(北學論): 조선사회의 실정을 이해할 것을 강조하여 고증학적 방법론을 채택하여 선진문화의 수용에 노력하였다.
> ② 중국의 경전위주의 독서에서 탈피하여 한국인이 자국의 문화를 습득하여야 한다는 당위성을 주장하였다.
> ③ 추천한 책은 안정복의 『동사강목』과 이황의 『퇴계집』이다.

성호 이익(星湖 李瀷)은 초야에서 일생 동안 한국학(韓國學)의 완성을 위하여 헌신한 학자로서 한국교육학 사상 일대 전환을 꾀한 측면에서 재평가되어야 할 학자임에 틀림이 없다.

3) 홍대용(1731~1783)

북학파의 선구자인 담헌(湛軒) 홍대용(洪大容)은 영조 7년(1731)에 태어났다. 조부는 대사간을 지냈던 홍용조(洪龍祚)이고, 아버지 역(櫟)은 목사(牧使)를 역임한 노론 계열의 명문이었으며, 12세부터 송시열의 제자였던 김원행(金元行)의 문하에서 수학하였으므로 기호학파의 학문적 배경이 있다고 할 수 있다. 담헌은 여러 번 과거에 실패한 뒤에 음보(蔭補)로 시작한 관직생활은 영조 50년(1774)에 선공감감역(繕工監監役) 등을 맡았고, 정조 1년(1777)에 사헌부 감찰, 태인현감, 영천군수 등을 지냈다.

홍대용은 영조 42년(1766) 연행사(燕行使) 서장관으로 임명된 숙부 억(檍)의 수행 군관으로서 북경을 방문하게 된 것이 큰 영향을 받은 듯하다. 60여 일간 머물면서 그는 중국학자와 개인적 교분을 가졌고, 서양 선교사들은 찾아가 서양문물을 구경하고 필담을 나누었다고 한다. 이때의 이야기는 『연기(燕記)』에 상세히 남아 있고, 이글은 뒤에 친분이 두터운 박지원의 『열하일기(熱河日記)』에 영향을 주었다. 그리고 지전설·생명관·우주무한론 등 홍대용의 중심사상은 상대주의적인 자연사상에 바탕을 두고 있다. 이러한 입장은 사회사상으로 연장되어 중국 중심적인 화이론(華夷論)을 부정하고, 인간은 다른 생명체와 똑같은 것으로 상대화하였으며, 당시 사회의 신분제도에 반대하여 교육의 기회 균등이 이루어지고 재능과 학식에 따라 일자리가 주어져야 한다고 주장하였다. 이러한 과학사상은 사회사상은 서양의 과학과 도교의 신비주의적인 영향을 받았다(정세화 외, 2011).

홍대용의 저서는 『연기(燕記)』와 과학사상을 담은 『毉山問答』, 수학서인 『籌解算用』 등이 있고, 상당히 많은 저서가 『담헌서(湛軒書)』에 기록되어 전해지고 있다.

담헌 홍대용의 교육목적, 교육내용, 교육방법, 교육제도 개혁론에 대해 고찰하고자 한다(신재흡, 2018; 김명신, 2013; 김영광, 2011; 정세화 외, 2011).

첫째, 홍대용의 교육목적으로는, ① 실심(實心)·실사(實事)·실지(實地)의 체계에 입각한 무실역행(務實力行)의 교육을 통해 지향하는 교육적 인간상은 도덕적이면서 동시에 실용을 지향하는 실천인이라는 전인적 인간이다. ② 교육사상은 기철학(氣哲學)에 연원하는 인간 평등사상에 근거한 교육의 기회균등, 이것을 실현하기 위한 교육제도 개혁, 실생활에 직결되는 실용교육과 한글교육, 과학기술교육의 강화라는 근대 지향적이고 민족 주체적인 성격을 나타내고 있다. ③ 실력분위의 실용적인 사람을 육성해야 한다. ④ 홍대용의 교육사상의 시사점으로는 오늘날 과학교육의 현실에서 급속한 근대화·산업화 과정에서 과학기술의 발달이 국가발전을 위해 급히 성취해야 할 과업으로 인식되면서, 교육 분야에서 과학영재교육 등장하고, 교과에서도 과학교육이 강조되고 있다.

둘째, 홍대용의 교육내용은 ① 과학성, 합리성, 실증정신을 토대로 성리학적 학문관과 봉건적 신분차별에 의해 굳어진 전통적 교육내용을 뛰어넘는 실용학문과

과학기술교육을 주장하였다. ② 종래에 학문적 가치가 인정되지 않았던 실용학문은 교육내용으로 설정하여 윤리도덕의 교육에만 치중하여 성리학적 교육관을 극복하였다. ③ 자연과 세계의 사물에 대한 연구를 통해 성립된 과학기술을 모든 사람들이 공부해야 할 기초교육으로 설정함으로써 교육내용이 계급 간에 분리되었던 봉건적 교육관을 뛰어 넘었다.

셋째, 교육방법은 ① 담헌의 실학정신은 교육방법에 있어서도 실증과 실험관찰을 통한 사물의 탐구와 실천중심의 독서방법을 제시하였다(실증적 방법과 실천적 방법). ② 글을 읽을 때 저자의 사상, 그의 본질을 깊이 이해하도록 하였다. ③ 학습에서 의문을 가지고 이 의문을 해명하는 방법을 배우고, 이를 고귀한 것으로 생각하였다. ④ 우리나라의 학문이 먼 것에만 힘쓰고 가까운 것은 멸시하는 것이 문제이다. ⑤ 학문은 우선 가까운 것부터 탐구하는 주체적 학풍을 일으켜야 한다.

넷째, 담헌의 교육제도 개혁론은 다음과 같다. 담헌은 기철학적 인간 평등론에 바탕 하여 신분 차별 철폐를 주장하고 의무교육제도를 실천하고자 한다. 그리고 '대중의 마음과 성인의 마음은 같으며, 변방의 땅에서 짐승과 같이 먹고 행동하는 사람도 교육을 받으면 지혜가 통한다'는 교육의 가능성을 주장했다. 그의 저서『임하경륜(林下經綸)』에서 교육의 기회균등을 주장한 내용은 ① 사회병폐의 원인인 세습적인 신분제도를 해체하고 능력에 따라 적재적소에 사람들을 배치하는 새로운 신분제도를 구상하였다. 모든 국민은 자기의 능력과 기능에 따라 일할 것을 주장한다. ② 전국을 '도(道) - 군(郡) - 현(縣) - 사(司) - 면(面)'으로 편제하고 '도'에서 '면'에 이르기까지 각급 교육기관을 설치할 것을 제안했다. 전국은 도(道)로 나누고, 도는 9개의 군(郡)으로 나누고, 군은 9개의 현(縣)으로 나누며, 현은 9개의 사(司)로 나누며, 사는 9개의 면(面)으로 나눈다는 행정단위에 따라 안으로는 서울의 9부(部)와 도에서 면에 이르기까지 모두 학교를 설치한다. ③ 면(面)에는 재(齋)라는 학교를 두고 8세 이상의 모든 자제(아동)를 모아 교육시킬 것을 주장했다. 그리고 8세 이상의 아동은 신분을 가리지 않고 초등교육기관인 재(齋)에 입학하게 한다. 이는 모든 아동들에게 관(官)에서 주도하는 공교육을 제공하는 의무교육제도를 의미한다. ④ 이 학제안은 우리나라 교육사에서 처음 제기된 의무교육안이다.

모든 국민은 누구나 교육받을 수 있다. 초등교육은 의무교육으로 한다. 따라서 홍대용은 교육기회를 균등하게 제공하는 한편 올바른 인재를 양성하는 교육제도를 제안했다.

4) 정약용(1762~1836)

다산 정약용

출처: https://blog.naver.com/lhjkind01/90041373874

다산(茶山) 정약용(丁若鏞)은 유형원(柳馨遠), 이익(李瀷)의 실학사상을 계승하고 자신의 사상을 독자적으로 집대성한 인물이다. 정약용은 경기도 광주군 초부면 마현리에서 태어났다.

정약용의 호는 다산(茶山)이며, 당호(堂號)는 여유당(與猶堂)이다. 그는 진주목사 정재원(丁載遠)의 아들로서 부친에게 학문을 배웠다. 부친의 관직 이동에 따라서 여러 지역을 다녔다. 4세에 글을 배우기 시작하여, 10세에는 경서(經書)와 사서(史書)를 읽었고, 16세에 이익(李瀷)의 글을 읽었다. 22세에 소과(小科)에 응시하여 경의(經義) 진사가 되었다. 이때부터 성균관에서 독서하였으며, 여러 차례 반제(泮製)에 뽑혀서 정조의 총애를 받았다. 정조 13년(1789)에 문과에 급제하여 규장각 초계문신(抄啓文臣)으로 선발되었다. 당시 정조는 탕평책을 통하여 왕권을 강화하기 위하여 규장각을 통하여 사상계를 주도하고자 하여서 많은 유능한 인재를 규장각에 모았다. 정약용은 규장각에서의 활동 외에도 수원성 축조에 거중기를 이용하게 하여 크게 공헌하였다. 정조의 총애 속에서 정약용을 이은 이가환의 뒤를 이을 신진사류로 성장하고 있었다. 이때 남인세력의 득세를 꺼리는 노론의 비방으로 여러 차례 유배를 가기도 하고 지방관으로 좌천되기도 하였다. 특히 그가 39세인 1800년에 정조가 승하하자 노론세력은 신유사옥을 일으켜 이가환을 비롯한 남인의 영수들을 처형시키고 정약용은 감사정배(減死定配)하였다. 정약용은 말년에 전라도 강진에서 18년간의 유배생활을 하는 동안 학문연구에 전념하여 많은 저술을 하였다. 그리고 1818년 유배에서 풀려나, 고향인 경기도 마현에서 저술 작업을 하였다(피정만, 2011).

다산의 학문 체계는 유형원과 이익의 사상을 계승하고 유학의 정신체계에 기반을 두고 있으나 어느 일면에서는 양명학의 사상적 성격을 띠고 있으며 박지원, 박제가 등 북학파의 사상을 흡수하여 집대성하였다. 그리고 다산의 저서 가운데 3대 저서로 일컬어지는 『목민심서(牧民心書)』, 『경세유표(經世遺表)』, 『흠흠신서(欽欽新書)』는 다산의 사상을 이해하는 데 필수 불가결한 저서로 꼽히고 있다. 그 가운데 『목민심서』의 <예전편>에는 교육영역을 제사(祭祀), 빈객(賓客), 교민(敎民), 흥학(興學), 변등(辨等), 과례(課禮) 등의 여섯 분야로 다루고 있다.

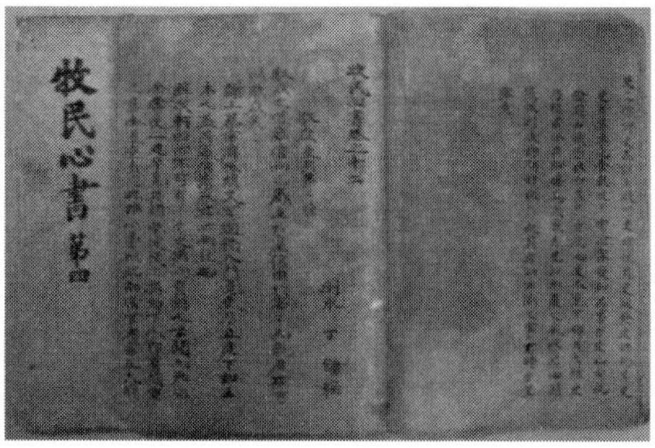

목민심서(牧民心書)

출처: https://scjforever.tistory.com/445

다산은 기존의 교육현실에 대하여 비판적인 견해를 가지고 있었다. 이른바 오학론(五學論)을 통하여 실생활에 도움이 되지 않을 뿐만 아니라 피해를 주는 당시의 학문풍조를 '허학(虛學)'이라고 비판하였다. 그가 비판한 오학(五學)이란 성리학(性理學), 훈고학(訓詁學), 문장학(文章學), 과거학(科擧學), 술수학(術數學)을 일컫는다.

그리 비판에 의하면, 성리학은 도의 인식과 실천에 힘써야 할 성리학 본연의 의무를 잃어버리고 공리공론의 이기설에 치우치고 있으며, 훈고학은 경전의 자의와 훈독에 치중하고, 문장학은 미사여구의 사용에만 치중하고 있다는 것이다. 과거학은 과거시험을 준비하는 당시의 학풍에 대한 것으로 과거의 실시가 공정하게 이루어지지 않을 뿐만 아니라 우리의 역사가 아닌 중국의 역사를 시험 보는 것 등에 대한 비판을 포함한다. 그리고 당시 도참설, 풍수설, 신통술, 역술법 등이 횡행하였는데, 다산은 이러한 술수학을 미신으로 규정하고 비판하였다(장영희 외, 2008).

불가독성은 전통적인 유학교육에서 사용하던 천자문(千字文), 사략(史略), 통감절요(通鑑節要)를 읽혀서는 안 된다는 것이다. ① 천자문은 한자교육을 위한 초학의 한문 교재이다. 다산은 천자문의 문자가 체계적으로 배열되어 있지 않기 때문에 문자를 학습하는 데 비효과적이라고 지적한다. ② 사략은 중국의 역사책을 초록(抄錄)한 것이다. 다산은 사략에 기록되어 있는 전설적 인물인 천황(天皇)의 존재를 허구라고 보았으며 우리나라의 교육이 융성하기 위해서는 사략을 없애야 한다고 비판하였다. ③ 통감절요는 강용(江鎔)의 편저이다. 다산은 강용이 도학이나 문장에 뛰어난 사람이 아니며 통감은 중국에서도 인정을 받지 못하는 책이지만 조선에서는 단지 과문(科文)을 위하여 널리 읽히고 있다고 비판하였다.

다산이 생존했던 당시의 교육현실에 대한 비판은 오학론과 불가독설의 두 글에서 대표적으로 제시되었다. 다산은 사회의 구제와 교육의 개혁에 큰 관심을 가지고 있었다. 그의 오학론과 불가독설에서 비판된 것들은 당시의 사회와 교육에 병폐로 작용하던 것들이었다. 다산은 이것들을 바로 잡음으로써 학문이 제 기능을 발휘할 수 있기를 기대하였다.

정약용의 교육개혁안을 제시하면 다음과 같다(신재흡, 2018; 김명신, 2013; 피정만, 2011; 김영광, 2011; 장영희 외, 2008; 장덕삼, 2003).

정약용의 거중기

출처: http://www.doopedia.co.kr/photobox/comm/community.do? method=view&GAL IDX=101011000620212

첫째, 정약용은 실천하는 사람이 궁극적으로 위천하(爲天下)하는 사람이라는 교육관을 가지고 있었으며, 단순한 수양이 아니라 생활에 참다운 도움을 주는 교육을 강조하였다. 즉 실천을 통하여 지식을 터득하게 하는 교수-학습 방법을 강조했다.

둘째, 부국강병을 위하여 기예(技藝)를 강조했다. 그는 인간과 동물의 차이를 기예라는 측면에서 규정하였다. 인간은 지혜와 사려를 가지고 기예를 습득하여 자신의 약점을 보완하며, 동물로부터 인간을 구분해 주는 기예는 계속적인 노력에 의해 성취되는 것이다. 또한 기예를 습득할 때 국민 생활이 윤택해지고 국가가 부강해질 수 있다고 보았다. 이러한 관점에서 다산은 국가를 다스리는 자는 마땅히 기예를 강구해야 한다고 주장하였다. 다산은 이론적으로 농업, 방직, 군사, 의술 등에 관하여 논의함은 물론 실제적으로 화성(華城)의 축성을 설계하여 성곽을 과학적으로 완성하였다.

셋째, 교육이 추구해야 할 것으로 덕행(德行)과 경술(經術)과 문예(文藝)를 강조하였다. 덕행은 인간됨의 근거로 보고 경술과 문예보다 중요시하였다. 다산이 강조한 덕행은 육덕(六德: 智, 仁, 聖, 義, 忠, 和)과 육행(六行: 孝, 友, 睦, 婣, 任, 恤)을 종합한 것이다. 그리고 경술은 그가 제시한 십경(十經)[21]의 지식을 실제에 이용하였다.

넷째, 덕행에서 효제자(孝悌慈)의 덕목을 중시했다. 실학의 입장에서 유학을 시대에 맞게 재해석한 정약용은 교육에 있어서도 이론보다 실질적 실천인 인간의 행위, 즉 도덕을 중시하였다. 그는 도덕교육의 내용이자 행위의 지침으로 효(孝)·제(悌)·자(慈)를 내세웠다. 공자가 효제(孝悌)를 인(仁)의 근본이라고 강조한 이래 효제는 유교의 중심 덕목이었는데, 정약용은 효·제에 자(慈)를 덧붙여 실천적 덕목으로 제시한 것이다. 효(孝)는 어버이에 대한 효도를, 그리고 제(悌)가 동기에 대한 우애를 뜻하는 것이라면, 자(慈)는 모든 사람에 대한 우정을 뜻한다.

다섯째, 경술(經術)에 힘쓸 것을 강조하였다. 당시의 교육이 사서삼경의 질서만 존중하고 십삼경을 인식하지 못하는 풍조를 비판하면서 십경을 학습해야 한다고 주장했다. 경학을 국가를 다스리는 이론으로 이용해야 한다고 주장했다.

여섯째, 교육용 교재에 대해서도 개혁적인 견해를 제시하였다. 국학은 국사와 우리나라 성현들의 글이다. 조선시대의 학습교재는 중국의 서적이 중심이었다. 경학은 물론이고 사서(史書), 제자서(諸子書)까지도 중국의 서적들이었다. 다산은 우리나라를 이해하기 위해서는 우리 역사와 선현들의 문집을 읽어야 한다고 주장하였다. 다산이 제시한 독서목록에는 고려사(高麗史), 반계수록(磻溪隧錄), 서애집(西厓集), 성호사설(星湖僿說), 퇴계집(退溪集), 율곡집(栗谷集), 이충무공전서(李忠武公全書) 등이 포함된다. 그리고 중국의 사서에서도 우리나라와 관련된 사실을 발췌하여야 한다고 하였다. 그리고 과거시험에서도 삼국사기(三國史記), 고려사(高麗史), 동국통감(東國通鑑), 국조보감(國朝寶鑑), 동사집성(東事輯成) 등 우리나라의 역사서와 문집을 포함시켜야 한다고 주장했다.

일곱째, 학습교재로 국학(國學)과 자신이 저술한 『아학편(兒學篇)』을 추천했다. 다산은 천자문의 폐단을 지적하고 이에 대체되는 아동문자 학습서로 『아학편(兒學篇)』

---

21) 대학, 맹자, 논어, 중용, 시경, 서경, 역경, 주례, 예기, 춘추

을 저술하였다. 조선시대에는 아동이 문자를 익히도록 편집한 문자교육을 교재로 주흥사(周興嗣)의 천자문, 서거정(徐居正)의 유합(類合), 최세진(崔世珍)의 훈몽자회(訓蒙字會), 유희춘(柳希春)의 신증유합(新增類合) 등이 있다. 다산은 이 중에서 천자문이 가장 잘못된 교재라고 비판하였다. 다산은 천자문을 서거정이 편찬한 유합보다 못한 일시의 희작(戱作)이라고 비판했다. 『아학편(兒學篇)』은 상·하권으로 되어 있는데, 각 권에 1천자씩, 총 2천자가 실려 있다. 상권은 구체적인 명사, 자연계 및 자연현상, 실제적 현상에 부합되는 유형적인 개념의 글자로, 하권은 추상명사, 대명사, 형용사, 동사 및 계절·기구·방위 등 무형적인 개념의 글자로 구성되어 있다. 이는 상권에 실린 유형자(有形字)를 먼저 익힌 다음 하권의 무형자(無形字)를 배우도록 하려는 것이다. 이는 암기 위주의 학습에서 이해 위주의 학습으로 방향을 전환한 학습서의 편찬이다. 또 아학편은 문자를 같은 종류의 글자들을 항목별로 분류하는 유형 분류체제로 편성하였다. 이는 동일한 성격과 유형으로 범주화하여 교육시키자는 것이다. 다산의 아학편은 독창적인 것은 아니다. 상기에서 상술한 유합, 훈몽자회 등의 서적이 이러한 방법을 채택하고 있었으며 아학편은 이를 더욱 발전시킨 것이다.

여덟째, 교육방법은 『목민심서』의 흥학조에서 밝힌 교육진흥의 지침에 나타나 있으며 그 내용은 다음과 같다. ① 학교는 예(禮)와 악(樂)을 배우는 곳이다. 이제 예와 악이 무너졌으니 학교의 가르침이 단순히 독서에만 그치고 말았다. ② 육서(六書)를 통해 폭넓은 교양교육이 이루어져야 한다. ③ 학(學)은 스승에게서 배우는 것이다. 스승이 있은 후에 學이 있는 것이니 오랫동안 덕을 쌓은 사람을 모셔 사장(師長)이 되게 한 연후에 학규를 논의할 수 있는 것이다. ④ 학교의 시설을 정비하고 서적을 널리 비치하도록 한다. ⑤ 단아방정(端雅方正)한 사람을 뽑아서 제장(齊長)으로 삼고 스승이 되게 하여 예(禮)로서 대우하며 염치를 기르게 한다. ⑥ 노인을 공경하고 고아를 가엽게 여겨야 한다. 가을에는 양로(養老)의 예를 행하여 노인을 공경하는 방법을 가르치고 겨울에는 향음(饗飮)의 예를 행하여 어른을 대접하는 방법을 가르치며 봄에는 향고(饗孤)의 예를 행하여 고아들을 가엽게 여기는 길을 가르친다. ⑦ 때때로 향사(饗射)와 투호(投壺)를 행한다. 과거의 향사는 번거로운 일

이 많으니 지금의 사정 맞게 개정하여 실시한다.[22)]

정약용은 실천하는 사람이 궁극적으로 위천하(爲天下)하는 사람이라는 교육관을 가지고 있었으며, 단순한 수양이 아니라 생활에 참다운 도움을 주는 교육을 강조하였다.

5) 이덕무(1741~1793)

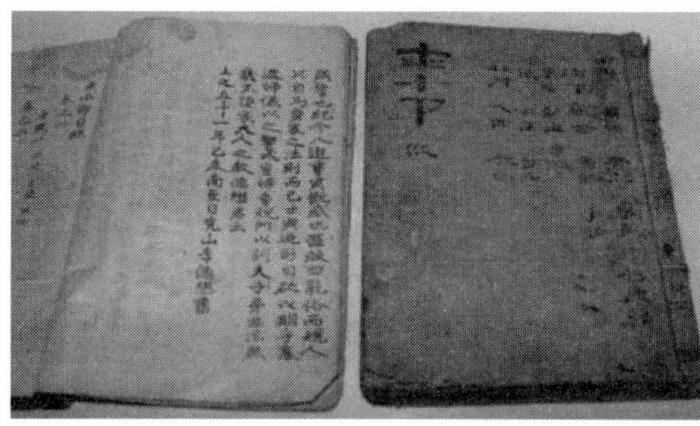

이덕무의 「사소절」

출처: http://cafe.daum.net/dktjd51/I7I/1441?q=%EC%9D%B4%EB%8D%95%EB%AC%B4+%EC%82%AC%EC%86%8C%EC%A0%88&re=1

이덕무(李德懋)는 영조 17년(1741)에 한성부 대사동에서 출생했다. 본관은 전주이고, 호는 형암이나 아정 등이 있다. 유년시절은 건강하지 못하고 내성적이었으나, 학문적으로는 6세부터 아버지로부터 가학(家學)을 배웠고, 문장의 개성이 강하여 문명을 떨쳤으나, 서자였기 때문에 크게 출세하지 못했다. 이덕무는 다른 실학자들에 비하여 경세적인 측면보다 철학적이고 학문적인 고증학적 방법론에 깊은 관심을 가졌다. 이덕무는 정조 2년(1778)에 사은겸진주사(謝恩兼陳奏使) 심염조(沈念祖)의 서장관으로 연경에 들어가 당대의 석학인 기균(紀均)을 비롯하여 이조원(李調元) 등과 교유하면서 그곳의 산천(山川)·토리(土理)·궁실(宮室)·누대(樓臺)·초목(草木) 등의 자세한 기록 등을 가지고 돌아왔다. 아울러 고증학에 대한 책도 가지고 귀국했는데, 그의 북학론을 발전시키는 데 도움이 되었다(피정만 외, 1997).

이덕무는 『서경(書經)』, 『상서(尙書)』, 『논어(論語)』, 『소학(小學)』 등에서 공통적으로 제시한 소절(小節)을 닦아야 대절(大節)을 보고 대의를 실천할 수 있다고 했다. 이는 현실적인 교육을 강조한 것으로 보인다. 『사소절(士小節)』은 8권 2책으로 사전(士典) 5권, 부의(婦儀) 2권, 동규(童規) 1권의 세 편으로 나누어 선비와 부녀자, 아동의 일상적인 예절과 수신(修身)의 내용을 담고 있다. 『사소절(士小節)』에서 강조하

22) 丁茶山 牧民心書 卷 七 禮典 六條 第四條 興學條.

고 있는 교육은 '일상생활교육'으로 정리할 수 있다. 『사소절(士小節)』에 나타난 이덕무의 교육사상은 당대에 널리 펴져 있던 교육의 기풍과는 다른 특징을 지니고 있다(정세화 외, 2011).

① 고증학적 방법론을 도입하여 상당수의 소절들이 자신의 선조들이나 주변 사람의 이야기를 예로 소개하고 있다는 점이다. 이동교육의 내용과 관련해서도 그는 고원한 원리가 담긴 『천자문(千字文)』보다 사물의 이름 등을 통해서 문자를 터득할 수 있는 『훈몽자회(訓蒙字會)』를 권하였고, 『소학(小學)』 외에도 『격몽요결(擊蒙要訣)』, 『해동가언선행(海東家言善行)』 등 우리나라 서적들을 추천했다.

② 효와 경 등 기본적인 차이가 없지만, 몸소 실천하는 도리를 으뜸으로 여기는 점이다. 이덕무는 모든 도리가 말에 그치지 않고 일상생활의 범주 안에서 조금씩 주의하고 실천해야 한다고 밝히고 있다.

③ 현실교육에 대한 비판의식이 엿보인다는 점에서 실학자다운 면모를 보이고 있다. 그는 중요시해야 할 새로운 교육내용과 방법을 제기하고, 인재등용 문제를 지적하는 등 당대 교육의 폐단을 지적하고 있다.

④ 교육대상을 넓혔다는 점이다. 많은 유학자들이 사대부교육에 대해서 언급한 예는 많지만, 선비와 아녀자, 아이의 교육을 아울러서 논한 사례는 찾아보기 힘들다. 특히 아동교육에 있어서는 남다른 식견과 관심을 보여 주었다. 그리고 여성교육에 대해서도 아녀자도 경서(經書), 역사서, 소학서, 논어 및 여사서(女士書) 등을 대강 읽어서 그 뜻이 통하고 여러 집안의 성과 조상의 계보, 역대 나라 일성현의 이름자를 알 정도면 그만이라고 밝히고 있다.

이덕무의 교육사상은 분명히 시대적 한계는 존재하지만, 전통적인 교육이 양반가문 교육에 치중된 반면 그의 교육은 모든 사람을 대상으로 하는 인간교육이라는 점에서 크게 평가받을 만하다.

6) 최한기(1803~1879)

최한기(그림–이양원)

출처: https://wonemind.tistory.com/92

최한기(崔漢綺)는 순조 3년(1803)에 태어나 고종 16년(1879)에 운명했다. 그는 본관이 삭녕(朔寧)이며, 호는 혜강(惠剛)이다. 최한기는 인의예지(仁義禮智)조차 경험으로 얻게 되는 습성에 불과하다고 주장할 만큼 철저히 경험주의에 바탕을 두고 있다. 그의 경험론적 방법론이 얼마나 서양의 영향을 받아 성립된 것인지는 아직 분명하지 않다. 하지만 그는 서양의 역(曆)과 산술(算術) 및 기학(氣學)을 크게 중요시하면서 서양의 과학기술 도입에 적극적이었다(정세화 외, 2011).

혜강은 서울에서 학문에만 종사하면서 서학을 수용하여 독특한 자신의 학문체계를 구축하였다. 1830년대에는 '신기(神氣: 지각의 바탕 또는 만물을 만드는 元氣)'와 '추측(推測: 학문적 방법론으로 제시된 것임)'이라는 새로운 개념을 정립하였고, 1850년대 후반에는 자신의 학문을 '기학(氣學)'이라고 명명하여 자연과 사회와 인간을 새롭게 해석하는 개념으로 '운화(運化: 삼라만상의 순환과 변화)'와 '치안(治安)'을 제시했다. 1860년대에는 '승순(承順: 우주에 존재하는 만물 만사가 불협화음이 없는 상호관계)'과 '사무(事務: 실학문)'라는 개념을 통해 기학(氣學)을 더욱 발전시켰다(정영희 외, 2008).

최한기는 경험의 성립조건으로 경험의 주체와 객체, 주체와 객체를 연결하는 매개체로 본다. '신기(神氣)'는 지각의 주체이고, 신기(神氣)의 경험이 곧 지각이라고 한다. 그는 감각기관에 의해 지각을 얻었더라도 만일 신기(神氣)에 기억됨이 없다면 무의미하다고 하면서, 기억을 돕는 방법으로 심리적 연상, 논리적 체계화, 분류 등 여러 가지 방법을 강구하였고, 그 기억에 의하여 '변통(變通)'을 구하였다. 변통(變通)은 통하지 않는 것을 통하게 하는 것으로, 기(氣)의 통로, 즉 감각기관을 바꿈으로써 이루어지는 것이고, 천지의 기(氣) 자체를 변화시키는 것이 아니다. 변통(變通)도 신기(神氣)가 그렇듯이 사람의 힘과 뜻을 쓰는 여하에 따라 변한다(안상원, 1997).

인간은 경험과 그것이 쌓여진 기억을 바탕으로 자기 생각을 확장하여 갈 수 있는데 이 과정이 추측이다. 귀납법과 연역법을 함께 포함하여 최한기가 제시한 추측법에는 다음과 같은 종류가 있다(정영희 외, 2008).

① 氣를 바탕으로 이를 추측하는 것(推氣測理), ② 정의 나타남을 미루어 성을 알아내는 것(推情測性), ③ 움직임을 보고 그 정지 상태를 알아내는 것(推動測靜), ④ 자기 자신을 미루어 남을 알아보는 것(推己測人), ⑤ 물을 바탕으로 일을 짐작하여 아는 것(推物測事) 등이다.

최한기의 교육목적, 교육내용, 교육방법 등에 대해서 고찰하기로 한다(신재흡, 2018).

첫째, 혜강은 교육목적은 성도(性道)에 따르고 의식(衣食)을 장만하는 데 두었으며, 인도(人道)의 구현을 함으로써 실용성과 실용인의 양성에 두었다.

둘째, 교육내용은 ① 실무근로의 교육과 과학기술교육을 주장하였다. ② 천문, 지리, 산수를 중시하였다. ③ 수학교육을 특히 강조하였다. 즉 '수학은 신기(神氣)를 단련하는 광(鑛)이요, 사물을 재제하는 장(藏)이다.'라고 했으며, '수학을 강습하면 선악과 허실의 변별이 쉬워진다'고 했다. ④ 교육내용을 인사교(人事敎), 인도교(人道敎), 인천교(人天敎)로 분류했다. 人事敎는 학문, 대인관계, 직업에 이르기까지 일찍 학습에 임하여 신기운화(神氣運化)와 함께 성취되는 것이다. 人道敎는 옛일을 고증하고 우리 백성에게 밝혀 타국의 백성에게까지 미치게 하여 일통운화(一統運化)가 온 세상에 퍼지게 하는 것이다. 그리고 人天敎는 만사 조리(操履: 마음으로 지키는 志操와 몸으로 행하는 행실)를 추구하여 근원을 찾는 것이다. ⑤ 교육내용에 있어서 현실중심의 가치관, 즉 생활중심의 실용성을 주장하였다. ⑥ 일상생활은 교육과의 관계를 통하여 그 존재가치가 결정되며, 교육활동은 일상생활 속에서 그 가치가 심화된다는 입장을 취하고 있다.

셋째, 최한기의 교육방법이다. ① 학습과정에 있어서 감각－기억－추리 순으로 나아간다. 감각은 기억을 돕는 하나이고, 기억은 심리적인 연상이고, 기억을 통한 추리는 사람의 능력이 최고조에 달한 것이다. 이와 같은 학습과정은 서양의 로크(Locke)의 교육방법과 일치한다. ② 교육방법으로 자기 자신의 성찰을 중시하였다. ③ 학습과정에 있어서 감각경험을 중심으로 한 시청각 교육이론을 사용하였다. 『

육해법(陸海法)』과 『심기도설(心器圖說)』의 일부를 그림을 삽입하여 도해로 소개했다. 그리고 학생들에게 감각적 경험을 자극하였다. 특히 최한기는 ④ 교육방법으로 과학적 실험법을 강조하였다.

혜강 최한기는 이와 같은 경험주의적인 인식론과 전통 유학의 개념인 '기(氣)'를 기초로 철학적 논구를 통해 독특한 인식론을 수립한 것은 실학적이고 탈성리학적인 성격을 지니고 있으며, 독자적으로 사상의 근대적 전환을 이루었다는 점에서 높이 평가할 만하다.

9. 실학의 현대교육사적 의의

실학사상은 교육이 농·공·상을 중시하는 것으로 나타나 농공사회 교육은 물론 현대사회와 긴밀하게 관련된다. 실학의 발생은 내적으로는 민생피폐와 우국애민 정신이고, 외적으로는 자연과학 도입, 기술발달, 양명학 및 고증학의 유입으로 이루어졌다. 실학이 고증학적 측면에서는 근대 지향 의식과 국학의 발전을 도모했으며, 경세학 측면에서는 민본 및 위민 정신과 민권의식, 인권의식을 도모하였다. 사장학 입장에서는 도시 주변 서민의 순수하고 성실한 인간성의 발견과 농어민의 어려운 생활에서 이용후생의 길을 밝히고자 했다. 실학사상은 종래의 중국 중심의 화이론적 세계관을 타파하고 주체적인 부국강병의 국가관을 주장한 민족주의 성격도 띠었다. 또한 실학의 민권의식은 개화사상으로 계승 및 발전되어 박영효의 평등사상, 갑신정변의 민권사상으로 이어지게 되었다.

실학사상이 추구한 사항으로, ① 새로운 학문과 교육철학으로 사회구조와 지배질서를 개편하려 하였다. ② 교육제도의 쇄신과 새로운 사회 윤리의 확립이다. 실학자들은 당시 교육의 병폐를 시정하기 위하여 과거제도의 개선과 그릇된 교육관을 타파코자 하였다. ③ 평등사상과 신학문의 수용이다. 실학자들의 저술과 연구가 후일 학문 연구에 중요한 계기가 되었다는 점에서 교육적 의미가 크다고 할 것이다. 실학자들의 사상과 개혁안이 실현된 것은 아니었으나 그들이 주장했던 민족주체사상, 평등사상, 근대지향의식, 민권의식, 진취성, 과학성, 자주성, 개방성 등은 현대교육의 기반이 되었다는 점에서 그 의의가 크다고 할 수 있다(이문원, 2002).

실학사상의 교육사적인 의미를 제시하면 다음과 같다(피정만, 2011).

① 실학의 사상은 임진왜란 이후의 사회적인 기강의 문란과 경제적 빈곤을 극복하기 위해 구상된 사상이다.

② 실학의 사상은 기존의 성리학에서 주장하는 수신(修身)보다는 생활의 실용을 강조하는 사상체제이다. 개인의 수양보다는 생활 사회의 복리를 우선으로 하는 사상이다.

③ 실학의 사상은 현실적인 문제에 기반을 두고 그 개혁을 추구하는 의의가 있다. 실학자들의 사상은 신유학(新儒學)의 사상이다. 실학자들의 사회개혁의 구상은 점진적 사회변화를 구상하였다. 실학자들은 급진적인 사회체제의 변혁을 요구하는 것이 적었다.

④ 실학자들의 교육개혁은 풍요한 사회생활의 유용을 교육의 목적으로 주장하고 있다.

⑤ 실학자들의 교육개혁에는 교육제도의 개혁이 포함되어 있다. 교육제도의 개혁은 실학자들이 추구한 사회제도의 개혁이라는 맥락의 일부이다. 교육제도의 개혁은 당시의 교육제도의 현실성에 기반을 두고 이를 제도적으로 체계화시키고자 하는데 있었다. 그리고 교육의 공공성을 강조하여 국가의 주관하에 교육의 운영을 주장하고 있다.

⑥ 실학자들은 교육내용의 개혁을 구상하였다. 기존의 경전과 중국의 사서를 중심으로 구성된 교과에서 생활에 유용한 과학적 교과의 교육과 우리나라의 역사와 문학을 교육할 것을 구상하였다.

상기에서 살펴본 바와 같이, 실학자들의 교육에 대한 구상은 교육목적, 교육내용, 교육제도의 전반적인 분야에서 논의되었다. 이들은 교육의 전환을 통하여 참다운 인재의 양성으로 건강한 사회의 건설을 구상하였다. 실학자들의 대부분이 몰락한 양반 선비들이었으므로 사회적 모순을 해결할 방안을 가지고 있었으나 당시 상황으로는 용납이 되지 않았다. 그러므로 그들은 저술과 교육을 통해 사회를 새롭게 개혁하고자 했다. 실학자들의 교육관은 자연히 교육의 기회균등 능력에 맞는 교육실시, 학제개혁을 통한 학교교육 실시를 주장하게 되었다. 실학자들이 가진 교육사상의 전제는 제도의 개혁, 학풍의 쇄신, 인간의 평등과 존엄성 인정, 생산 증가, 기술 개발 및 도입, 부국강병에 두고 새로운 가치관에 입각한 교육철학을 가지고 종래의 교육에 대하여 강력하게 비판을 가했던 것이다(장덕삼, 2003).

하지만 실학운동은 개혁적인 성격을 띠고 있었으나 성리학의 강세를 극복하지 못하여 현실에 적용되지는 못했다. 그러나 근대화를 지향하는 개혁, 개화사상, 민족사상 내지 주체사상 등은 특히 19세기 말에 와서는 우리보다 먼저 근대화를 이룬 열강들에 맞서 나라를 지키려는 자강(自强)정신, 이어서 일제강점기에는 나라를 되찾으려는 지사들의 정신으로 이어지는 브릿지(bridge) 역할을 하였다(김명신, 2013).

생각해보기

1. 조선시대의 관학과 사학의 특징과 변천과정을 기술하세요.
2. 유형원의 교육론에서 제시된 학제를 설명하세요.
3. 성균관에 관한 교육법규를 제시하시오.
4. 조선시대 강제시비와 오늘날 대학입시방법과 관련된 논쟁의 유사점은 무엇인가?
5. 성리학의 교육방법을 오늘날의 인성교육에 적용한다면 기존의 도덕교육과 어떤 차별성을 갖게 될까?
6. 조선시대 성균관의 특징을 설명하고, 오늘날 고등교육과 비교해 보세요.
7. 조선 후기 실학운동의 전개과정과 교육사적 의의에 관하여 생각해 봅시다.
8. 성균관의 시험인 제술과 강경은 오늘날에 비추어 보면, 어떤 시험에 해당하는가?
9. 성균관의 학생회 활동을 생각해 봅시다.
10. 정약용의 「오학론」에서 비판한 조선 후기의 학풍은 무엇인가?

11. 조선시대 서원의 공과(功過)를 설명하시오.

12. 향교의 사회교육적 기능을 생각해 봅시다.

13. 경국대전에 의하면, 조선시대 과거시험에는 노비, 승려, 백정, 재가녀의 자손, 탐관오리의 자손 등을 제외하고는 누구나 응시할 수 있었다고 한다. 그럼에도 불구하고 과거시험이 실질적으로 양반들의 전유물이 된 까닭은 무엇인지 알아보자.

14. 조선시대 과거제도를 유형별로 정리하시오.

15. 실학사상가의 교육개혁론을 설명하시오.

16. 서당의 설립 주체와 수업의 형태는 무엇인가?

17. 조선시대의 중앙교육기관과 지방교육기관의 특징을 비교 및 설명하시오.

18. 조선시대 이황과 이이의 교육사상에 대하여 설명하시오.

CHAPTER 08

개화기 교육

제1절 개화기의 사상
제2절 개화기의 교육
제3절 갑오개혁과 근대 교육법의 제정
제4절 갑오개혁 이후의 신학제
제5절 개화기 통감부하의 교육정책
제6절 한국 개화기 근대교육의 사상적 흐름
제7절 교육사상가

학습목표

1. 갑오교육개혁의 목표와 특징이 전통교육과 어떤 공통점과 차별성을 갖는지 알 수 있다.
2. 갑오교육개혁이 실패하게 된 원인과 배경을 설명할 수 있다.
3. 개화기 근대학교의 설립에 대하여 설명할 수 있다.
4. 갑오개혁 이후의 신학제에 대하여 이해할 수 있다.
5. 개화기 통감부하의 교육정책을 설명할 수 있다.
6. 한국 개화기 근대교육의 사상적 흐름을 제시할 수 있다.
7. 안창호의 교육사상을 설명할 수 있다.

Keyword

개화기교육, 동학사상, 개화사상, 위정척사사상, 원산학교, 사립학교령, 동문학, 육영공원, 배재학당, 광혜원, 이화학당, 경신학교, 기독교계 학교, 근대교육법, 학무아문고시, 홍범14조, 교육입국조서, 소학교(령), 개화기 공립소학교, 한성사범학교, 심상과, 초등공립학교규제, 한성중학교, 관립중학교, 임시학사확충안, 모범교육, 사립학교령, 국가주의 교육사상, 동도서기론, 사회진화론, 정덕, 이용, 후생, 도덕교육, 재예교육, 공업교육, 서유견문, 대한문전, 만민공동회, 점진학교, 대성학교, 2대 강령, 3대 자본, 3육, 3대 수련, 5대 공약, 일인일기, 4대 정신, 점진성, 성실성

19세기말 우리나라는 근대사회로 이행한 커다란 변화를 겪었다. 즉 민족교육의 등장, 성리학 중심의 교육 반성, 새로운 학교체제, 민족의 자주성 확립을 위한 교육운동의 전환 의식이 싹트게 되었다. 이러한 우리 민족의 의식적 변화는 과거로부터 내려오던 동양문화권의 범주에서 세계문화의 범주로 변화되는 전환기로 볼 수 있다.

우리나라의 근대 문화의 수용은 1876년 일본과의 병자수호(강화도)조약으로 외국에 문호를 개방하면서부터 비롯되었다. 우리나라와 외국과의 접촉은 1880년 전후로 급속하게 이루어져 일본, 미국, 독일, 러시아, 영국 등의 제국과의 외교관계를 맺게 되었다(피정만, 1980).

개화기(조선말기)는 1876년 개항부터 1910년 한일합방까지의 35년간을 의미한다. 8장에서는 개화기의 사상, 개화기의 교육, 갑오개혁과 근대 교육법의 제정, 갑오개

혁 이후의 신학제, 개화기 통감부하의 교육정책, 한국 근대 교육의 사상적 흐름, 개화기 교육사상가 등에 대해서 고찰하기로 한다.

제1절 개화기의 사상

1절에서는 개화기 교육의 시대구분, 개화기 사회의 현실, 민족의 저항과 자성 등에 대해서 기술하고자 한다.

1. 개화기 교육의 시대 구분

조선이 외국과 교류하면서 전통교육을 반성하고 서구의 교육체제를 도입하는 시기로 서양식 교육과정과 서양식 학교가 건립되는 등 새로운 교육운동이 전개되었다. 이 시기에 민족교육이 등장하였으며, 성리학 중심의 교육을 반성하고 새로운 학교체제와 국가와 민족의 자주성 확립을 위한 교육운동을 전개하였다. 일반적으로 근대적 교육(조선말기의 교육, 개화기 교육)이라 함은 시대적으로 1876년(고종 13) 개항(開港)으로부터 1910년 한일합방(순종 4)까지의 35년간의 교육이다.

2. 개화기 사회의 현실

개화기(開化期)란 서구문물의 영향으로 봉건적인 사회 질서에서 벗어나 근대적인 사회로 이행하던 시기를 의미한다. 이 시기의 조선은 실학운동이 사회변혁으로 이어지지 못하고 봉건사회에 머물러 있었으며, 국내외적으로 다양한 곤경에 처해 있었다. 안으로는 19세기 중엽에 진입하면서 정치적·경제적 모순, 무능한 양반계층의 부패 등으로 고통을 받던 농민세력의 저항이 거세지고 전국적으로 농민봉기가 발생했다. 아울러 대외적으로는 개항을 요구하는 외세의 압력이 거세지면서 열강의 침략에 대한 위기의식이 배태하고 있었다.

이러한 시기에 조선은 근대사회를 지향했으나 국내적으로 정치적·경제적·사상적으로 모순되고 정체되었던 사회였다(피정만, 2011). ① 정치적으로는 외척세력의 집권으로 비합법적이며 명분이 없는 정치체제를 오랫동안 유지하여 기강이 문란하게 되었다. 외척세력은 관리임용의 부정과 민중에 대한 착취로 인하여 민중과 괴리된 정권체제였다. 고종이 즉위하자 대원군은 정치세력을 장악하여 일대 개혁을 시행하였다. 대원군은 거대해진 외척세력을 제거하고 새로이 왕권체제를 회복하는 정책을 시행했으나 과도한 개혁정치로 인하여 재정의 파탄과 민중의 원성을 사게 되어 결국은 반대파의 정치세력에 의하여 실각하게 되었다. 19세기말 조선의 정치체제는 봉건적 타성과 인습에 얽매여 민중으로부터 격리 및 고립되어 있었기 때문에 백성에 대한 가렴주구(苛斂誅求)를 행하는 이익집단에 불과했다. 그리고 ② 경제적으로는 17세기 농업기술의 발달로 생산의 증가가 이루어졌다. 하지만 생산의 근거인 토지가 양반계층의 전유물로써 농민들에게 적절한 분배가 이루어지지 않았다. 결국 농민은 생산에 대한 의욕을 잃고 이탈되면서 양반계층에게 불신과 질시(嫉視)를 초래함으로써 진주민란과 홍경래난 등의 농민투쟁이 유발되었다. ③ 사상적으로는 국가의 지배이념인 성리학은 임진왜란, 병자호란 이후 민중의 의식변화로 그 한계성을 드러내고 있었다. 17~18세기 실학자들에 의한 개혁의지가 있었으나 실현이 되지 못하고 19세기에 이르러서는 사회 민중의 요구에 적응하지 못하는 경직성을 내포하고 있었다.

한편 이 시기에 조선은 1876년 일본과 강화도조약(병자수호조약) 체결하여 부산, 인천, 원산이 개항되었다. 이어서 1882년에는 미국, 1883년에는 영국과 독일, 1884년에는 러시아와 이탈리아, 1886년에는 프랑스, 1892년에는 오스트리아, 1901년에는 벨기에, 1902년에는 덴마크 등과 수호조약이 체결되면서 조선은 미쳐 준비되지 않은 상태에서 급속히 개방되었다. 그러나 조선의 근대사회로의 이행은 순조롭게 이루어지지 않았다. 근대사회로의 변화를 추구하는 세력과 이에 저항하는 세력들이 서로 대립하면서 조선사회는 그야말로 격동의 시기였다.

3. 민족의 저항과 자성

개화기에 대처하는 사상은 동학사상, 개화사상, 위정척사사상이 그것이다. 이들 흐름 중에서 직접적으로 근대교육에 영향을 준 것은 개화사상으로 볼 수 있다.

1) 동학사상

동학사상은 최제우가 1860년(철종 11)에 포교된 사상으로 조선 후기의 대표적인 신흥종교였다. 동학사상은 풍수사상과 유(儒), 불(佛), 선(仙)을 기초로 하며, 그리스도교와 토속신인 한울님 사상, 주술 등의 요소가 혼합되어 있는 사상이다. 동학은 주체세력을 농민계층에 두고, 서학에 대한 대항과 도탄에 빠진 농민을 구제하는 사회개혁의 사상이다. 동학은 인간에게 모두 똑같은 하나의 한울님(하나님)을 마음에 모시고 있으므로 모든 인간은 평등하다는 주장을 전개하였다. 그리고 동학에 교화되면 지상천국이 건설되어 서양의 오랑캐가 물러나고 국민은 행복하게 생활을 하게 된다고 주장하였다. 동학사상은 농민층에 커다란 지지를 얻고 전국적으로 거대한 세력으로 성장하였다.

1894년 동학세력은 집권세력이 농민의 수탈에 정신이 없을 때 이에 항거하여 전리도 고부에서 봉기하여 전라도와 충청도의 일원을 장악하고 정부군과 대치하였다. 그들은 농민들이 요구하는 사회개혁, 즉 노비제도와 반상차별제도의 폐지, 농민에 대한 고리대금업의 금지 등을 요구하였다. 그러나 정부군에 진압되어 이러한 노력은 수포로 돌아갔다. 동학농민운동은 새로운 사회체제를 수립하는 데 큰 영향을 미쳤다. 이후에 이러한 동학농민운동의 정신은 1910년 이후에는 민족해방운동으로 계승되어 1919년 3.1운동 당시 천도교는 기독교계, 불교계 인사 및 학생들과 더불어 독립운동을 위한 민중시위를 주도하였다. 동학사상은 특히 모든 사람을 차별 없이 대할 것을 강조한다. '사인여천(事人如天)에 근거하여 조선사회의 사회적 질서였던 노주(奴主), 적서(嫡庶), 반상(班常) 그리고 남녀의 구분을 전적으로 부정했다. 그리고 특히 아동에 대한 관심을 가져서 이후에는 동학도인 방정환은 한국 어린이를 위한 동요, 동화 등을 만드는 사상적 결실을 가지게 되었다(정혜정, 2001).

2) 개화사상

개화사상은 개항을 주장하여 외국과 접촉을 촉진시키고 외국에 인재를 보내어 문물을 견학시키고 유학을 장려했다. 개항 이전에는 박지원의 손자 박규수, 역관 오경석 등이 중국에 유입된 서구 문물을 접하면서 개화를 주장하였다. 1876년 개항 이후에는 수신사로 일본을 다녀온 김기수, 김홍집, 그리고 신사유람단을 통하여 일본을 다녀온 박정양, 어윤중, 홍영식 등의 인사들이 일본의 선진문물을 조선에 소개했다. 개화사상가들은 1884년에는 갑신정변을 주도하여 정치적 주도권을 확보하여 국가개혁을 단행하려고 하였다. 하지만 실패하여 망명과 죽음을 당하기도 하였다.

개화사상의 특징을 제시하면 다음과 같다(피정만, 2011). ① 서양의 과학기술은 선진기술이니 이를 적극적으로 습득하여 채용해야 한다고 주장한다. ② 동양의 과학기술이 낙후된 것은 사회제도상에도 결함이 있었기 때문이므로 국정 전반을 개혁하여 사회제도를 수립하여야 한다고 생각하였다. ③ 이를 위해서는 정치적으로 종래의 전제군주제를 입헌군주제로 개혁하고 근대 국민국가를 수립하여야 한다고 주장하였다.

3) 위정척사사상

위정척사사상은 외세의 침투에 대한 위기의식을 가지고 전통사회의 유교적 질서를 보존하고 외국의 세력 및 문물을 배척하는 사상이다. 즉 양반 유생계급이 성리학에 사상적 기반을 두고 이를 강화 정비함으로써 새로이 대두한 서구 열강의 도전을 극복하고자 한 사상이다. 위정척사(衛正斥邪)란 문자 그대로 '위정(衛正)'은 바른 學을 지키고, '척사(斥邪)'는 사학(邪學)과 사교(邪敎)를 몰아낸다는 뜻이다. 여기서 바른 學은 성리학을 의미하고, 사학(邪學)이란 주로 서학(西學)으로 대변되는 천주교와 서양문물을 뜻한다. 위정척사사상은 나를 지켜서 남의 침략을 막는다는 보수적이고 체제 유지적인 사상체제이다.

위정척사운동은 개항 이전에는 이항로, 기정진 등이 주축이 되어 개항 반대운동을 벌였고, 개항 이후에는 개화망국론을 펴면서 개화 반대 운동을 전개하였다. 또한 1890년 이후에는 항일의병투쟁 등 외세에 대한 민족적 저항운동으로 이어졌다. 위정척사운동은 국내의 현실적인 문제들을 개선하고 개혁하려는 노력을 하였으나 주체적 근대화를 위한 방법론을 제시하지 못한 한계를 지니고 있다.

제2절 개화기의 교육

2절에서는 개화기 근대교육의 특징, 개화기 근대교육의 전개, 개화기 근대학교의 설립 등에 대해서 고찰하고자 한다.

1. 개화기 근대교육의 특징

개화기 근대교육의 특징을 제시하면 다음과 같다(신재흡, 2018; 김영광, 2011).

첫째, 민족주의의 대두이다. ① 학교교육을 통하여 국가 진흥을 이룩하려 했다. ② 학생들로 하여금 한민족의 역사를 올바로 인식하게 했다. ③ 민족주의 교육을 생성 및 전개했다. ④ 교육을 통한 민족의 자주정신 및 항일정신을 고취시켰다.

둘째, 교육입국의 이상 대두이다. ① 교육으로 나라를 바로 잡아야 한다는 기풍이 일어났으며, 고종의 교육입국조서가 발표되었다. ② 조선시대의 관학 및 사학의 형태를 벗어나 근대학교가 설립되었다. 관공립학교보다 사립학교가 더 활발하게 운영되었다. 구미 각국의 선교사들에 의해서 많은 사립학교가 세워졌다.

셋째, 근대교육사상의 근간이다. ① 외국어 교육의 필요성에 의하여 근대학교가 설립되었다. 각종 외국어 학교가 설립되었다. ② 개화사상을 전파하기 위하여 근대정신으로 무장한 교사가 필요하였기 때문이다. 이러한 교원양성 교육의 특징은 개화기 관학의 중요한 특징이 되었다. ③ 그리고 외국어 교육, 교원양성교육, 실업교육에 치중하게 되었다.

넷째, 교육의 기회균등이다. ① 남·여, 양반·상인이 구별 없는 교육기회가 제공되었다. ② 이러한 교육기회 균등의 원칙하에 교육민주화에 공헌하였다.

다섯째, 근대 각급학교의 특징이다. ① 학제의 기본적인 이념적 틀을 마련하였으나(소학교 → 중학교 → 전문학교 → 대학교), 이에 터한 새로운 학제가 마련되지 못했다. ② 근대적 교육과정을 수용하였다. 서양의 교양교과를 전면적으로 수용한 것은 아니지만 일부 신식학교에서는 외국어와 실용교과 이외에 한문이나 유교경전에 대한 교육을 실시하기도 하였다. 그리고 ③ 초등교육의 의무화에 공헌했다.

④ 관학의 건학 정신은 인재양성을 위한 교육이었다.

여섯째, 교육의 실용화이다. ① 고종은 「을미교육조서」에서 실용교육을 강조하였다. ② 유길준은 실용교육을 국가의 근본이라고 주장하면서 교육의 3대 강령으로 도덕교육·재예교육·공업교육을 주장하였다.

2. 개화기 근대교육의 전개

밀려오는 외세의 침략 앞에 정부와 뜻있는 선각자들은 나라가 살 수 있는 길은 개화, 근대화에 있다고 판단하였다. 개화기 교육이 부국강병의 수단으로 폭넓게 인식된 것이라 할 수 있다. 우선 외국의 정세 파악, 서양인 교사의 초빙, 개화기 근대교육의 전개과정을 고찰하기로 한다(김영훈 외, 2018; 신재흡, 2018; 김명신, 2013; 피정만, 2011).

1) 외국의 정세 파악

개화기 신문화의 수입은 외국에 사절단과 유학생을 파견하는 일로 시작되었다. 1876년에 김기수를 중심으로 75명의 수신사를 일본에 파견한 것을 비롯하여 4년 후에는 김홍집 등 58명을 수신사로 파견하였고, 1881년 박정양 등 60여 명의 신사유람단을 파견하였다. 일본을 시찰하고 돌아온 이들은 일본의 군사, 교육, 산업, 행정 등의 발전된 모습을 소개하면서 신문화를 적극적으로 수용할 것을 주장하였다. 그리고 동년 조선 정부는 청에 김윤식을 영선사로 하여 60여 명의 유학생을 파견하였다. 이들은 천진에서 서양식 무기제조법과 그 조련법을 배웠다. 그리고 1881년에 신사유람단의 일원으로 일본에 간 유길준이 그곳에 남아, 후꾸자와 유끼찌가 세운 경응의숙에서 수학한 것이 최초이다. 또한 유길준은 그 이후에 미국 유학을 하여 서구의 문물을 소개하여 많은 사람들에게 영향을 주었다. 그리고 1883년에는 김옥균이 서재필 등 61명을 선발하여 일본유학을 주선하기도 하였다.

2) 서양인 교사의 초빙

조선은 1881년 통리기무아문을 설치하여 새로운 국제정세에 효과적으로 대응하고자 하였다. 임오군란 후 정부는 관제를 다시 개혁하였으며, 1883년에는 정부의 외교고문으로 있던 독일인 묄렌도르프(P. G. Von Mollendorf)가 동문학을 설립하여 통상아문의 부속기관으로 두었다. 동문학은 핼리팩스(Halifax)를 주무교사로 하여 영어를 가르쳤으며 이곳에서 수학한 학생들은 정부의 자강 추진정책에 실무자로 활약하였다. 그리고 정부에서는 1886년에 육영공원의 교사는 미국인 헐버트, 길모어, 벙커 등 3인이었으며 중국인 당소의도 교사로 있었다. 육영공원은 1894년 영국인 허치슨이 인수하여 교명을 영어학교로 바꾸고 수업을 계속하다가 갑오개혁 이후 관립영어학교의 하나로 개편되었다. 모두가 외국인으로 영어로 말하고 영어 책으로 교재를 택하였다.

3) 개화기 근대교육의 전개

개화기에 근대교육이 수용되고 제도화되는 과정을 단계별로 구분하면 다음과 같다.

첫째, 신학제 수립 이전(1876~1894)이다. 개항으로부터 갑오개혁 이전의 시기로 신교육 태동기 또는 도입기이다.

둘째, 신학제 수립기(1895~1905)이다. 1894년 갑오개혁에 따라 교육개혁이 추진되어 국가주도의 공교육 체제가 확립된 시기이다.

셋째, 신학제 전환기(1906~1910)이다. 교육구국운동의 시기이며, 동시에 일제통감부 권력에 의해 교육령이 반포됨으로써 우리 교육제도의 개편이 이루어진 시기이다.

3. 개화기 근대학교의 설립

근대교육을 도입하려는 노력들은 학교의 설립으로 이어졌는데, 이때 근대학교 설립은 주로 민족선각자, 관 주도, 기독교계 선교사의 세 집단에 의하여 이루어졌다. 그 가운데 사학인 원산학교(1883)가 관학인 육영공원(1886)보다 먼저 세워졌다. 본격적으로 일반교육을 목적으로 한 근대학교의 설립은 사학 가운데서도 선교사에 의한 사학이 민족선각자의 사학보다 먼저 설립되었다.

1) 민족 선각자들에 의한 근대학교 설립

선각자들은 학교교육의 필요성을 강조하여 정부에 학교 설립을 건의하는 한편 신교육을 외면하는 당시 민중을 계몽하여 교육입국(敎育立國)의 민족적 각성을 촉구하였다. 1905년을 전후하여 민족의 각성이 교육구국(敎育救國)의 일념으로 승화되어, 민족교육의 생성과 전개가 국민운동의 염원으로 전개되었다. 1905년부터 1910년까지 설립된 근대사학기관은 5,000여 학교에 달하였으며, 1908년 사립학교령에 의해 많은 사학이 폐쇄되었다(장덕삼, 2003).

원산학사

출처: https://m.blog.naver.com/kdan91/221223622444

평양 대성학교 교직원과 학생들

출처: http://contents.history.go.kr/front/common/imageView.do?itemId=ta&imageId=ta mm m71 img 246 01

강화도조약에 의해 1876년에는 부산, 1880년에는 원산, 1883년에는 인천이 개항되었다. 그 당시 일본 상인들의 침략을 직접 체험한 덕원읍민들은 인재를 양성하여 외세의 침투에 대응해야 할 필요성을 절감하였다. 이에 덕원읍민들은 지역의 유지들의 기금을 모아 1883년 원산학교를 설립하였다. 이것이 우리나라에 세워진 최초의 근대학교로, 원산학교는 관이 주도하여 학교를 설립하기 이전에 지방민들의 자발적인 성금으로 세운 사학이라는 점에서 그 의의가 높다.

원산학교는 당시 덕원부사인 정현석이 원산학교를 운영하는 지침으로 학사절목을 제정하여 운영하였다. ① 학생 정원은 문예반 50명, 무예반 50명이다. ② 입학자격은 덕원군민, 타 지역사람으로 입학금을 내는 사람, ③ 교사는 교수 1명, 장의 2명, 장재유사 2명을 둔다. ④ 학교 사무 관리는 도유사를 둔다. ⑤ 교과목은 산수, 격치, 기계, 농업, 양잠, 채광, 국어(일어), 법률, 만국 공법, 지리 등이었다. ⑥ 학교의 재정은 원산 군민과 관리 등이 출현한 자금을 기반으로 했다. 원산학교는 다음과 같은 교육사적 의의를 가진다. ① 우리나라 최초의 근대학교이다. ② 민간인과 관료들이 자발적으로 자금을 출자하고 공동으로 운영하였다. ③ 사회적 변화에 적응하는 학교의 설립이다. 전통적 서당교육에서 근대학교로 변환하여 설립하였다(피정만, 2011).

민간인에 의한 사립학교의 설립은 전국적으로 확산되었다. 부산의 개성학교(1896), 서울의 정신여학교(1897), 점진학교(1899) 등으로 매년 사립학교가 설립되어 1905년에 사립학교 수는 모두 220개가 되었다. 민족 선각자에 의해 설립된 사립학교는 1905년 이후에는 사립학교운동은 애국계몽운동으로 더욱 촉진되었다. 애국계몽운동은 1905년 을사조약으로 일본의 침략에 대응하는 교육구국활동으로서 청소년들에게 교육을 통한 애국심, 독립정신, 민족정신을 배양하기 위한 전국적인 운동으로 전개되었다. 이러한 운동은 전국적으로 사립학교 설립을 촉진하여 수천 개의 학교설립이 되었다. 일본통감부는 사립학교령(1908)을 제정하여 억제하였으나 1910년에 학교로 설립 인가를 받은 학교 수는 기독교계 포함하여 2,250개교에 이르렀다.

개화기에 민간인이 설립한 주요 사립학교는 <표 8-1>과 같다.

표 8-1 개화기에 민간인이 설립한 주요 사립학교

설립연대	사립학교명	설립자	소재지
1883	원산(元山)학교	덕원읍민	원산
1895	흥화(興化)학교	민영환	한성
1895	을미(乙未)의숙	사회유지	한성
1896	개성(開成)학교	박기종	부산
1896	중교(中橋)의숙	민영기	한성
1897	정선(貞善)여학교	김양당	한성

1898	순성(順成)여학교	찬양회	한성
1899	점진(漸進)학교	안창호	강서
1901	낙연(洛淵)의숙	서광세	한성
1902	우산(牛山)학교	양재새	한성
1904	청년(靑年)학교	전덕기	한성
1905	양정의숙(養正義塾)	엄주익	한성
1905	광성실업학교(光星實業學校)	전소론파(前少論派)	한성
1905	한성법학교(漢城法學校)	사회유지	한성
1905	보성학교, 뒤에 보성전문학교	이용익	한성
1906	휘문의숙(徽文義塾)	민영휘	한성
1906	진명(進明)여학교	엄귀비	한성
1906	숙명(淑明)여학교	엄귀비	한성
1906	보성(普成)중학교	이용익	한성
1906	중동(中東)학교	신규식, 뒤에 최규동	한성
1906	현산(峴山)학교	남궁억	양양
1906	양규의숙(養閨義塾)	여자교육회	한성
1906	화야의숙(華野義塾)	이철용	포천
1907	신학원(新學院)	여자교육회	한성
1907	서우사범학교(西友師範學校)	서우학회	한성
1907	동인(同寅)학교	대한동인회	한성
1907	대성(大成)학교	안창호	평양
1907	강명의숙(講明義塾)	이승훈	정주
1907	오산(五山)학교	이승훈	정주
1907	봉명(鳳鳴)학교	이봉래	한성
1907	서북협성(西北協成)학교, 뒤에 오성(五星)학교, 광신상업(光新商業)학교	서북학회	한성
1907	정리사(精理舍)	류일의	한성
1907	경성(鏡城)중학교	이종호	한성
1907	양실학원(養實學院)	사회유지	한성
1907	양산소학교(楊山小學校)	김홍량, 김구	안악
1907	장훈(長薰)학교	사회유지	한성
1908	기호(畿湖)학교 뒤에 중앙(中央)학교	기호흥학회	한성
1908	동원(東媛)여자의숙, 뒤에 동덕(同德)여자의숙	조동식	한성

1908	대동전수학교(大同專修學校)	대동학회	한성
1908	보인(輔仁)학교	보인학회	한성
1908	소의(昭義)학교, 뒤에 동성(東星)상업학교	장지영	한성
1909	융희(隆熙)학교	유길준	한성
1909	양산(楊山)중학교	김홍량	안악

*자료: 한국교육사연구회 편(1982). 한국교육사연구의 새 방향. 서울: 집문당, pp. 219~220.

2) 갑오개혁 이전의 관(정부) 주도의 근대학교 설립

고종

출처: https://blog.naver.com/lsypcj/120187840414

개화기 근대교육으로 인재 양성을 통하여 국권을 회복하려는 국가적 노력은 1894년 갑오개혁으로 구체화되었다. 하지만 갑오개혁 이전에 설립된 관학으로는 동문학과 육영공원이 있다(신재흡, 2018; 김영광, 2011).

첫째, 동문학이다. ① 이는 영어 통역자를 양성하기 위해 1883년에 영어교육기관으로 설치되었다. ② 독일인 묄렌도르프(Mollendorf)는 통리교섭통상사무아문의 부속기관으로 재동에 동문학을 설립한 후 김만식을 장교(掌教: 교감)로 삼고 영어교육을 실시하도록 하였으며, 핼리팩스(Hallifax)를 동문학의 주무교사로 삼아 본교의 책임을 맡도록 하였다. ③ 1876년 일본과 체결한 강화도 조약을 계기로 1880년대 초에 미국을 비롯한 서구의 여러 나라들과 외교관계를 맺으면서 서양어, 특히 영어의 해득자가 절실히 필요하게 되었다. 그리고 ④ 연소 총민한 어학생 40명을 선발하여 오전반, 오후반으로 나누어 영어를 위주로 일어를 가르쳤다. ⑤ 어학생들에게 책, 공책, 붓과 숙식도 제공하였으며, 특히 성적이 우수한 자에게 식비 등 일체가 지급되었다. ⑥ 동문학은 1884년 졸업생 20명을 배출한 후 1886년 육영공원이 설치되면서 폐교되었다.

둘째, 육영공원이다. ① 1886년 9월 7일 육영공원 설학절목을 제정하여 학생을 교육하고 공원을 운영토록 하였다. ② 육영공원 설학절목은 최초의 신식학제일 뿐만 아니라 서구식 교육제도에 근거한 학교운영 전반에 관한 제 규칙을 18개 조목에 담고 있고, 학교운영의 기본준칙과 그 지침을 정부가 스스로 마련하고 제시하

육영공원의 학생

출처: https://muchkorea.tistory.com/504

였다는 점에서 주목된다. ③ 고종이 근대적인 일반교육을 위해 미국 정부에 도움을 요청하였으며, 미국 정부는 이를 받아들여 미국이 교사 길모어(G. W. Gilmore), 벙커(D. A. Bunker), 헐버트(H. B. Hulbert) 등 3명이 한국에 파견하였는데, 이때 육영공원이 개설되었다. ④ 육영공원 설립 초기에 외교 교섭에 필요한 영어 어학연수가 주목적이었다. ⑤ 미국인 교사를 초빙하여 영어와 함께 서양 신학문(수학·자연과학·정치학·역사·지리·국제법 등)에 대한 교육을 실시했다. 그리고 ⑥ 동문학에서 영어를 배운 졸업생들을 통역으로 삼아 교사들이 영어로 강의하였으며, 교과서도 영어로 된 것을 사용하였다. 동문학과 마찬가지로 영어연수를 목적으로 출발하였으나 점차로 관료양성학교로서 서양의 신학문을 가르쳤다는 점에서 동문학보다 더 근대학교에 가깝다. 그리고 ⑦ 양반 고관 자제가 입학을 했다. ⑧ 육영공원의 조직은 좌원과 우원으로 나누어 학생들을 뽑아, 기숙사 생활을 하게 하였다. 성균관의 동재·서재의 형식과 유사했다. ⑨ 우원은 아직 과거에 합격하지 못했거나 관리가 되지 못한 선비들인 유학(幼學)들 중에서 재주 있는 자 20명을 선발하여 충원하였다. ⑩ 좌원은 과거 합격자와 연소한 현직 관리 중에서 10명을 뽑았다. ⑪ 대부분의 입학생들의 신분이 이전부터 외국어를 전공하였던 역관과 그 자제들이 아닌 주로 고급관리 및 유명 양반가문들의 자제, 고관 추천자라는 점에서 일종의 귀족학교의 성격을 지녔다. ⑫ 육영공원의 수업연한은 3년이었으며, 1889년 첫 졸업생을 배출하였고 동년 5월에 특별과에 응시시켜 각 분야의 관리를 배출하였다. ⑬ 졸업생에게는 한학규제를 적용하여 특별과거를 보게 하여 등용시켰다. ⑭ 1894년 갑오개혁으로 폐교되었다.

3) 기독교계 선교사에 의한 근대학교 설립

1885년 배재학당(培材學堂)의 설립 이래 1910년에 이르는 동안 선교계 학교는 그 설립 목적을 기독교 사상의 포교에 두고 있으나, 그 교육활동에서 나타나는 제 요소에는 한국사회의 근대화를 위한 근원적인 이념이 제시되고 있다. 당시 설립된 이들 선교계 학교의 성격과 특징으로(장덕삼, 2003), ① 기독교적 민주주의 교육과 기독교적 국가의 인재양성, ② 자주정신에 입각한 한국인의 양성, ③ 평등사상에 의한 교육활동, ④ 근대식 교육과정의 구성, ⑤ 학기와 시간 배정에 의한 근대 학제의 설립이 그 특징이라 할 수 있다.

선교사들에 의해 설립된 대표적인 교육기관은 광혜원, 배재학당, 이화학당, 경신학교, 정신학교 등을 들 수 있다(김명신, 2013; 피정만, 2011; 장덕삼, 2003).

광혜원

출처: https://koya-culture.com/mobile/article.html?no=118128

① 광혜원은 미국 북장로교 의료선교사인 알렌(H. N. Allen)은 1885년 서울에 광혜원을 세웠다. 우리나라 최초의 현대식 병원으로 곧 제중원으로 개칭된 이곳에서는 의료만 한 것이 아니라, 서양 의학과 기술 교육을 실시하여 후에 세브란스 의전의 모체가 되었다. 또한 미국 북장로교 선교사인 언더우드(H. G. Underwood)는 1885년 4월 광혜원에서 화학과 물리학을 가르치다가 1886년 고아원 형식의 학교를 창설하는데, 이것이 경신중·고등학교의 전신이다.

② 배재학당은 1885년 아펜젤러(H. G. Appenzeller)가 개설하여 초기에 2명의 학생에게 영어를 가르친 것에서 출발하였다. 배재학당은 1886년에 고종 황제가 배재학당이라는 교명을 하사함으로써 더욱 발전을 하게 된다. 배재학당은 배재학당규칙을 제정하여 근대학교의 형태를 완전하게 갖추었다. 배재학당의 교육내용은 영어, 성경이 중심이 되고 한문, 천문, 수학, 역사 등의 근대 학문에 의한 교과목을 교육하였다.

③ 이화학당은 1886년 미국 북감리회 여선교사 스크랜튼(M. F. Scranton)이 자신의 집에서 여학생 1명을 데리고 수업을 시작하였다. 이화학당의 이름은 1887

년 고종이 외교와 통상사무를 관장한 관청인 외아문을 통하여 하사한 이름이다. 교육단계는 초등학교 수준에 머물고 찬송가를 영어로 가르치고, 산술, 언문, 역사, 한문 등의 교과목을 가르쳤다. 그리고 학생과 교사의 확보도 어려웠다. 정해진 학규가 생긴 것도 1903년경이었다. 근대교육에서 여성의 교육이 어려움이 있었다.

이화학당 최초의 교사(1886~1897년)

출처: https://news.joins.com/article/313708

이화학당 보통과 1학년 수업 모습(1920년경)

출처: https://news.v.daum.net/v/20160826213319344

④ 경신학교는 언더우드(Underwood)가 1886년에 한성 정동에 고아원을 설립한 것에 비롯된다. 언더우드는 고아원에서 고아들을 상대로 자선사업과 교육사업을 실시하다가 1891년에 학교체제로 전환하여 언더우드학당(예수교학당)으로 개편하였다. 예수교학당에서는 체조, 작문, 산술, 지리 등의 교과를 가르쳤다.

⑤ 기독교계의 여러 종파는 정신여학교, 평양의 광성학교, 숭덕학교, 정의여학교, 동래의 일신여학교 등의 학교를 앞 다투어 설립하였다. 기독교에서 1910년 2월까지 설립한 학교를 종파별로 살펴보면, 장로파 501교, 감리파가 158교, 성공회가 4교, 안식교가 2교, 종파 미상 84교, 각 교파 합동 1교, 천주교가 46교로 총 796교나 된다. 이 숫자만 보더라도 기독교계의 학교 설립이 얼마나 활발하였는가를 알 수 있다. 이 학교들은 우리나라에 근대식 교육을 도입하고 정착시키는 데 많은 역할을 하였고 또한 다수의 독립운동가를 배출함으로써 일제 침략기 교육구국운동에 있어서도 역할을 담당하였다.

기독교계 학교는 <표 8-2>와 같다.

표 8-2 기독교계 학교

연대	교명	교파	소재
1885	광혜원	–	한성
1885	배재학당	감리회	한성
1886	이화학당	감리회	한성
1886	경신학교	장로회	한성
1887	정신여학교	장로회	한양
1894	광성학교	감리회	평양
1894	숭덕학교	감리회	평양
1894	정의여학교	감리회	평양
1895	일신여학교	감리회	동레
1896	정진학교	감리회	평양
1896	공옥학교	감리회	한성
1897	숭실학교	장로회	평양
1897	신군학교	감리회	한성
1897	영화여학교	감리회	인천
1898	배화여학교	감리회	한성
1898	맹아학교	감리회	평양
1898	명신학교	장로회	재령
1900	평양신학교	장로회	양양
1903	숭의학교	장로회	평양
1903	원산여학교	감리회	원산
1903	정명여학교	장로회	목포
1904	덕명학교	감리회	원산
1904	호수돈여학교	감리회	개성
1904	진성여학교	장로회	원산
1904	의창학교	감리회	해주
1905	영명학교	감리회	공주
1906	계성학교	장로회	대구
1906	신성학교	장로회	선천
1906	보성여학교	장로회	선천
1906	의명학교	안식교	순안

1906	한영 서원	감리회	개성
1906	미리흠학교	감리회	개성
1907	약현학교	천주교	한성
1907	수피아여학교	장로회	광주
1907	신명여학교	장로회	대구
1907	기전여학교	장로회	전주
1908	신흥학교	장로회	전주
1908	창신학교	장로회	마산
1909	의정학교	감리회	해주

*자료: 손인수(1983). 한국근대민족교육의 이념연구. 서울: 문음사, pp. 39~40.

제3절 갑오개혁과 근대 교육법의 제정

갑오개혁 이후의 교육개혁 조치인, 홍범 14조, 교육입국조서, 학교의 관제와 규정 등에 대해 구체적으로 내용을 정리하고자 한다.

1. 갑오개혁

1894년(고종 31년) 김홍집을 중심으로 하는 온건개화파는 두 차례에 걸친 국정개혁을 단행하여 근대적 국가형태로의 전환을 꾀하였는데, 이를 갑오개혁 또는 갑오경장이라고 한다. 갑오경장을 계기로 정부는 근대학교로 전환할 수 있는 제도상의 정비를 단행하였다. 즉 지금까지 학사를 맡았던 예조를 폐지하고 그 대신 학정의 총괄부서로서 학무아문(學務衙門)을 두고 '과거제도'를 폐지하였다. 정부는 1894년 7월 '학무아문 고시'를 발표하였다. 이 고시의 핵심은 ① 영재교육의 시급함을 말하고 영재교육을 강조하였다. ② 소학교와 사범학교를 세워 계급의식을 불식시킬 것을 주장하였다. ③ 대학교육과 전문학교 설립의 취지를 제시했다. 연결되는 교육체제가 구상되어 이후 현대교육의 학제에 기본적인 이념을 형성하였다. 소학교, 중학교, 전문학교, 대학교로 이루어진 새로운 학제가 마련되지는 못했다. 오늘날과 같은 연계된 학제는 아니었다. ④ 반상의 구별 없이 준총한 자들을 모아 인재를 기르겠다는 교육의 기회균등의 원칙을 제시하였다. ⑤ 1894년 7월에 「학무아문 고시」를 발표하여 국정의 쇄신에 있어 영재교육, 새로운 교육기관을 설치할 것을 천명하였으나 완비된 것은 이니었다(김영광, 2011).

참고자료 학무아문 전문 주요 내용

"돌이켜 보건대 시국은 크게 바뀌었다. 모든 제도가 다 함께 새로워야 하지만 영재의 교육은 무엇보다도 시급한 일이다. 그러므로 나라에서 소학교와 사범학교를 먼저 세워 서울에 행하여하니, 위로 공경대부(公卿大夫)의 아들로부터 아래로 서민의 자제에 이르기까지 다 이 학교에 들어와 배워 아침에 외고 저녁에 익히라. 그리하여 장차 힘을 길러 시대를 구하고 내수(內修)와 외교에 각각 크게 쓰고자 하나니 진실로 좋은 기회이다. 앞으로 대학교와 전문학교도 차례로 세우려 한다. 무릇 뜻 있는 자는 일심으로 가르치고 받들어 성세를 이루려는 대지(大志)를 버리지 말라."

그리고 학무아문의 조직은 5국으로 구성되었다. ① 총무국, ② 성균관 및 상교서원 사무국, ③ 전문사무국(중학교·대학교·기예학교·외국어학교 및 전문학교에 관한 사무관장), ④ 보통학무국(소학교·사범학교에 관한 사무관장), ⑤ 편집국(국문절차·각국문의 번역 및 교과서의 편집 등의 사무관장) 등으로 조직되어 있다. 그리고 의정부 소속관청으로 전고국이 설치되었다. 1894년 8월 31일 종래의 과거제 대신에 전고국조례를 발표하였다. 이 조례에 의하면, 과거제와는 달리 문벌과 귀천에 구애되지 않는 인재의 등용, 시험내용에 있어서도 개명적인 신지식을 요구하였다(신재흡, 2018).

2. 홍범 14조

홍범 14조는 1895년 1월 7일 고종이 반포한 국정의 대강으로서 조선에 있어서 최초의 헌법적 의의를 지닌다. 학무아문고시가 대내적 선포라면, 홍범 14조는 대외적 선포라고 할 수 있다. 이 중 11조에서 "국중(國中)에 준총한 자제를 널리 외국에 파견하여 학술과 기예를 전습케 한다."고 하여 외국의 근대교육과 기술을 능동적으로 받아들일 것을 공포하였다.

참고자료 홍범 14조 내용

① 청국에 의존하는 생각을 끊고 자주독립의 기초를 세운다.
② 왕실전범(王室典範)을 작성하여 대통(大通)의 계승과 종실(宗室)·척신(戚臣)의 구별을 밝힌다.
③ 국왕이 정전에 나아가 정사를 친히 각 대신에게 물어 처리하되, 왕후·비반·종실 및 척신이 간여함을 용납하지 않는다.
④ 왕실사무와 국정사무를 분리하여 서로 혼동하지 않는다.
⑤ 의정부와 각 아문(衙門)의 직무권한의 한계를 명백히 규정한다.
⑥ 부세(賦稅)는 모두 법령으로 정하고 명목을 더하여 거두지 못한다.
⑦ 조세 부과와 징수 및 경비 지출은 모두 탁지아문(度支衙門)의 직무권한의 한계를 명백히 규정한다.
⑧ 왕실은 솔선하여 경비를 절약해서 각 아문과 지방관의 모범이 되게 한다.
⑨ 왕실과 각 관부(官府)에서 사용하는 경비는 1년간의 예산을 세워 재정의 기초를 확립한다.
⑩ 지방관 제도를 속히 개정하여 지방 관리의 직권을 한정한다.
⑪ 널리 자질이 있는 젊은이를 외국에 파견하여 학술(學術)과 기예(技藝)를 익히도록 한다.
⑫ 장교를 교육하고 징병제도를 정하여 함부로 가두거나 벌하지 말며, 백성의 생명과 재산을 보호한다.
⑬ 민법 및 형법을 엄격히 정하여 함부로 가두거나 벌하지 말며, 백성의 생명과 재산을 보호한다.
⑭ 사람을 쓰는데 문벌(門閥)을 가리지 않고 널리 인재를 등용한다.

*자료: 김영광(2011). 한국교육사. 서울: 영광교육선교센타, p. 148.

3. 교육입국조서

1894년 갑오개혁의 영향으로 1895년 고종이 교육입국조서(敎育立國詔書)를 반포하였다. 즉 조선사회의 봉건적 전통의 탈피와 근대국가로의 체제를 향한 새로운 정치윤리와 사회윤리를 도모하는 데 있었다.

교육입국조서의 주요 내용으로는(신재흡, 2018) ① 교육의 3대 강령으로 덕육, 체육, 지육을 제시함으로써 전인적 교육목표를 제시하였다. ② 경전 중심의 교육을 지양하고 국사와 국문을 강조했다. ③ 근대 교육이념의 교과를 지향하는 노력을 했다. ④ 개화입국의 도(道)로써 교육의 중요성을 강조했다. ⑤ 교육입국의 정신을 들어 학교를 창설하고 인재를 양성함이 국가의 보전과 직결됨을 밝혔다.

교육입국조서에서는 신교육을 과학적 지식과 실용을 추구하는 데 있다는 점을 천명하고 있다. 이는 정약용의 실학사상에 입각한 교육을 통하여 사회를 개혁하고자 한 고종의 뜻이 담겨 있다. 교육입국조서는 새로운 교육의 필요성과 중요성을 전(全) 국민에게 강조한 최초의 것으로 이후 새로운 학제를 마련하는 계기가 되었다(김명신, 2013).

교육입국조서의 교육사적 의의를 제시하면 다음과 같다(신재흡, 2018).

① 근대 학제의 확립과 민주교육이념의 구현에 기여하였다. ② 국민교육의 권장과 민족주의 교육의 생성을 가능하게 하였다. ③ 근로와 역행의 습성을 기를 것을 강조하였다. ④ 교육개혁의 대방침으로 구교육과 신교육의 선을 긋는 하나의 중요한 전기를 이룩하였다. ⑤ 교육입국의 의지를 밝히며, 사회개조를 위한 교육의 사회적 기능을 중시하였다.

4. 학교의 관제와 규정

갑오개혁, 홍범 14조, 교육입국조서 반포는 우리의 교육을 근대교육의 방향으로 지향하게 되었다. 이러한 정부의 노력은 하나의 법적 체제를 갖추고 나타났다. 그것이 각 학교의 관계와 각종 규범이다. 학교의 관제 중 제일 먼저 공포된 것이 1895년 4월 교사 양성을 목적으로 하는 '한성사범학교관제'이다 이것은 우리나라에 있어서 최초로 등장한 현대식 학교법규가 되었다. 이어 이 관제를 실시케 하는 '한성사범학교 규칙'이 공포되었다. 그 후 각종 학교의 관제와 규칙 등이 제정 및 공포되었는데, 이를 연도순으로 제시하면 <표 8-3>과 같다.

표 8-3 학교관제와 규칙

학교관제 및 규칙	제정공포 시기
한성사범학교관제(漢城師範學校官制)	1895. 4. 16
외국어학교관제(外國語學校官制)	1895. 5. 10
성균관관제(成均館官制)	1895. 7. 2
소학교령(小學校令)	1895. 7. 19
한성사범학교규칙(漢城師範學校規則)	1895. 7. 23
성균관경학과규칙(成均館經學科規則)	1895. 8. 9
소학교규칙대강(小學校規則大綱)	1895. 8. 12
보조공립소학교규칙(輔助公立小學校規則)	1896. 2. 20
의학교관제(醫學校官制)	1899. 3. 24

중학교관제(中學校官制)	1899. 4. 4
상공학교관제(商工學校官制)	1899. 6. 24
외국어학교규칙(外國語學校規則)	1900. 6. 27
농상공학교관제(農商工學校官制)	1904. 6. 8

*자료: 장덕삼(2003). 한국교육사. 서울: 동문사, pp. 218~219에서 인용해서 편집함.

사범학교에 관한 규정은 1895년 4월에 공포된 한성사범학교 관제에서 비롯되며, 이것은 우리나라 최초의 근대식 학교관제로서 전문 13조로 되어 있다. ① 고종의 교육입국조서는 1895년에 공포되었는데, 조서에서는 근대교육의 정신을 담고 있으며, 이에 따라 각종 학교 관제가 공포된다. 최초의 학교가 한성사범학교이며 이후 외국어학교, 소학교, 중학교 등이 설치되었다. ② 한성사범학교는 개화사상을 전파하기 위해서는 근대정신으로 무장한 교사가 필요하였기 때문에 설립되었다.

1895년 7월에 학부령 제1호로 사범학교 규칙이 공포되어 교과목·수업연한·입학정원 등이 확정되었다. 그리고 본과에 입학할 수 있는 자는 20세 이상 25세 이하로 하고 속성과는 22세 이상 35세 이하로 규정했으며, 입학정원은 본과 100명, 속성과 60명으로 하였다. 한성사범학교관제(1895년)의 공포 및 시행으로 근대적 초등교원 양성교육이 시작되었다.

한성사범학교는 국가에 의한 최초의 사범학교이며, 소학교 교원 양성을 목적으로 설립되었다. 한성사범학교는 우리나라 최초의 교사양성기관으로서 본과와 속성과로 구분되며, 편제는 본과 2년(1899년에 4년으로 개정), 속성과 6개월로 규정되어 있다. 그리고 심상과와 고등과를 가진 부속 소학교를 두었다(김영광, 2011).

제4절 갑오개혁 이후의 신학제

갑오개혁 이후에 만들어진 신학제를 살펴보면, 초등교육으로는 소학교, 중등교육 수준으로는 중학교, 사범학교, 외국어학교, 의학교, 상공학교, 법관양성소 등이 있었다. 성균관이 고등교육기관이라고는 하나 소학교와 중학교의 순으로 이어지는 학제상의 최종 단계라기보다는 별도의 교육기관으로 보는 것이 좋을듯하다(신재흡, 2018; 김명신, 2013; 김영광, 2011).

1. 소학교

최초의 근대적인 초등교육의 관제인 소학교령은 1895년 7월 19일에 내각 총리대신 김홍집에 의해 공포되었으며. 이는 4장 29조로 되어 있다. 제1장(소학교의 목적·종류·경비), 제2장(편제 및 남녀 아동의 취학), 제3장(학교의 설치 및 감독), 제4장(직원)으로 조직되어 있다.

한성사범대학

출처: https://ko.wikipedia.org/wiki/%EA%B2%BD%EC%84%B1%EC%82%AC%EB%B2%94%ED%95%99%EA%B5%90

우선 개화기 공립 소학교의 특징은 ① 서당과 같이 지역공동체에 의한 학교 설립과 운영했다. ② 개화기 공립 소학교는 고종의 교육입국조서(1895)의 취지에 따라 소학교령을 법적 근거로 하여 각 부(府), 군(郡)에 설치되었다. 서울에 10개교, 지방에 50개교가 설립되었다. 지방의 경우에는 그 형태가 서당과 별반 다른 것이 없었다. 그리고 공립 소학교는 교육시설이나 재정이 열악하여 복식학급, 개별화 수업으로 이루어졌다. ③ 각 지방의 학교는 부(府), 군(郡)의 지방관이 책임을 맡아 운영하도록 하였다. 즉 해당지역 군수가 교장을 겸직하도록 하였다. 하지만 ④ 국고 지원으로 서울에서는 순조롭게 운영되었다.

소학교령은 소학교의 종류를 관립, 공립, 사립으로 하였다. 편제는 심상(尋常)과 고등(高等)의 2과로 편성하였다. 소학교는 신체 발달을 고려하여 국민교육의 기초와 생활에 필요한 일반지식 및 기능을 수여하는 것을 목적으로 학령은 만 8세로부터 만 15세까지의 아동으로서 수업연한은 심상과 3개년, 고등과 2개년 또는 3개년으로 규정하였다.

소학교 교원은 한성사범학교에서 양성되었다. 소학교 심상과의 교과목은 수신,

독서, 작문, 습자, 산술, 체조가 필수였으며, 본국지리, 본국역사, 도화, 외국어 등을 선택과목으로 하였다. 고등과의 교과목은 수신, 습자, 산술, 본국지리, 본국역사, 외국역사, 이과, 도화, 체조 등이었다. 그리고 1896년 '초등공립학교규제'를 공포함으로써 공립 소학교에 대한 국고보조금을 지원함으로써 법적으로 강화되었다.

2. 중학교

1899년 칙령(勅令) 제11호 제정 공포된 중학교 관제는 전문 17개조로 구성되었으며 교과목은 명시되지 않았다. 중학교 관제는 전문 17개조 가운데 제1조, 제2조, 제4조, 제12조, 제13조 등 핵심적 조항을 제시하면 다음과 같다.

① **제1조**: 중학교는 실업에 나가려는 사람에게 정덕이용(正德利用) 및 후생(厚生)의 도(道)를 가르치고 중등교육을 보통으로 하는 처로 정한다.
② **제2조**: 중학교의 수업연한은 7년으로 정하여 초 4년을 심상과에서 후 3년은 고등과에서 수업한다.
③ **제4조**: 중학교의 학급 및 정도와 기타 규칙은 학부대신이 정한다.
④ **제12조**: 지방의 정황에 의하여 중학교를 지방에도 설립할 시는 심상과만 선치(先置)한다.
⑤ **제13조**: 지방에 중학교를 설립할 시는 해군향교(該郡鄕校)로 한다.

1899년 중학교 관제에 의해서 최초로 설립된 관립 중학교는 1900년에 첫 신입생을 모집한 한성중학교(뒤에 경기고등학교)이다. 그러나 이 관제에 따른 고등과는 세워지지 못했다. 이렇게 설립된 관립 중학교들은 중학교 교육에 대한 정부의 관심이 낮아 재정이 매우 낮게 책정되는 등의 이유로 학생 수가 매우 저조하였다.

3. 신학제 제정의 교육사적 의의와 관제

19세기 후반 선진 과학과 기술로 무장한 외세에 마주한 우리 민족은 교육을 통한 과학과 기술을 배워 기울고 있는 국운을 바로잡고 나라를 지키는 일이 절실하였다. 이러한 상황에서 우리나라 최초의 근대제도로의 개혁인 갑오개혁을 계기로 교육에서는 신학제가 마련되고 근대학교가 설립되기 시작하였다. 갑오개혁이 이루어진 데에는 일본의 강요가 작용하였고, 또한 이때 만들어진 신학제와 설립된 여러 관학의 제도, 교과목 등은 일본의 것을 모방한 것이었다.

그리고 이러한 개혁들은 당시의 상황으로는 실현되기 어려웠기 때문에 실제상의 개혁이라기보다는 제도상의 개혁에 그치고 말았다. 이러한 한계에도 불구하고 신교육제도가 제정됨으로써 근대교육의 첫발을 내딛을 수 있게 되었으며, 후에 교육제도가 발전할 수 있는 기초가 만들어졌다는 데에서 교육사적 의의를 찾을 수 있다(김명신, 2013).

제5절 개화기 통감부하의 교육정책

일본은 1905년 11월 17일 을사조약[1])을 체결한 후 1906년 2월에 통감부를 설치하고 한국의 식민지화를 위한 시책으로 본격적으로 실시하였다. 통감부는 1906년 소학교령을 폐지하고 보통학교령을 공포해서 기존의 소학교가 보통학교로 명칭이 바뀌고 수업연한이 5~6년에서 4년으로 단축되었다. 이어서 1907년 제3차 한일협약을 계기로 일본인 다와라를 학부의 차관으로 임명하여 한국의 교육을 한국 침략 도구로 활용하였다. 즉 일본은 우리의 교육을 한국에 대한 식민지화 정책에 맞도록 개편하였다. 일본은 '임시학사확충안'을 만들어 한국의 학제를 개편하고, 교과서의 개편 내지는 통제에 들어갔으며, 책임 있는 지위에 일본인 교원을 배치하여 한국의 식민지화를 획책하였다.

개화기 통감부하의 교육정책을 제시하면 다음과 같다(신재흡, 2018; 김영광, 2011).

첫째, 한국인의 우민화(愚民化) 정책이다. ① 한국인 교육에 대한 기본방침은 우민화를 도모하는 것이다. ② 한국의 학제를 개편하여 그 수업연한을 단축시켰다. 즉 소학교(6년)를 보통학교로 변경하여 수업연한을 4년으로 단축하였으며, 중등교

---

1) 1905년 11월 17일 대한민국정부 박제순과 일본의 하야시 곤스케에 의해 체결된 불평등조약임.

육기관의 수업연한도 4년(3년)으로 고정했다. ③ 관립 중학교를 고등학교라 칭하게 하여 종결교육이 되게 함으로써 고등교육의 기회를 제도적으로 제한하였다. ④ 한국인을 위한 고등교육기관의 설립을 불허하였다. ⑤ 실업학교를 두어 저급한 실업 기능인 양성에 주력하였다. ⑥ 우민화 정책 수행을 위하여 중등학교 이상의 학교 설립을 허가하지 않았다.

둘째, 일본어 교육 강화이다. ① 동화정책의 한 방법으로 일본어 보급에 중점을 두었다. ② 각급학교에 일본어를 필수과목으로 강요하고 보통학교 1학년부터 교육을 실시하였다.

셋째, 친일교육 강화이다. ① 일본인에 의해 편찬된 교과용 도서를 사용케 함으로써 친일교육을 강화하였다. ② 1908년 사립학교령과 교과용 도서를 사용케 함으로써 친일교육을 강화하였다.

넷째, 일본인 교사의 배치이다. ① 일본은 소위 모범교육을 실시한다는 명목으로 관·공·사립학교에 일본인 교사를 배치하여 친일교육을 추진토록 하였다. ② 관·공립학교와 보조지정 사립학교에는 일본인 교원을 1인씩 의무적으로 배치하였다.

참고자료 사립학교령(1908년)

① 목적: 애국사상의 온상인 사립학교 탄압
② 내용:
- 사립학교 설립시 학부의 인가를 받도록 하며 기존의 사립학교도 재인가
- 법, 명령 위반 시 폐교
- 사립학교의 교과용 도서는 학부의 편찬이거나 검인정을 받은 것만 사용

③ 영향: 근대교육의 침체
- 근대 사학 탄압 교육령 → 사립학교 인가, 설립, 폐교할 수 있다(저의)
- 사학의 구속·탄압·감시 → 사립학교 수 감소
- 교과서 지도에 관한 모든 것을 학부에서 관장
- 사립학교 통제 → 사립학교는 민족의식 및 애국사상 농후

*자료: 김영광(2011). 한국교육사. 서울: 영광교육선교센타, pp. 169~170.

제6절 한국 개화기 근대교육의 사상적 흐름

한국 개화기 근대교육의 사상적 흐름을 국가주의 교육사상, 동도서기론, 사회진화론 등으로 분류하여 고찰하고자 한다(피정만, 2011; 차석기, 1999; 이광린, 1981).

첫째, 국가주의 교육사상이다. 1880년대에 진입하면서 구한말 정부가 취한 국민교육정책의 가장 중요한 변화는 교육을 국가발전의 중요한 수단으로 생각하게 되었다는 점이다. 당시 정부의 근대적인 교육정책으로의 이행과 관련하여 여러 가지 발표가 있었는데 가장 분명한 내용을 담고 있는 것은 1895년에 발표한 고종의 칙서로서 교육입국의 방침을 천명하였다. 이 조서에서 고종은 "교육을 국가 보존의 근본으로 여기고 임금이 교육에 관심을 기울여야 교육이 제대로 설 수 있고 국민은 교육을 받아야 국가가 바로 서고 세상의 일에 무지몽매한 자는 필요가 없다."고 하여 교육이 없이는 국가가 설 수 없다고 하였다. 또한 "백성을 교육하지 않으면 국가를 부강하게 하지 못하고 독립하여 융성하는 제국은 인민의 지식이 개명하고 교육의 최선이라 교육은 실로 국가 보존의 근본이다."라고 하여 국가주의에 입각한 교육의 중요성을 강조하였다.

둘째, 동도서기론(東道西器論)이다. 동도서기론은 1880년대 개화사상가에서 주장되었다. 개화사상은 온건파와 급진파로 나눈다. 온건파는 당시의 집권세력으로 동도서기론을 주장하였다. 그들은 서양의 기(器)의 우수성을 인정하고 서양의 과학기술의 습득과 채용을 주장하였다. 그리고 도(道)는 유교윤리가 천직의 성에 따른 영원불변의 도리이므로 이것을 고수하여야 한다고 주장하였다. 이는 우리의 도덕이나 사상은 그대로 지키되 오늘날 우리가 부족한 서양의 기술만을 받아들이자는 것이었다. 동도서기론은 중국의 양무(洋務, 自强)사상과 비슷한 사상체계이다.

셋째, 사회진화론이다. 사회진화론은 다윈의 진화론에 근거를 둔 이론으로 1880년대부터 일본·미국·중국을 거쳐서 유입되었다. 사회진화론은 다윈의 진화론의 이론적 기간이 되는 동물세계에서의 약육강식(弱肉强食), 적자생존(適者生存)이 인간사회에서도 적응된다는 논리이다. 1900년대까지 우리나라에 수용된 사회진화론은 당시 강대국이 약소국을 침략하여 식민지를 만드는 약육강식의 국제정세를 알려

주었고, 우리나라도 약소국에서 벗어나기 위해서는 하루 빨리 근대화해야 한다는 주장하는 이론적 근거가 되었다. 우리나라에서 사회진화론을 가장 먼저 받아들인 사람은 유길준인데 그는 사회진화론을 바탕으로 국가와 사회는 경쟁을 통하여 진보 발전한다는 주장을 하고 국가가 경쟁에 승리하여 부강하려면 국민들에게 교육을 시켜야 한다는 국민교육론을 역설하기도 하였다. 이는 오늘날의 한국교육에도 영향을 주어서 경쟁하는 교육체제를 만든 근원이 되었다고 생각한다.

제7절 교육사상가

1. 유길준(俞吉濬, 1856~1914)

유길준

출처: https://news.joins.com/article/3553020

유길준(兪吉濬)은 본관은 기계(杞溪), 자는 성무(聖武), 호는 구당(矩堂)이다. 유년시절에 아버지와 외할아버지 이경직 등에게 한학을 배웠고, 1881년 박규수의 권유로 어윤중(魚允中)의 수행원으로 신사유림단에 참가하여, 우리나라 최초의 국비 일본유학생의 한 사람이 되었다. 이때 일본의 문명개화론자인 후쿠자와유키치가 경영하는 게이오의숙(慶應義塾)에서 유정수와 함께 수학하였다. 1882년 임오군란이 일어나자 민영익의 권유로 학업을 중단하고, 1883년 1월에 귀국하여 통리교섭통상사무아문(統理交涉通商事務衙門)의 주사(主事)에 임명되어 한성판윤 박영효가 계획한 「한성순보」 발간사업의 실무책임을 맡았다. 그러나 왕후 민씨의 척족세력의 견제로 신문발간사업이 여의하지 않게 되자 주사직을 사임하였다. 그리고 1883년 7월 보빙사(報聘使) 민영익의 수행원으로 도미, 일본 유학 때에 알게 된 생물학자이며 처음으로 다윈(Darwin)의 진화론을 일본에 소개한 매사추세츠주 세일럼시의 피바디박물관장인 모스(Morse)의 개인지도를 받았다. 1884년 가을 담머(대학예비)고등학교(Governer Dummer Academy)에서 수학하여 우리나라 최초의 국비 미국 유학생이 되었다(정세화 외, 2011).

유길준의 교육목적은 ① 정덕(正德), 이용(利用), 후생(厚生) 사상을 제시하고 있는데, 이는 교육의 실용화를 의미하는 것이다. ② 정덕이란 도덕적 인품의 품성의 함양이다. ③ 이용은 사물의 본질을 파악하고 지식의 획득을 통해서 그것이 곧 생활의 이(利)에 직결되는 기능화를 뜻한다. ④ 후생은 이와 같은 기능화를 통해 인생을 풍요롭게 하는 것이다.

유길준의 국민교육, 교육내용, 교육제도, 유아교육과 여성교육의 중요성, 저서 등에 대해서 고찰하기로 한다(김영광, 2011; 장덕삼, 2003; Daum 백과사전, 2019).

첫째, 유길준은 국민교육을 다음과 같이 주장하였다. ① "천하의 급한 일은 학교를 설립하는 것보다 앞서는 일이 없고 지식은 교육이 아니고는 이를 할 수 없다."고 하여 강조하였다. ② "국민의 권리가 평등하게 되려면 국민교육을 급선무로 내세워야 한다." 새로운 정치제도는 먼저 국민교육을 통하여 국정 참여의식을 가르친 다음 도입할 수 있다고 하였다. ③ 교사양성을 위한 사범학교를 설립하여 교사를 양성한 후 일반학교들을 설립해야 한다고 주장하였다.

둘째, 유길준의 교육내용은 도덕교육, 재예교육, 공업교육을 제시했다. ① 도덕교육을 통해 구교육에서 유교적이었던 것을 탈피하여 새로운 근대국민의 자질을 함양하는 새로운 윤리관과 가치관을 확립하고자 하였다. ② 새로운 근대 국민의식이란 서구의 자유·평등을 바탕으로 한 민권의식과 자주독립의 국가관을 확립하는 것이다. ③ 교육의 실용화를 주장함으로써 실업교육을 강조하였는데 생계를 구하는 자는 농·공·상을 막론하고 자기의 직업에 따라 근면하여 몸과 마음을 다하여야 할 것이라 하겠다.

셋째, 유길준은 새로운 교육제도를 주장했다. ①「시작한 학교」,「문법학교」,「고등학교」,「대학교」의 4단계 교육제도를 설정하여 취학 연령 및 수업연한 그리고 교과내용을 제시하였다. ② 정부가 설립한 사범학교에서는 여자를 교육시켜 시작한 학교의 교원으로 삼는다고 하여 초등교육을 위한 교사 양성의 필요성을 역설하였다.

넷째, 유길준은 유아교육과 여성교육의 중요성을 역설하였다. ① 이는 조기교육의 실시 주장과 교육기회의 확대를 의미하는 것이다. ② "10세 이전의 어린아이의 교육의 책임이 여성에게 있는 것"이라 하여 아동교육을 위한 여성교육의 중요성을 강조하였다.

다섯째, 유길준의 저서로는 「서유견문」, 「대한문전」 등이 있다. ① 「서유견문」에서는 국한문 혼용체의 문장을 사용하였다. 『서유견문』은 서문과 목차 외 총 20편 71개 항목에 달하는 본문으로 구성돼 있다. 첫머리의 제1－2편은 '지구세계의 개론'이라 하여 세계 지리를 상세하게 설명하는 내용으로서, 중화 중심 옛 시각에서 벗어나 전 지구로 시야를 확장하라는 요청을 전달하고 있다. 제3~8편에서는 국가· 정부 및 인민의 직분과 권리에 대한 논의를 전개하고 있으며, 이후 제9~14편에서는 교육·화폐·법률·경찰 등 다양한 제도를 소개하고 학문과 종교를 개관하며 정당 시스템이며 교육체제와 직업의 갈래 등을 소개한다. 그리고 제14편은 실업계를 소개하는 내용에 덧붙여 유명한 '개화의 등급'을 논한 부분이다. 여기서 유길준은 개화 ·반개화·야만으로 문명의 등급을 소개하면서도 개화를 특정 모델에 한정 짓는 대신 '지선지미(至善至美)'의 사회 질서에의 지향 일반으로 설명한다. 이후 제15~20편은 후쿠자와 유키치의 『서양사정』을 크게 참조한 것으로 알려져 있다. 영국 경제학자 포셋(Henry Fawcett)의 『부국책』이나 미국 법학자 휘튼(Henry Wheaton)의 『만국공법』 등의 영향도 받았다고 하나 『서양사정』의 영향이 그중 뚜렷하다. 총 71개 항목 중 26항목이 『서양사정』을 번역한 내용인데, 그 대부분이 제15편 이후에 집중돼 있다. 여기서 다루는 내용은 실로 다양하여, 서양의 의식주와 결혼 풍속을 설명하는가 하면, 빈민원·병원·정신병원·박람회·박물관·도서관·신문 등 각종 제도와 매체를 소개하고 덧붙여 증기기관과 전신·전화 등에 특별한 관심을 할애하고 있다. 책 마지막인 제19~20편은 미국과 유럽의 여러 대도시를 소개하는 내용이다(Daum 백과사전, 2019). ② 1909년에 「대한문전」의 편찬으로 국어운동에 기여하고 우리의 독창적인 문자와 언어에 대한 문법을 최초로 연구하였다. 이 책은 크게 언어론과 문장론의 두 편으로 구성되어 있고, 서두에 이상재의 서와 말미에 부론(附論)이 붙어 있다. 제1편 언어론에서는 먼저 언어와 국어의 개념을 규정하였다. 음운론에 해당하는 항목들로서 성음운(聲音韻), 모음(母音)·부음(父音)·자음(子音),

시종음(始終音), 반모음(半母音), 직음(直音), 요음(拗音), 비음(鼻音), 촉음(促音), 합음(合音), 전음(轉音) 등 10개 항목으로 나누어 각기 설명하였고, 품사론에 있어서는 명사·대명사·동사·형용사·부사·후사(後詞 : 조사)·접속사·감탄사 등과 같이 8품사를 설정하여 각기 설명하였다. 제2편 문장론은 주어·설명어·객어, 주부와 객부, 설명부, 단문과 복문, 연구문(聯搆文)·도치구(倒置句)·호응구법(呼應句法) 등의 9개 항목으로 나누어 각기 설명하였다.

부론에서는 '축어법(縮語法)'이라 하여 축약현상을 다루었고, '상음하몽법(上音下蒙法)'이라 하여 연음현상(連音現象)을 다루었다(Daum 백과사전, 2019).

2. 남궁억(南宮檍, 1863~1939)

한서 남궁억(翰西 南宮檍)은 1863년 12월 27일(철종 14) 무과 중추도사를 지낸 남궁영과 덕수 이씨(德水 李氏) 사이의 외아들로 서울 왜송동(倭松洞: 현재 정동)에서 출생했다. 본관은 함열(咸悅)이고, 자는 치만(致萬)이며, 한서는 그의 호(號)다. 1868년 여섯 살 때부터 서당에서 한학(漢學)을 수용하였다. 총명했던 한서는 사서와 삼경을 통독하였고, 그 시대의 선비로서 손색이 없을 만큼 문필에 능하였다(조용구, 1973). 1883년 21세 되던 해 통상아문의 부속기관으로 설립된 관립 영어학교(동문학)에 입학하였다. 1884년 6월 한서는 영어학교 입학 10여 개월만에 가장 우수한 성적으로 졸업하였고, 1885년 그의 우수한 영어 실력이 인정되어 정부의 외교고문이자 영어학교 설립자이기도 한 묄렌도르프(P. G. Von Möllendorf)의 추천으로 경성 총해관에 견습생 자격으로 들어갔다. 이 총해관에서 활동하면서 한서는 직·간접적으로 서양의 문화 사조를 접하게 되었고 개화에 대한 계몽적 사고가 발현되었다. 그리고 1895년 내무 토목국장에 임명되면서 처음으로 교육계에 발을 들여놓게 된다. 낮에는 관리로써 근무하고 야간에는 민영환이 설립한 흥화학교에서 영문법과 동국사를 가르쳤다. 한서는 1898년(광무 2년) 3월 8일 농상공부의 인가를 받아 그해 9월 황성신문사를 설립하였다. 이 신문사에서 국민들에게 애국심과 독립정신을 고취시켰다. 특히 여성교육의 중요성을 강조하고 여학교 설립의 취지를 논평한 것은 특기할만한 일이다.

1906년 양양군수로 부임한 한서는 '국권갱생의 길은 오직 교육뿐이라고 하며 직접 학교를 설립하고 학생을 모집하여 교육을 하였다. 즉 1906년 7월 20일에 양양에 현산학교를 개교하여 열 한 살부터 스물세 살까지의 200여명의 학생이 모집되었다. 현산학교는 국문, 영어, 산수, 역사, 일어, 한문, 체조, 음악을 교육과정으로 하여 4명의 교사가 가르치는 3년제 학교였다(김세한, 1969). 그리고 1908년 한서는 학교에 다니지 못하는 청소년을 위해 통신강의록과 같은 「교육월보」를 순한글로 창간하여 사회교육에 힘썼으며 독립운동과 언론창달에 기여하였다.

1919년 9월, 모곡리에서 예배당을 신축하고 여기에 주일학교를 열어 교육을 시작하였으니 이것이 모곡학교의 전신이다. 1923년 1회 졸업생을 배출하고 이해 100여 평의 교사(校舍)와 기숙사를 지은 뒤 1925년 3월 보통학교의 인가를 얻어 학제는 4년제 학교로써 교과과정은 13과목으로 편성되었다(김세한, 1969). 한서는 이와 같은 정규교과과정 교육을 통하여 민족의식을 고취시킴은 몰론 독서회, 토론회, 웅변회 등의 과외활동을 통하여 비판력, 사고력을 기르게 함으로써 민족정신을 고양시켰다.

한서의 저서는 1924년 「동사략」과 1929년 「조선이야기」가 있다. 한서는 올바른 국사교육을 통하여 당시 청소년들에게 주체적 민족정신을 길러주는데 주력한 것을 알 수 있다. 그것은 한서가 흥화학교에서부터 배화학당, 현산학교, 모곡학교 등에서 꾸준히 역사를 교육하여 왔고, 한서의 역사서 저술이 민족주체 의식 확립을 위한 교육교재용에 바탕을 두고 저술한 점에서 이를 반증해 볼 수 있다.

1933년 11월 4일 모곡리에서 교육활동을 전개하던 한서는 마침내 나라꽃 무궁화 보급을 위한 무궁화 묘포재배와 한국역사를 가르친 것이 이유가 되어 보안법 위반으로 검속되고 1934년 1월 서대문형무소에 감금되었다. 결국 한서는 무궁화 묘목을 재배하여 각지에 나누어주면서 민족정신을 고취시켰다. 이울러 한서의 교육방법은 솔선수범, 노작교육, 지역사회교육으로 민족적 교육이었다.

한서의 민족교육사상과 그의 실천적인 교육활동은 근대 한국의 교육사상으로 정립되어진다. 교육자로서의 한서가 몸소 실천한 교육적 의지와 방법은 물론 격동적 전환기에서의 전통과 근대를 조화시키면서 시대의 흐름을 이끌어 오는 면모는 한국교육사에서 근대적인 교육내용과 방법을 전환시키는 새 시대의 제창자로서 탁월한 교사였음을 보여주고 있다.

3. 이승훈(李承薰, 1864~1930)

이승훈의 본명은 인환(寅煥)이며, 자는 승훈이며, 호는 남강(南岡)이라 하였다. 그는 1864년 4월 25일 평안북도 정주읍내의 조그마한 오막살이 초가집에서 출생했다. 남강은 출생 후 8개월 만에 어머니를 여의고 10세가 되면서 아버지마저 세상을 떠났다. 유년시절에 굉장히 경제적으로 어려웠기에 11세 되던 해 유기상점(鍮器商店) 사환으로 들어가 그 곳에서 많은 상인들과 접촉할 수 있었고 또한 이들로부터 당시의 정치, 경제, 사회 및 사상적 움직임을 알게 되었다.

남강은 광무 3년(1899 고종 36년) 교육에 뜻을 두고, 용동에 승천재(서당)를 차렸고 1907년 평양에서 안창호의 강연을 듣고 크게 감화를 받아 승천재를 개축하여 그 해 8월에 강명의숙(소학교)를 세우기도 하였다. 동년 12월 오산학교를 설립하여 민족교육에 몰두하는 한편, 독립운동단체인 '신민회'에 가입하였다. 1927년에는 안재홍, 이상재, 한용운 등과 더불어 '신간회'를 발기, 결성하여 일제에 대항, 민족투쟁을 전개하기도 하였다.

남강의 교육사상은 다음과 같이 정리할 수 있다(장덕삼, 2003).

첫째, 오산학교의 교육목적은 민족정신 고취와 민족성 개조에 있었다. 오산학교에서 배운 사람은 직접 남강으로부터 어떤 지식이나 기술을 전수받은 일은 없으나, 어느덧 거기서 신의를 배웠고, 열과 성을 배웠고, 일상생활의 도리를 배웠고, 민족의 미를 배웠다.

둘째, 남강은 실천의 교육자이다. 오산학교를 나온 학생의 머리에 남은 것은 지식과 기술이 아니었고 오직 남강으로부터 받은 강인한 실천력에 대한 인상과 영향뿐이었다. 이 생활정신이 당시의 교사나 학생에게 깊은 감명을 준 것이다. 그러므로 남강은 학과를 가르치는 교사가 아니고 참다운 인간을 가르치는 교육자였다.

남강이 가지는 교육사적 의의는 ① 민족과 서민을 발견하였다. 그는 고난의 민족, 버림받은 서민의 생활 향상에 전심전력을 다했던 것이다. ② 자기의 헌신을 몸소 실천하여 모범을 보였다. 그는 시종일관 인이오, 나라와 민족과 교육을 위한 기능적인 사랑의 화신이며 구원한 청년으로 쉼 없이 향상하고 끊임없이 진리와 정의를 추구하여 경(敬)·애(愛)·성(誠)을 실천한 구현자였다. ③ 교회·학교·산업을 공동전선으로 파악하고 서로 유기적인 상호작용에 힘썼다. 결국 남강은 교회를 통하여 민중의 무지를 깨치고 학교 설립으로 교육을 일으키고 산업으로 나라를 근대화하는 데 최종 목적이 있었다(김영광, 2011).

4. 안창호(安昌浩, 1878~1938)

도선 안창호

출처: http://www.donga.com/news/article/all/20190401/94843385/1

안창호는 1878년 11월 9일 평안남도 강서에서 출생하였으며, 호는 도산(島山)이다. 도산은 한학을 수학하고 1895년 상경하여 구세학당(救世學堂)을 졸업한 후 독립협회에 가입하였으며, 1898년에 이상재, 윤치호, 이승만 등과 함께 만민공동회(萬民共同會)를 개최하고 독립운동에 몰두하였다. 또 1899년에는 강서에 점진학교(漸進學校)를 설립하고 1902년에는 도미하여 공립협회(公立協會)를 창립하였다.

도산의 교육사상은 '힘'을 기르는 사상을 강조하였다. 힘이 있어야 도덕, 지식, 단합하는 국민이 되어 정치적, 경제적, 군사적으로 남에게 멸시를 받지 않는다고 생각하였다. 국민의 힘을 기르기 위해 점진학교와 대성학교를 세우고 평양과 대구에 태극서관을 두었다. 그리고 도산은 애국지사이며 웅변가로서 신민회, 재미국민회, 청년학우회 및 흥사단, 수양동지회 등을 설립하고 또한 독립신문의 창간과 대한독립당을 창당한 것 등은 국력을 기르기 위해서였다. 도산의 교육사상을 정리하면, '민족혁신'과 '민족개조'에 두었으며 이것은 '자아혁신'과 '자기개조'로서 가능하다고 보았다. 따라서 자아혁신은 곧 인격혁명이므로 그가 기회 있을 때마다 자주독립을 위해서는 힘이 있어야 함을 강조하였는데, 그 가운데 '인격의 힘'을 가장 강조하였다. 그리고 자기개조는 인격혁명과 연결되어 무실(務實), 역행(力行), 충의(忠義), 용감(勇敢)한 데서 가능하다고 하였다. 그리고 자아혁신과 자기개조는 모두 주인정신을 통하여 가능함으로 이는 주체정신을 의미한다.

도산이 제시한 교육실천 및 주요 활동을 제시하면 다음과 같다(김영광, 2011).

첫째, 2대 강령이다. 이는 건전 인격과 신성단결(神聖團結)이다.

둘째, 3대 자본이다. 정신자본(지식), 도덕자본(신용), 경제자본(금전) 등이다.

셋째, 3육이다. 덕육 > 체육 > 지육이다.

넷째, 3대 수련이다. 건전한 인격훈련, 견고한 단결훈련, 민주적 공민훈련이다.

다섯째, 5대 공약이다. ① 무실, 역행, 충의, 용감의 정신으로 부단한 자아혁신을 할 것, ② 동지를 사랑하며 신의를 확수(確守)하여 어려울 때 서로 도울 것, ③ 단체를 위하여 일심으로 복종하며 희생할 것, ④ 모든 일에 청백(淸白)하며 맡은 책임을 다할 것, ⑤ 대공복무(大公服務)의 정신으로 국가민족을 위하여 헌신할 것 등이다.

여섯째, 6개 사업이다. 군사, 외교, 교육, 사법, 재정, 통일 등이다.

도산의 교육목적은 ① 직업교육의 강조이다. 이는 국민 모두가 한 가지 기술을 갖는 운동이며, 일인일기(一人一技)의 교육을 주장하고 각 개인은 자기민족에 봉사하고 자기의 천직을 다한다. ② 인간다운 도덕적 품성의 도야이다. 덕성을 기르기 위해 무실, 역행, 충의, 용맹의 4대 정신을 역설하였다. ③ 튼튼한 몸이다. 건전한 신체에서 건전한 정신이 나온다는 믿음 위에서 지육보다 체육을 강조하였다. 한편 교육방법은 ① 점진성이다. 최초의 남녀공학 소학교로(초등교육기관)서 점진학교를 설립하였다. 그리고 공부하는 정신과 태도로서 점진주의를 취했다. ② 성실성이다. 이는 정성껏 생활신조로 하여 교육적 인간상을 무실역행하는 성실인에 있다고 보고 몸소 실천하였다.

생각해보기

1. 근대교육의 기점으로서 갑오교육개혁의 의의를 생각해 봅시다.

2. 개화기 교육의 특징에 대하여 생각해 봅시다.

3. 기독교 선교사들에 의한 근대학교 설립과 그 역사적 의의에 대하여 생각해 봅시다.

4. 개화기 민족 선각자들의 교육활동에 대하여 생각해 봅시다.

5. 원산학사의 교육사적 의의에 대하여 생각해 봅시다.

6. 개화기의 각종 학교의 설립과 운영을 지금의 학교교육과 비교하여 그 장점을 찾아보고 그 장점의 원인과 그 장점이 해방 후의 교육으로 계승되지 못한 원인을 생각해 봅시다.

7. 개화기의 선교계 교육활동의 성격과 그 의의를 설명하시오.

8. 갑오교육개혁 시기에 우리 교육에 큰 영향을 미친 사상은 동도서기론과 사회진화론이었다. 각각은 어떤 논리적인 약점을 가지고 있는가?

9. 개화기 민족 선각자들의 교육구국운동의 전개과정을 설명하시오.

CHAPTER 09

일제 침략기의 식민지 교육

제1절 일제 침략기 식민지 교육의 특징
제2절 일제 침략기 식민지 교육정책의 변화
제3절 민족저항운동

학습목표

1. 일제의 식민교육의 특징을 제시할 수 있다.
2. 일제 침략기 식민지 교육정책의 변화를 설명할 수 있다.
3. 일제 침략기 식민지의 민족저항운동을 설명할 수 있다.

Keyword

일제침략기 식민지교육, 친일교육, 민족말살, 한글말살, 황국신민서사, 신사참배, 육군특별지원령, 창씨개명, 복선형 학제, 황국신민화, 국체명징, 내선일체, 인고단련, 조선교육령, 황민화 정책, 신사참배 거부운동, 민족저항운동, 항일학생운동, 항일 동맹 휴학, 민족계몽 학생운동, 6·10만세운동, 광주학생사건, 민립대학 설립운동, 브나로드 운동, 문맹퇴치운동

고종은 1897년 8월 연호를 광무로 고치고 10월 12일 황제즉위식을 올림으로써 우리나라가 자주국가임을 대외에 선포하였고, 이로써 대한제국이 성립되었다. 대한제국은 자주국가로 발전하기 위해 여러 모로 노력하였으나 강력한 외세에 대한 열세를 극복하기에는 역부족이었다.

일본은 1905년 11월 17일 조선 정부를 강압하여 을사조약을 체결하고 외교권을 강탈해 갔다. 동년 12월에는 서울에 통감부를 개설하고, 이로써 일제의 통감정치가 시작되었다. 1910년 8월 29일에 우리나라의 주권이 일본 황제에게 탈취 당한 소위 한일합방이라는 국운을 맞게 되었다. 일본에 의한 한민족의 주권이 완전히 박탈당하여 한국인의 교육주권도 그들에게 넘어가 한국인 교육의 주인공은 조선총독부가 되었다. 일제강점기는 1910년 8월 29일에 국권피탈로 대한제국이 멸망하고 일제 강점기가 시작되어 1945년 8월 15일 광복에 이르기까지 계속되었다.

따라서 9장에서는 일제 침략기 식민지 교육의 특징, 일제 침략기 교육정책의 변화, 민족저항운동 등에 대해서 고찰하기로 한다.

제1절 일제 침략기 식민지 교육의 특징

일제 침략기 식민지 교육의 특징으로 친일교육의 추진, 한국인의 우민화, 일본인의 교사 배치, 사학교육의 통제, 교과용 도서의 검인정, 민족 및 한글 말살, 복선형 학제, 황국신민화 등에 대해서 기술하고자 한다(신재흡, 2018; 정규영, 2011; 장덕삼, 2003; 김영광, 2011; 피정만, 2011).

첫째, 친일교육의 추진이다. 일본의 식민교육은 조선 국민들을 일본의 문화에 동화 및 예속시키는데 중점을 두었다. 그리고 적극적으로 일본문화는 합리적이고 유용한 높은 수준의 문화라고 유포하여 이를 수용하도록 조장하는 것이다. 일본의 식민교육에서 가장 중요하게 주장한 것은 조선민족은 열등민족이라는 것이다. 조선민족은 원래 반도에 살기에 적합한 민족이고 사화와 당쟁으로 발전과는 거리가 있는 열등한 민족이라는 프레임을 설정을 하였다. 그래서 일본의 높은 단계의 문화를 수용해야 한다고 주장했다. 일본은 천황의 국가이며 본질적으로 우수한 민족이다. 일본의 민족은 해양국가로 문화적 수용을 하여 국가발전을 하였다. 단결을 잘 한다. 아름다운 국토를 가졌다 등으로 미화하고 이를 수용하도록 하였다. 현실적 결과로 일본에게 침략을 당한 상태로서 이들의 주장은 설득력을 가지게 되었다(피정만, 2011). 일본제국주의자들은 이러한 근본적인 식민정책을 가지고 일본어 교육을 강화하고 일본문화를 교과서에 게재하여 보급하여 우리나라의 국민을 의식화하였다(정재철, 1981).

둘째, 한국인의 우민화이다. 우민화의 기본방침은 시세와 민도에 맞는 교육을 표방하였다. 조선교육령 제3조에 “교육은 시세와 민도에 적합하게 함을 기한다.”고 하였고, 시세와 민도에 맞는 교육이란 조선인 학생에게 일본국민으로 지켜야 할 의무를 알리는 일과 저급한 노동자로서 그들이 사역할 수 있는 노무자로서 일할 수 있는 능력을 길러 주는 저급한 실업교육을 시키겠다는 우민화교육, 민족적 차별교육을 의미하는 것이다(피정만, 2011). 한국인의 우민화 정책의 구체적인 사례는 ① 한국의 학제를 개편하여 그 수업연한을 단축시켰다. 즉 소학교(6년)를 보통학교로 변경하여 수업연한을 4년으로 단축했다. 그리고 중등교육기관의 수업연한을 4년(3년)으로 고정했다. ② 관립 중학교를 고등학교라 칭하게 하여 종결교육이 되게 함으로써 고등교육의 기회를 제도적으로 제한하였다. ③ 한국인을 위한 고등교육기관의 설립을 불허하였다. ④ 실업학교를 두어 저급한 실업기능인 양성에 주력하였다. ⑤ 우민화 정책을 수행하기 위하여 중등학교 이상의 학교 설립을 허가하지 않았다(신재흡, 2018; 김영광, 2011).

셋째, 일본인 교사의 배치를 들 수 있다. 일본인 교원들로 하여금 교육현장에서 친일교육 정책을 추진하도록 하였고 일본인 교원을 학감과 교감으로 삼아 학교 운영에도 관여토록 하였다. 특히 관공립학교와 일부 사립학교에 일본인 교원을 1인씩 의무적으로 배치토록 하였다. 그리고 일본은 한국에 대한 동화정책의 일환으로 일본어 교육을 강화함과 동시에 친일교육을 보다 강력하게 추진하였다.

넷째, 사학교육의 통제이다(장덕삼, 2003). 1906년 2월 통감부 설치 이래 학부의 교육정책을 손에 넣고 우민화로 친일교육을 강화하던 통감부 교과용도서의 검인정 제도를 실시하고 나아가 1908년 칙령 62호로 공포된 '사립학교령'을 통해서 사학을 통제하기에 이르렀다. 학부는 "사립학교령을 공포(학부령 제2호로 나타난 훈령)하면서 '본령'은 단지 사립학교를 구속하려는 것이 아니라 사립학교로서 완전한 것은 더욱 장려하고 폐가 있는 것은 선도하여 그 본연의 목적을 달성할 수 있도록 하는 것이 실로 이 법령의 정신이다(안상원·신천식, 1973)."라고 할 수 있으나 실로 한국인의 구국을 위한 민족교육을 통제 억압하려는 데 목적이 있음은 말할 것도 없다.

사립학교령은 전문 17조로 구성되는 간략한 법령이지만, 그 속에 숨어 있는 법령의 저의는 날카롭다. 사립학교령의 법령을 요약해서 제시하면, ① 사립학교의 설립은 학부의 인가를 받도록 하고, 이 법 시행시의 기존 사립학교는 6개월 이내에 새로이 학부의 인가를 받아야 한다. ② 이 법령과 명령에 위배되거나 유해하다고 인정되는 사립학교는 학부가 폐쇄할 수 있다. ③ 사립학교의 교과용 도서는 모두 학부의 편찬이거나 학부의 검정을 받은 것만 사용할 수 있다. 사립학교령의 실시로 사립학교의 신설이 어렵게 되었을 뿐만 아니라 기존 사립학교도 새로이 인가를 맡아야 하는 문제에 부딪쳤다. 당시의 상황을 보면, 선교계의 기존 사립학교는 재인가 신청한 778개교 모두가 100% 인가된 데 반하여, 한국 민간인 설립의 사립학교 재인가 신청 1,217개교 중 겨우 42개교만 인가되고 1,175개교를 기각하였다. 이는 사립학교를 의도적으로 없애려는 데 목적을 둔 것으로 풀이할 수 있다.

그리고 사립학교령 중 가장 독소 조항인 제10조(사립학교 폐쇄령)을 보면 다음과 같다. ① 법령 규정에 위배되었을 때, ② 안녕 질서를 문란케 하고 또는 풍속을 교란할 우려가 있을 때, ③ 6개월 이상 소정의 수업을 하지 않았을 때, ④ 제9조에 의한 학부대신의 명령을 위배했을 때 등이다.

다섯째, 친일교육을 강화하기 위한 정책 중의 하나가 통감부가 모든 사학에서 사용하는 교과용 도서의 검인정으로 나타났다. 학부령으로 공포된 '교과용도서 검인정규정'에 명시된 검정 또는 인가의 기준을 보면 크게 정치적 방향과 사회적 방향 그리고 교육적 방향의 세 가지로 나누고 있다. 이 두 방향에서 나온 검정 또는 인가 기준의 중요한 항목을 제시하면 다음과 같다(高橋濱吉, 1927).

① 한국과 일본과의 관계 및 두 나라의 친교를 비난하는 일이 없는가?
② 한국의 국시에 위반하여 질서와 안녕을 해치거나 국리민복을 무시하는 것과 같은 언설이 없는가?
③ 기교하고 오류에 빠진 애국심을 고취하는 일이 없는가?
④ 배일사상을 고취하거나 한국인에게 일본인 및 기타 외국인에 대한 악감정을 품게 하는 것과 같은 기사나 어조가 없는가?
⑤ 한국의 고유한 국정과 달리하는 것과 같은 기사가 없는가?

1910년 5월 현재 교과용도서 검정 심사 결과는 <표 9-1>과 같다.

표 9-1 교과용 도서 검정심사결과(1910. 5. 현재)

구분	검정출원	인가	불인가	조사중
수신	12	3	5	4
국어	16	4	2	10
한문	13	3	2	8
역사	16	6	3	7
지지지문(地誌地文)	20	6	5	8
이화(理化)	8	7	0	1

수학	6	4	1	1
박물생리	14	12	0	1
체조	1	1	0	0
농공상	2	1	0	1
교육	1	1	0	0
일어기타	5	3	0	0
법제경제	2	2	0	0
사서(辭書)	1	1	0	0
계	117	55	18	44

*자료: 정규영(2011). 동서양 교육의 역사. 서울: 학지사, p. 507.

학부 편찬의 교과서의 검정 또는 인가를 신청하였다. 1908년부터 1910년 5월까지 전 교과에 걸쳐 학부에 신청하여 온 교과용도서의 검정 출원 117건에 대하여 승인 55건이다.

1910년 5월 교과용 도서 인가심사결과는 <표 9-2>와 같다.

표 9-2 교과용 도서 인가심사결과(1910. 5. 현재)

구분	인가 출원	인가	불인가
수신	12	4	8
불서	4	4	0
기독교서	15	15	0
국어	22	9	13
한문	32	22	10
일어	28	18	10
영어기타	49	48	1
역사	19	7	12
지리	32	24	8
이화(理化)	42	42	0
수학	60	60	0
박물생리	32	32	0
체조	4	4	0
창가	3	2	1

농상공	43	42	1
법경	18	17	1
교육	9	6	3
부기	7	7	0
도화	11	11	0
습자	3	3	0
수공	1	1	0
가정	2	2	0
계	448	380	68

*자료: 정규영(2011). 동서양 교육의 역사. 서울: 학지사, p. 508.

1908년부터 1910년 5월까지 전 교과에 걸쳐 학부에 신청하여 온 교과용도서의 인가출원 448건에 대하여 인가가 380건, 불인가가 68건이다.

상기 <표 9-1>과 <표 9-2>에서 고찰한 바와 같이, 통감부가 사립학교의 교과용 도서에 얼마나 신경을 쓰고 또 제재를 가했는가를 알 수 있다. 이 때문에 당시 사학에서 많이 읽히고 있던 백당 현채(1856~1925)의 「유년필독」을 비롯하여 「유년필독해의」, 「월남망국사」, 「대한지지」, 「동서양 역사」, 위암 장지연(1864~1921)의 「여자독본」, 「대한신지지」, 휘문의숙 편집부의 「고등소학수신서」, 「고등소학독본」 등이 모두 검인정에서 탈락되었다. 이처럼 당시의 학부는 사학기관이 교과서로써 애국사상을 고취하는 것에 탄압을 가하였다. 그리고 교과서 검정제가 실시된 뒤에 사용을 금한 도서가 많았는데, 특히 애국사상을 고취하며 항일투쟁을 역설한 지리 및 역사서가 많았다. 학부도 이들 서적을 압수하여 수십만 권을 불사르기도 하였다(장덕삼, 2003).

여섯째, 민족 및 한글 말살이다(김영광, 2011). 민족 말살 정책은 내선일체, 황국신민의 서사(誓詞), 신사참배, 육군특별지원령(1938), 창씨개명(1939) 등이다. 한글말살 정책으로는 일본어교육을 강조하고, 일본 역사와 문화를 주입시키려는 보통교육, 초등교육이었다. 초등교육이 중등 및 고등교육에 비해 양적으로 더 성장하였다. 보통교육의 목적은 일본어 교육의 강조 및 일본 역사의 문화 주입을 목표로 하였다.

여섯째, 복선형 학제이다(신재흡, 2018; 정규영, 2011). 식민지하의 교육제도를 일종의 복선형으로 하여 조선인과 일본인의 학교를 각각 다른 학교제도로 병립하고, 조선인에 대한 교육을 보통교육·실업교육·전문교육으로 한정하는 등의 교육적 제한은 초등교육이 중등 및 고등교육에 비해 양적으로 증가되는 현상을 야기했다.

일곱째, 황국신민화이다(신재흡. 2018; 김영광, 2011). 일본의 한국교육에 대한 기본 정책은 일본인화 교육이었다. 황국신민 양성 교육을 실시했다. 즉 식민지 교육의 3대 강령은 국체명징(國體明徵), 내선일체(內鮮一體), 인고단련(忍苦鍛鍊) 등이다.

제2절 일제 침략기 식민지 교육정책의 변화

마지막 통감이자 초대 총독인 데라우치는 1911년 8월에 조선교육령을 공포하였고, 이로써 무단적 식민지 교육정책이 시작되었다. 일제 강점기 동안 교육에 관련된 법령의 시행과정에 따라 4시기로 구분할 수 있다. 제1차 조선교육령 시행기(1911. 8. 22~1922. 2.4), 제2차 조선교육령 시행기(1922. 2. 5~1938. 3. 2), 제3차 조선교육령 교육령 시행기(1938. 3. 3~1943. 3. 30), 제4차 조선교육령 교육령 시행기(1943. 4. 1~1945. 8. 15)이다.

1. 제1차 조선교육령 시행기(1911. 8. 22~1922. 2.4)

1911년부터 1922년까지의 제1차 조선교육령 시행기에 해당하는 일제 초기에 있어 일본의 식민지정책은 한마디로 무단정책기로 표현된다. 즉 일본은 경성에 조선총독부를 두고, 군인을 통독으로 임명하여 무력의 시위와 위협을 수단으로 한국인을 통치하였다. 그리하여 조선총독부는 일본군 헌병이 경찰 역할을 하도록 하고, 한국인의 활동을 철저히 감시하여 정치적 결사나 집회는 물론 단순한 집회까지도 금지하였으며, 한글로 된 신문의 간행마저 금지하였다. 그리고 관리와 교원에게 제복을 입히고 허리에 칼을 차게 함으로써 무력을 통한 위압으로 한국인을 굴복시키려고 하였다(차석기 외, 1975).

조선총독부는 한국의 완전한 식민지화를 도모하기 위한 목적을 달성하기 위하여 무력으로 한국인을 다스리려고 했고, 한편으로 우리의 문화를 말살하여 한국인을 일본인화 하기 위한 갖가지 시책을 강력히 추진하면서(손인수, 1971) 교육을 그 주요한 수단으로 삼았다. 또한 조선총독부는 보다 철저한 한국인의 정신적 개조와 민족사상의 철저한 배제 및 일본정신에 의한 새로운 식민지 교육의 실시를 위하여 한국의 교육제도를 전반적으로 개편하였다(차석기, 1976).

교육분야에서 일본은 식민교육을 시행하기 위한 뒷받침으로 조선교육령(1911), 사립학교규칙(1911), 개정사립학교규칙(1915), 교원시험규칙(1916), 서당규칙(1916), 교원심득(1916), 보통학교규칙(1911), 고등보통학교규칙(1911), 여자고등보통학교규칙(1911), 실업학교규칙(1911) 등을 비롯하여 수많은 교육관계법령을 제정하였다.

전문(全文) 2장 30조로 이루어진 제1차 조선교육령의 내용은 다음과 같다(김명신, 2013).

① 교육목적은 충량한 제국신민을 기르는 것이다.
② 교육을 크게 보통교육, 실업교육, 전문교육으로 나누었다.
③ 각급학교의 종류는 보통학교, 고등보통학교, 여자고등보통학교, 실업학교, 전문학교로 나누었다.
④ 국민의 기초교육을 담당하는 보통학교의 입학연령은 만 8세 이상인 자가 입학할 수 있고 수업연한은 4년이고, 지방 실정에 따라서는 1년을 단축할 수 있다.
⑤ 고등보통학교는 남자에게 고등한 보통교육을 하는 곳이며, 연령 12세 이상의 자가 입학할 수 있고 수업연한은 4년이다. 여자고등보통학교의 수업연한은 3년이다.
⑥ 보통학교의 교원양성에 대해서는, 관립 고등보통학교에 사범과(수업연한 1년) 또는 교원속성과(수업연한 1년 이내)를 두며, 사범과 입학자격은 고등보통학교 졸업자로 한다. 관립 여자고등보통학교에 설치한 사범과의 입학자격은 여자고등보통학교를 졸업한 자이다.
⑦ 실업학교는 농업학교, 상업학교, 공업학교 및 간이 실업학교로 나뉘며, 연령 12세 이상으로서 보통학교를 졸업한 자가 입학할 수 있고, 수업연한은 2년 내지 3년으로 한다.
⑧ 고등한 학술과 기예를 교수하는 전문학교의 수업연한은 3년 내지 4년으로 한다.

조선교육령에 이어 보통학교, 고등보통학교, 여자고등보통학교, 실업학교 등의 규칙 및 학교관제 등이 공포되었으며, 전문학교 규칙은 1915년에 공포되었다.

제1차 조선교육령 시행기를 통하여 일본이 한국에서 추진한 식민지화 교육정책을 구체적으로 고찰하면 다음과 같다.

첫째, 한국인을 일본제국에 적합한 소위 '충량한 국민'으로 만들고자 하였다. 즉 충량한 국민의 양성이 일본이 취한 대한국 식민지화 교육의 기조였다(김영우 외, 1998).

둘째, 시세와 민도에 맞는 교육을 실시한다는 구실로 한국인의 우민화를 꾀하였다. 이는 일본 국민으로 지켜야 할 의무를 알리는 것으로서 저급한 근로자로서 사역할 수 있는 실용교육을 시키겠다는 것이다. 실업교육은 일본의 제국주의적 산업방침을 실행하는 필수교육이었다. 일제는 이러한 식민교육을 시행하기 위하여, 조선총독부에 학무국을 중심한 교육행정기구를 설치하고, 교육제도와 교육행정 등을 개편하였다. 당시의 학제는, 보통학교는 4년제로 하였으나 지방의 실정에 따라 1년 단축할 수 있도록 하여, 초등교육의 기간을 축소하였다. 교과목은 수신, 국어(일어), 조선어 및 한문, 산술, 이과, 창가, 도화, 체조 등이었다. 수의과(隨意科)로 수공 및 봉제, 농업초보, 상업초보 등을 두었다. 그리고 역사교과는 4년의 연한으로는 교수하기 힘들다고 제외시켜, 한국 학생들에게 역사교육을 실시하지 않았다. 고등보통학교는 수업연한을 4년으로 하였다. 교과목은 수신, 국어(일어), 조선어 및 한문, 역사, 지리, 수학, 이과, 실업 및 법제, 경제, 습자, 도화, 수공, 창가, 체조 등이었다. 역사는 일본의 역사였으며, 한국의 역사는 일본과 관련된 내용에 한하여 일본 중심으로 간략하게 다루었다. 여자고등보통학교는 수업연한이 3년이었다. 교과목은 고등보통학교와 거의 같으나, 실업 및 법제, 경제, 수공 대신에 봉제(縫製) 및 수예(手藝), 가사가 포함되었다(피정만, 2011).

셋째, 일본은 각급학교의 교육연한을 단축시켜 한국인에게 저급한 교육을 실시하게 하는 한편 특히 초등교육에 치중하게 하고, 중등교육에 있어서는 저급한 근로인을 만들기 위한 실업교육 내지 직업교육을 강화토록 하였다.

넷째, 일본어 교육에 역점을 두었다. 일본은 한국을 식민지화하기 위해 일본어를 보급시키고, 이를 통해 한국인의 말과 문자, 그리고 한국의 민족문화를 말살하여 그들이 한국의 민족문화를 말살하여 그들이 표방한 이른바 황국신민(皇國臣民)과 충량한 신민을 만들려고 하였던 것이다. 그리고 일본어를 보급하는 교육이란, 일어를 통한 한국의 전통과 문화, 그리고 생활양식을 말살하고, 그들의 언어와 문화, 그리고 생활양식을 타민족에게 강요하여 한국민족을 동화시키겠다는 의도인 것이다(정재철, 1985).

다섯째, 한국인 학생의 사상 감시를 도모하였다. 일본은 1910년에 한국을 식민지로 만든 이후 더욱 격화된 한국 국민의 배일감정이 일어나지 않도록 하게 하기 위하여 한국인 교사와 학생의 사상을 감시하게 하는 한편, 특히 조선총독은 학교의 법규, 교원의 직책, 노래, 교과서 등을 통하여 학생들의 반일운동이 일어나지 않게끔 노력하도록 하였으며, 사립학교 규칙을 개정하여 사립학교에서 한국사와 한국지리과목을 가르치지 못하게 하고, 선교계 사립학교에서 성경과목도 가르치지 못하도록 하였다(김영우 외 1998).

한편 제1차 조선교육령 시행기에 사립학교에 대한 통제가 있던 시기이다. 1908년 모든 사립학교는 인가를 받도록 하는 내용의 '사립학교령'을 공포하였고, 1911년 10월에는 '사립학교규칙'을 1915년에는 다시 '개정 사립학교규칙'을 공포하여 사립학교에 대한 통제를 점점 강화해 나갔다. 이 규칙들의 내용은 다음과 같다(김명신, 2013).

① 사립학교 교과용 도서는 조선총독부가 편찬 또는 검정, 인가한 것만 사용할 수 있다(사립학교규칙).
② 조선총독부가 사립학교 폐쇄명령권을 가진다.
③ 각 학교 규칙에 제시된 교과목 이외의 과목, 즉 성경, 지리, 역사 등의 과목을 가르칠 수 없다(개정 사립학교규칙).
④ 사립학교 교원의 자격은 일본어를 통달하고 상당한 학력을 소지한 사람으로 한정하였다.

사립학교규칙은 관·공립학교와 동일한 수준으로 사립학교를 통제하려는 의도에서 나온 것이다. 한국어 사용, 한국의 역사나 지리를 가르치는 일, 영어나 성경을 교수하는 일 등을 막는다는 것은 곧 민족교육과 종교교육을 봉쇄하겠다는 의도였던 것이다. 이로써 당시 항일운동의 온상이었던 민족사학과 종교계 학교들 중 많은 수가 일본이 정한 일련의 규칙을 지키지 않아서 폐교당하거나 또는 일본의 식민주의적 교육정책에 순응할 수밖에 없는 상황에 처하였다.

2. 제2차 조선교육령 시행기(1922. 2. 5~1938. 3. 2)

제2차 조선교육령 시행기(1922. 2. 5~1938. 3. 2)에 해당되는 일제 중기는 한국에 대한 일본의 회유 정책기 또는 문화통치기라고 할 수 있다. 일본은 3·1 운동을 통해서 들어난 한국민의 강인한 민족주의적 저항의 예봉을 피하기 위해서 소위 문화정치를 표방함으로써 한국에 대한 식민지 지배방식을 다소 완화시킨 것처럼 기만하면서 무단통치의 상징이었던 헌병경찰을 폐지하는 대신 고등경찰을 확대하고, 문화주의란 미명하에 한국인의 민족의식을 교묘히 파괴하려던 식민지정책의 본격화기였다(김종철 외, 1989).

그리하여 일본이 이 시기에 취한 한국에 대한 식민지 정책은 일제 초기에 비해 보다 세련되고 보다 융통자재하며, 보다 기민성이 풍부한 식민지 정책이었다(정재철, 1985). 일본은 이 시기에 한민족의 역사와 언어를 말살하기 위해 일본역사와 일본어 교육을 더욱 강화하였으며, 일본문화와 그들의 생활양식을 이입시킴으로 해서 한국문화를 파괴하고, 한국인 관념과 민족의식을 파괴하려는 말살정책을 썼던 것이다(정재철, 1985).

제2차 조선교육령의 내용은 다음과 같다(김명신, 2013).

① 한국인을 위한 학교의 교육연한이 연장되었다. 이전까지 일본인의 교육연한보다 짧았던 한국인의 교육연한을 일본의 학제에 따라 연장하여 일본인과 같게 만든 것이다. 이로써 보통학교의 수업연한은 종래의 4년에서 6년으로, 고등보통학교는 5년으로, 여자고등보통학교는 4년(5년)으로 연장되었다. 한국인에게도 상급학교 진학을 열어준 것이다. 그러나 여기에서도 한국인 학교의 명칭은 일본학교와 달랐으며, 명칭이 같아진 것은 제3차 조선교육령에 의해서였다.
② 초등교원 양성기관으로 관립사범학교와 공립사범학교를 두도록 하였다.
③ 각급 학교에서 조선어를 필수과목을 하였다.
④ 실업교과를 선택과목으로 하였다.
⑤ 대학에 대한 규정을 두어 대학이 설치될 수 있는 길을 마련하였다.

한국인의 격화된 반일감정을 무마시키려는 유화책으로 취해진 이러한 조치들은 일견 한국인에 대한 차별교육을 해소하는 것처럼 보였다. 하지만 실질적으로는 차별이 여전하였고 교육을 통한 민족정신말살정책의 방법은 오히려 더욱 교묘해졌다. 사례를 들면, 고등보통학교와 여자고등보통학교에서 '조선'의 역사를 교수하게 되었으나, 이는 실제로는 식민지사관에 의한 한국역사 교육을 도모하기 위한 것이었다. 그리고 대학 설치 규정을 마련하였다고 하지만 곧바로 대학을 설치할 수 있는 것은 아니었다.

3. 제3차 조선교육령 시행기(1938. 3. 3~1943. 3. 30)

제3차 조선교육령 시행기와 제4차 조선교육령 시행기에 해당되는 1938년부터 1945년 8월까지의 일제말기는 한국민족 말살 정책기 또는 소위 황국신민화(皇國臣民化) 정책기라고 할 수 있다(김종철 외, 1989).

일본의 제국주의적 침략적 야욕은 중일전쟁과 태평양전쟁을 유발함으로써 전쟁의 양상이 제2차 세계대전으로 확대되었다. 이와 같은 전시체제 상황에서 일본은 한국에도 전시체제를 구축하도록 하고 한국을 대륙진출을 위한 교량으로, 또한 침략전쟁 수행에 필요한 전쟁 물자의 공급처로 간주하고, 이 같은 목적 달성을 위해 일본은 온갖 잔인한 방법으로 한국인을 수탈하였다(차석기 외, 1975). 그리하여 이 시기의 일본은 한국 지배는 한국을 전면적으로 그들의 군사목적에 동원하는 방향으로 집중시켰던 것이다. 이에 따라 교육도 군국주의 파시즘의 전체주의적 국가체제에 따라 완전히 군부의 통제 하에 편성되어, 교육이라기보다는 군사능력의 배양이라는 방향으로 추진되었다(정재철, 1985).

1936년 7대 총독에 부임한 미나미 지로는 철저한 민족말살과 황민화(皇民化) 정책을 강행했다. 예를 들면, 이전부터 각급 학교에 강요해 오던 신사(神社)참배를 1930년대 후반에 와서는 교회 및 기독교계 학교에까지 확대 실시하였고, 이에 반발한 학교들은 신사참배 거부운동을 일으켰다. 그리고 소학교용과 중등학교 이상 및 일반인을 위한 '황국신민서사'를 제정(1937. 10. 1)하여 모든 행사 전에 암송 및 제창하게 하였다. 이름까지도 일본식으로 고치게 하는 창씨개명 정책, 한국어 신문의 폐간 등 우리의 민족문화를 말살시키려는 일본의 탄압은 이루 헤아릴 수가 없다(김영우 외, 1997).

1938년 3월에 미나미 총독은 전시 동원을 위한 황민화 교육을 강행하기 위하여 국체명징(國體明徵), 내선일체(內鮮一體), 인고단련(忍苦鍛鍊)이라는 식민지교육의 3대 강령(황국신민서사)을 제시했는데, 이는 곧 각급 학교의 교육목표가 되었다(신재흡, 2018; 김명신, 2013).

① 국체명징이다. 이는 '우리는 황국신민이다. 충성으로 군국(君國)에 보답하련다.'는 것이다. 나를 죽여서라도 일본의 번영에 봉사해야 한다는 의미로 황국신민 교육의 궁극적인 교육이상이었다.
② 내선일체이다. '우리 황국신민은 서로 신애협력(信愛協力)하여 단결을 굳게 하련다.'는 것으로 일본의 본토와 한국은 일체라는 뜻으로, 한국인(조선인)과 일본인은 같은 조상, 즉 같은 뿌리를 가진 황국신민으로서 일본 국가의 목적에 헌신해야 함을 강조하는 것이다.
③ 인고단련이다. '우리 황국신민은 인고단련(忍苦鍛鍊) 힘을 길러 황도(皇道)를 선양하련다.'는 것으로 이는 어떠한 고난이든 죽음을 무릅쓰더라도 끝까지 군국(君國)을 받든다는 뜻이다.

이러한 3대 강령은 일제의 한민족 말살정책이 그대로 드러나고 있다. 이를 토대로 1938년 3월에는 제3차 조선교육령이 발표되었다. 그 주요 내용은 다음과 같다(신재흡, 2018; 정규영, 2011; 피정만, 2011).

① 종래의 보통학교, 고등보통학교, 여자 고등보통학교는 그 이름을 바꾸어 일본인을 위한 학교의 이름과 동일하게 소학교, 중학교, 고등여학교로 하였다.
② 수업연한 4년의 보통학교를 6년제 소학교로 승격시키는 데는 재정상 기타 이유로 곤란하므로, 당분간 4년제 심상소학교로 존속시키고, 점차 그 수업연한을 연장시킨다.
③ 사범학교의 경우 종래의 소학교 교원양성기관과 보통학교 교원양성기관이 분립되어 있던 것을 하나로 통합한다.
④ 교수요지, 교과목, 교과과정 등에 관하여는 조선어 이외의 것은 양국인의 것을 같이 한다.
⑤ 조선어는 정규 교과로부터 수의과(선택과목)로 밀려났다. 수의과라고 하지만 실질적으로 이를 개설하지 못하도록 압력을 가하였다.
⑥ 교육내용에 있어서는, 수신과에서 3대 강령을 주입시키고 실천하도록 하고, 국어(일본어)는 조선인을 황국신민화를 실현하는 데 가장 중요한 과목이라고 하여 강조하였다.
⑦ 1941년 3월 31일에는 '국민학교령'을 발표하여 '심상소학교'를 '초등학교'로 개칭하였으며, 그 교육목적을 "황국의 도에 따라 초등보통교육을 실시하여 국민의 기초적 연성(鍊成)을 이루는 데 있다."고 하였다.
⑧ 일본어, 일본역사, 수신, 체육 등의 교과를 확충함으로써 황국신민화를 강화하였다.
⑨ 사립중학교의 설립을 불허하였다.

제3차 조선교육령(1938)에 의해 기존의 보통학교가 일본과 동일한 소학교로 명칭이 바뀌었지만, 이후 학교에서 조선어의 사용과 교육이 금지되는 등 황국신민화 교육이 더욱 강화되었다. 1941년에 일제가 기존의 '보통학교'를 '국민학교'로 개칭한 것은 '국민개학(國民皆學)'의 실현이 아닌 황국신민화를 목적으로 한 것이었다.

참고자료 **학교명 변경**

① 서당(1880년 이전) → ② 소학교(심상과 3년, 고등과 2~3년, 1895~1906) → ③ 보통학교(4년제, 1906~1938) → ④ 심상소학교(1938~1941) → ⑤ 국민학교(1941~1995) → ⑥ 초등학교(1996~현재까지)

4. 제4차 조선교육령 시행기(1943. 4. 1~1945. 8. 15)

제4차 조선교육령이 발표된 1943년 4월부터 일본이 패망하는 1945년 8월까지의 시기에 일제 식민정책의 초점은 한국인을 군사목적으로 동원하는 데 두어졌다, 이미 1941년부터는 전시에 부응하여 전문학교 이상 교육기관의 수업연한을 점차로 3개월, 6개월씩 단축해 나갔다. 이는 우리나라 청년들을 조금이라도 빨리 전쟁에 내보내려는 의도에서 나온 것이었다.

1942년 총독에 부임한 고이소 구니아키는 전쟁이 장기화될 것에 대비하여 전쟁에 필요한 모든 물자를 무차별적으로 동원하는 국민총력 운동을 실시하였다. 이를 위하여 1943년 3월에는 제4차 조선교육령이 공포되고, 이어서 전시학도체육훈련 실시요강 시달(1943. 4), 교육에 관한 전시비상조치방책의 공포(1943. 10), 학도병제의 실시(1943. 10), 학도동원체제 정비에 관한 훈령(1944. 4), 학도근로령의 공포(1944. 8), 긴급 학도노동동원방책 요강의 결정(1945. 1), 전시교육령의 공포(1945. 5) 등이다. 일본은 전시에 필요한 각종 법령을 교육기관에 배포하여, 학교와 학생을 전쟁의 장으로 이끌었다. 이런 일본의 전시체제로 인해 한국의 학교교육의 기능은 정지되었다(신재흡, 2018; 피정만, 2011).

전쟁에 최대한 효율적으로 인력을 동원할 수 있도록 조직한 제4차 조선교육령의 요지는 다음과 같다(김명신, 2013).

① 초등학교의 의무교육제 시행을 서두를 것을 명시하였다.

② 각급 학교의 수학연한을 축소하였다. 그리하여 중학교는 5년, 고등여학교는 4~5년, 실업학교는 3~5년으로 단축되었다. 전문학교는 이미 4년제에서 3년제로 단축되어 있었다.

③ 대학 예과의 문과 정원을 축소하고 이공과 정원을 늘였다.

④ 각급 학교의 교과목을 간소화하고 통합교과로 조정하였다.

제3절 민족저항운동

국권을 상실하고 일제에 의한 다양한 억압과 반민족적 식민지 정책 하에서도 우리 민족은 식민지 통치 질서에 정면으로 도전하여 적극적 저항운동으로 혹은 식민지 통치 질서의 테두리 안에서 소극적인 언론, 출판활동, 교육활동, 문화활동, 계몽활동 등을 통하여 국권회복을 위한 운동을 전개해 왔다. 3.1운동, 항일 학생운동은 비교적 적극적 저항운동이라면, 민족 선각자에 의한 학교 설립, 사회교육운동, 학회 교육운동(1906~1911), 브나로드 운동과 문맹퇴치운동은 소극적 저항운동으로 볼 수 있다.

1. 3.1운동

독립에 대한 우리 민족의 열망은 국내외 항일 독립투쟁으로 나타났다. 1918년 11월 만주지역의 독립군들이 일제에 항거하여 최초의 '대한독립선언서'를 발표하였다. 이어서 1919년 2월 8일 일본 유학생 400명이 도쿄 YMCA회관에 모여 조선청년독립단은 발족하고 독립선언을 발표하였다. 한편 국내에서는 1919년 3월 1일에 민족대표 33인의 독립선언문 낭독으로 3·1 운동이 일어났다. 3·1 운동 이후 3개월 동안 전국에서 일어난 독립만세 시위운동의 집회 횟수는 1,542회나 되었고, 참가 인원수는 200만 명이 넘었다. 당시 인구가 약 2,000만 명이었으니 3·1 운동은 인구의 1/10이 계층과 성별에 관계없이, 그리고 지역과 학력, 연령에 관계없이 자발적으로 참여한 거국적인 운동이었다. 이러한 3·1 운동은 그 후에 의병운동으로, 다른 한편으로는 민족계몽운동 등으로 발전하였다.

3·1 운동이 교육사적으로 많은 영향을 주었다. 이를 요약하면 다음과 같다(손인수, 1971).

첫째, 3·1 운동은 관·공·사립의 구별 없이 참여한 학생들의 민족 감정의 총화였다. 이 같은 현상은 그 후 의식 있는 학생들이 관·공립보다 사립학교를 선호하는 경향으로 나타났다.

둘째, 사립학교간은 물론이고 학생 간에도 유대의식이 더욱 강화되었다. 그리하여 학교간의 지매결연 혹은 조선교육회라는 협의회의 결성이 이루어지고 1924년 9월에는 조선총학생연합회, 1925년 9월에는 조선학생사회과학연구회 등이 결성되었다.

셋째, 아동중심 혹은 인간본위의 교육사상이 싹트고 조선본위의 교육운동이 일어나게 되었다. 방정환이 '어린이'라는 말을 처음 사용하고 어린이날을 제정하였으며, 1926년 최현배의 '조선민족 갱생의 도', 1927년 조선교육회와 신간회에서는 인간본위 및 조선본위의 교육을 제창하였다. 그리하여 각급학교에서 한국역사와 한국어에 대한 관심이 고조되었다.

넷째, 우리나라 학생운동의 전통을 수립하였고, 그 정신과 전통이 이후의 학생운동으로 계승되었다.

다섯째, 중국 상해에서 임시정부가 수립되는 계기를 마련했다.

여섯째, 여성의 사회 참여 의식과 남녀평등 의식을 자극하여 이후에 많은 여성운동이 일어나는 계기가 되었다.

2. 항일 학생운동

항일 학생운동으로 항일 동맹 휴학, 민족계몽 학생운동, 6.10만세운동과 광주학생사건 등이 있다. 이를 구체적으로 정리하고자 한다(김영광, 2011; 장덕삼, 2003).

1) 항일 동맹 휴학

일제는 한일합방 이후 식민지 정책으로 교육문제에 깊이 관여하였을 뿐 아니라 민족차별의 불평등을 인식케 하였으며 이 같은 행동은 학생들의 항의 시위, 격문 살포, 동맹 휴학 등을 통해서 표출되었다. 이처럼 학생들의 의사 표시는 외형적으로는 학교 자체의 문제와 교사에 대한 불만 등을 내세웠지만 그 이면에는 일제의 통치에서 탈피하려는 학생들의 민족의식이 움트고 있었다.

동맹휴학을 단행한 학생들의 슬로건은 학교시설의 개선, 무자격 교사의 배척, 학생의 자치권 확보, 언론 집회의 자유, 수업료의 철폐, 한국 학생에 대한 차별적 대우 반대, 한국과 일본 학생 간의 교육 차별 철폐, 조선인 교사 채용, 교육제도의 개선 등이었으나 점차 정치적 성격을 띠게 되어 일본어 강요의 반대 등을 내세우기도 하였다. 그리고 조선의 독립을 요구하는 조건도 내놓기에 이르렀다. 이러한 항일 동맹휴학은 당시의 민중들에게 커다란 자극을 주었다.

2) 민족계몽 학생운동

3·1 운동을 도화선으로 나타난 학생운동은 민족계몽에 역점을 두었다. 학생들이 결성한 단체의 성격은 친목도모를 위한 상호 유대강화에 있었으나 그 궁극적인 목표는 민족을 구제하는 데 있었다. 이와 같은 학생운동 단체는 일본을 비롯하여 매주 각지의 유학생들에게 자극되어 여러 단체가 결성되었으며, 특히 일본 유학생들은 국내의 단체 활동에 크게 영향을 받았다.

재일본 유학생들은 학생들이 주역이 된 '2·8 독립선언문'의 유지를 받들어 결성된 '학우회'를 비롯하여 '형성회', '북성회', '관일구락부' 등을 결성하여 1920년의 하기방학을 이용하여 학우회에서 조선 전국을 순회하면서 조국의 독립을 위한 민족의식을 일깨우는 강연을 하였다. 그들의 강연 내용은 1920년 7월 11일에 동래(부산)의 동명고등 보통학교에서 김준연(金俊淵)의 '20세기 청년의 포부', 한재겸(韓在謙)의 '현대를 논하야 우리의 개조책을'. 김년수(金年洙)의 '조선과 공업', 서춘(徐椿)의 '교육자의 자격' 등을 주제로 하여 세계정세에 따르는 민족의 진로를 제시함으로써 민족각성을 촉구하였다. 그리고 1925년 9월 27일에는 가회동 시천교당(嘉會洞侍天教堂)에서 학생 70명이 모여 사회과학의 보급, 학생사상의 통일, 인간교육 실시 등을 강령으로 하여 '학생과학연구회'를 결성하였으나 일본경찰의 저지로 해산되었다가 11월 3일에 다시 발족되는 등 많은 학생활동이 민족적 각성을 자극하였다.

3) 6.10만세운동과 광주학생사건

6.10만세운동은 3·1 운동 후 일본 식민 통치에 대항한 학생층 전체를 망라한

반일적이며 계획적, 조직적인 학생운동의 출발점으로 볼 수 있다. 6.10만세가 일어난 1926년 6월 10일은 순종(純宗)의 인산(因山)을 애도하는 백의종군의 물결이 온 장안을 덮었으며 돈화문에서 홍릉까지 도열한 학생들만 약 24,000명이나 되었다(이현희, 1976).

광주학생운동

출처: https://m.post.naver.com/viewer/postView.nhn?volumeNo=17014441&memberNo=16862043

6.10만세운동은 1920년대 민족운동의 전개과정에 있어서 중요한 계기와 역할을 했고, 이는 1945년 광복 때까지 민족운동의 진통과 시련의 과정에서 객관적 저력과 배경이 될 수 있었다. 이러한 6.10만세운동이 학생운동사에서 가장 빛나는 광주학생운동으로 비화되었다.

광주학생운동은 3년 전인 1926년에 조직한 성진회(醒進會)에서 그 뿌리를 찾아볼 수 있다. 이 조직은 광주고보생과 광주농업학교 학생 16명이 발기하여 조직한 것인데 이들은 일제의 교육이 노예교육으로 식민지 조선교육밖에 되지 않으므로 그 교육제도를 근본적으로 배제하고 조선인 본위로 교육을 실시해야 한다는 민족의식의 고취를 위한 학생들의 비밀결사였다.

항일운동의 실천투쟁으로서 동맹휴학은 광주고보 전 학년을 비롯하여 이웃 학교에 파급되어 가고 있었다. 이때 공교롭게도 광주고보학생과 일본인 학교의 학생들 간에 충돌이 일어나 민족감정으로 전파될 때 그해 10월 나주역에서는 일본인 학생들이 우리 여학생에게 지나친 희롱과 자극을 준 것이 도화선이 되어 민족적인 감정에서 일본인 학생과 난투극이 벌어진 것이다. 그런데 일본경찰은 이 사건에 대하여 자국의 학생들만 두둔하고 이와 병행하여 광주일보는 조선학생에게 잘못이 있다는 기사로 민족적 감정을 유발시키자 11월 3일에 거사가 일어난 것이다. 이로써 전국 각지에서 식민지 차별교육과 멸시받던 조선인 학생들은 궐기하였는데 일제가 발표한 통계에 의하면, 194개교의 학생 54,000여 명이 참가하였다. 이 가운데 퇴학 처분을 받은 학생이 582명, 무기정학이 2,330명, 피검사자가 146명이었으며 광주에서도 49명의 학생이 법정에 서게 되었다. 광주학생운동은 1920년대로 접어들면서 일제가 실시한 소위 문화정치에 대한 일침이었으며 우리 민족이 추구해 왔던 실력배양운동에 대한 민족교육의 성과가 가져다 준 소산이었다.

이와 같이 학생의 독립운동은 3·1운동을 기점으로 민중운동을 유도하였으며, 6·10 만세운동은 중앙중심의 학생운동을 이끌었고 여기에서 발달된 광주학생운동은 전국 학생의 독립운동으로 확산되었다.

3. 민립대학 설립운동

일제는 한민족에 대한 우민화 정책을 펴면서 한국인에게는 고등교육의 기회를 주지 않았다. 이러한 상황에서 한국인이 다니는 대학을 한국인의 손으로 세워 인재를 양성하려는 시도는 한일합방 이전에도 있었다. 1907년 국권수호운동의 일환으로 일어났던 국채보상운동으로 모금된 돈으로 대학을 세우자는 움직임이 있었는데, 그 시도는 실현되지 못했다. 그리고 일제는 교육적 차별에 대한 한국인의 불만을 무마하려는 유화책으로 제2차 조선교육령(1922년 2월 공포)을 통하여 대학 설치의 길을 열어 놓았다. 제2차 조선교육령으로 대학 설립의 길이 마련되자 한국인의 민립대학 설립운동이 재개되었다. 대학교육을 통하여 우리의 손으로 지도적 인재를 길러 내고 민족정신을 높이자는 것이 선각자들의 생각이었다. 1922년 1월 이상재를 대표로 조선민립대학 기성준비회가 결성되고 동아일보가 여론을 조성하는 등 대학설립을 위한 준비가 구체화되었다. 이어서 조직이 구성되고 기금마련을 위한 모금운동에 들어갔다. 그러나 한국인의 대학 설립을 지지하려는 총독부의 교묘한 방해공작과 1923년 여름부터 이어진 대홍수, 경제공항 등의 사정으로 민립대학을 세우려는 노력은 실패로 끝났다. 민립대학 설립운동이 벌어지고 있는 즈음, 다른 한편에서는 기존의 전문학교를 대학으로 승격시키려는 운동도 전개되었다. 이화학당의 연합기독교여자대학안과 연희전문학교 중심의 종합대학안이 그것이다. 이후 1940년경에는 보성전문학교를 한국 초유의 민립대학으로 승격시키려는 노력도 있었다. 하지만 일제 침략기에 우리의 손으로 대학을 설립하려는 여러 시도들은 총독부의 방해로 끝내 실현되지 못하고 해방을 맞았다.

한국인들이 대학을 세우는 것을 막기 위해 총독부는 사립대학설립 불허 방침을 세우고 관립인 경성제국대학의 설립을 추진하여 1924년 5월 경성제국대학 관제를 공포하였다. 총독부가 경성제국대학을 설립한 이유는 다음과 같다(김명신, 2013).

① 한국인 차별교육에 대한 한국인의 불만을 해소하려는 것이었다.
② 한국인들이 추진하고 있는 민립대학의 설립을 저지하려는 방책이었다.
③ 한국에 거주하고 있는 일본인에게 대학교육의 기회를 제공하려는 방책이었다.
④ 대학을 친일파 양성기관으로 활용하려는 의도가 있었다.
⑤ 한국에 있는 일본인 중등학교 및 한국인 중등학교에서 가르칠 교원을 양성해야 할 필요성이 있었다.

이렇게 하여 설립된 경성제국대학은 1945년 8·15광복과 더불어 경성대학으로 개칭되었다가 1946년 국립 서울대학교로 개편되었다.

4. 학회 교육운동(1906~1911)

학회교육운동은 1906년 국권회복을 위해 지역단위로 학회를 조직하여 애국계몽운동을 전개하였다. 이들은 사립학교의 설립과 재정적 지원과 교육잡지 발간하여 당시의 민족교육운동을 주도하였다. 학회로서는 한성에 있던 서우학회, 한북흥학회, 서북학회, 기호흥학회, 호남학회, 관동학회 등의 학회를 설립하였다. 그 밖에 대한협회, 흥사단, 여자교육회, 애국 부인회 등의 단체, 그밖에 방회, 농회, 민회, 민단 등에서 사립학교를 설립하였다(한관일, 2009).

5. 브나로드운동과 문맹퇴치운동

조선민립대학 설치운동에 뒤이어 나타난 것이 일제의 문화정치에 대한 저항으로 문자보급운동이 일어나게 되었는데 민중 속으로 번진 이 운동은 민중교육운동을 야기 시킨 계기가 되었다.

1929년부터 조선일보는 민중문화 향상을 위한 문자보급운동을 시작하였다. 조선일보와 귀향 학생들에 의한 문자보급운동을 농촌계몽운동과 문맹퇴치에 더욱 박차를 가하게 되었다. 1929년 조선일보 제1회 문자보급운동에 참가한 학생 수는 409명이었다. 이들 학생들이 이 해 여름방학에 문맹을 퇴치한 수는 2,849명에 이르렀다. 1930년 조선일보 제2회 문자보급운동 때는 학생 수가 훨씬 늘어나 900명이나 되었고 문자를 해득한 사람도 지난해의 5배가 되는 1만 567명이나 되었다. 이 해에 참가한 학교 수는 46개교로서 남학교 중에서는 양정, 중동, 배재, 경신학교이며, 여학교 중에서는 진명, 이화, 숭의여학교 학생들이 제일 많았다.

조선일보는 문자보급운동을 더욱 강화하기 위하여 1930년 12월에 '문자보급가'를 공모하여 1931년 신년호에 당선작을 발표하였다(조선일보사, 1970). 조선일보가 전개한 문자보급운동은 1934년 여름방학까지 계속되었다. 1935년 여름방학에는 총독부의 중지령으로 인하여 한글교재 10만부를 동년 12월 21일에 발행하여 문맹촌에 골고루 배포하였다.

브나로드 운동

출처: http://contents.history.go.kr/front/ti/view.do?treeId=06029&levelId=ti 029 0060

한편 조선일보의 문자보급운동과 더불어 동아일보에서는 1931년 7월부터 브나로드운동[1]을 전개하였다. 동아일보는 1931년부터 '브나로드'라는 슬로건을 걸고 여름방학에 귀향하는 학생들을 동원하여 각 지방에서 한글과 산술을 가르치고 연극, 음악, 오락도 가르쳤다. 당시에는 인구 2,000만 명 중 약 80%가 문맹이었으므로 학생들에 의한 문자보급운동은 매우 큰 의미를 갖는다. 참가하는 학생들은 주로 고등보통학교 4, 5학년과 전문학교 학생들로 구성되었으며, 학생계몽대, 학생강연대, 학생기자대 등 세 분야로 조직하여 활동하였다. 계몽대는 주로 한글과 산술을 가르치고, 강연대는 학술강연, 시국강연, 위생강연 등을 실시하고, 기자대는 이들 활동을 취재하여 고향통신, 생활수기 등을 신문에 투고하였다. 그리고 동아일

1) 원래 '브나로드(Vnarod)'는 제정(帝政)러시아 말기에 소련의 지식인들이, 이상사회를 건설하기 위해서는 민중을 깨우쳐야 한다는 취지로 만든 '민중 속으로 가자.'는 뜻의 러시아말 구호이다. 이 구호를 내세우고 1874년 수백 명의 러시아 청년학생들이 농촌으로 들어가 계몽운동을 전개하였다.

보가 제1회 브나로드운동과 함께 조선어학회의 후원을 얻어 가진 강습회에는 이윤재, 김윤경, 이병기, 최현배, 이희승, 강지영, 이만규 등 저명한 인사들이 참가하였는데, 이들은 각 지방을 다니면서 한글 강습과 동시에 아동들에게 '문맹타파가'라는 노래로 글자를 풀어서 한글을 쉽게 이해하도록 하였다.

1. 귀 있고 못 들으면 귀머거리요
   입 가지고 말 못하면 벙어리라지
   눈 뜨고도 못 보는 글의 소경
   소경에도 귀머거리 또 벙어리라
2. 듣는 대신 보란 글을 보도 못하니
   귀머거리 이 아니고 그 무엇이며
   말하듯이 써낼 글을 쓰도 못하니
   벙어리가 아니고 그 무엇이요

-조용만(1970)-

이상과 같이 브나로드운동은 4년간 계속되다가 1935년에 이 운동은 일제 당국의 금지로 중단되었다(장덕삼, 2003).

당시에 브나로드운동으로 애칭되었던 청년학생들의 민중계몽운동은 민족독립운동에 있어 민중계몽을 통한 민족자강으로 독립의 기반을 튼튼히 하고자 한 운동으로서, 언론계와 조선어학회·청년학생이 힘을 합쳐 거국적으로 전개하였던 주목할 만한 문화운동이었다(Daum 백과사전, 2019).

생각해보기

1. 일제 강점기에 민족교육의 전개과정에 대하여 생각해 봅시다.
2. 일제 강점기의 조선교육령의 시기별 특징에 대하여 생각해 봅시다.
3. 일제 강점기의 식민교육을 제시하고, 이를 어떻게 극복할 것인가를 생각해 봅시다.
4. 일제 강점기의 교육이 현재의 교육에 끼친 영향에 대하여 생각해 봅시다.

CHAPTER 10

미군정기 교육

제1절 미군정기 교육의 특징
제2절 문교정책과 교육방침
제3절 한국교육위원회와 조선교육심의회
제4절 '새교육운동'의 도입
제5절 학교교육의 전개

학습목표

1. 미군정기 교육의 특징을 이해할 수 있다.
2. 미군정기 문교정책과 교육방침을 설명할 수 있다.
3. 미군정기의 교원양성교육에 대하여 설명할 수 있다.

Keyword

미군정기 교육, 교육원조추진심의회, 교육조사단, 한국교육위원회, 문교정책, 조선교육심의회, 새교육운동, 달튼 플랜, 위네트카 시스템, 구안법

해방(1945.8.15)

출처: https://cafe.naver.com/hanbissam/223

1945년 8월 15일 일본이 연합군에 무조건 항복함으로써 광복을 이룩한 한국은 38선을 경계로 북한은 소련군에 의한 군정이 실시되고, 남한은 1948년 8월 15일에 대한민국 정부가 수립되기까지 3년간 미군에 의한 군정이 실시되었다.

1945년 9월 9일 주한 미육군 사령관 하지(J. R. Hodge)중장은 아베조선총독으로부터 정식 항복문서를 접수하고, 9월 11일 하지중장은 아놀드(A. R. Arnold) 소장을 군정장관에 임명하고, 9월 22일에 군정청의 성격, 임무, 기구 및 국과장급 인사를 확정함으로써 미군정체제가 본격적으로 가동되었다. 미군정청은 1948년 8월 15일 민주주의 정부가 들어서기까지 38선 이남지역의 과도기적 통치를 위한 임시정부의 성격을 띠고 있다(손인수, 1992).

10장에서는 미군정기 교육의 특징, 문교정책과 교육지침(방침), 한국교육위원회와 조선교육심의회, 새 교육운동의 도입, 학교교육의 전개 등에 대해서 고찰하기로 한다.

제1절 미군정기 교육의 특징

1절에서는 미군정기의 중요성, 현상유지정책과 교육주도 세력의 형성의 3요소, 교육주도 세력의 형성 등에 대해서 기술하고자 한다(김영광, 2011).

1. 미군정기의 중요성

해방(1945.8.15)

출처: https://cafe.naver.com/hanbissam/223

얄타회담(1945)

출처: https://www.warmemo.or.kr/front/militaryInfo/searchList.do?pageIndex=33

학교교육의 양대 기둥인 교육이념과 학제가 미군정기에 초석이 마련되었다. 미군정은 1945년 9월 8일부터 1948년 8월 15일 대한민국의 건국에 이르기까지 약 2년 11개월간에 걸쳐 실시되었다. 미군정은 교육원조추진심의회의 설치와 교육조사단의 내한, 교육조사단의 권고에 따른 교원연수소의 설립으로 수천 명의 미국지향적 교사를 양산해내고, 미국식 교육이론과 방법을 소개한 교사 재교육을 통하여 7,800여명의 교사들을 현장에 투입하였다. 그리고 조선교육위원회, 조선교육심의회 등의 자문기구를 통하여 친미적 성향을 가진 교육주도세력을 만들어내고, 교육주도세력으로 하여금 미국을 모델로 한 교육이념과 학제를 만들어내도록 했다.

미군정하에서 최종적으로 교육이념과 학제가 결정된 것은 조선교육심의회를 통해서였다. 이 회의는 10개의 분과위원회로 구성되었는데, 미군정은 각 분과로 하여금 학무국에서 마련한 여러 가지 의제를 협의, 결정하게 하고, 그 결과를 전체 회의에 제출하여 최종 결정토록 하였다.

3·8선

출처: https://blog.naver.com/lsk0234/90003483583

제4차 전체회의에서 한국의 교육이념으로 '홍익인간(弘益人間)이 채택되었다.

참고자료 **제1분과위원장 안재홍(安在鴻)이 보고한 내용**

홍익인간의 건국이상에 기하여 인격이 완전하고 애국정신이 투철한 민주국가의 공민을 양성함을 교육의 근본이념으로 함. 위의 이념을 관철하기 위하여 아래의 교육방침을 수립함

1. 민족적 독립자존의 기풍과 국제우호, 협조의 정신이 구전한 국민의 품성을 도야함
2. 실천궁행과 근로역작(勤勞力作)의 정신을 강조하고, 충실한 책임감과 상호애조의 공덕심을 발휘케 함
3. 고유문화를 순화 앙양하고, 과학기술의 독창적 창의로서 인류문화에 공헌을 기함
4. 국민체위의 향상을 도모하여, 견인불발의 기백을 함양케 함
5. 숭고한 예술의 감상, 창작성을 고조하여 순후 원만한 인격을 양성함

제2분과인 교육제도분과위원회에서는 새로운 교육제도의 골격과 방향을 심의하여 전체회의에 회부하였는데, 새 학제는 6-3-3-4의 단선형 학제였다. 두 가지 우리교육의 기본골격은 1949년 제정된 교육법에 그대로 반영되어 오늘날에 이르고 있다.

2. 현상유지정책과 교육주도 세력의 형성의 3요소

미군정의 기본정책은 남한의 공산화 방지와 친소정권의 대두를 저지하는 것이

다. 남한에서의 어떠한 급격한 변화도 원치 않았다. 미군정의 정책은 현상유지 정책이다. 교육정책에 있어서도 기본정책은 그대로 관철되었다. 기본정책을 관철하기 위해 미군정은 미국인을 잘 이해하고 반공사상에 투철한 유능하고 실천적인 인사를 적극 선발하여 교육주도세력으로 형성하였다. 미군정이 한국 내 교육주도세력의 형성에 있어서 고려한 요소는 세 가지였다.

① 정치적 요소이다. 미군정은 현상유지 정책에 호응하는 보수적인 집단을 선택하였다. 이에 적극 협력한 세력은 미국의 외교정책에 맹목적으로 편승하여 정권 장악의 기틀을 마련하고자 했던 한민당[1])이었다. 현상유지라는 미군정의 정책은 극우세력으로써 일제하의 기득권을 상실하지 않을까 전전긍긍하고 있었던 한민당의 이해관계와 맞아 떨어졌던 것이다.

② 학문적 요소이다. 미군정은 미국유학생 출신들을 중심으로 교육주도세력을 형성코자 하였다. 한민당에 소속되었으면서도 이른바 독일 유학 출신들은 미군정의 교육정책에서 철저하게 소외되었다. 베를린대학에서 박사학위를 받고 런던대학에서 수학한 이극로는 조선어학회 중추적인 인물이었음에도 불구하고 핵심세력에서 소외되었다. 독일 예나대학 출신으로 초대 문교장관을 지낸 안호상은 미군정에 의해 처음부터 배제되었다.

③ 종교적 요소이다. 미군정은 교육주도 세력을 기독교 신자를 중심으로 발탁하였다. 그 과정에서 당시 군정청에서 한국인을 추천하는 일을 맡았던 하지(Hodge)의 정치고문 윌리엄즈(Williams) 소령의 영향력이 매우 컸다. 윌리엄즈 소령은 일제하 조선에서 선교활동을 펼친 미국인 선교사의 아들로 인천 출생이었으며, 당시 한국에 상륙한 1만여 미군 중에서 한국어를 구사할 수 있는 유일한 미군이었다.

---

1) 미군정에 우호적인 정당으로 김구, 이승만, 이시영, 서재필, 원세훈, 조병옥, 김성수 등이 포함되어 있는데, 주요 구성 세력은 언론인과 지식인층이었다.
1945년 5만 명의 당원으로 출발해 1947년에 85만여 명으로 확대되었다. 한민당(한국 민주당)은 통일 민족 독립 국가 건설을 정치적 제1목표로 삼았지만 향후 정치적 주도권을 장악하기 위해 좌익 세력인 '조선민주주의인민공화국'의 타도를 최우선 과제로 삼았다.

3. 교육주도 세력의 형성

1945년 9월 10일 주한미군사령관 하지(Hodge) 장군은 군정장관으로 아놀드(Arnold)를 임명하고 9월 11일에 공식적으로 군정을 열었다. 아놀드 장관을 위시한 군정장교들은 이러한 세 가지 조건을 중심으로 쓸 만한 한국인의 물색에 들어갔다. 당시 교육은 미육군 직제에 따라 공보부문의 일부였는데, 이날부터 미 육군대위인 라카아드(Lockard)에 의해 중앙청 2층에서 교육사무가 이루어졌다. 라카아드가 최초로 접촉한 인물은 오천석이었다. 그 후 라카아드는 오천석의 추천으로 한국인으로 구성되는 자문기관을 만들기로 하고, 9월 16일 한국의 교육지도자 16명을 불러 교육계의 각 분야를 대표할 인사를 선택할 것을 제의하였다. 그 결과로 7명의 인사가 선출되어 한국교육위원회(The Korean Committee on Education)를 조직하였다. 이들은 초등교육에 김성달, 중등교육에 현상윤, 전문교육에 유억겸, 고등교육에 김성수, 교육전반에 백낙중, 여자교육에 김활란, 일반교육에 최규동이었다. 9월 22일에는 김성수가 교육담당관의 고문이 되고, 그 대신 군정장관의 추천에 의해 백남훈이 위원으로 취임하였다. 11월에는 3인이 추가되어 10인의 위원회를 만들었다.

한국교육위원회는 미군정의 자문기관이었으나, 실질적으로 교육의 분야에서 중요한 문제를 심의 의결하였으며, 각 도의 교육책임자, 기관장을 임명하는 등 주요 인사문제를 다루었다. 학무국의 조직은 여러 번의 변화를 거쳐, 1946년 3월 군정법령에 의해 문교부로 승격되고 7국 1관제로 개편되어 1948년 정부수립까지 약간의 수정이 있었을 뿐 그대로 존속되었다. 학무국이 문교부로 승격되어 개편됨에 따라 학무국장이던 유억겸은 초대 문교부장으로, 차장을 오천석이 임명되었다. 유억겸 문교부장은 1947년 11월 급서하여 그 후임으로 오천석이 취임하였다.

제2절 문교정책과 교육방침

군정청 학무국은 1945년 9월 22일에 당면한 교육방침을 다음과 같이 발표하였다(중대부설한국교육문제 연구소편, 1974).

첫째, 일반방침이다. ① 교육제도와 법규는 금후 실시해 나갈 교육정신에 저촉되지 않는 한 당분간 현실대로 하되, 일본주의적 색체에 관한 일체의 사항을 말살하며, ② 평화와 질서를 당면의 교육목표로 한다 등이다.

둘째, 미군정당국의 교육방침이다. ① 일제 잔재의 불식이다. ② 평화와 질서의 유지이다. ③ 생활의 실제에 적합한 지식, 기능의 연마이다.

셋째, 문교정책이다. 미군정기에 있어 한국 문교정책의 기본 노선은 일본의 식민지 교육의 잔재를 청산하고 민주교육의 건설을 지향하는 것이었다. 이를 위해 개방적 교육정책이 추구되고, 민주적 교육정책이 강조되었다. 교육의 민주화 추진과 기회균등의 실현이 교육정책의 기본원리가 되었다. 이를 위해 구체적으로 의무교육 실시계획이 수립되고, 중등교육과 고등교육이 확충되었으며, 남녀공학의 실시, 사범대학의 창설 등 다양한 민주화 시책이 구체화되었던 것이다.

미군정기에 추진되었던 문교정책은 다음과 같다(김영우·피정만, 1997).

① 한국인의 교육문제를 한국인들 스스로 결정하도록 하는 한국화 시책을 추진
② 학교의 교수 용어를 한국어로 하였다.
③ 민주교육 이념의 보급
④ 교과서 편찬 보급
⑤ 교육제도의 민주화 추진
⑥ 교육행정의 자치화 및 지방분권화 시책을 강구
⑦ 교육과정의 민주화 촉진
⑧ 문맹퇴치를 위한 성인교육 추진: 대규모의 교원양성과 재교육을 실시하였으며 취학시기를 놓친 사람들을 대상으로 성인교육을 실시하였다.

넷째, 교육상 유의점이다.

① 평화와 질서의 유지만이 조선의 장래를 광명으로 인도하는 것이요. 투쟁과 혼란은 국가 백년의 대계를 그르친다는 것을 교육의 전면을 통하여 철저하게 함
② 공존에 의하여 정당한 건의를 발양하고, 정치적 책임을 공담함으로써 자유를 향유할 수 있는 공민적 자질을 적극적으로 연성하여, 정치적 우매가 폭력을 유발하고 폭력이 중하면 민의를 질식케 하는 것을 자각시킬 것
③ 이기적 관념을 일소하여 봉공정신에 철저케하고, 공덕과 공법을 절대 준수하는 정신을 관습화하게 할 것
④ 소심이익하여 자의준수하는 피압박적 관념을 일소하고, 명랑 활발한 대국민적 금도를 소지하고, 적극 진취하여 자유자각의 정신을 함양할 것
⑤ 아국 과거의 역사와 문화가 혁혁한 광채를 발휘하였던 것을 회상하여 세계에 공헌할 신문화 창조의 의욕을 왕성케 함과 동시에 근세의 사대사상과 당쟁이 민족자결의 기능을 상실케 하였음을 확인하여 전철을 밟지 않을 각오를 새롭게 할 것
⑥ 교육을 실천적으로 하여 공리공론에 떨어지지 말도록 하고 생활의 실제에 적합한 지식 기능을 반복 연습케 하여 응용 자재케 하고, 근로를 애호하고 흥업치산의 지조를 굳게 할 것
⑦ 체육을 적극적으로 장려하여 건강한 기우(氣宇)를 함양할 것
⑧ 예능을 중시하여 순량 온화한 품성을 도야할 것

제3절 한국교육위원회와 조선교육심의회

첫째, 한국교육위원회(韓國敎育委員會)에 대해서 기술하고자 한다. 군정청 학무당국에서는 한국교육의 시책을 강구하기 전에 한국인 교육계 인사들로부터 당면한 교육문제에 대한 조언을 얻기 위해 1945년 9월 7명으로 한국교육위원회(The Korean Committee on Education)를 조직케 하였다.

한국교육위원회가 수행한 자문역할의 주요 내용은 다음과 같다(정태수 편, 1992).

① 언제 학교 수업을 재개할 것인가?(휴교상태에 있던 학교의 재개시기)
② 일본인 직원의 해고(일본인 교사나 친일파 교사의 해고 여부)
③ 학무국의 요원과 기구문제(학무국 요원으로 누구를 추천하며, 어떻게 학무국의 기구를 구성할 것인가?)
④ 교육행정관의 임명(각급학교 교장의 임명)
⑤ 교과서와 교육과정 문제(교과서와 교육과정 문제를 어떻게 다룰 것인가?)

한국교육위원회는 그 공식적 성격이 자문기관이었으나 실질적으로 교육의 모든 부문에 걸쳐 중요한 당면 문제를 심의 결정하였고, 각 도의 교육책임자, 기관장 같은 주요 인사문제를 다루었다(오천석, 1964). 그러므로 한국교육위원회는 제도적으로는 자문위원회에 지나지 않았지만 군정청 문교 당국자들이 한국 사정에 밝지 못한 당시의 상황 하에 있어서 사실상 자문기관 이상의 역할을 수행하였다고 할 수 있다(김영우·피정만, 1997).

둘째, 조선교육심의회(朝鮮教育審議會)이다. 이는 구체제에서 벗어나 민주사회 건설에 부합한 새로운 방향을 설정하고 그에 따르는 새로운 체제를 수립하기 위하여 군정청 학무국은 당시 한국의 교육계 지도자를 포함한 넓은 범위에 걸쳐 각계 각층의 많은 지도자들의 참여를 얻어 한국의 장래의 교육을 설계할 것을 구상하여(오천석, 1964), 1945년 11월 23일 교육계와 학계의 지도자 100여명으로 조선교육심의회를 구성토록 하였다. 조선교육심의회는 교육이념분과위원회를 비롯하여 교육제도, 교육행정, 초등교육, 중등교육, 직업교육, 사범교육, 고등교육, 교과서, 의학교육 등 10개 분과위원회를 두어 각 분과로 하여금 학무국에서 마련한 여러 가지 의제를 협의 결정케 하고 그 결과를 전체회의에 제출하여 최종결의를 보도록 하였다(손인수, 1989). 그런데 조선교육심의회는 그 발상에서부터 논의 결정에 이르기까지 시종 한국 측에 의하여 주도되었고, 미군측은 조언자의 역할만 하였다. 즉 각 분과위원회는 학무국의 미국인 직원과 한국인 직원도 참여하였으나 자문자와 간사의 역할만을 담당하였다(아부양편, 1987).

조선교육심의회의 중요한 결정 사항을 소개하면 다음과 같다(김명신, 2013).

① 교육이념 분과는 장기간에 걸친 외세의 지배로 흐려진 국가 관념을 고취해야 한다는 취지에서 홍익인간을 교육이념으로, 그리고 인격이 완전하고 애국정신이 투철한 민주국가의 공민양성을 교육의 근본이념으로 채택하였다.

② 남녀공통 원칙의 6－3－3－4제를 기본학제로 하는 단선형 교육제도를 채택하였다. 이는 '교육의 기회균등'정신에 입각한 민주적 교육제도를 수립하려는 것이었다.

③ 학교계통을 학령전 교육, 초등교육, 중등교육, 고등교육, 특수교육으로 하였다.

④ 종래의 3학기제를 폐지하고 1년을 2학기로 나누었으며, 1학기를 9월부터 2월까지, 2학기를 3월부터 8월까지로 정하고, 새 학제는 1946년 9월부터 실시하기로 하였다.
⑤ 초등교육의 의무화를 가결하였으나 미군정기에는 재정의 부족으로 실시되지는 못하였다.
⑥ 교원양성기관으로는 사범학교와 사범대학(2년제, 4년제)을 두도록 하였다.

조선교육심의회는 1945년 11월에 활동을 개시하여 1946년 3월에 이르기까지 약 4개월간에 걸쳐 존속하는 동안 교육이념, 교육제도, 교육내용 등 한국교육 전반에 걸쳐 심의 의결하여 이를 학무국에 건의하였고, 군정청 학무국에서는 심의회 결의를 존중하여 거의 수정 없이 이를 실천에 옮겼다(오천석, 1964). 그리고 조선교육심의회는 우리나라의 교육이념으로 홍익인간을 처음으로 제시했고, 민주적인 단선형의 교육제도를 마련함으로써 한국교육의 방향과 학제의 기틀을 마련해 주었다. 그리하여 조선교육심의회에서 채택한 교육이념과 교육제도는 대한민국 국회에서 제정한 교육법에 그대로 계승 반영됨으로써 새로운 한국교육의 노선을 확정하는데 조선교육심의회가 크게 기여하였음을 보여주고 있다(아부양편, 1987).

제4절 '새교육운동'의 도입

새교육운동은 과거 식민지 교육에 대한 인식을 전환하고 교육을 개혁하기 위하여, 1946년부터 전개된 교육계의 운동이다. 새로운 운동의 중심은 일제의 식민지 교육의 잔재를 청산하고, 민주주의에 입각한 교육을 지향하는 데 있었다. 새교육운동의 이념은 프래그머티즘을 배경으로 한 존 듀이(John Dewey)의 민주주의 교육사상과 미국의 진보주의 교육사상을 수용하는 운동이다. 이 운동의 중심 내용은 교사 중심 교육에서 아동중심 교육으로, 교과중심 교육과정에서 생활중심 교육과정으로 전환하는 것이다(신재흡, 2014).

이 같은 새교육운동을 뒷받침하는 철학적 근거가 되는 듀이의 민주교육사상의 경험주의 교육이론이 강습회를 통하여 현장 교원들에게 소개되고, 아동 및 학생의 개성을 신장시키고 개인차에 의한 교육의 구체적인 방법을 알기 위하여 미국에서 고안·실시된 여러 가지 새로운 교육방법이 연구되었는데 이를 소개하면 다음과 같다(신재흡, 2015; 김명신, 2013).

① 억압적인 것이 아니라 자유에 기반을 둔 교육으로 자연스러운 분위기 속에서 이루어지는 교육, 즉 개인의 권리와 능력, 성격, 취미, 희망이 존중되는 교육방식을 지향하였다.
② 인간 전체의 발달 향상을 목표로 현실과 직접적 관련을 갖는 실생활교육을 지향하였다.
③ 달튼 플랜(Dalton Plan)[2]이나 위네트카 시스템(Winnetka System)[3]과 같은 개별화 수업 방안, 문제해결력을 길러 주는 구안법(project method)[4] 등이 도입되었다.
④ 아동중심, 개성존중, 활동중심 교육으로 전환하고자 하였다.

새교육운동은 민간인들로 구성된 교육연구단체에 의해서 주도적으로 추진되었다. 즉 새교육운동은 안호상을 중심으로 한 민주교육연구회(1946), 백낙준을 중심으로 한 한국교육문화협회(1948), 오천석을 중심으로 한 새교육협회(1948. 9), 심태진, 김기서를 중심으로 한 아동교육연구회 등 네 개의 교육연구단체에 의해서 추진되었다(손인수, 1992: 340). 이들 교육연구단체에서는 각기 현직교원을 대상으로

2) 1919년 헬렌 파크허스트가 개발하여 장애인 학교에 처음 도입했다가 1920년 매사추세츠 주 달튼 시에 있는 고등학교에서 이 방법을 실시했다. 일부 진보적인 교육자들은 종래의 학년 제도가 개인의 다양한 학습 속도를 무시하기 때문에 적절하지 못하다고 지적했는데, 달튼프랜은 이러한 분위기에서 싹튼 새로운 교육 방법이었다. 이 플랜은 학교 교과과정에 들어 있는 각 과목을 1개월 단위로 나누어 과제를 할당했다. 학생은 자신의 학습계획을 자유롭게 짤 수 있지만, 다음 단계가 시작되기 전에 그 달에 할당되어 있는 과제를 다 끝내야 했다. 집단학습을 장려했으며 한때 미국·영국·유럽(특히 소련)과 서방 식민지 사회에서 대단한 호응을 얻었지만 지나치게 개별화한다는 비판을 받고 결국 폐지되었다

3) 1919년 미국 시카고 교외의 위네트카 지방의 교육장으로 있던 워쉬번에 의해 실시된 개별화 교수를 위한 교수체계이다. 모든 교과를 공통기본과목과 집단적·창조적 활동의 두 영역으로 나누어 공통 기본과목은 특별히 고안된 교과서에 의하여 개별학생의 능력에 따라 자율학습을 하고, 개별적인 진도를 평가하여 새로운 과제가 부여된다. 집단적·창조적 활동은 주로 자기표현활동으로 학급 전체의 협동적인 활동으로 이끌어 가도록 했다. 이는 교육의 개별화와 사회화를 시도한 것으로 무학년제에 영향을 주었다.

4) 실제의 작업을 중시하여 일의 계획과 수행능력을 기르는 교육방법으로, 20세기 초기 이후 미국에서 발전한 학습지도법으로, 학습자 스스로 계획하고 구상하여 문제를 해결하고 지식과 경험을 종합적으로 체득시키려는 학습지도 방법이다.

한 강습회를 개최하여 민주교육의 이념과 새로운 교육방법을 소개하고, 「조선교육」(민주교육연구회), 「교육문화」(한국교육문화협회), 「아동교육」(아동교육연구회) 등의 잡지를 발간하여 새교육을 널리 소개하였다.

새교육운동이 지향하는 바를 소개하면 다음과 같다(오천석, 1964).

① 전통적 교육의 계급주의, 차별주의를 배격하였다.
② 인간을 도구화하는 것으로 목적을 삼는 교육에 반항하였던 것이다.
③ 옛 교육의 특색인 억압주의적 교육에 반기를 들고, 자유에 기반을 둔 교육을 기도한 것이다.
④ 모든 어린이들을 오뚜기 모양으로 똑 같이 다루는 획일주의적 교육을 거부하고 각 사람의 개인차를 인정하고 그 개성을 살려 북돋는 교육을 내세웠던 것이다.
⑤ 과거의 문화적 유산을 전달하는 것으로 목적을 삼는 지식중심의 교육, 현재의 실생활과 유리된 서적중심의 교육을 배격하고 사람 전체의 발달 향상을 목표로 하는 현실과 따뜻한 교섭을 가진 산교육을 지향하였던 것이다.

제5절 학교교육의 전개

첫째, 초·중등교육의 확대이다(김명신, 2013). 미군정기에 교육 분야에서 여러 변화가 있었지만, 그중에 교육기관의 확대는 괄목할만한 성과를 거두었다. ① 초등교육에 있어서는 조선교육심의회가 가결한 의무교육은 비록 이루어지지 않았지만 해방 직후 약 157만 명으로 64%였던 취학률이 3년 후에는 240만 명으로 증가하여 74.8%의 취학률을 보이게 되었다. 이렇게 초등교육이 확대된 데에는 미군정의 노력과 한국인들의 진학열이 한 몫을 하였다. ②

미군정기 교과서들

출처: https://web.gnue.ac.kr/museum/xboard/board.php?mode=view&number=639&page=6&tbnum=2&addUrlQuery=c0NhdD0%5E

당국은 또한 중등교육의 확대를 위하여 먼저 일군일교(一郡一校) 설치안을 실시하였고, 이에 따라 많은 학교가 새로 세워지게 되었다. 그 결과 1945년 12월 말에 학교 수 248개교, 교원 수 1,186명, 학생 수 71,701명이었던 것이 1947년 5월말에는 학교 수 385개교, 교원 수 6,304명, 학생 수 159,950명으로 늘어났다. ③ 해방이 되었을 당시 5년제 중학교의 수가 97개에 학생 수는 5만 여명이었던 것과 비교하면, 3년이 채 되지 않는 동안에 거의 세 배로 증가된 것이다. 신설되는 학교만 가지고는 학생을 모두 수용할 수 없게 되자 중학교도 사정에 따라 2부제로 운영되기도 하였다.

둘째, 고등교육이다. ① 미군정기간에 고등교육 분야에 있어서도 획기적인 발전이 이루어졌다. 해방 당시의 고등교육기관은 경성제국대학과 전문학교가 있었으나 학제 개편에 따라 전문학교들이 대학으로 승격 개편되고, 대학이 중심되어 서울대학교가 신설되고, 연대, 고대, 이대가 사립대학으로 승격 개편되었으며, 도합 22개의 고등교육기관이 개편 증설되었다(문교40년사편찬위원회, 1988). ② 조선교육심의회는 신학제를 제정하면서 고등교육기관으로 대학을 두되, 대학은 단과대학, 종합대학교, 사범대학으로 구분하고, 수업연한은 대학 4년, 의과대학 6년(2년은 예과), 대학원 1년 이상으로 하도록 하였다. ③ 교수 충원 문제의 심각성을 들 수 있다. 일제 강점기 동안 고등교육기관의 교수 자리를 장학하고 있던 일본인들이 패전으로 본국으로 돌아가면서 공백이 된 자리를 유능한 한국인 인력으로 채울 수가 없었던 것이다. ④ 미군정하의 고등교육정책은 개방적, 자유방임적 성격을 띠어 많은 사람들이 사재를 투입하여 대학을 설립하였다(손인수, 1989). 이에 군정청 문교부는 1946년 12월경에 급격히 늘어나는 대학 설립을 견제하기 위해 대학 설립에 관한 새 기준을 마련하는 한편 고등교육기관의 명칭을 대학교(3개 이상의 분과 대학으로 구성되는 종합대학), 대학(단과대학), 대학관(주·야간을 불문하고 정규대학으로 인정할 수 없는 대학 정도의 기관), 학관(주·야간을 불문하고 고등학술 기예를 전수하는 곳) 등으로 구분했다. 이러한 4등급의 고등교육기관은 학교의 규모나 학생 정원과 같은 양적 규모의 차이에 따라 구분하였다. 즉 대학관은 대학으로 승격하기 위한 준비기관이었으며, 대학과 대학교는 단지 단과대학의 구성수로만 구분되어져 있을 뿐이었다. 그리고 대학관과 대학은 설립목적이 동일할 뿐만 아니라 실제로 대학관은 대학령에 의한 특종학교로서 비록 학위증은 수여할 수 없었으나 그 교육내용이나 교과과정은 4년제 정규대학과 다를 바가 없었다(이광호, 1983). ⑤ 군정청은 1946년 8월 22일 미군정 법령 제102호로 국립서울대학교 설치령을 제정 및 공포하였다. 이는 부족한 인적·물적 자원을 최대한으로 활용함으로써 교육의 질을 향상시키고 국가재정을 가장 유효하게 쓰려는 데 목적을 두고 현대적인 종합대학교의 설치를 규정한 것이며, 서울과 인근에 있던 경성제국대학과 관립전문학교 등 관립의 고등교육기관들을 통합 개편하는 것으로 되어 있다(서울대학교 20년사 편찬위원회, 1966). ⑥ 미군정기하에 마련된 새로운 대학의 특징은 다음과 같다(김종철 외, 1989).

- 단과대학과 종합대학교로 구분
- 종합대학교에는 대학원을 설치
- 대학의 교육과정을 필수와 선택으로 나누고, 필수과정에는 일반교양과 전공과정을 둠
- 학점제 채택(180학점)
- 교관의 지위를 교수 – 부교수 – 조교수 – 전임강사 등으로 구분

셋째, 교원양성교육이다. ① 초등교원 양성이다. 군정청 학무국은 초등교원 양성을 위해 종전의 사범학교를 개편하여 계속해서 초등교원을 양성토록 하고, 사범학교를 증설하는 한편 관립이던 사범학교를 1946년에 공립으로 이관시키고, 부족 되는 초등교원을 단시일 내에 양성하기 위해 사범학교에 단기과정을 설치하였으며, 일반 중학교에서도 사범과를 설치하여 초등학교 교원을 양성하도록 하였다. 또한 군정청 학무국은 해방 당시 남한에 있던 10개의 사범학교 중 경성사범학교, 경성여자사범학교, 대구사범학교를 사범대학으로 승격 개편토록하고, 나머지 사범학교도 개편하여 계속해서 초등교원을 양성토록 하였다. 그리고 부족 되는 초등교원을 양성하기 위해 경기사범학교를 비롯하여 개성, 부산, 충주, 강릉, 군산, 목포, 순천, 안동 등에도 사범학교를 설립하였다. 한편 군정청 문교당국은 부족 되는 초등교원을 단기간 내에 양성하기 위해 사범학교에 교원양성과(임시교원양성과: 고급중학교 졸업자 대상으로 1년 이내 단기 초등교원 양성), 속성과(4개월 교사양성과정: 초급중학교 졸업자에게 입학 자격 부여), 강습과(속성과 대신) 설치했으며, 수업 연한은 3개월, 5개월, 6

개월, 1년, 1년 이내의 단기 초등교원 양성과정을 설치토록 했다(김영우·피정만, 1997). 특히 경상북도에는 안동사범학교 1개교만 설치되어 있어 초등교원의 수요를 충당하기 위해 7개의 중학교에 사범과를 부설하여 초등학교 교원을 양성하였다(오천석, 1964).

② 중등교원 양성이다. 한국의 최초로 설립된 사범대학은 경성사범대학이다. 중등교원은 사범대학에서 양성하도록 되었으나 당시 중등교원의 수요를 충족할 수가 없었다. 중등교원의 다수를 점유하던 일본인이 물러나고 중등학교가 급격히 증설되어, 그 수요가 급증하였기 때문이다(김영우·피정만, 1997). 정부에서는 중등교원을 충원하기 위해서 중등교원을 양성하는 사범대학의 수업 연한은 2년 또는 4년이고, 6년제 중학교 졸업자를 입학자격으로 하였다. 2년제 사범대학 졸업자에게는 중학교 교사 자격증이 수여되고, 4년제 사범대학 졸업자에게는 중등교사 자격증이 수여되었다. 그리고 중등교원의 부족을 해결하기 위하여 다양한 형태의 단기 중등교원 양성기관과 과정을 설치하였다. 예를 들면, 사범대학교 부설로 중등교원 양성소, 대학이나 각 도에서 임시중등교원양성소, 국어교사양성소 등이 설치·운영되었다(김명신, 2013).

생각해보기

1. 미군정기 주요 교육정책에 대하여 토론합시다.

2. 미군정기 교육이 현재의 교육에 미친 영향에 대하여 생각해 봅시다.

CHAPTER 11

대한민국 정부 수립 이후의 교육

제1절 정부 수립기 이후의 교육
제2절 1950년대 교육
제3절 1960년대 교육
제4절 1970년대 교육
제5절 1980년대 교육
제6절 1990년대 교육
제7절 2000년대 교육

학습목표

1. 1950년대 주요 교육시책을 열거하시오.
2. 5·16 군사정부와 제3공화국 시기에 시행된 교육조치들을 제시할 수 있다.
3. 1970년대 교육정책 기조에 대하여 설명할 수 있다.
4. 1980년대 교육의 흐름을 설명할 수 있다.
5. 1990년대에 추진한 교육정책을 제시할 수 있다.
6. 2000년대 참여정부가 추진한 교육정책을 제시할 수 있다.

Keyword

정부 수립기 이후 교육, 일민주의, 사상정화 정책, 학도호국단, 교육비상조치, 전시연합대학, 전시교육방침, 전시문교, 건국문교, 독립문교, 의무교육 완성 6개년계획, 교육자치제, 1인 1기 교육, 교수요목 제정, 심의위원회규정, 교육과정 연구위원회, 도의교육요령, 전시교재, 대학설치 기준령, 미국교육사절단, 인간개조운동, 교육에 관한 임시특례법, 향토학교 운동, 지역사회학교 운동, 의무교육시설 확충 5개년 계획, 중학교 무시험 진학제도, 대학입학예비고사, 중학교 평준화 정책, 학교관리제, 국가연합고시제, 시·도 공동출제, 공동·단독출제 병행, 사립학교법, 국민교육헌장, 한국방송통신대학, 국적 있는 교육, 새마을 교육, 새마을 주임교사제, 새마을학교, 안보교육, 고교 평준화 정책, 실험대학, 대학 특성화, 교수재임용제도, 특수교육진흥법, 방송통신교육, 산업체 부설학교, 개방대학, 교육개혁심의회, 5·31 교육개혁안, 열린교육사회, 평생학습사회, 학점은행제, 학교공동체, 학교운영위원회, 교사초빙제, 학교장초빙제, 국민공통 기본교육과정, 선택중심 교육과정체제, BK 21 사업, 교원정년 단축, 대학종합평가인정제, 새교육공동체위원회, 국가인적자원개발기본계획, 인적자원개발지수, 사교육비 경감대책, 교육정보화사업, 교직종합발전방안

11장에서는 정부 수립기 이후의 교육, 1950년대 교육, 1960년대 교육, 1970년대 교육, 1980년대 교육, 1990년대 교육, 2000년대 이후 교육 등으로 고찰하기로 한다.

제1절 정부 수립기 이후의 교육

38도선으로 갈라진 국토와 민족을 통일하여 단일국가를 세우려는 우리 겨레의 염원에도 불구하고 공산진영의 방해로 그 뜻을 이루지 못하고 남한만을 그 영토로 대한민국이 1948년 8월 15일에 성립되었다. 우리 정부가 수립됨과 동시에 우리의 건국이념에 부합되는 교육기본법의 제정이 무엇보다도 시급하여 안호상은 초대 문교부장관으로 하고 국·과장들을 중심으로 하는 안이 만들어져 여러 차례 심의 결과 1949년 11월 30일 국회를 통과하여 동년 12월 31일(법률 제86호)에 이를 공포하였다(조성일·신재흡, 2005).

1948년 대한민국 정부 수립

출처: http://www.ukoreanews.com/news/articleView.html?idxno=3003

이 당시 교육법의 주요한 내용은 다음과 같다(김영광, 2011).

① 교육이념은 홍익인간이고, 문교부에서는 교육법을 제정하기 위하여 교육계 인사들을 총망라하여 기초위원회를 구성하여 초안을 작성하고 1949년 11월 30일 국회를 통과하여 12월 31일에 11장 173조의 교육법을 공포하였다.

② 교육법의 주요 특징은 교육이념을 홍익인간으로 하고 있으며, 교육의 목적은 인격완성과 민주시민의 자질향상이었다. 국가와 지방자치단체는 이를 위하여 필요한 학교를 설치·운영하여야 하며, 아동의 보호자는 아동에게 초등교육을 받게 할 의무가 있음을 규정하고 있다.

③ 교육법의 주요 내용은 교육의 기회균등, 6년간 무상 의무교육 실시, 교육이념으로 "홍익인간" 명시, 학생의 인격과 개성 존중, 교육의 중립, 교원의 신분보장 등이다.

④ 의무교육이다. 헌법 제16조에 모든 국민은 균등하게 교육받을 권리가 있음을

규정하고 적어도 초등교육은 의무적이며 무상으로 한다고 밝혔으며, 교육법 제8조에 모든 국민은 6년의 초등교육을 받을 권리가 있다고 밝혔다. 의무교육에 관한 제 규정에 의거하여 1950년 6월 1일부터 실시하려 했으나 전쟁으로 중단되었다가 1952년 4월 교육법시행령이 제정되었고, 동년 6월에 교육자치제가 발족되면서 의무교육 시행이 추진되었다.

새교육운동은 제1공화국의 수립 후 초대 문교부 장관으로 안호상이 임명되자 주춤거리기 시작했다. 그것은 안호상이 "홍익인간의 이념에 입각하여 남북이 통일되어야 한다는 민족적 염원"을 "일민주의" 혹은 "민주적 민족교육"으로 표방하면서, 미국식 민주주의를 강하게 비판하였기 때문이었다. 안호상은 독일 예나대학과 동경제국대학 대학원을 마치고 일제하에 보성, 혜화전문학교 등에서 교편을 잡다가 해방 후 서울대학교 교수가 된 인물이었다. 미군정기 교육주도세력에서 철저하게 소외되어 있었으며, 비미국계 출신으로 구성된 "조선교육연구회"의 중심인물이었다. 안호상이 초대 문교장관으로 발탁된 데에는 당시의 정치집단의 갈등과 사회적 배경이 중요한 요인으로 작용한다. 정치적 기반이 취약했던 이승만은 한민당 세력을 견제하고 독자적인 권력기반을 마련할 필요가 있었으며, 이를 위해 족청계[1]의 이범석과 제휴하였다. 안호상은 당시 조선민족청년단 부단장이었다.

일민주의, 혹은 민주적 민족교육이란 "구미식 개인, 자본주의적 민주교육"도 배척하고 "소련식 계급, 공산주의적 민주교육"도 배척하는 교육이념이다. 일민주의 교육의 이름하에 안호상이 실천한 교육정책은 다음과 같다(김영광, 2011).

① 사상정화 정책이다. 이 조치에 의해 모든 학교에는 학생위원회가 설치되어, 좌익운동에 가담한 교사와 학생의 행적을 당국에 보고하도록 하였다. 안호상은 "공산주의자이거나 좌경 또는 자유민주주의에 대해 명확한 신념이 없는 교사는 교육 분야의 모든 직위에서 몰아내야 한다"고 역설하여, 충북, 제주, 강원을 제외한 전국 초등학교 교직원 중 무려 1,641명을 파면 및 숙청하였다.

② 학도호국단의 창설이다. 안호상은 1949년 9월 "대한민국 학도호국단 규정"을

1) 이승만과 이범석의 유겐트(단체)라 불리우던 친위세력, 조선민족청년단을 의미.

제정하여 중학교 이상 학생 전원과 교직원을 군대식 조직 속으로 몰아넣었던 것이다. 이러한 상황 하에서 미국식 민주주의와 동일시된 새교육운동은 살아남기 어렵게 되었다. 뿐만 아니라 안호상은 초대 문교부 직원구성에서 미국계로 분류된 연희전문 출신을 배제하고 보성전문학교와 서울대 출신의 제자들만 채용하였다. 오천석을 중심으로 한 미군정기의 교육주도 세력이 자신을 소외시킨데 대한 반발이었다. 미국계 인사들의 배제와 미국식 민주주의에 대한 비판에 대해, 오천석은 일민주의를 "스파르타식으로 아동을 훈련하고 지식을 주입해야한다는 보수파의 주장이었으며, 그들에게는 무슨 확고한 신념이나 이론적 근거가 있는 것이 아니라 일본식 교육에 대한 열정과 타성이 있을 뿐"이라고 하였다.

그리고 2대 국회의원 선거에서 이범석계가 몰락하자, 안호상 장관은 1950년 5월 장관직에서 물러났다. 후임으로 친미 인사인 백낙준이 제2대 문교부 장관으로 임명되었다. 백낙준은 장관이 되자 안호상 장관에 의해 중단되었던 새교육운동에 다시 불을 붙이고자 적극 노력하였다. 당시에는 이미 교사들 사이에서 새교육에 대한 열정이 식어버린 후였다. 이 시절의 새교육운동은 교사들의 자발성보다는 미국의 대한교육사절단의 역할에 크게 의존할 수밖에 없었다.

제2절 1950년대 교육

1. 교육에 관한 비상조치

1950년 북한의 남침으로 인한 6·25전쟁은 갖은 고난을 우리에게 안겨주었다. 그러다가 1953년 7월 27일 통일 없는 정전으로 일단 끝을 맺어 3년 1개월 만에 전쟁이 끝났다. 그동안 교육시설의 파괴와 국민들의 피난은 말할 것도 없거니와 수많은 가족들이 흩어졌다. 뿐만 아니라 정부는 부산으로 수도를 옮겼으며, 전시 중의 문교부는 실로 수난의 연속이었다(조성일·신재흡, 2005).

피난시절 학교수업 모습

출처: https://terms.naver.com/entry.nhn?docId=3508860&cid=47322&categoryId=47322

교실이 부족하여 임시로 설치한 천막 학교

출처: https://terms.naver.com/entry.nhn?docId=3508860&cid=47322&categoryId=47322

그러던 중 1951년 1·4후퇴 이후 학교교육을 재개하려는 노력이 이루어져 그 해 봄부터 교육이 다시 시작되었다. 그리하여 문교부는 1951년 2월 6일 전시 하 교육 특별조치요강, 즉 교육 비상조치를 제정 및 발표하였다. 주요 내용은 다음과 같다(피정만, 2011).

① 피난학생의 취학독려이다. 피난지 소재의 각 학교에 등록하여 학업을 계속하도록 하였다.
② 가교실, 피난 특설학교 설치이다. 교실난을 타개하기 위하여 가교실, 피난특별교실, 분교장의 설치, 교과별 이수시간제를 실시하였다.
③ 북한 피난학생 수용이다. 북한에서 피난한 학생들을 교육하기 위하여 거제도의 각 초등학교에 특설학급을 설치하였다. 그리고 중등학교 학생은 거제와 하청의 두 중등학교에 수용하고, 통영중학교에 분교장을 설치하였다.
④ 도시 피난학생 수용이다. 1951년 9월 새학기에 도시에서 피난한 학교들로 하여금, 초등학교는 현지 초등학교에 분교장을 설치하고, 중등학교는 단독 혹은 여러 학교가 연합하여 피난학교를 가설하여, 각기 자기의 학생을 수용하여 학업을 계속하도록 하였다.
⑤ 전시연합대학 설치이다. 1951년 2월부터, 전국에서 피난해 온 각 대학이 연합하여 학교를 설치하도록 하였다. 전시연합대학은 부산에 처음으로 설치된 이후 각 대학이 독립적으로 개설하였으나, 1년 후에 폐지되었다.
⑥ 생벽돌 교사의 건축이다. 전란으로 대부분의 교실이 파괴되었으므로, 문교부는 부족한 교실난을 타개하기 위한 조치로 생벽돌을 제작하여 임시 교실을 건설하도록 하였다. 이로써 경남에 288개, 경북에 94개, 충남에 16개, 충북에 12개의 교실을 완성하였다.
⑦ 임시교사 1천 교실 건축계획이다. 전화(戰禍)로 파괴된 교실의 부족을 충당하기 위하여, 미8군의 도움으로 1천 개 교실을 건축할 자재를 원조 받아, 부산을 비롯한 여러 지역에서 가교실을 건축하였다.

⑧ 전시교재의 발행과 교과서의 발간 및 배부이다. 전시생활에 필요한 교재를 제공하기 위하여, 초등학교용 전시생활 1·2학년용, 3·4학년용, 5·6학년용의 세 가지를 각기 3회에 걸쳐 발간하고, 교사들을 위하여 전시 학습지도 요항을 작성하여 제공하였다. 중등학교에는 전시독본을 3회에 걸쳐 발간하였다. 교육의 비상조치에 따라서, 노천수업(露天授業)과 가교실에서의 수업을 실시하였다.

이러한 교육에 대한 비상조치에 따라 노천수업, 가교실, 생벽돌 교사에서의 수업일지라도 전시에 부응하는 교육을 이어 나가게 되었다. 전쟁으로 인하여 교육시설의 피해가 매우 컸음에도 불구하고 어려움을 딛고 이겨 온 것은 바로 교육 비상조치이며, 우리 국민들의 교육열 때문이었다.

2. 학제의 개요

전시라는 상황 속에서 여러 가지 교육문제를 해결해야 했던 문교부는 한편으로는 교육을 개선하기 위하여 기본학제를 수립하였다. 우리나라 학제는 1949년 12월 31일 교육법 공포 이후 몇 차례의 개정을 거듭하였는데 1950년 3월 10일자 법률 제118호로 교육법을 개정하여 중학교 4년, 고등학교 3년으로 개정되었으며, 1951년 3월 20일자 법률 제178호로 교육법을 또 다시 개정하여 중학교 3년, 고등학교 3년으로 변경되었다. 이에 따른 주요한 문제는 중·고등학교를 한 캠퍼스에 안에 두고 운영하자는 안과 분리하자는 안인데 이에 대한 적지 않은 진통을 초래했으나 결국 완전분리방침이 채택되었다(조성일·신재흡, 2005).

이상과 같은 학제의 개편에 따라 비로소 6－3－3－4제의 단선형 기간학제가 확정되어 오늘까지 이르고 있다.

3. 전시 교육방침

1952년 문교부는 세 가지 교육방침을 발표하였는데, 그 내용은 다음과 같다(한국교육 10년사간행회, 1960).

① 자활인의 양성(개인)
② 자유인의 양성(국민)
③ 평화인의 양성(국제인)

이 세 가지 교육방침을 구현하기 위하여 지식교육, 기술교육, 도의교육 및 국제교육을 중점 강화하도록 문교부는 강조하였다.

1952년 10월에 문교부장관이 된 김법린은 교육시설을 복구함으로써 교육을 정상적으로 이끌어 나가는 한편, 건국의 기초를 다지기 위해 교육방침을 전시문교, 건국문교, 독립문교라는 세 가지로 정하였다(조성일·신재흡, 2005).

첫째, 전시문교는 교육계의 임전태세를 갖추기 위한 것이며, 애국애족 정신의 고양을 의미하며, 이로써 중등학교 이상의 군사훈련과 학도호국단을 운영을 강화하였다.

둘째, 건국문교는 자유민주국가 건설을 위해 자유·평등 사상의 고취와 도의교육과 생산교육에 치중할 것을 강조하였다.

셋째, 독립문교는 문화사업의 진흥을 꾀하여 건전한 국가의 독립을 기하려는 것이었다.

4. 주요 교육 시책

1) 의무교육 실시

1949년 12월 31일 공포된 교육법 제8조에 모든 국민은 6년의 초등교육을 받을 권리가 있다. 국가와 지방자치단체는 초등교육을 위해 필요한 학교를 설치 경영하여야 하며, 학령아동의 친권자 또는 후견인은 그 보호하는 아동에게 초등교육을 받게 할 의무가 있다는 것을 규정하였다. 또 교육법 제96조에 모든 국민은 그 보호하는 자녀가 만 6세가 된 익일 이후의 최초 학년 초로부터 만 12세가 되는 날이 속하는 학년말까지 취학시킬 의무가 있다고 명시하였다. 그리고 교육법 제97조에 사업경영자는 학령아동을 고용함으로써 의무교육을 받는데 방해가 되어서는 안

된다는 것을 밝히고, 이를 위반하는 보호자 또는 학령아동 사용자는 처벌을 받도록 규정되어 있다(교육법 제164조, 165조). 그리고 이 같은 의무교육은 1950년 6월 1일부터 시행하도록 하였다(교육법 제167조 2항).

이상과 같은 의무교육에 관한 제 규정에 의거하여 문교부는 의무교육 6개년 계획을 세우고 이를 1950년 6월 1일부터 실시하도록 하였으나 6·25전쟁으로 중단되었다. 1952년 6월 교육자치제가 발족됨을 계기로 본격적으로 추진하게 되었다. 문교부는 의무교육 6개년 계획을 세워 학령아동 전원을 취학시키기 위한 목표를 세웠다.

의무교육 완성 6개년계획에 의한 취학계획은 <표 11-1>와 같다.

표 11-1 의무교육 완성 6개년계획에 의한 취학계획(1954~1959)

구분	학령아동 취학 목표			비고
	아동수(추정)	취학아동수(계획)	취학률	
제1차연도(1954)	3,071,640	2,728,903	88.44%	
제2차연도(1955)	3,107,762	2,851,740	91.76%	
제3차연도(1956)	3,221,508	3,011,313	93.47%	
제4차연도(1957)	3,393,503	3,252,334	95.84%	
제5차연도(1958)	3,412,924	3,276,553	96.00%	
제6차연도(1959)	3,459,412	3,325,803	96.13%	

*자료: 조성일·신재흡(2005). 한국교육행정발달사 탐구. 서울: 집문당, p. 101.

<표 11-1>과 같이, 의무교육 완성 6개년계획 중 의무교육의 취학목표는 학령아동의 경우 1954년에는 88.44%이며, 1955년에는 91.76%이며, 1956년은 93.47%, 4차연도인 1958년에는 95.84%이며, 1958년에는 96.00%이고, 6차 연도인 1959년에는 96.13%로 계획되어 있었다.

또한 의무교육 완성 6개년계획은 1950년대 문교정책의 중심과제로 추진되었는데 연도별 취학아동 증가 상황(1954~1959)은 <표 11-2>와 같다.

표 11-2 연도별 취학아동 증가 상황(1954~1959)

연도별	학령아동수	취학아동수	비율
1953	3,096,293	2,259,313	72.9
1954	3,246,364	2,678,978	82.5
1955	3,289,865	2,947,436	89.5
1956	3,333,949	2,997,813	89.5
1957	3,480,225	3,170,891	91.1
1958	3,583,427	3,315,989	92.5
1959	3,799,690	3,558,142	96.4

*자료: 조성일·신재흡(2005). 한국교육행정발달사 탐구. 서울: 집문당, p. 102.

<표 11-2>에서 보는 바와 같이, 1950년대 의무교육 완성 6개년 계획 중 연도별 취학아동의 증가상황은 1954년에 취학 아동수는 2,678,978명이던 것이 1959년에는 3,558,142명으로 당초의 목표보다 0.27% 초과 달성된 것이었다. 이와 같은 취학아동의 증가 추세와는 달리 교실 증축은 재원 부족으로 계획대로 실행되지 못했다. 결과적으로 의무교육 완성 6개년 계획은 교육시설 및 교원 확보에 미흡한 점이 많았으므로 1960년을 기점으로 제2차 의무교육 완성 계획을 추진하기 위해 시설 및 재원 준비에 착수하였다.

2) 교육자치제도 실시

1949년 12월 31일 공포된 교육법 제2장에 교육자치제에 관한 규정이 포함되어 있었으나, 교육자치제는 1952년 6월에 실시되기 시작하였다. 즉 1952년 4월과 5월에 시·읍·면 의회 의원과 도의회 의원선거가 실시되고, 1952년 5월 24일 군 교육구와 시교육위원회의 위원 선거가 실시되어, 동년 6월 4일 각 교육구와 시교육위원회가 발족됨에 따라 한국교육사상 최초로 교육자치제가 실시되기에 이르렀다.

1952년 6월부터 실시되기 시작한 교육자치제도는 시군 단위의 교육자치제로서 다음과 같은 체제로 되어 있다(중앙대학교부설한국교육문제연구소, 1974).

① 군단위 교육구를 두고 교육·학예에 관한 사무와 초등교육을 관장하였다. 의결기관으로 구교육위원회를 두고, 위원회는 군수와 읍면에서 1인씩 선출된 임기 4년의 위원으로 구성되며, 교육구에 교육감을 두어 구교육위원회의 집행기관으로서의 역할을 담당하였다.
② 시에는 시교육위원회를 두고, 특별시 또는 시교육위원회는 시의회에서 선출되는 위원 10인으로 구성되는 바, 시교육위원회는 합의제 집행기관으로서, 특별시에 있어서는 초·중등교육을, 시에서는 초등교육만을 관장토록 하였다. 시교육위원회에는 사무장격으로 교육감을 두었다.
③ 도에는 도교육위원회가 설치되었는바, 도교육위원회는 도내 각교육구와 시교육위원회에서 1인씩 선출된 위원과 도지사가 선임한 3인의 위원으로 구성되며 도내의 교육에 관한 주요정책을 심의한다. 도교육위원회는 자문기관의 역할을 담당하고, 실질적인 교육행정의 집행권은 도지사 산하의 문교사회국장에게 있었다.
④ 중앙에는 중앙교육위원회가 설치되었는바, 위원은 특별시와 각도 교육위원회에서 추천한 자(1인씩)와 대통령이 위촉한 위원으로 구성되었다. 중앙교육위원회는 주요 문교정책에 대한 심의권을 가졌으나 실질적으로 문교부장관의 자문기관역할을 하였다.

상기에서 고찰한 바와 같이, 이 시기에 교육자체제가 실시된 것은 우리나라의 교육행정에 있어 민주화, 분권화, 전문화가 추진된 점에서 그 역사적 의의가 크다고 할 수 있다. 그리고 1952년 6월 4일로 교육자치제가 제도적으로 발족되어 1961년 5·16혁명 이전까지 계속되어 왔다. 그러나 법규상의 미비로 말미암아 그동안 교육자체제는 많은 시련을 겪다가 1962년 1월 6일(법률 제955호) 교육법 개정으로 교육자치제는 폐지되었다. 그러다가 교육자치제 부활운동을 벌인 결과 1963년 11월 1일(법률 제1435호) 교육법 개정으로 일시 중단되었던 교육자치제는 부활되었다(조성일·신재흡, 2005).

3) 1인 1기 교육 실시

1950년 5월에 제2대 문교부장관 백낙준은 전시 문교방침의 하나로 1인 1기 교육(기술교육)을 추진하였다. 문교부는 1951년 6월에 「1인 1기 교육실시 요항」을 발표한 후 1인 1기 교육추진위원회를 조직하여 중학교 이상의 학생들에게 1인 1기의 기술을 연마토록 하였다(중앙대학교부설한국교육문제연구소, 1974).

1인 1기 교육은 체험과 근로를 통해서 학생의 개성에 적합한 기술을 습득시킴으로써 자주적 생활능력을 배양시키는 동시에 전쟁 복구사업에도 공헌할 수 있도록 하기 위한 것이었다(한기언, 1983: 373). 1인 1기 교육은 중등학교에서 특히 강조되었다.

4) 연구학교 제도의 도입

문교부는 1951년 3월에 연구학교규정(문교부령 제17호)을 제정하고, 각급학교 중에서 연구학교를 특별히 지정하여 일선교사들이 연구활동에 참여함으로써 현장교육 개선에 기여하도록 하였다. 즉 교육의 이념 및 기술을 실천하여 교육의 질적 향상을 도모하려는 것을 목적으로 한 연구학교 제도를 채택하여 문교부는 매년 초등학교, 중학교, 고등학교별로 연구학교를 지정하여 지정된 연구주제를 연구하도록 하였다.

1951년도와 1952년도에는 각각 4개교(초등 2, 중 1, 고 1)를 문교부 지정 연구학교로 했다가 1953년부터는 연구학교를 전국으로 확대 지정하였다. 그리고 1955년에는 사립학교 중에서도 연구학교를 지정 육성하였다(한국교육 30년사편찬위원회, 1980).

문교부 지정 연구학교 상황은 <표 11-3>과 같다.

표 11-3 문교부지정 연구학교 상황(1953~1960)

구분	국민학교	중학교	고등학교	계
1953	15	4	3	22
1954	18	6	6	30
1955	19	13	10	42
1956	12	8	5	25
1957	14	8	4	26
1958	19	8	6	33
1959	18	4	8	30
1960	20	5	7	32

*자료: 한국교육 30년사편찬위원회(1980). 한국교육30년. 서울: 문교부, p. 68.

5. 교육과정의 제정과 교과서 편찬

새로운 교육법에 명시된 교육이념과 목적에 따라 교육과정과 교과서를 편찬하기 위해서 문교부는 1950년 6월 2일 교수요목 제정 심의위원회규정(문교부령 제9호)을 공포하였고, 1951년 3월 30일 교육과정 연구위원회(문교부령 제16호)를 설치하였다. 그리하여 교육과정 개정은 1950년 6·25전쟁으로 잠시 중단되었다가 1953년에는 본격적으로 추진되었다. 그리고 1954년 4월에 초등학교·중학교·고등학교 및 사범학교의 교육과정 시간 배당기준을 제정하고, 1955년 8월에 초등학교 교육과정, 중학교 교육과정, 고등학교 및 사범학교 교육과정을 제정하였다.

이때 문교부가 제정한 각급학교 교육과정의 특징은 다음과 같다(오천석, 1964).

① 교과목의 시간배당 기준을 교과별 연간시간으로 최고와 최저의 시간기준을 표시하여 지역별 및 학교별 여건에 맞게 운영할 수 있도록 하였다.
② 교육과정을 학교의 지도하에 학생이 하는 모든 경험이라고 보아 교과목의 학습과 그 밖의 학교 학습활동을 같은 비중으로 보았다. 그리하여 특별활동을 교과와 동등하게 취급하고 시간을 배정하였다.
③ 사회생활, 과학 등 필수과정은 실천교과과정의 유형으로 설정해 놓음으로써 학습을 폭 넓게 전개할 수 있도록 하였다.
④ 종래의 지식중심의 교과과정을 지양하고 학생들의 경험과 생활을 존중하는 교과과정을 편성하도록 하였다.
⑤ 교과과정 편성에 있어서 학생과 관련이 깊은 일상생활에서 교육내용을 찾도록 하여 실생활에 필요한 지식, 기능, 태도, 습관 등의 지도가 중요한 목표임을 강조하는 동시에 그러한 목표를 효과적으로 달성할 수 있도록 하였다.
⑥ 종래의 교과과정이 너무 세부적이고 그 정도가 높아 학생들에게 과중한 부담이 되었던 것을 시정하기 위하여 학교에서 지도하는 내용을 필요한 최소량으로 하는 동시에 개인차에 응할 수 있는 폭을 가지도록 하였으며, 학습지도에 있어서도 학생이 능동적으로 학습활동을 전개할 수 있도록 유의하였다.

한편 1950년대 교과서 편찬은 다음과 같다(피정만, 2011). ① 6·25 전쟁 동안 각급학교 교과서는 전시생활을 지도하기 위하여 임시교재를 사용하였다. 1955년부터는 새 교육과정에 의하여 새 교육사조에 적합한 국정 교과서를 편찬하게 되었다. ② 문교부는 1955년부터 1958년까지 연차적으로 교과서를 편찬하게 되었다. 문교부는 1955년 30종, 1956년 41종, 1957년 21종, 1958년 4종 등 총 90종의 각급 학교용 교과서를 편찬하였다. ③ 도의교육은 6·25전쟁 당시 전시 교육방침의 하나로 제창되었다. 1954년 4월 20일에 문교부령 제35호로 제정 공포한 '교육과정 시간배당 기준령'에서는 도의교육을 초·중·고등학교에서 연간 35시간 이상 실시하도록 규정하였다. ④ 1955년 10월 12일 문교부는 각계 각층의 인사 30명을 위원으로 하는 도의교육위원회를 구성하여 장관의 자문기관으로 두었다. ⑤ 문교부는 1956년에 도의교육의 당면목표로 관후고결(寬厚高潔)한 인격도야, 애국애족의 사상고취, 협동심과 책임감의 양성, 근로역작(勤勞力作)의 정신앙양 등 네 가지를 제시했다. ⑥ 문교부는 이러한 도의교육의 당면목표를 달성하기 위하여 1956년 말에 국민학교와 중학교의 '도의교육요령'을 발표하고, ⑦ 문교부 편수국에서는 1957년 3월까지 도의교육용 국정교과서를 편찬하여, 전국의 초·중등학교에 배부하였다. 전시교재를 발간하는 등 전시의 혼란을 극복하는 교육을 계속하였다.

6. 고등교육의 확충

1950년대는 고등교육분야에서 크게 확충되는 한편 질적 향상을 위한 시책이 강구되었다. 전시연합대학이 설치되어 전쟁 중에서도 고등교육이 계속 실시되고 휴전 후에는 지방에도 각 도별로 국립대학이 설치되었으며, 사립대학이 증설되었다. 그리고 문교부는 대학설치기준령을 제정하여 고등교육의 질적 향상을 도모하였으며 대학교에 특수대학원이 설치되기 시작하였다(김영우·피정만, 1997: 재인용).

첫째, 전시연합대학이다. 문교부는 6·25전쟁으로 남쪽지방으로 피난 온 서울 소재 대학생들의 교육을 위하여 1951년 5월 4일 문교부령 제19호로 「대학교육에 관한 전시 특별조치령」을 제정하여 전시연합대학을 설치 및 운영하도록 하였는바, 본 조치령의 주요내용은 다음과 같다.

① 전시에 즉응한 대학의 운영과 아울러 학생의 수업에 관한 특별조치를 규정
② 정상수업 실시가 불가능한 대학의 학생은 타 대학에서 수업을 받을 수 있다.
③ 전시연합대학의 설치
④ 전시연합대학의 경비는 합동수업을 하는 각 대학의 부담으로 한다.
⑤ 1950학년도에 한하여 매주 1시간씩 12주 이상의 수업을 1학점으로 한다.

이상과 같은 규정에 따라 전시연합대학에 설치 및 운영되었는데, 전시연합대학의 설치와 운영에 관한 구체적인 요강은 다음과 같다(손인수, 1989).

① 관계대학이 협의하여 운영위원과 학장을 출강케 한다.
② 교원은 참가 대학의 교원을 의무적으로 출강케 한다.
③ 학생이 연합대학에서 취득한 학점은 각 대학에서 취득한 학점으로 인정한다.
④ 소요경비는 관계대학이 공동으로 부담토록 한다.

전시연합대학은 6·25전쟁으로 이산된 대학의 교수와 학생을 모아 피난지에서 대학교육을 받을 수 있도록 마련된 연합식 고등교육기관이었는바, 부산, 전주, 광주, 대전 등에 설치되었으며, 등록된 학생 수는 총 6,544명(부산, 4,268명, 대전 377명, 전주 1,283명, 광주 527명)이었고, 동원된 교수는 444명이었다(김종철 외, 1989).

전시연합대학은 약 1년간 운영되다가 1952년 5월말에 폐지되었다. 이들 전시연합대학에서는 법정학부, 경상학부, 이학부, 공학부, 의약학부, 예술학부, 농·수산학부, 가사과, 체육과를 설치하여 강의를 실시하였다(문교 40년사편찬위원회, 1988).

둘째, 지방국립대학의 설치이다. 전시연합대학 설치 및 운영을 계기로 지방에도 국립대학을 설치해야 할 필요성이 대두됨에 따라 1952년 10월에 경상북도, 전라북도, 전라남도에 국립대학으로 각각 경북대학, 전북대학, 전남대학이 신설되고, 1953년에 부산대학교, 충남대학교, 충북대학이 발족되었으며, 1955년에 제주대학이 창설되었다(김종철 외, 1989).

셋째, 대학설치 기준령의 제정이다. 1952년부터 1955년에 이르는 기간에 7개의 지방 국립대학이 신설되고, 1950년부터 1954년 사이의 16개의 사립대학이 신설되거나 승격됨으로써 대학의 설립 붐이 일어났다. 이에 따라 문교부는 1955년 8월 4일자 대통령령 제1063호로 대학설치 기준령을 제정하여 고등교육의 질적 향상을 위한 조치

를 강구하였던 것이다. 이러한 대학설치 기준령은 대학의 설치를 억제하고, 기존의 대학에 대하여도 시설의 보충 및 확보를 요구하는 근거가 되었다. 대학설치 기준령의 제정을 계기로 1957~1958년에 부분적인 대학의 정비가 이루어지기도 하였다(한국교육 30년사편찬위원회편, 1980).

넷째, 특수대학원 설치이다. 1959년에 서울대학교에 행정대학원과 보건대학원이 설치됨으로써 특수대학원이 신설되기 시작되었다. 특수대학원의 설치로 대학원제도가 일반대학원과 특수대학원으로 이원화되어, 일반대학원은 학술연구에 치중하고, 특수대학원은 주요 응용과학과 전문기술의 영역에서 고급전문인을 양성하는데 역점을 둠으로써 그 성격을 달리하게 되었다(김종철 외, 1989).

7. 미국 교육사절단의 활동

1950년대 한국교육의 재건과 개선에 도움을 주고자 미국의 교육사절단이 내한하여 활동하였다. 미국 교육사절단은 3차례에 걸쳐서 한국교육의 발전에 도움을 주었다. 이를 소개하면 다음과 같다(한국교육 30년사편찬위원회편, 1980).

첫째, 제1차 교육사절단은 1952년 9월부터 1953년 6월까지 10일간 활동했다. 일행 7명은 주로 생활중심 교육과정 운동에 자극을 주고, 민주적인 교육행정, 학습지도법의 개선을 위한 지도 및 조언을 하였고, 700여명의 교사에게 현직교육을 실시하면서, 교원의 현직교육에서 연구협의회(workshop)의 이론과 방법을 처음으로 소개했다.

둘째, 제2차 교육사절단(1953. 9~1954. 6: 10개월 6명)이다. 교원의 현직교육에 주력하고 교육철학, 교육과정 개선, 학습지도, 생활지도 및 교사양성을 주로 하는 연구협의회를 여러 곳에서 가졌다.

셋째, 제3차 교육사절단(1954. 9~1955. 6: 10개월 13명)이다. 3차 사절단의 활동 내용은 다음과 같다.

① 한국의 교육연구가들과 한국 청소년의 가능성, 능력 및 학력에 관한 기본 조사 실시
② 교육과정 연구가, 교과서 집필자, 출판업자들로 하여금 개선된 기반 위에서 교수계획을 수립하고, 교수자료를 작성하도록 도왔다.
③ 장학관, 교사양성 종사자들과 어떻게 하면 현직교사와 교사가 될 사람을 잘 훈련할 수 있을 것인가를 협의하였다.
④ 교육정책 수립가들에게 여러 나라의 교육사업의 필요와 욕구에 대한 연구 및 그 해결에 관한 정보를 제공하였다.

제1·2·3차 교육사절단에 이어 죠지피바디사범대학 교수단이 내한하여 1956년 10월부터 1962년까지 활동을 하였다. 이 교수단의 사업 목적은 우리나라의 교사양성 및 교사 재교육의 개선을 위하여 기술원조와 지도 조언을 하려는 것이었다. 특히 초등학교 교사 양성인 사범교육에 대해 물질적인 원조와 이론 및 실제면의 지도 조언을 하는 데 중점을 두었다. 특히 유치원 교육의 중요성도 강조하였다.

제3절 1960년대 교육

1960년대는 그 어느 때보다도 정치, 경제, 사회, 교육 등 다방면에 걸쳐 큰 변화가 이루어졌던 시기이다. 우선 정치적인 측면은 1960년 4·19학생혁명으로 자유당 정권(제1공화국)이 무너지고, 민주당 정권인 제2공화국이 수립되었다가 1961년 5·16군사혁명으로 민주당정권이 무너지고 2년 반의 군정기를 거쳐 1963년 12월에 제3공화국이 수립되었다.

한편 경제적 측면에서는 제1차 경제개발 5개년 계획(1962~1966)에 이어 제2차 경제개발 5개년 계획(1967~1971)이 추진되면서 각종 개발 계획이 조국의 근대화라는 기치 아래 강력히 추진되었다(김영우·피정만, 1997). 한국의 1960년대는 정치적으로 군사정부의 대두, 경제적으로 국가통제와 무역중시 정책과 사회적으로는 반공 이데올로기를 강조된 시기로 볼 수 있다.

1960년대는 정치 및 경제적, 사회적 측면에서 큰 변화가 이루어진 시기로 볼 수 있다. 이러한 시기의 교육의 흐름을 정리하고자 한다.

1. 제2공화국의 교육(1960. 8~1961. 5. 16)

1960년 3·15 부정선거를 계기로 일어난 4·19혁명은 제2공화국을 탄생시키는 결정적인 계기를 만들어 주었다. 대통령 이승만이 하야하자 허정을 수반으로 하는 과도정부가 수립되었다. 이어 1960년 7월 29일 총선거가 실시되고 8월 12일에는 대통령에 윤보선이 선출됨으로써 시작된 제2공화국은 1961년 5·16 군사혁명으로 막을 내렸다.

제2공화국의 교육의 흐름을 제시하면 다음과 같다(조성일·신재흡, 2005; 김명신, 2013).

① 과도정부시기에 이병도 문교부장관(1960. 4. 28~8. 22)은 학원의 정상화, 사도의 확립, 교육의 중립성 확보에 중점을 두고 학원의 정상화를 위해 노력하였다. 비록 4개월이 안 되는 시기였지만 과도정부의 교육정책은 학원민주화를 위하여 '학도호국단 규정 폐지에 관한 건'을 공포하여(1960. 5. 10) 학도호국단을 해체하는 등 교육의 자주성과 중립성을 확보하는 데 있어서 많은 성과를 거두었다.

② 4.19 이후 과도정부와 제2공화국의 시기는 그동안 억압되었던 민주화의 요구가 격렬하게 분출되는 격동의 시기였다. 학원에서는 무능 혹은 어용 교수를 규탄하는 데모가 벌어져 학원은 일대 무질서와 혼란으로 빠져들었다.

③ 제8대 문교부장관 오천석(1960. 8. 23~1961. 5. 2)은 4·19정신에 기초한 교육의 민주화를 기치로 내걸고 학원의 민주화, 중앙집권적인 행정체제로부터 권한의 지방이양, 교육의 질적인 향상을 교육시책으로 정하였다. 마침내 1961년 5·16군사혁명이 발생함으로써 제2공화국의 교육정책은 실현을 보지 못하고 한국교육의 민주화는 이후 오랜 시간을 기다려야 했다.

2. 5·16 군사정부와 제3공화국(1961~1972)

4·19혁명 직후에도 사회의 불안과 혼란은 극심하여 무질서에 가까운 무조건 자유 추구를 제2공화국 정부로서는 감당하기가 어려웠다. 이리하여 1961년 5·16 군

사혁명으로 제2공화국이 무너지고 군사정부가 수립되었다. 이어서 2년 7개월에 걸친 군정(軍政)이 시작되고, 1963년 12월에 제3공화국이 출범하였다.

군사정부는 혁명 공약을 중심으로 사회의 모든 부패를 일소하고 국민도의를 바로잡기 위해 새로운 시책을 마련하는 데 그것이 곧 인간개조운동이었다. 즉 인간개조를 문교행정의 기본방향으로 제시했다. 인간개조의 목표는 자주의 인간, 협동의 인간, 합리의 인간, 역행(力行)의 인간, 건강의 인간으로 요약된다.

군사정부 및 제3공화국 시기에 시행된 일련의 교육조치들을 제시하면 다음과 같다(김명신, 2013; 피정만, 2011; 조성일·신재흡, 2005; 김영우·피정만, 1997).

첫째, 5·16 군사정부와 인간개조운동이다. 군사정부는 1961년 5월 16일부터 약 2년 7개월 동안 혁명공약을 중심으로 사회의 모든 부패를 일소하고 국민도의를 바로잡기 위해 새로운 시책을 마련하였는데 그것이 인간개조운동이었다. 인간의 의식구조가 변화되어야 사회제도의 정비를 통한 사회개혁이 이루어진다는 것이다. 즉, 조국근대화를 이룩하기 위해서는 인간의 심성이 도야되고 잠재력이 개발되어야 한다는 것이다. 군사정부의 문교행정의 기본방향도 인간개조를 제창하고 인간개조를 위해 도의교육을 강조하였다. 한편 사회교육 측면에서도 국민재건운동을 통하여 인간개조운동을 강력히 추구해 나아갔는데 이것은 학교교육만이 아니고 사회교육을 통해서 인간개조를 하고 나아가서 사회개혁을 시도했던 것이다(조성일·신재흡, 2005).

둘째, 교육에 관한 임시특례법 제정이다. 교육에 관한 임시특례법은 담화문에 "이 법률의 취지는 사회비난의 대상이 되어온 학원의 질서를 단시일 내에 바로 잡아 교육의 정상화를 촉진하기 위함"에 있다고 했다. 1961년 9월 1일 교육에 관한 임시특례법을 제정 및 공포하였다. 이 임시특례법의 주요 내용은 다음과 같다(손인수, 1987).

① 문교행정에 관한 주요시책에 대하여 문교부장관의 자문에 응하게 하기 위해 문교재건자문위원회 설치
② 문교부장관은 문교재건자문위원회 자문을 거쳐 학교 또는 학과의 통폐합을 명하거나 학급 또는 학생 정원의 재조정을 할 수 있다. 또한 각급학교 상호 간의 환치를 명할 수 있다.
③ 초등학교 교원의 양성을 위해 2년제 교육대학을 설치

④ 교육감은 문교부장관의 제청에 따라 내각수반이 임명한다.
⑤ 국·공립의 대학교 또는 대학의 총장·부총장 또는 학장도 문교부장관의 제청에 따라 내각수반이 임명한다.
⑥ 대학의 전임강사 이상의 교원을 신규채용하거나 승진 임명함에는 교수자격심사위원회 심사에 합격해야 한다.
⑦ 각급학교 교원은 노동운동을 할 수 없으며, 집단적으로 수업을 거부치 못한다.
⑧ 교원의 정년을 60세로 하고, 대학에 명예교수제를 신설한다.
⑨ 학교법인의 이사나 감사를 임명함에 있어서는 공무원 자격이 없는 자는 임명할 수 없고, 정원의 1/3이상은 친족관계에 있는 자를 임명할 수 없다.
⑩ 학사학위는 학사자격고시에 합격한 자에 한하여 수여한다.
⑪ 사립학교 교원도 교육공무원법상의 징계 사유가 있을 때는 징계한다.

'교육에 관한 임시특례법'은 '교육법'과 더불어 1960년대의 한국교육의 근간이 되는 법령이었다.

셋째, 교육대학 신설이다. 교육에 관한 임시특례법은 초등학교 교원을 2년제 교육대학에서 양성하도록 하였다. 이어서 정부는 1962년 2월에 국립학교 설치령을 개정하여 1962년 3월 1일 교육대학을 신설하였는데, 이로 인하여 종래 초등교원을 양성하던 사범학교는 2년제 교육대학으로 개편되면서 폐지되었다. 1962년 3월에 각 시·도별로 1개씩 모두 10개의 교육대학을 신설하고, 1963년 이후에 진주, 군산, 목포, 안동, 마산, 강릉 등 6개의 교육대학을 증설하였다(김명신, 2013).

넷째, 향토학교 운동의 전개이다. 미국에서 등장한 지역사회학교 이론이 1950년대 중반기에 우리나라에 소개되면서 경기도에서 1950년대 말에 「지역사회학교의 건설」을 장학방침의 하나로 채택하여 지역사회학교 운동을 전개하였다. 이를 바탕으로 1960년에 민주당 정부는 향토학교란 이름으로 지역사회학교 운동을 문교시책의 하나로 채택하여 향토학교 운동을 적극 추진하였다. 이어서 혁명정부는 제2공화국 정부가 추진하던 향토학교 운동을 그대로 답습하여 이를 더욱 강력히 추진하였다. 즉 혁명정부는 국토건설 사업과 병행하여 교육내용을 향토의 개발과 직결시켜 교육의 혁신을 성취하고, 교육 본래의 목적 달성을 기하기 위해서 향토학교 건설을 강력히 추진하였다(김영우·피정만, 1997).

다섯째, 교육자치제의 폐지와 부활이다. 1961년 교육자치기구인 교육구와 시교육위원회를 폐지하였으며, 1962년에는 교육법을 개정하여 교육행정을 내무행정 아래에 둠으로써 교육자치제를 폐지하였다. 그러나 제3공화국 정부는 1963년 12월 16일자 법률 제1435호로 교육법을 개정하여 1964년 1월 1일을 기해 교육자치제를 다시 부활토록 하였다(김영우·피정만, 1997). 그렇다고 하여 교육자치제가 실현된 것은 아니었다. 왜냐하면 교육법 부칙에 지방자치제가 실시되기 전까지는 교육감과 교육위원을 대통령이 임명한다고 규정되어 있었고 지방자치제는 실시되지 않았기 때문이다(김명신, 2013).

여섯째, 의무교육시설 확충 5개년 계획이다. 의무교육은 1950년 6월 1일부터 실시하려고 했으나 6·25전쟁으로 인하여 1954년부터 실시하게 되었다. 6·25전쟁 후에 파괴된 시설과 취학아동의 급격한 자연 증가에 의해 해마다 시설 부족이 누적되어 2~4부제 수업이 실시되고 학급당 학생수도 80명에서 심한 경우에 100명으로 콩나물 교실을 면할 수 없었다. 다행히 제1차 경제개발5개년 계획이 착수됨에 다라 1962년부터 1966년까지 제1차 의무교육시설 확충 5개년 계획을 추진하여 5년간 총 90억 원을 투입하여 1만 8,142개의 교실이 신축되고 4,715개의 노후교실이 개조되었는데 이를 구체적으로 나타내면 <표 11-4>와 같다.

표 11-4 제1차 의무교육시설 확충 5개년 계획(1962~1966)

구분	1962	1963	1964	1965	1966	계
교실건축(실)	5,129	1,965	2,304	2,229	6,515	18,142
교실개축(실)	3,066	–	250	206	1,193	4,715
변 소(동)	471	–	–	–	487	958
급 수(개)	840	–	2	–	329	1,171
교지매입(천 평)	436	–	82	31	416	965
	1,632	579	688	825	5,276	9,000

*문교부(1979). 교육재정 현황. 서울: 문교부.

<표 11-4>에서 보는 바와 같이, 제1차 의무교육시설 확충 5개년 계획기간에 수많은 교실이 신축되었는데, 이는 어디까지나 교육시설 투자재원이 마련되었기 때문이다.

일곱째, 제2차 교육과정 공포이다. 1963년 2월 15일에는 국가 교육과정이 개정

공포되었다. 제2차 교육과정이라고 불리는 것으로 자주성, 생산성, 유용성, 합리성을 강조하고 운영에 있어서 지역실정에 맞도록 지역성을 강조하였다. 초등학교와 중학교 교육과정에서는 반공·도덕 생활의 교과를 통하여 군사정부의 통치이념을 반영하였고, 고등학교 교육과정에서는 국민윤리, 국사 등의 필수과목을 통하여 국민정신교육을 강화하였다.

여덟째, 입시제도의 개선이다. 혁명정부는 1961년 8월 12일 법률 제681호로 「중학교·고등학교 및 대학의 입학에 관한 임시조치법」을 제정하여 각급학교의 입시제도를 개선토록 하였다. 여기에서는 중학교 무시험 진학제도와 대학입학 예비고사로 분류해서 고찰하기로 한다(김명신, 2013; 김영우·피정만, 1997).

1968년 2월 문교부는 중학교 평준화 정책인 중학교 무시험 진학제도를 공포하고 7월 15일에는 중학군의 설치와 추첨을 요점으로 하는 중학교 무시험 진학제도를 1969학년도부터 연차적으로 시행한다는 교육개혁을 단행하였다. 중학교 무시험 입학제도 실시의 구체적 목표는 다음과 같다.

① 국민학교 어린이의 정상적 발달 촉진
② 초등학교 교육의 정상화
③ 중학교 입시를 위한 과열 과외 공부의 지양
④ 중학교 입시 결과로 생긴 초등학교의 극단적인 학교차 해소
⑤ 입시 준비로 인한 가정의 교육비 부담 감소
⑥ 인류 중학교 관념의 불식

중학교 무시험 진학제도는 1969년도에 서울특별시에 한정하여 시행하였고, 1970년도에 서울을 비롯하여 부산, 인천, 춘천, 청주, 대전, 전주, 광주, 대구, 제주 등 10대 도시로 확대 실시되었으며, 1971학년도에 전국적으로 확대 실시되었다. 중학교 무시험 진학제도 실시로 초등학교 어린이들의 건전한 성장 및 발달이 이루어

중학교 입학시험

출처: https://blog.naver.com/alsn76/220327534628

졌고, 중학교 교육의 기회가 확대되어 중학교의 진학률이 급격히 높아지게 되었다. 중학교 입시제도 변천사는 <표 11－5>와 같다.

표 11－5 중학교 입시제도 변천사

연도	중학교 입시제도명	비고
1945~1950년	학교관리제	
1951~1953년	국가연합고시제	
1954~1961년	학교관리의 유무시험(有無試驗) 연합출제제 병행	
1962년	국가고시제	
1963~1965년	시·도 공동출제	
1966년	공동·단독출제 병행	
1967~1968년	시·도 공동출제	
1969~현재	지역에 따라 순차적으로 중학교 무시험 진학제도 실시	

*자료: 김명신(2013). 한국교육사. p. 207.

한편 문교부는 1968년 10월에 대학입학 예비고사제를 마련하여 대학입학 시험제도를 개편토록 하였다. 대학입학 예비고사란 국가가 실시하는 대학입학 예비고사에 합격된 자에 한하여 각 대학별로 실시하는 본고사에 응시하도록 한 제도이다. 대학입학 예비고사는 다음과 같은 목적으로 실시하였다(손인수, 1987).

① 국가가 통일된 기준 아래 대학교육에 알맞은 인재를 골라 대학의 권위를 높일 수 있다.
② 사학의 학생 정원 초과 모집과 대학교육의 적성 무시로 인한 대학의 질적 저하를 막을 수 있다.
③ 대학의 정원을 국가의 인력수급계획에 비추어 국가계획과 유기적으로 연결시킬 수 있다.
④ 대학의 지역적 차이와 격차를 막을 수 있다.
⑤ 고등학교의 교육목적에 따라 교육내용을 바로 잡을 수 있다.

대학입학 예비고사제도는 대학 정원과 국가의 인력수급정책과의 유기적 연관관계를 맺고, 대학교육의 적격자를 선발하여 대학의 질적 향상을 기함과 동시에 고등학교 교육의 정상화를 정착시키기 위해 실시되었다. 대학입학 예비고사는 1969학년도부터 실시되었는바, 1969학년도에는 예·체능계를 제외하고 예비고사 합격자에게만 대학별 선발고사에 응시할 수 있게 하였다가 1973학년도에 이르러 예·

체능계 학생들도 예비고사를 치르게 하였다.

아홉째, 사립학교법 제정이다. 1963년 6월 25일(법률 제1362호) 사립학교법이 제정·공포되었다. 그 목적은 사립학교의 특수성에 비추어 그 자주성을 확보하고 공공성을 앙양함으로써 사립학교의 건전한 발달을 도모한다는 것이었다. 하지만 사립학교법이 공포되자 이 법은 사학의 자주성을 침해하고 통제와 규제를 규정하고 있음을 인정하지 않을 수 없었다. 그 규정을 보면, 사립학교는 감독청의 지휘 감독을 받아야 하고, 임원의 취임에 감독청의 승인을 받아야 하며, 학교법인이 수익사업을 신고해야 하며, 학교법인의 수익사업의 정지를 감독청이 명령할 수 있다는 것 등이었다. 사립학교법의 주요 내용은 다음과 같다(김영우·피정만, 1997).

① 사립학교만을 유지·경영함을 목적으로 하는 학교법인을 설립하여 초등학교, 중학교, 고등학교, 대학, 사범대학, 실업고등전문학교 또는 이에 준하는 각종학교를 설치 경영케 하고, 기타 학교는 사인 또는 공공단체 이외의 법인이라도 설치 경영할 수 있게 한다.
② 사립학교와 이를 설치 경영하는 학교법인의 감독청에 대해서는 대학·사범대학·실업고등전문학교는 문교부장관, 중학교 이상은 서울특별시·부산직할시와 도 교육위원회, 기타 초등학교 정도는 서울특별시·부산직할시의 교육위원회 또는 시·군 교육장으로 한다.
③ 학교법인은 사립학교 경영을 위하여 수익사업을 할 수 있다.
④ 학교법인의 임원의 취임과 사립학교장의 임면에는 감독청의 승인을 받아야 한다.
⑤ 학교법인의 이사장은 당해학교의 장을 겸할 수 없다.
⑥ 학교법인의 예산은 학교예산과 법인업무예산으로 구분하여, 학교예산은 학교의 장이 집행케 한다.
⑦ 학교법인의 예산은 매 회계연도 개시 전에, 결산은 매 회계연도 종료 후에 감독청에 제출한다.
⑧ 학교법인의 예산 편성요령·회계규칙 등은 문교부장관이 정한다.
⑨ 사립학교 교원의 임면은 반드시 학교법인 이사회의 의결을 거쳐야 한다.
⑩ 사립학교 교원은 본인의 의사에 반하여 휴직·정직 또는 면직되지 아니하며, 교원징계위원회의 의결 없이는 교원의 파면·정직·감봉·근신·견책 등을 시킬 수 있다.

5·16 군사혁명 이후 취학아동이 증가하게 되었고 교실 부족은 심각한 사태를 초래해서 이를 국가 재정만으로는 해결할 수 없어 정부에서는 1963년부터 사립학교의 설립을 적극 권장하였다. 이 조치로 인하여 1962년에 22개교, 사립국민학교가 1966년에는 94개교로 증가하면서 특권층의 귀족학교라 하여 물의가 일어나자 1971년 사립초등학교 존폐론이 대두되었으나 당국에서는 그대로 존속시켰다(문교

부 40년사 편찬위원회, 1988).

열째, 국민교육헌장 선포이다. 국민교육헌장은 1968년 12월 5일 국회의 의결을 거쳐, 박정희 대통령에 의하여 선포되었다. 국민교육헌장은 1968년 6월 15일 박대통령이 한국의 근대화 과정에서 국민교육의 장기적이고 건전한 방향의 정립과 시민생활의 건전한 생활윤리 및 가치관의 확립은 민족 만년의 대계를 위해 중요하니 각계각층을 망라해서 민족주체성의 확립에 기여할 수 있도록 연구할 것을 지시하여 이루어진 교육장전(教育章典)이다. 국민교육헌장은 대통령, 정부, 학계, 종교계, 언론계 등의 적극적인 동참으로 제정되었다. 국민교육헌장은 '민족중흥'을 중심 사상으로 하여 민족과 국가를 강조하였다. 국민교육헌장은 이후 70년대와 80년대에 걸쳐서 국가의 정신적 이념으로 강조되었으며, 정부에서는 전 국민에게 헌장이 제시하는 이념을 실천하도록 통제하였다. 국민교육헌장이 학교 교육현장에 미친 영향을 매우 컸다(피정만, 2011).

열한째, 한국방송통신대학 설립이다. 1972년 3월 방송통신에 의한 고등교육기관으로서 방송통신대학이 서울대학교 부설로 개교하였다. 방송통신고등학교는 1974년 3월에 서울과 부산의 11개 공립 고등학교부설로 운영되기 시작하였다(김명신, 2013).

상기에서 1960년대 교육의 흐름을 고찰해보았다. 1960년대에는 우리나라 교육의 발전기라고 보기도 한다. 1960년 4·19혁명으로 인하여 교육계의 불의와 부정이 일소되어 교육개혁이 이루어졌으며, 군사혁명을 일으킨 혁명정부는 학교교육과 사회교육을 통해 인간개조운동을 벌여 사회개혁을 유도하고 조국 근대화작업을 추진하였다. 그리고 정부의 경제개발 5개년 계획과 병행하여 문교부에서는 1962년부터 1971년까지 제1, 2차 의무교육시설 확충 5개년 계획을 수립하여 착수함으로써 급격한 취학아동의 증가에 적절하게 대처하여 큰 성과를 거두었다고 할 수 있다. 1963년 6월 26일 사립학교법이 제정·공포됨으로써 사립학교에 대한 통제와 규제가 심해졌으며, 한편 국가에서는 국가 재정만으로 교실 부족현상을 극복하기 어려워 1963년부터 사립국민학교의 설립을 적극 권장하여 사립국민학교가 많이 설립되었다. 1968년 12월 5일에 국민교육헌장이 선포되어 우리 교육이 추구해야 할 기본 목표를 구체적으로 제시했다는 점에서 큰 의의가 있다고 보았다.

제4절 1970년대 교육

1970년대에 추진된 문교정책에서 두드러진 것은 국민교육헌장 이념의 구현을 위한 시책의 전개, 국적 있는 교육의 추진, 새마을 교육의 추진 등을 통한 안보교육의 강화, 과학기술 교육의 진흥, 제3차 교육과정의 개정, 고교 평준화 정책과 입시제도 개혁, 대학교육개혁의 추진(실험대학과 대학 특성화), 교수재임용제도, 유아교육의 공교육화, 특수교육의 강화, 방송통신교육의 실시, 산업체 부설학교와 특별교실 설치 등이다.

1. 1970년대 교육정책 기조

문교부가 1970년대에 지속적으로 강력히 추진한 교육정책의 기조는 국민교육헌장 이념의 구현, 국적 있는 교육의 추진, 새마을 교육의 추진 등이다. 이를 구체적으로 고찰하면 다음과 같다(조성일·신재흡, 2005; 김영우·피정만, 1997).

1) 국민교육헌장 이념의 구현

문교부는 1968년 12월 5일에 공포한 국민교육헌장 이념의 구현을 1970년대에 추진할 정책적 과제로 삼고, 이를 위한 시책을 다각도로 강구하였다. 문교부는 국민교육헌장의 이념 구현을 생활화하기 위하여 각급 학교별로 연구학교와 실험학교를 두어, 교육헌장 이념 구현을 위한 구체적인 방안을 연구하여 이를 일반화하고, 자원인사를 동원하여 시·도별로 특별강연회를 열고, 교원의 현직교육에 교육헌장에 관한 강좌를 개설토록 하였다(문교부, 1988).

국민교육헌장의 이념을 구현하기 위하여 문교부가 추진한 시책은 다음과 같다(김영우·피정만, 1997).

① 교육과정을 개편 및 구성함에 있어서 국민교육헌장 이념의 구현을 기본방향으로 삼도록 하였다. 그리하여 1973년에 제3차 교육과정을 제정하면서 교육헌장의 이념을 본 교육과정에 반영하도록 하였다.
② 교육헌장의 이념을 기반으로 모든 교과내용을 재검토 개편토록 하였다. 이에 따라 교육헌장 공포 후 교과내용면에 부분적인 개편이 이루어졌다.
③ 문교부는 교육헌장이념 구현을 위한 장학자료를 분석 배부하였다.
④ 교육헌장에 입각한 학생생활규범을 마련하여 생활지도에 활용토록 하였다.
⑤ 각 학교별로 교육헌장의 구현을 위한 구체적인 계획을 작성하여 이를 실천하도록 하였다.

2) 국적 있는 교육의 추진

국적 있는 교육이 강조된 직접적인 계기는 1972년 3월 24일 대구에서 개최되었던 전국교육자대회에서 행한 박정희 대통령의 유시에서 비롯된 것이다(문교부, 1988).

1973학년도 장학의 기본 목표를 국민교육헌장의 생활화로 교육의 체제를 쇄신하고 국적 있는 교육을 강화함으로써 유신과업 수행에 앞장서는 참다운 새 한국인을 육성하는 것에 두었다. 이를 위한 구체적인 내용으로 주체적인 민족사관의 정립을 위한 국사교육의 강화, 확고한 국가관 정립, 한국적 민주주의의 토착화 등을 제시하였다. 그리고 1976학년도에는 문교부는 국적 있는 교육의 신장을 장학방침의 하나로 채택하여 이를 위하여 사상교육의 강화와 국민도의의 실천을 강조하였다. 사상교육의 강화에 있어서는 주체의식을 고취시키고 한국 민주주의의 당위성을 확신시키며 공산주의에 대한 능력을 기르고 호국안보정신을 배양하도록 하였다. 국민도의의 실천을 위해서는 퇴폐적인 사회풍조를 일소하고 예의와 분수를 지켜 사회윤리를 구현하도록 하였다. 또한 1977학년도에는 문교부는 국민정신교육의 심화를 통해 국적 있는 교육을 구현하도록 하였다. 문교부는 국적 있는 교육을 구체적으로 실천하기 위하여 초등학교와 중학교의 비정규교과인 반공도의생활을 정규과인 도덕으로 교과화하고, 고등학교 사회교과의 한 분야인 국민윤리를 독립된 교과로 하였으며, 대학에서 교양필수과목으로 국민윤리 과목을 신설하도록 하였다. 또한 문교부에서는 국적 있는 교육을 강화하기 위하여 초·중·고등학교와 대학에 국사과목을 신설하도록 하였는데, 이는 1973년과 1974년에 공포된 학교교육과정에 반영된 것이다(조성일·신재흡, 2005).

3) 새마을 교육의 추진

1970년대 초에 박정희 대통령은 재건국민운동을 새마을운동으로 확대 및 발전시키면서 민족의 얼과 민주주의 이념을 이 나라에 재정립하려 하였다. 1971년부터 본격적으로 추진되기 시작한 새마을운동은 1970년대에 있어 국정의 최고 목표로 설정되어 국가정책의 최우선 과제로 추진되었다. 새마을교육의 추진을 위해 문교부에 새마을교육담당관을 두었고, 시·도교육위원회 및 시·도교육청에 새마을교육 담당 장학사를 두었으며, 각급 학교에는 1975년부터 새마을 주임교사제를 두었는데 새마을 주임교사제는 1994년부터 환경 주임교사로 그 명칭이 변경되었다. 새마을교육내용은 학교의 지역사회 문화센터의 기능, 물적 자원의 활용과 체육·보건센터 기능, 소득증대사업 추진 등이었다(조성일·신재흡, 2005). 또한 농한기를 이용하여 각급 학교에서 새마을학교를 개설하여 주민들에게 하루 4~5시간의 정신계몽 중심의 교육을 전국 2,000여 학교에서 매년 20만 명씩 연수시켰다(문교부, 1988). 1975년부터는 각 시·도의 실업계 고등학교에 158개 상설 새마을학교를 설치하여 3일간의 교육과정을 이수하도록 하였는데 총 12만 3,000명이 참여하였다(조성일·신재흡, 2005).

새마을 교육은 국민헌장의 이념 아래 학교교육을 통하여 학생과 향토민에게 새마을 정신을 함양시킴으로써 향토개발과 국가발전에 공헌하는 실천적인 인간을 육성하는 것을 목표로 하였다(김영우·피정만, 1997).

하지만 새마을 교육 추진과정에서의 문제점은 내무부 주관의 새마을운동과 차이가 별로 없으며 학교 외 활동에 많은 시간을 투자하는 형식적인 업적 중심이 되어 왔기 때문에 문교부에서는 교육과정의 범위 내에서 새마을교육을 학교교육과 직결시켜야 한다는 점을 강조하여 왔다. 특히 국가 주도형의 새마을교육이 민간 주도형으로 전환되어 자율적으로 이루어져야 한다고 지적하였다(조성일·신재흡, 2005).

2. 1970년대 교육개혁 사업의 추진

1970년대 교육개혁 사업의 추진을 제시하면 다음과 같다(변호걸·심형진, 2019; 김명신, 2013; 피정만, 2011; 김영광, 2011; 조성일·신재흡, 2005; 김영우·피정만, 1997).

첫째, 안보교육의 강화이다. 1970년대는 국제적으로 화해의 무드가 조성되었다. 중공의 유엔 가입, 베트남 전쟁에서 미군의 철수와 베트남의 공산화, 크메르(현 캄보디아)의 공산화 등으로 긴장이 완화되고, 국제정세는 급격히 변화하였다. 남북 관계에서도 새로운 변화가 있었다. 1970년의 8·15선언을 비롯하여, 남북적십자회담 제의, 7·4 남북공동성명 발표, 6·23 특별선언, 대북한 식량원조 제의, 무조건 남북대화 제의와 당국자 회담 제의 등이 있었다. 하지만 북한은 이에 대하여 상당히 냉담한 태도를 보였다. 이러한 국제정세의 변화와 남북관계의 변화에 대비하여, 안보교육의 문제가 심각하게 대두되었다. 문교부는 1971년 12월 안보교육의 기본 방침을 정하고, 학교교육의 모든 영역에 걸쳐서 안보교육체제를 정비하고 강화하였다. 1972년에는 장학목표를 '안보교육체제의 정비'에 두고, 이에 따른 중점 시책으로 군사교육 제도의 개선, 교련교사의 재교육, 안보 특강 및 세미나 개최, 대학생 특수훈련 및 행군대회, 고등학교 학생들에게 반공 민주정신에 투철한 국가관 교육, 국가의 비상사태에 기여할 수 있는 산교육을 실시하기 위해 사격훈련(남), 화생방훈련, 행군훈련에 대한 지침, 반공교육 지침, 교련 실기대회 운영 지침 등을 정하여 각급 학교에서 실시하도록 하였다. 1973년 문교 기본 정책에도 '안보교육체제의 강화'가 추진되었다. 1974년부터 1977년의 장학방침에도 국적 있는 교육의 구체적인 실천 내용으로 안보교육을 강조하였다(피정만, 2011).

둘째, 과학기술 교육의 진흥이다. 1970년대 문교부는 매년 장학방침에 과학기술 교육의 진흥을 채택한 문교부는 장학정책에 '과학기술 교육의 정비와 확충'을 기본목표로 삼고, 과학기술 교육의 진흥을 채택하였다. 문교부는 장학정책에 '과학기술 교육의 정비와 확충'을 기본목표로 삼고, 과학기술의 양성을 위한 구체적 시책으로, 실업계 학교의 정비와 지원의 강화, 산학협동체제의 정비 강화, 과학교육의 충실 등을 추진하였다. 그리고 1971년에는 산업교육 진흥법을 제정하여 공업학교와 농업학교에 각종 지원을 하였다. 1972년에는 문교부 장학방침에 '과학기술 교육의 철저'를 채택하고, 과학교육의 내용과 지도방법의 개선 및 실험실습을 강조하였다. 1973년에는 장학방침에 '과학기술 교육의 진흥'을 채택하면서 산업교육진흥법을 개정하여, 기간산업체에 현장실습을 하도록 하였다. 1974년에는 공업고등학교와 공업계전문학교에 특성화 방안을 구상하여, 지역의 특성에 맞추어 기계, 전자, 조선, 화공 등의 분야로 개편하였다. 1975년에는 국가기술자격법을 시행하고, 국가에서 추진하는 중화학공업 육성에 필요한 인재를 양성하기 위하여, 1973년에서 1977년까지 12개 공업고등학교를 정밀기능사 양성학교로 개편하였다. 1977년에는 대입예비고사에 실업계열을 신설하여 실업계 졸업생의 진로를 확대하여 주는 시책을 추진하였다(피정만, 2011).

셋째, 제3차 교육과정의 개정이다. 3차 교육과정의 개정 작업은 1971년부터 시작하여 1973년 2월에 초등학교 교육과정, 8월에 중학교 교육과정, 1974년 12월에 인문계 고등학교 교육과정, 1976년 2월에 실업계 고등학교 교육과정을 개정하였다. 제3차 교육과정은 1960년대에 미국 교육계를 주도하던 학문중심 교육과정에 이론적인 바탕을 두었다. 3차 교육과정은 국민교육헌장 이념의 구현을 기본방향으로 삼고, 다음과 같은 기본 방침을 제시하고자 한다. ① 국민적 자질의 함양을 위해서는 민족 주체의식의 고양, 전통을 바탕으로 한 민족문화의 창조, 개인의 발전과 국가의 융성과의 조화 등을 구체적인 목표로 삼았다. ② 인간교육의 강화를 위해서는 가치관 교육의 강화, 비인간화 경향의 극복, 근면성과 협동성의 앙양을 구체적인 목표로 삼았다. ③ 지식 및 기술교육의 쇄신을 위해서는 기본능력의 배양, 기본개념의 파악, 판단력과 창의력의 배양, 산학협동 교육의 강화를 구체적인 목표로 삼았다(피정만, 2011).

넷째, 고교 평준화 정책과 입시제도 개혁이다. 1973년 2월 문교부는 고등학교 및 대학의 입시제도 개선방안을 발표하고 3월 13일에는 시행 계획을 발표하였다. 입시제도 개선의 기본방향으로 제시된 것은 다음과 같다(김명신, 2013). ① 교육정상화의 촉진, ② 고등학교의 평준화, ③ 실업 및 과학 기술교육의 진흥, ④ 지방학교의 발전 조장, ⑤ 교육비 국민부담의 절감, ⑥ 학생 대도시 집중의 억제 등이다.

1973년 6월에 확정된 고교 평준화를 위한 고등학교 입시제도는 인문계 고교와 실업계 고교(2부제 포함)로 구분하고, 실업계 고교는 전기에 실시하고, 인문계 고교는 학군제·과정별·추첨 배정에 의하여 후기에 실시하는 것이다. 여기에서 인문계와 실업계의 공통점은 연합고사 성적과 체력점수를 종합한 성적에 의하여 선발한다는 것이다. 이 제도는 1974년에 서울, 부산, 1975년에는 인천, 광주, 대구, 1980학년도에는 8개 도시가 다시 추가되어 모두 20개 도시(창원시의 분리로 21개 도시)로 확대 및 실시되었다. 고교 평준화 정책은 다음과 같은 긍정적인 측면과 부정적인 측면은 다음과 같다(피정만, 2011). 긍정적인 측면은 중학교 교육과정 운영의 정상화를 가져왔고, 고등학교의 교육기회가 확대되고, 학교 간 교육격차가 완화되었다. 그리고 과열 입시경쟁의 사회적 병폐를 해결하였고, 지방학생의 대도시 집중을 막았으며, 실업교육을 진흥시키는 결과를 가져왔다. 한편 부정적인 측면으로는 이 정책은 개인차에 따른 학습지도와 교육의 질적 저하를 초래했고, 사립 고등학교의 특수성을 상실케 함과 아울러 재정난을 초래했으며, 교육 당사자인 학생들의 교육 선택권과 학교의 학생 선발권을 무시하는 등 민주적 이념에 어긋났다는 문제가 있었다.

다섯째, 대학교육개혁: 실험대학과 대학 특성화이다. 해방 이후 우리의 교육은 의무교육의 확충에 주력하여 기반을 다졌다. 그래서 1950년대는 초등교육의 연대, 1960년대는 중등교육의 연대, 1970년대는 고등교육의 개혁사업이 본격적으로 추진되어 왔기 때문에 고등교육의 연대라고 할 수 있다. 대학교육의 개혁은 다음과 같이 제시한다(김명신, 2013; 조성일·신재흡, 2005; 김영우·피정만, 1997). ① 1970년대 초 문교부는 실험대학, 대학 특성화, 학사개선 등을 내걸고 고등교육 개혁에 착수하였다. 실험대학의 주요 내용은 졸업학점을 160학점에서 140학점으로 감축하고, 학과별 정원제를 폐지하고 계열별로 신입생을 모집하며, 부전공제를 실시하는 것으로 시작하여 복수전공제 허용과 능력별 학점 취득, 계절학기제 운영 등으로 확대되었다. ② 실시 첫 해인 1973년에 14개 대학으로 시작한 실험대학은 매해 신청한 대학의 수가 늘어나 1990년대 초에는 거의 모든 대학이 실험대학이 됨으로써 실험대학이라는 말이 유명무실해졌다. ③ 대학의 특성화는 투자 효율성의 제고,

지역의 특수성과 개별 대학의 특성을 고려한 중점 육성 분야 강화 등을 골자로 하였다.

여섯째, 교수재임용제도이다(김명신, 2013). 1975년에는 교육법 개정을 통해 교수재임용제도를 도입하였다. 이 제도는 교수를 일정한 계약기간을 정해 놓고 임용하여 계약이 만료되면 대학 교원의 자질과 실적 등을 평가 및 사정하여 재임용을 결정하는 제도이다. 교수들의 연구풍토 조성을 위해 만들어졌다고 하지만 평가항목에 다수의 주관적인 항목이 들어 있어 정치적 동기나 자의적 동기에 의해 악용될 소지를 안고 있었고 교수들을 체제에 순응시키려 한 목적이 내포되어 있었다. 실제로도 이 제도가 남용되어 국·공립 대학 뿐만 아니라 사립대학에서도 유신정부에 비판적이거나 사회의 비리를 폭로한 교수들이 재임용에서 탈락하는 사례가 속출하였다.

일곱째, 유아교육의 공교육화이다(김명신, 2013; 김영우·피정만, 1997; 문교부, 1988). 유아교육의 공교육화 정책을 추진하기 위하여 1976년에는 초등학교에 공립유치원을 병설하였다. 그리하여 1979년에는 농촌국민학교에 병설된 18개 유치원을 합하여 전국적으로 26개의 공립유치원이 설치됨으로써 1970년대는 유치원의 공교육화를 통하여 취학전 교육이 확충되었던 것이다. 유치원 교사의 수급문제를 해결하고 질을 향상시키기 위하여 1979년에 전문대학에 보육과를, 4년제 대학에 유아교육과를 설치함으로써 전문적인 유치원 교사 양성에 힘썼다. 또한 문교부는 1979년에 유치원 교육과정을 개정하여 유치원의 교육내용을 생활영역에 따라 사회정서발달, 인지발달, 언어발달, 신체 및 건강 등 4개 영역으로 하였다.

여덟째, 특수교육의 강화이다. 정부는 제3차 경제개발계획(1972~1976)에 맞추어 특수교육발전계획을 입안 추진하고, 특수교육진흥법을 제정하여 특수교육 발전의 기틀을 마련하였다. 1970년대 특수교육의 발전계획을 제시하면 다음과 같다(조성일·신재흡, 2005; 김영우·피정만, 1997). ① 특수학교와 특수학급의 증설이다. 특수학교는 1960년에 31개 특수학교에서 1979년 4월 국립 2개교, 공립 12개교, 사립 39개교 등 53개교로 증가하였다. 특수학급도 크게 증설되었는데, 1968년 9월에 서울 월계국민학교에 약시 학급이 설치된 것이 특수학급의 시초이며, 1971년부터 공립

국민학교에 특수학급이 설치되기 시작하여 1974년에 전국 시·군 단위로 초등학교에 1개씩의 특수학급이 설치되었으며, 1979년 4월 현재 327개 학교에 351개의 특수학급이 설치되었다. ② 특수학교 교사 양성과정 증설이다. 1971년도에 이화여자대학교 사범대학과 단국대학에 특수교육학과가 설치되어 특수교육 담당 교사를 양성하기 시작하였다. ③ 특수학교 교육과정 완비이다. 문교부는 1974년 1월에 정신박약아 교육과정(초등부)을 제정하고, 1977년 2월에 맹학교 교육과정을 개정하였으며, 1979년 3월에 농학교 교육과정을 개정하였다. ④ 특수교육진흥법 제정이다. 문교부는 1977년 12월에 특수교육진흥법을 제정하고, 1978년 8월에 특수교육진흥법시행령을 제정하였으며, 1978년 12월에 특수교육진흥법시행규칙을 제정하여 특수교육 진흥을 위한 법적 조치를 완비하였다.

아홉째, 방송통신교육의 실시이다. 1970년대에 방송통신고등학교와 방송통신대학이 설치됨으로써 방송통신교육제제가 마련되고, 사회교육이 확충되었다. 여기에서는 방송통신고등학교, 방송통신대학으로 구분하여 고찰하고자 한다. 문교부는 1973년 3월에 교육법을 개정하여 국·공립의 고등학교에 방송통신 교육과정을 둘 수 있게 하고, 1974년 1월에 고등학교 방송통신 교육과정 설치기준령을 제정하여 동년 3월에 서울 8개교, 부산 3개교 등 11개 공립고등학교에 방송통신고등학교를 부설토록 하였다. 이 당시 방송통신고등학교는 다음과 같은 점에서 그 특성이 있다고 할 수 있다(문교부, 1988). ① 매스미디어를 이용함으로써 중등교육의 기회를 확대시킨 것, ② 성인교육 및 비형식적인 사회교육을 실현시킨 것, ③ 직장을 가졌거나 다른 이유로 고등학교에 취학할 수 없게 된 이들에게 고등학교 교육을 받을 수 있는 기회를 제공한 것, ④ 전국적인 범위에 걸쳐 교육의 기회균등을 실현한 것 등이다. 1974년에 서울과 부산에 처음으로 개설된 방송통신고등학교는 1975년에 전국적으로 설치지역이 확대되어 36개교로 증가되고, 1976년에는 시·군 소재지를 포함하여 40개교로 증가하였으며, 1979년 현재 41개교 14,248학급, 60,020명으로 증가하였다(문교부, 1980). 또한 문교부는 1968년 11월에 교육법을 개정하여 방송통신대학을 둘 수 있게 하고, 1972년 3월에 방송통신대학 설치령을 제정하여 1972년 5월에 서울대학교에 한국방송통신대학을 설치토록 하였다. 2년제 초급대학과정인 한국방송통신대학은 1972년 4월에 학생을 모집하고 동년 5월에 개강하였는바, 본 대학에는 가정과, 경영학과, 농학과, 초등교육과, 행정학과 등 5개 학과가 설치되고 학생 정원은 12,000명으로 출발하였으나 1978년 16,000명으로 증원되고, 1979년에 18,000명으로 학생 정원이 증가되었다. 방송통신대학은 경제적 또는 기타 사정으로 일반대학에 진학하지 못한 사람에게 방송과 통신 및 수업 등의 교육 방법으로 고등교육의 기회를 부여함으로써 국민의 교육수준을 향상시키고, 국가 발전에 필요한 인재를 양성하는 것을 그 목적으로 하고 있다.

열째, 산업체 부설학교와 특별교실 설치이다(김영우·피정만, 1997). 문교부는 산업 현장에서 국가의 경제 건설의 일익을 담당하고 있는 근로청소년들에게 산업현장에서 일하면서 배울 수 있는 기회를 마련해 줌으로써 산업역군으로서의 긍지와 사기를 진작시키고, 생산기술의 향상을 도모코자 하는 목적으로 산업체 종사자만을 대상으로 하는 특별학급(야간)과 산업체 부설 중등학교를 1977년도부터 설치하도록 하였다. 즉 문교부는 1976년 12월에 교육법을 개정하여 산업체에 부설 중·고등학교와 야간제 특별학급을 설치 및 운영할 수 있도록 하고, 1977년 2월에 특별학급 및 산업체 부설학교의 설치 기준령을 제정하여 동년 3월에 특별학급과 부설학교가 설치될 수 있도록 하였다. 그리고 특별학급과 산업체 부설학교는 모두 야간제로 운영되고 재학생의 학비는 전액 무료이고, 교육과정 운영은 일반 중·고등학교의 2/3를 이수토록하고, 1/3은 현장 실습으로 대체토록 하고 졸업자는 일반 중·고등학교 졸업자와 동일한 학력이 인정되었다.

제5절 1980년대 교육

1979년 10월 26일 박정희 대통령 시해사건이 일어나고 전두환, 노태우 등의 신군부 세력이 12·12사태로 군부의 실권을 장악하였다. 1980년 5월 17일 신군부 세력은 비상계엄령을 전국으로 확대하였으며, 1980년 9월 1일 전두환이 제11대 대통령으로 취임하였다. 이어서 1980년 10월 27일 제5공화국 헌법이 공포된 가운데 1981년

3월 3일 전두환에 제12대 대통령으로 취임함으로써 제5공화국이 정식으로 출범하였다. 제5공화국 교육개혁은 전인교육, 정신교육, 과학교육, 평생교육을 4대 원칙으로 내세웠다(김명신, 2013).

1980년대 교육의 흐름을 제시하면 다음과 같다(김명신, 2013; 피정만, 2011; 김영우·피정만, 1997).

7·30 교육개혁조치 신문 기사

출처: https://cafe.naver.com/jmp2/39

첫째, 7·30 교육개혁이다. 정부는 교육의 기틀을 바로 잡고, 당시 우리 사회의 큰 병폐로 문제가 되고 있던 입시를 위한 과열과외 현상을 근절하기 위하여 1980년 7월 30일에 「교육정상화 및 과열과외 해소방안」을 발표하여 7·30교육개혁을 단행하였다.

7·30교육개혁의 주요 내용은 다음과 같다(정태수, 1991).

① 1981학년도부터 대학입시 본고사를 폐지하고, 출신 고등학교의 내신 성적과 예비고사 성적만으로만 대학입학자를 선발한다.
② 초·중·고등학교의 교과목 수를 줄이고, 또 그 수준도 낮추는 방향으로 교육과정을 조정한다.
③ 대학의 졸업정원제를 실시하여 신입생은 정원보다 일정수를 더 입학시키고, 졸업정원은 인가된 정원으로 한정한다.
④ 대학은 전일제 수업을 실시하여, 시설과 인력을 최대한 활용한다.
⑤ 대학입학 인원을 연차적으로 확대한다.
⑥ 교육방송의 운영을 개선하여, 교육전용방송을 실시한다.
⑦ 개방대학 제도를 개설한다.
⑧ 방송통신대학을 5년제로 하고, 교육대학을 4년제로 한다.
⑨ 교육세를 받아서 교육재정을 확보한다.
⑩ 대학시설을 확충하고 교원의 처우를 개선한다.
⑪ 정부, 산업체의 고용정책을 개선하는 등 장기 대책과 사회 대책을 추진한다.
⑫ 과열과외 해소를 위한 전 국민운동을 전개한다.

이상과 같은 7·30교육개혁 조치에 따라 다음과 같은 조치가 시행되었다. ① 1981년 8월 1일부터 초·중·고등학생의 과외수업이 금지되고, 교사 및 교수의 과외교수행위가 금지되었으며, 대학생의 과외수업 아르바이트가 금지되었고, 중·고등학생의 학원수강이 금지되었다. ② 대학입시에 본고사가 폐지되고, 내신 성적이 반영되었다. 1981학년도에는 입시 총점 가운데 예비고사 성적 50% 이상, 내신 성적 20% 이상 반영하고, 1982년에는 내신 성적을 30%를 반영케 하며, 궁극적으로는 예비고사도 없애고 고등학교의 내신 성적만으로 학생을 선발하도록 한다는 방침을 세웠다(김종철 외, 1989). ③ 대학의 졸업정원제가 실시되었다. 졸업정원제를 채택한 것은 대학의 면학분위기를 조성하고, 대학교육의 질적 향상을 꾀하는 동시에 재수생을 대학으로 흡수하여 대입 재수생의 누적으로 인한 사회문제를 해소시키려는 의도에서였다(문교부, 1988). 졸업정원제의 채택으로 1981학년도에 정원의 130%의 신입생을 모집하고, 1982학년도부터는 150%를 모집하였으나, 1988학년도 입시부터 졸업정원 만큼만 신입생을 모집함으로써 졸업정원 제도는 폐지되고, 종전의 제도로 환원되었다(김종철 외, 1989).

둘째, 제4차 및 5차 교육과정 공포이다(김명신, 2013). 먼저 4차 교육과정은 1981년 유치원을 포함한 국민학교, 중학교, 고등학교의 교육과정이 공포되었다. 4차 교육과정은 민주, 복지, 정의 사회 건설의 역군으로서 자주와 창의의 역량을 가진 국민을 양성하는 것을 교육과정의 목적으로 제시하였다. 그리고 4차 교육과정의 인간상으로는 건강한 사람, 심미적인 사람, 능력 있는 사람, 도덕적인 사람, 주체적인 사람을 제시하고, 보다 미래지향적인 과학교육과 인간중심 교육을 강조하였다. 교육과정의 영역은 교과활동과 특별활동으로 분류하고, 교과활동은 초등학교 1, 2학년의 경우 통합교과로 운영하고 3학년부터 분과를 원칙으로 함으로써 학생의 발달단계에 따른 통합적 경험과 분과 운영의 타당성을 제고하는 데 중점을 두었다. 또한 고등학교의 교과 영역은 보통 교과와 전문 교과로 구분하고, 공통 필수과목을 두어 일반계, 실업계 모두 필수과목으로 과할 수 있게 하였다. 특별활동은 어린이회(중학교는 학생회 활동, 고등학교는 학도호국단 활동), 클럽 활동, 학교 행사로 넓게 규정하였다.

한편 제5차 교육과정은 구성 방향에서 기초교육의 강화, 정보화 사회에 대응하는 교육의 강화, 정보화 사회에 대응하는 교육의 강화, 교육과정의 효율성 제고 등을 강조하였다. 개정방침은 교육과정의 적정화(이수과목의 축소, 학습량 적정화, 교과목 조정, 개발과정의 효율화), 내실화(교육목표의 상세화, 교육내용의 정선, 지도서의 실용화, 평가방법의 다양화), 지역화(교과용 도서의 2종화, 교과 단원의 지역화, 교재 활용의 다양화, 교육과정 운영의 탄력화)에 두었다. 교과영역에서는 초등학교 1, 2학년 경우, 우리들은 1학년, 바른생활, 슬기로운 생활, 즐거운 생활 등의 통합교과로 운영하도록 하였다. 중학교 교육과정에서는 교과영역에 자유 선택시간을 두어 학교 실정에 따라 이를 운영하도록 한 것이 특징이다. 고등학교 교육과정에는 교양 선택 2단위를 부여하고, 선택과목(교육학, 논리학, 심리학, 철학, 생활 경제, 종교) 중에서 학교장 재량으로 선택하도록 하며, 종교를 선택할 경우 복수 설정이 가능하도록 하였다.

셋째, 평생교육의 확대이다. 평생교육은 1980년대의 교육정책에서 7·30교육개혁가 더불어 가장 특기할 만한 정책이다. 평생교육은 1980년 10월 23일에 제정된 제5공화국 헌법 제29조 제5항에 "국가는 평생교육을 진흥해야 한다."고 하였고, 동조 제6항에는 "학교교육은 평생교육을 포함한 교육제도와 그 운영에 관한 사항을 법률로 정한다."고 명시하였다. 이는 우리나라 헌정사상 최초로 국가의 헌법에 평생교육의 의무조항을 신설한 것이며, 평생교육을 법률로 정하도록 하였다는 데 그 의의가 있다. 문교부는 평생교육을 확충하는 구체적인 조치로 한국방송통신대학을 학사과정으로 승격 개편토록 하고, 개방대학을 신설하였다. 먼저 ① 방송통신대학의 확충이다. 문교부는 7·30교육개혁에 따라 고등교육기회의 확충과 재수생 해소를 위해, 방송통신대학을 확충 강화하였다. 문교부는 1981년에 한국방송통신대학을 5년제의 학사과정으로 개편하고, 1982년에 서울대학교 부설기관에서 독립된 국립대학체제로 전환토록 하였다. 그리고 1982년에 경제학과, 법학과, 영어영문학과, 유아교육과(2년제)를 증설하고, 1982년 말에 국어과, 중국어과, 불어과를 신설하였으며, 1983년도에 전자계산학과를 증설하였다. ② 개방대학의 설치이다. 문교부는 평생교육의 구현, 직업기술교육의 혁신, 정규학교의 수용능력 한계의 탈피, 학비부담의 경감 등을 취지로 하여, 1983년부터 개방대학을 설치하기 시작하였다.

개방대학의 설치 목적은 교육법상 통신대학과 같으나, 통신대학은 인문사회계열학과 중심으로 되어 있고, 개방대학은 전자, 자연·공업계열학과 중심으로 구성되어 있는 것에 그 차이가 있다. 문교부는 1982년에 경기공업전문대학을 개방대학의 실험대학으로 지정하고, 1983년 3월에 경기공업전문대학을 경기개방대학으로 개편하였다. 개방대학은 계속 증설되어 국립의 경기, 대전, 부산공업전문대학이 개방대학으로 개편되고, 사립으로 광주, 경북, 군산 등 3개 개방대학이 설치되었다. 개방대학은 1980년대 후반기에 이르러 그 명칭을 공업대학, 산업대학으로 변경하였다 (문교부, 1988).

1980년대 개방대학별 학생 수는 <표 11-6>과 같다.

표 11-6 1980년대 개방대학별 학생 수

구 분	국 립			사 립			계
	경기공업 개방대학	부 산 개방대학	대 전 개방대학	광 주 개방대학	경 북 개방대학	군 산 개방대학	
1984	8,030	1,716	1,464	1,798	–	–	13,008
1985	8,901	3,877	4,070	4,639	1,044	1,044	24,719
1986	8,543	5,493	5,263	7,060	2,186	2,186	33,473
1987	8,242	6,894	6,061	9,169	2,770	2,770	39,833

*자료: 조성일·신재흡(2005). 한국교육행정발달사 탐구. 서울: 집문당, p. 128.

넷째, 교육개혁안 수립이다(김영우·피정만, 1997). 정부는 1985년 3월에 교육개혁심의회규정을 제정하고, 30여명의 심의회 위원을 위촉하여 대통령 직속의 교육개혁심의회를 발족시켜 1987년 12월 31일까지 3년간 존속시켜 2천 년대를 전망한 한국의 교육개혁과 발전을 위한 계획안을 마련토록 하였다. 교육개혁심의회는 1987년 12월 말에 3년간의 작업 결과로 최종보고서를 제출하였다. 이 보고서는 유아교육, 초등교육, 중등교육, 고등교육, 특수재능교육, 사회(평생)교육, 미래대비교육, 교원교육, 교육시설환경, 교육행·재정 운영 등 10개 부문으로 정리되었다. 그리고 이 보고서는 21세기를 향한 교육개혁으로 다음과 같은 10대 교육개혁 내용을 담고 있는데, 그 내용으로는 학제개편, 입시제도의 개선, 학교환경의 현대화, 우수교원의 확보, 교육내용과 방법의 쇄신, 과학두뇌의 개발, 대학교육의 수월성 추구, 평생교육체제의 확립, 교육행정의 자율화, 교육투자의 획기적 증대 등으로 되어 있다.

다섯째, 고등교육의 정비와 확충이다(김영우·피정만, 1997). ① 한국교원대학교 설립이다. 문교부는 유치원교사, 초등학교교사, 중등교사를 한 교육기관에서 양성하는 새로운 종합교원양성기관으로 1985년 3월에 한국교원대학교를 충청북도 청원군 강내면 다락리 산 7번지에 설치하였다. 본 대학은 3개의 대학과 대학원으로 조직되었고, 제1대학에서는 유아교육과와 초등교육과를 두고 유치원과 초등학교 교사를 양성하고, 제2대학과 제3대학에서는 중등교원을 양성하였다. ② 교육대학의 개편이다. 7·30교육개혁 조치에 따라 문교부는 교육대학의 수업연한을 4년으로 연장하고, 2년제 교육대학을 1981학년도부터 1984학년도까지 연차적으로 4년제로 개편하였다. 이에 따라 1981년도에 서울, 부산, 광주 등 3개 교육대학이 4년제로 개편되고, 1982년도에 대구, 인천, 공주 등 3개 교육대학이 개편되고, 1983년도에 진주, 춘천, 전주 등의 3개 교육대학이 4년제로 개편되었으며, 1984년도에 청주와 제주교육대학이 4년제로 개편되었다. ③ 문교부는 1980년대에도 고등교육개혁 작업을 계속 추진하였다. 그 일환책으로 지방대학 육성책이다. 이를 제시하면, 정부는 서울소재 대학의 지방 이전을 권장하였다. 이에 따라 서울 소재 대학의 지방분교가 설치되기 시작하였다. 또한 1982년부터 서울 소재 대학의 정원을 동결하고, 지방소재 대학의 정원을 증원하였다. 그리고 지방대학 육성책의 일환으로 서울 소재 대학과 지방대학간의 교수 교류제를 실시하였다. ④ 대학의 학기제 변경이다. 문교부는 1학기당 16주의 수업을 충실히 실시할 수 있도록 하기 위하여 교육법과 교육법시행령을 개정하여 1984년도부터 대학의 학기제를 변경하여 1학기는 3월초부터 6월 제2주까지로 하고, 제2학기는 9월초부터 12월 제3주까지로 하여 학사를 운영토록 하였다.

여섯째, 1980년대 기타 주요 문교시책은 다음과 같다. ① 중학교 의무교육 실시이다. 1984년에 개정된 교육법에는 모든 국민이 6년간의 초등교육과 3년간의 중학교 교육을 받을 권리를 규정하였고, 이에 근거하여 중학교 의무교육이 1985년도부터 부분적으로 시행되었다. 첫 해에는 도서, 벽지 지역의 중학교 1학년 학생에 한해 실시하였고 1986학년도부터는 도서, 벽지 중학교 전 학년, 1990년대에 들어서는 일부 군과 읍·면지역까지 확대되었다(김명신, 2013). ② 교육세법 제정이다. 정부는 연간 3천억 원 규모의 교육재정 확보를 목적으로 목적세인 교육세법을 1981년 12월 5일자 법률 제3459호로 제정하고, 1982년 1월 1일부터 시행토록 하였다. 교육세는 교육기반을 확충하기 위한 학교시설과 교원 처우 개선에 필요한 재정을 확보하기 위하여 1982년 1월 1일부터 1986년 12월 31일까지 5년간 적용되는 시한부 임시 목적세로서, 국세에 대한 부가세의 성격을 가지고 있다. 5년간의 교육세 징수 실적은 총 1조 4천 11억 원에 이른다(문교부, 1988). 정부는 1986년 12월 26일 교육세법을 개정하여 교육세의 징수 기간을 1987년부터 1991년 말까지 연장하였다. ③ 영재교육 실시이다. 1980년대에 접어들면서 영재교육에 대한 관심이 증대되고, 영재교육에 대한 연구가 비교적 활발히 전개되었다. 이에 문교부는 1981년 3월부터 2개년 계획으로 영재교육을 단계적으로 실천하기 위해 7개교를 연구학교로 지정하고, 1983년 3월에 경기도 교육위원회가 영재교육기관으로 과학고등학교를 설치함으로써 우리나라에 있어 영재교육이 본격적으로 실시되기 시작하였다. 1984년에는 대전과학고등학교, 전남과학고등학교, 경남과학고등학교가 신설되었고, 1980년대에 시·도별로 과학고등학교가 설치되어 과학과 수학에 대한 영재교육이 실시되었다(김영우·피정만, 1997). ④ 유아교육의 진흥과 확충이다. 1980년대에 이르러 제5공화국 발족과 함께 유아교육이 크게 진흥되었다. 문교부는 유아교육의 진흥을 문교시책의 하나로 삼아, 유아교육을 진흥시키고 확충하기 위해 취원 기회의 확대, 교육내용의 충실, 지원체제의 정비 등을 도모함으로써 1980년대에 유아교육이 진흥되었던 것이다. 또한 문교부는 유치원 원아의 수용력을 확충하여 취원 기회를 확대하기 위해 초등학교 병설유치원(공립)을 계속 증설토록 하고, 유치원의 시설 및 설비기준을 대폭 완화하여 사립유치원의 증설을 유도하였으며, 수익자 부담원칙을 적용하여 유치원 교육비를 현실화함으로써 사립유치원의 활성화를 도모하였다. 이와 같은 유아교육 진흥시책에 따라 1980년대에 유치원이 급격히 증가한 결과 1980년 901(공립 40, 사립 861)개의 유치원이 1986년에 7,233(공립 4,333, 사립 2,900)개로 증가되었다. 특히 공립유치원이 다수 증설되었다.

제6절 1990년대 교육

김영삼 대통령은 1993년 2월 25일 취임사에서 '신한국은 보다 자유롭고 성숙한 민주사회, 정의가 강물처럼 흐르는 사회, 더불어 풍요롭게 사는 공동체'라고 밝히면서 신한국 건설을 위해서는 교육은 미래를 준비하는 과학기술교육, 그리고 사람다운 사람, 민주시민을 양성하는 인간교육이어야 한다고 설명하고 이것을 신교육이라고 지칭하였다. 그리고 1998년 2월 25일에 취임한 김대중 대통령은 경제난국의 극복, 민주주의의 시장경제의 병행 발전을 천명하였다. 교육과 관련한 국정과제로는 21세기에 대비한 정보화교육의 확대 및 내실화, 학교수업의 내실화 및 다양화를 통한 사교육비 절감, 대학의 학생선발 자율성 확대, 창의적이고 자기주도적인 학습능력을 신장할 수 있는 교육 환경과 여건 조성 등을 제시하였다. 6절에서는 문민정부와 국민의 정부 초기에 추진한 정책들을 고찰하기로 한다(김명신, 2013; 조성일·신재흡, 2005).

첫째, 지방교육자치제의 실시이다. 1991년 12월 31일에 지방자치법이 공포되었다. 이에 따라 이듬해인 1992년 3월에 지방의회 의원선거를 통하여 지방의회가 구성되었다. 그 후 지방의회의 추천에 의해 교육위원들이 선출되었고 시도교육위원회가 구성되었다.

둘째, 제6차 교육과정 공포이다(신재흡, 2018). 1992년에는 제6차 교육과정이 공포되었다. 개정의 중점은 교육과정 결정의 분권화(시·도 교육청과 학교의 자율재량권 확대), 교육과정 구조의 다양화(다양한 이수과정과 교과목 개설, 필수과목 축소, 선택과목의 확대), 교육과정 내용의 적정화(교육내용의 적합성을 높이고 학습 부담을 줄임), 교육과정 운영의 효율화(학생의 적성, 능력, 진로 고려, 학습과 생활의 기초능력 신장, 평가방법의 개선을 통한 교육과정의 효율적 운영)에 두었다. 6차 교육과정의 가장 큰 특징은 중앙집권적인 교육과정을 지방분권형 교육과정으로 전환하여 시·도 교육청과 학교의 자율재량권을 확대하였다는 점이다. 교육과정은 교과 활동, 특별활동, 학교재량 시간 등 3영역으로 구분하였다. ① 초등학교에는 학교재량활동을 주당 1시간씩 두어 지역과 학생의 특수성과 필요에 따라 학교가 창의적·자율적으로 활용할 수 있도록 하였다. ② 중학교 교육과정으로는 시대적·사회적·개인적 요구에 따른 교육과정의 다양성과 적합성을 높이기 위하여 선택교과제가 도입되었다. 선택교과는 한문, 컴퓨터, 환경의 3개 교과 혹은 그 외 필요한 교과를 지역과 학교의 독특한 특성과 필요에 맞게 설정하여 운영할 수 있게 하였다. ③ 고등학교 교육과정은 총 이수단위 204단위 중 공통 필수과목만을 교육부가 정하고, 과정별 필수과목을 시·도 교육청이 편성하고(106단위), 과정별 선택 과목(12단위)은 학교가 선택하도록 함으로써 지역과 학교의 특성화를 구현할 수 있도록 교육과정 결정권을 확대하였다.

셋째, 5·31 교육개혁안이다. 이 개혁안은 초등교육, 중등교육, 고등교육, 평생교육까지 포함한 매우 광범위하고 포괄적인 이 교육개혁안의 주요 내용은 다음과 같다.

① 열린교육사회·평생학습사회 기반 구축: 학점은행제 도입, 학교의 평생교육기능 확대, 학교의 전·편입학 기회 확대, 최소 전공인정학점제 도입, 원격교육 지원체제 구축 등이다.
② 대학의 다양화와 특성화: 대학 모형의 다양화와 특성화, 전문대학원 설치, 대학설립·정원·학사 자율화, 대학평가 및 재정지원 연계 강화, 대학교육의 국제화 등이다.
③ 초·중등교육의 자율적 운영을 위한 '학교공동체'구축: 학교운영위원회 설치, 학교장·교사 초빙제 시범 실시 등이다.
④ 인성 및 창의성을 함양하는 교육과정: 교육과정 개선 및 운영의 다양화, 자기주도적 학습능력 향상, 교과서 정책 개선, 방과후 교육활동 활성화, 영재교육 강화, 세계화 교육 실시 등이다.
⑤ 국민의 고통을 덜어 주는 대학입시제도: 국·공립 및 사립대학의 입학제도 개선, 학교생활기록부제 도입 등이다.
⑥ 학습자의 다양한 개성을 존중하는 초·중등교육운영: 고등학교 유형의 다양화 및 특성화, 평가와 행·재정 지원 연계, 초등학교 입학 연령 탄력 적용, 중·고등학교 선택권 부여 등이다.
⑦ 교육공급자에 대한 평가 및 지원체제 구축: 교육규제완화위원회 설치, 교육과정평가원 설치 등이다.
⑧ 품위 있고 유능한 교원 양성: 교원양성기관 교육과정 개편 및 임용제도 개선, 능력 중심 승진 및 차등보수 체계 개선, 교원 자율 출·퇴근제 시범 실시, 교장 명예 퇴직제 실시 등이다.
⑨ 교육재정 GNP 5% 확보이다.

넷째, 교육기본법 제정 및 공포이다. 1997년 12월 13일에는 변화된 교육여건에 부응하기 위하여 1949년에 제정된 교육법을 폐지하고 교육기본법, 초·중등교육법, 고등교육법으로 구분하여 제정하였다. 교육기본법은 학교교육과 사회교육을 포괄하는 교육에 관한 기본적인 사항을 규정한 모든 교육관계법의 기본법이다.

다섯째, 제7차 교육과정 공포이다. 1997년 12월 30일 발표된 제7차 교육과정은 21세기 정보화·세계화 사회를 살아갈 학생들의 자기주도적 학습능력을 기르고, 창의력과 정보 처리 능력을 배양하는 것을 목표로 하였다. 7차 교육과정의 구성 방침으로는 ① 사회적 변화를 주도할 수 있는 기본능력을 길러줄 수 있도록 교육과정을 구성한다. ② 국민공통 기본교육과정과 선택중심 교육과정체제를 도입한다. ③ 교육내용의 양과 수준을 적정하고, 심도 있는 학습이 이루어지도록 수준별 교육과정을 도입한다. ④ 학생의 능력, 적성, 진로를 고려하여 교육내용과 방법을 다양화한다. ⑤ 교육과정 편성과 운영에 있어서 현장의 자율성을 확대한다. ⑥ 교육과정 평가체제를 확립하여 교육에 대한 질 관리를 강화한다. 국민 공통 기본교육과정은 학교 급별 차이에 따른 연속성의 부족이나 연계성 부족 문제를 극복하고 체계적인 교육을 실시하기 위한 취지에서 만들어진 것이다. 국민 공통 기본교육과정은 최소한의 공통 필수교과로 국어, 도덕, 사회, 수학, 과학, 실과(기술·가정), 체육, 음악, 미술, 외국어(영어)의 10개 교과를 이수하도록 규정하였다. 그리고 교육과정의 질 관리를 위하여 교육과정 평가체제의 도입하여 국가수준에서 주기적으로 학생 학력 평가, 학교와 교육기관 평가, 교육과정 편성·운영에 관한 평가를 실시하도록 한 것이 7차 교육과정의 특징이다.

여섯째, 평생교육법 공포이다. 1980년 10월 27일에 개정된 헌법에 평생교육 관련 조항(제29조 5항)을 명시하였다. 이에 대한 후속 조치로 1982년 12월 31일에는 사회교육법을 공포하였고, 1999년 8월 31일에는 사회교육법을 폐기하고 평생교육법을 공포하였다.

일곱째, 두뇌 한국(BK) 21 사업이다. 21세기 지식기반사회에서 세계적 수준의 대학원을 육성하고 우수한 연구 인력을 양성하기 위해 석·박사과정생 및 신진연구인력(박사 후 연구원 및 계약교수)을 집중적으로 지원하는 고등교육 인력양성 사업이 추진되었다. 이른바 두뇌 한국(Brain Korea: BK) 21사업이라고 불리는 이 사업은 1단계(1999~2005), 2단계(2006~2012)로 나누어 국민의 정부 역점 사업으로 시행되었다.

여덟째, 교원정년 단축 단행이다. 1999년 1월에 교원정년을 국가 경제적 위기와 지식기반사회를 맞아 국민적 지지 하에 초·중등교원의 정년을 65세에서 62세로 단축시킨 교육공무원법 개정에서 비롯되었다. 당시 한국교총 등 교원단체들이 교육부장관 퇴진운동을 벌이고 일부 교육행정관료들도 정년단축이 교원수급에 막대한 악영향을 끼칠 것이라며 반대 의사를 표명하였다. 그러나 정부의 구조조정 방침과 교단 평균연령 감소를 원하는 학부모단체 등 여론의 지지를 바탕으로 정년단축이 강행되었다(조성일·신재흡, 2005).

아홉째, 교육시장의 개방이다. GATT체제 하에서 1986년부터 시작된 UR협상이 1991년 교육부문을 UR 서비스 협상의제로 채택함에 따라 교육개방에 대한 논의가 시작되었다. 다자협상기구에 의한 교육시장 개방일정은 1996년 이후의 협상결과에 따라 결정된다. 그리고 정부는 1993년 7월 1일 외자도입법 및 동 시행령과 외국인 투자에 관한 관리 규정을 제정 및 공포하였다. 이에 따라 1995년부터는 외국인 또는 외국기관에게 예·체능 부문 기술학원의 국내 설립 및 운영을 허용하고, 1996년부터 어학 및 입시계통 학원을 개방했고, 1996년 이후에는 대학 및 대학원의 분교 설립까지 개방되었다. 1996년에 경제개발기구(OECD)에 가입함으로써 대학의 문호도 개방되었다(조성일·신재흡, 2005).

열째, 대학 종합 평가인정제 실시이다. 1993년 대학교육협의회 하계총회에서는 대학종합평가인정제의 도입 시기를 대학평가인정위원회에서는 1994년부터 7년 주기로 대학종합평가인정제를 시행하도록 결정하였다. 1994년도에 대학평가대상 대학이 국립 6개교와 사립은 1개교로 확정되었고 평가기준이 제시되었다. 대학종합평가인정제의 목적은 대학교육의 수월성, 효율성, 책무성, 자율성, 협동성을 제고하며 아울러 대학재정의 확충을 통하여 대학을 발전시키는 데 있다(한국대학교육협의회, 1994).

열한째, 새교육공동체위원회 발족이다. '새교육공동체'란 1998년 6월에 공포된 '새교육공동체위원회규정(대통령령 제15815호)'에 의해 "새로운 교육 공동체의 형성을 통한 교육개혁의 지속적 추진과 교육에 대한 국민의식의 개혁 등에 관한 대통령의 자문에 응하기 위하여 대통령 소속 하에 새교육공동체위원회를 둔다"라고 규정하고 있다. 여기서 '새교육공동체'란 다음 두 가지의 의미를 내포하고 있다. 하나는 "교육개혁의 필요성에 대한 인식을 공유하고, 학부모, 교원, 시민단체, 지역사회 등 각계각층이 교육에 대한 각자 역할을 가지고 개혁 실천에 함께 참여한다"는 의미이다. 다른 하나는 "교육개혁 추진에 있어서 각 정부 부처는 물론 과학·기술, 산업·경제, 문화·예술 등 제반 사회분야와 더욱 긴밀한 협력 체제를 구축한다"는 것이다. 새교육공동체위원회는 학교현장과 지역사회, 시민단체 등 각계각층의 참여를 유도하고, 개혁의 추진성과를 함께 평가하는 등 보다 실천적인 역할을 했다.

열둘째, 국민학교를 초등학교로 개칭이다. 일제의 잔재를 청산하고 민족정기를 바로 세우는 1995년 12월 29일 교육법을 개정하여 초등학교라는 명칭을 초등학교로 변경했다.

제7절 2000년대 교육

2000년대 참여정부에서 추진하고 있는 교육정책을 제시하면 다음과 같다(김명신, 2013; 조성일·신재흡, 2005).

첫째, 능력중심사회 구현을 위한 인적자원 정책이다. 능력중심사회 구현을 위한 인적자원정책의 추진경과는 다음과 같다. 먼저 관계부처 장관협의기구인 '인적자원개발회의' 운영을 통해 범부처적인 인적자원정책을 추진하며, 또한 18개 부처 공동으로 2001년 12월에 '국가인적자원개발기본계획'을 수립했다. 이렇게 함으로써 동북아 중심국가 건설과 지역균형발전을 뒷받침할 수 있는 국가 및 지역 인적자원정책의 중요성이 증대될 것으로 보았다. 추진방안으로는 ① 참여정부 국정과제와 관련된 인적자원정책의 총괄 및 조정이다. ② 국가경쟁력의 원천인 핵심 전문 인력 양성이다. IT, BT 등 6대 국가전략분야 및 금융·법률·경영 등 서비스 분야 전문 인력을 집중 육성하고, 이공계 대학(원)생 장학금 지원(2003년 309억원) 사업 등 우수 인력의 이공계 진출 촉진과 과학기술 중시 풍토를 조성한다는 것이다.

③ 지역인적자원개발(Regional HRD) 체제 구축으로 지역발전을 촉진시킨다는 것이다. ④ 인적자원 공급과 수요의 연계 강화를 추진한다. 이는 산업수요를 반영한 교육과정, 인력수급 정보망(career-net, work-net) 등을 통해 인력 수급의 양적 및 질적 불일치를 해소한다. 자격관리체제를 개편하여 교육 및 훈련과 자격의 연계를 강화시키며, 기업 수요에 맞는 인력양성을 위해 기술대학 활성화를 지원한다. ⑤ 여성 및 취약계층의 인적자원 활용 촉진을 들 수 있다. 고학력 여성의 경제활동 참여율(2001년 58.6%)을 선진국 수준(OECD 평균: 81.1%)으로 제고하기 위한 범부처 대책을 추진하며, 영유아 교육·보육을 확대하고, 국·공립대학교 여교수 채용 목표제를 추진하며, 중·고령자의 직업능력 개발을 위한 대학 성인학습과정 설치 및 학업중단 청소년에 대한 대안교육과정 설치 확대를 추진한다. ⑥ 한국형 '인적자원개발지수(HRD Index)'를 개발, 국가 및 지방의 인적자원개발정책 평가준거로 활용한다. 즉 스위스 국제경영원(IMD), 세계경제포럼(WEF) 등 인적자원지표로 활용한다.

둘째, 교육본질을 추구하는 초·중등교육이다. ① 소질과 적성에 따른 학교교육 내용의 다양화이다(수준별 교육과정 운영을 확대, 과학교육 활성화로 창의력 배양, 영재교육, 대안교육 등 다양한 교육 프로그램 확대, 실업계 고교 특성화 및 내실화). ② 교원의 사기진작과 전문성 신장이다(교내 안전사고에 대한 적절한 보상과 교원 보호를 위한 법률 제정, 능력과 책무성을 중시하는 교원 인사제도 혁신, 교원의 전문성 신장을 위한 교원자격·양성 제도 개선 추진). 그리고 교육의 공공성 강화와 교육복지 확대이다. 이를 위한 추진 방안으로는 공공성 회복을 위한 초·중등교육의 책무성 확립이며, 그리고 의무 및 무상교육의 확대를 들 수 있다. 또한 교육복지 확대를 통한 교육의 기회균등이다(농어촌, 도시 저소득지역 등 지역 간·계층 간 교육격차 해소, 유아교육 공교육화를 위한 만 5세아 무상교육 지원대상 확대, 특수교육 수혜율 확대를 위한 특수교육기관 증설 및 통합교육 강화, 정보격차 해소를 위한 저소득층 자녀 PC 및 통신비 지원 확대 등).

셋째, 교육여건개선 추진계획이다. 2001년 7월 20일에는 지식정보화 사회에 부응하는 교육여건을 조성하기 위하여 교육여건개선 추진 계획을 발표하였다. 이 추진 계획은 학급당 학생 수를 35명 수준으로 감축하는 것을 목표로 학교를 신설하고 학급을 증설한다는 내용을 담고 있다.

넷째, 사교육비 경감이다. 국민이 체감할 수 있는 사교육비 경감대책의 추진방안을 제시하면 다음과 같다.

① 제도개선을 통한 사교육비 경감(단기적 방안)
- 유아교육 및 보육시설 등의 확대로 사교육비 부담 완화
- 사교육비의 학교 내 흡수방안 마련이다.
- 인터넷을 이용한 '무료 가정학습 및 가정교사 지원체제 구축 및 운영
- 고액 및 과열과외에 대한 학부모 및 학생 보호책 마련

② 학벌주의 극복과 과도한 대입경쟁의 완화(장기적 방안)
- 주요 국정과제인 지방대 육성사업 추진과 대학 서열구조 완화 등 학벌주의 극복을 위한 범정부적 대책 마련
- 학부모 아카데미 운영 등 학부모에 대한 건전한 교육관 함양 교육을 지속적으로 추진
- 과다한 입시경쟁 유발분야(법·의학 등)에 대한 전문대학원 도입 확대와 과열경쟁을 완화할 수 있는 대입제도 발전방안 등의 마련

다섯째, 고등교육 경쟁력 강화이다. 참여정부는 국가경쟁력 제고를 위한 고등교육 경쟁력 강화정책은 세계수준의 대학교육·연구 역량을 확충하고, 지역발전의 중심체로서 지방대학 육성을 들고 있다. 고등교육 경쟁력 강화 정책을 제시하면 다음과 같다.

① 세계수준의 대학 교육·연구역량을 확충하기 위한 추진방안
- 국제경쟁력 있는 분야의 대학원 및 연구소 집중 육성
- 전문대학원 중심으로 국제경쟁력 있는 전문 인력 양성
- 교육·연구의 수준 향상을 위한 국제화 추진
- 대학 경쟁력 제고를 위한 대학평가 기능 강화
- 대학 특성화를 지원하기 위한 구조 조정의 추진
- 고등교육 경쟁력 강화를 위한 안정적 투자 확대 추진

② 지역발전의 중심체로서 지방대학 육성의 추진방안
- '지역 BK 21' 사업을 통한 지방대학의 권역별·영역별 특성화
- 대학간, 대학-산업체 간 연계 활성화를 위한 열린 대학체제 구축
- 중앙단위 및 지역단위에 효율적인 추진체계 구축

여섯째, 유아교육의 공교육화이다. 1998년 '유아교육진흥법' 전문개정이 이루어

졌고, 이로 인하여 유아교육체제의 구축, 초등학교 취학 전 유아에 대한 무상교육 등에 대한 법적 기반이 조성되었다. 이에 근거하여 2002년부터는 만 5세 아동의 무상교육 및 무상보육을 실시함으로써 유아교육의 공교육화가 시도되었다. 이후 점차 그 대상이 확대되어 2004년부터 저소득층 자녀 만 3~!5세 아동의 학비까지 지원하고 있다.

일곱째, 교육정보화사업 추진이다. 제1단계 교육정보화 정책은 문민정부 시기인 1997년 1월에 수립되어 2000년까지 실시되었다. 국민의 정부에 들어와 교육부는 전 국민 인적자원 개발이라는 거시적 목표를 중심으로 제2단계 교육정보화 사업(2001~2005)을 추진하였다. 2001년 4월 20일에는 모든 학교에 대한 인터넷 개통식이 세계에서 처음으로 이루어질 수 있었고, 이후 정보화 사업을 꾸준히 시행하여 교육 인프라 구축의 측면에서 커다란 성과를 거두었다.

여덟째, 21세기 지식기반사회에 대비하는 교직발전종합방안을 들 수 있다. 정부는 사회 전반에 걸친 구조조정의 일환으로 1999년 초·중등교원의 정년퇴임 연령을 65세에서 62세로 단축 조정하였다. 이어 2000년 7월 26일에 '21세기 지식기반사회에 대비하는 교직발전종합방안'을 발표하였다. 이 방안은 21세기의 교사상으로 전문직업인으로서의 교사, 교육공동체의 주체로서 교사, 변화에 능동적으로 대처하는 교사를 제시하였다. 또한 이 방안은 단위학교의 자율책임 경영의 확대, 구성원 간 신뢰 제고, 열린 공동체 구축, 교사의 사기 진작과 위상 제고 등의 내용을 담고 있다.

생각해보기

1. 1950년대 미국 교육사절단의 활동이 오늘날 우리의 교육에 미친 영향에 대하여 생각해 봅시다.

2. 중학교 입시제도의 변천이 1945년 이래로 다양하게 변화하였다. 그 이유에 대하여 생각해 봅시다.

3. 1990년대 5·31 교육개혁안이 우리 교육에 미친 영향에 대하여 토론해 봅시다.

[부록]

한국교육사 연보

■ 고조선 및 삼국시대

연도(왕조)	한국사	세계사
B.C. 2333	• 단군왕검의 고조선 건국	3000년경 이집트 문명 시작 2500년경 황허 문명 및 인더스 문명 시작
2300	• 시작(요(堯)가 의중(義仲)에게 명하여 산우제(山禺弟)에 살게 하고 양곡이라 불렀다 함)	2357 북중국 요순시대 시작
1122	• 은의 기자(箕子)가 들어왔다고 함, 필조금법(八條禁法) 제정	
800	• 이 무렵 고조선 발달	600년경 석가 탄생
500	• 이 무렵 공자(孔子)가 구이(九夷, 조선)에 가서 살기를 원함 • 숭화강 일대에 부여(夫餘) 성립	551년경 공자 탄생 469년 소크라테스 탄생
450	• 원삼국시대 시작, 이 무렵 한반도에 한문자(漢文字) 전래	428년 플라톤 탄생
82	• 고구려족의 소국, 한사군 중 임둔·진번 축출	
69	• 신라 박혁거세(朴赫居世) 탄생하여다고 함	
59	• 천제 해모수가 내려와 비부여를 세웠다고 함	
58	• 동부여에서 주몽(朱蒙) 탄생	
57	• 신라 혁거세 거서간(居西干) 즉위, 국호를 서라벌(徐羅伐)이라고 함	
37	• 고구려 주몽이 즉위하여 국호를 고구려(高句麗), 성을 고씨라 고 함, 東明聖王이 됨	27 로마 제정 시작
19	• 동명성왕 서거(B.C. 58~), 유리왕(瑠璃王) 즉위	
18	• 신라 석탈해(昔脫解)가 탄생하였다고 함, 온조가 백제국 건국	4 그리스도 탄생
A.D. 284 고이 51	• 백제, 아직기, 일본에 가서 일본 태자의 스승이 됨, 서적을 왜국에 보냄(8.6.)	
285	• 백제, 박사 왕인이 「논어」, 「천자문」 일본에 전함	313 유럽기독교 공인(밀라노 칙령)
372 소수림 2	• 고구려, 전진왕 부견(符堅)이 사신과 승려 순도(順道)를 보내어 불상 및 경문을 전함, 태학을 세워 자제를 교육	316~중국, 진 멸망
373 소수림 3	• 고구려, 불교 공인, 소문사(消門寺)창건하여, • 순도(順道)를 두고 이불난사(伊佛蘭寺)에 아도(阿道)를 둠 • 고구려 소수림왕 율령을 반포	
375 소수림 5	• 백제 박사 고흥 「서기」를 지음(백제본기·백제 신선도 꾸밈)	
375 근구수 1	• 백제 동진으로부터 승려 마라난타가 불교를 전함(9월)	376 전진, 화북 통일

384 침류 2	• 백제 동진으로부터 승려 마라난타가 불교를 전함(9월)	395 로마제국, 동서로 분열
410 광개토 20	• 평양으로 도읍을 옮김	413 후 5호 16국시대의 혼란 계속
436 장수왕 24	• 신라, 고구려에 묵호자(墨湖子)가 불교 전파	439 중국, 남북조시대 시작
458 자비 1	• 백제 웅진(공주) 천도	
475 문주 1	• 신라 국호를 신라(新羅)로 정함	476 유럽, 게르만족 침입에 의하여 로마제국 멸망(중세 시작)
503 지증 4	• 백제 오경박사 고안무를 일본에 보냄	
516 무령 6	• 신라 이차돈 순교, 불교 공인	
527 법흥 14	• 화엄사 창건	
528 법흥 15	• 백제 성왕, 도읍을 사비로 옮기고 국호를 남부여로 고침, 일본에 불교를 전함	
538 성 16	• 양(梁)에 모시박사(毛詩博士)와 열반(涅槃), 경의(經義) 및 공구(工丘)·서사(書師) 등을 전함	
541 성 19	• 백제 서부달솔 노리사치계(西部達率 奴唎斯致契) 등 일본에 불교를 전함	
542 성 20	• 거칠부(居柒夫) 등 「국가(國史)」 편찬	
545 진흥 6	• 신라, 국경을 설정하고 진흥왕 순수비 세움(1월)	
555 진흥 16	• 신라, 가야 통합(1월)	
562 진흥 23	• 이 무렵 신라 원화(源花)제도 시작, 화랑도 시작	
576 진흥 37	• 사서 「신집(新集)」 5권 편찬, 화랑도를 국가에서 채택함	581 북조 무너지고 수 발흥
600 영양 11	• 이문진을 태학박사로 삼음	
602 무3	• 백제 승려 권륵(權勒), 일본에 역서·천문지리서 전함	
608 영양 19	• 고구려 담징(曇徵)과 법정(法定), 일본에 종이, 먹 등이 기술을 전하고 법륭사 금당의 벽화 그림	610 모하메드 이슬람 창시
612 영양 23	• 고구려 을지문덕, 수의 대군을 살수에서 대파(살수대첩)	
613 진평 35	• 신라 서당을 녹금서당(綠衿誓幢)으로 고침	
617 진평 39	• 원효 출생	
624 영유 7	• 고구려, 당나라에 사신을 보내어 역서(曆書)를 구함. 당나라에서 도사(道士)가 천존상(天尊象)과 도법(道法)을 가지고 와서 「노자(老子)」를 강술	618 수 멸망, 당 건국
638 선덕 7	• 원광(圓光) 죽음(555~일설 653)	628 당, 중국 통일
640 선덕 9	• 이 무렵 삼국에서는 자제들을 당의 국학에 유학시킴(영유 23, 무 41, 선덕 9)	
643 보장 2	• 고구려 당에서 도교를 구함 당에서 도사와 「도덕경(道德經)」 전해줌	

648 보장 7	• 일본으로부터 삼국 각국에 학문승들 유학 옴	
654 무열 1	• 신라 강수(强首) 당의 국서(國書)를 해독, 계금당(罽衿幢) 설치	
660 의자 20	• 원효 「무애가(無碍歌)」, 「양산가(陽山歌)」 지음 • 백제 나당 연합군(신라 무열 1)에 의해 정복(백제 멸망)	
661 문무 1	• 신라 원효, 분황사에서 법성종 펼침	
662 문무 8	• 신라 탐라 정복	
668 문무 8	• 신라 나당연합군과 함께 고구려 정복(고구려 멸망, 신라 대동강 이남 지역 통합)	
670 문무 10	• 당 침략에 대한 신라 및 백제, 고구려 군민의 항쟁 시작	

■ **통일신라시대**

연도(왕조)	한국사	세계사
673 문무 13	• 강수(强首)를 시랑(侍郎)으로 삼고 매년 벼 200석 하사	
674 문무 14	• 벽유(薛儒), 고구려의 한자(邯子)와 함께 일본 공자대(筑紫大)에서 향응	
682 신문 2	• 국학(國學) 세움(6월)	
686 신문 6	• 원효 죽음(617~)	
692 효소 1	• 7월 강수(强首) 죽음(?~692), 설총, 방언으로 구경(九經)을 해석하고 후생을 훈도함, 「화왕계(花王戒)」 지음, 처음으로 의학을 둠(박사 2인), 율령전 박사를 둠	
699 발해고왕 1	• 고구려 유민 대작영(大柞榮－고왕(高王) 발해(渤海) 건국, 국호를 진(震)이라 함	
713 발해고왕 15	• 진 국호를 발해로 고침	712 당, 현종 즉위
714 효소 13	• 상문사(詳文司)를 통문박사(通文博士)로 고침	
716 효소 16	• 의학박사(醫學博士), 산학박사(算學博士) 각 1인을 둠	
717 성덕 16	• 김수충(金守忠)이 당에서 귀국하여 공자 10철(哲) 72제자도(弟子圖)를 바침, 이를 국학에 보관(9월)	
722 성덕 21	• 소내 학생(所內 學生)을 둠	
723 성덕 22	• 혜초, 인도 순례	
727 성덕 26	• 혜초 「왕오천축국전」을 쓴 것으로 보임	
738 효성 2	• 당 사신이 「노자도덕경(老子道德經)」 등 책을 바침(2월)	
738 발해문왕 2	• 당으로부터 「한서(漢書)」, 「삼국지(三國志」, 「진서(晋書)」, 「당예(唐禮)」, 「삼십육춘추(三十六春秋)」 등을 베껴옴	
743 경덕 2	• 당 사신이 「어주노경(御注老經)」 1부 바침(3월)	
747 경덕 6	• 중시(中侍)를 시중(侍中)이라 개칭, 국학(國學) 확충, 제업박사(諸業博士) 및 조교(助教)를 둠, 국학을 태학감(太學監)으로 개칭	

749 경덕 8	• 천문박사(天文博士), 누각박사(漏刻博士)를 둠(3월)	
758 경덕 17	• 율령박사(律令博士) 2인을 둠	
765 혜공 1	• 왕이 태학감(太學監)에 나아가 박사고 하여금 「상서(尙書」를 강의하게 함, 국학에 2인의 사(史)를 더둠	
776 혜공 12	• 왕, 국학에 행차하여 청강, 태학감을 다시 국학으로 고침	
777 혜공 13	• 효자 성상(聖像)에게 상을 줌	
788 원성 4	• 독서출신과(讀書出身科)를 둠	
789 원성 5	• 문적(文籍) 출신이 아닌 자라도 당에서 학사(學士)된 채용키로 함	
798 원성 14	• 「화엄경」 40권 번역 출간	
799 소성 1	• 학전제(녹읍) 지급	
815 헌덕 7	• 일본에서 신라택오(新羅澤語)라는 통역생 설치	
825 헌덕 17	• 김흔(金昕)을 당에 파견, 김윤부(金允夫) 등 12명을 국학에 입학케 하고 박수업(朴秀業) 등을 귀국케 할 것을 청함(5월)	
830 발해이진 1	• 전부터 제생을 당대학에 보내어 고음제도를 습득, 이때 해동성국의 칭을 들음	
837 희강 2	• 국자감석경(國子監石經)을 만듦	837 당, 국자감석경 이룩됨
846 문성 8	• 장보고의 반란, 신라 왕권 급속히 약화됨	
863 경문 3	• 왕, 국학에 나가 경의를 강론케 함(2월)	
874 경문 14	• 최치원 당나라에서 과거 급제	870 유럽에는 이 무렵, 봉건적 장원제가 전개됨
876 헌강 1	• 황룡사에 백고좌(百高座)를 베풀고 불교를 강론, 왕 직접 청강함(2월)	875 당, 황소의 난
879 헌강 5	• 국학에 가서 청강(2월)	
885 헌강 11	• 최치원 귀국하여 시독(侍讀) 겸 한림학사 수병부시랑(翰林學士 守兵部侍郞)이 됨(3월)	
886 정강 1	• 황룡사에서 백고좌를 베풂(6월)	
887 정강 2	• 최치원 난랑비서문 지음	
890 진성 4	• 최승로 입당하여 국학에 들어감	
892 진성 6	• 견훤, 후백제 세움	
893 진성 7	• 최승로, 당에서 등과	
894 진성 8	• 최치원 「시무십조(時務十條」를 올리고 아찬(阿飡)이 됨(2월)	
899 효공 3	• 최치원 면직, 가야산 해인사로 은둔 중 죽음, 「계원필경(桂苑筆耕」 등 지음	
900 효공 4	• 견훤 후백제 건국	907 주전충에 의해 당 멸망
901 효공 5	• 궁예, 후고구려(태봉) 건국	

■ 고려시대

연도(왕조)	한국사	세계사
918 태조 1	• 태조 왕건 고려 건국(6. 15) • 최초로 팔관회 개최(11월)	916 거란국 세움
919 태조 2	• 송도에 도읍을 정하고 시설을 정비함(1월)	
926 태조 9	• 발해가 거란에 의해 멸망함	924~925 거란 서쪽으로 원정
930 태조 13	• 서경에 학교를 창설(육부생도를 가르치게 하고 쌀 100석을 내려 학보(學寶)를 만듦	
935 태조 18	• 경순왕 투항해 옴으로써 신라 멸망(12월)	
936 태조 19	• 후백제 멸망	
943 태조 26	• 왕, 박술회에게 훈요십조(訓要十條)를 친수(親授) 함	946 거란, 국호를 요라 함
956 광종 7	• 후주(後周)의 쌍기(雙冀)가 귀화해 옴에 한림학사(翰林學士)로 삼음(5.16)	
958 광종 9	• 쌍기의 건의로 처음 과거를 실시, 쌍기를 지공거(知貢擧)로 삼음(5. 16)	
959 광종 10	• 사신이 후주에서 「혜림경음표(惠臨經音表)」를 구함. 이후 유교교육 제도가 국가정책으로 확립	960 후주 3월에 망하고 송(宋) 건국
961 광종 12	• 과거 실시, 시(詩), 부(賦), 의(醫), 복(卜) 등을 고시과목으로 함	
977 경종 2	• 최초로 진사(進士)의 친시(親試)를 시행	
982 성종 1	• 주·군·현의 자제들이 상경함. 학습케 함(986년 귀향), 유경승업제도 실시	
983 성종 2	• 박사 임노성이 송에서 「대묘당도기(大廟堂圖記)」, 「사직 당도기(社稷 堂圖記)」, 「문선왕묘도(文宣王廟圖)」, 「제기도(祭器圖)」, 「칠십이현찬기(七十二賢贊記)」 등을 가져옴(5월)	
987 성종 6	• 12목에 경학, 의학박사를 1인씩 둠, 권학관 제도 실시	
989 성종 8	• 태묘(太廟) 건립 시작, 태학조교 안승인과 경학박사 김보인에게 국학박사 수여(4월)	
990 성종 9	• 서경에 국립도서관 수서원(修書院)을 두고 사적(史籍)을 소장	
993 성종 12	• 국자감(國子監)을 창설하고 문선왕묘를 국자감에 세움	
1003 목종 6	• 3경 10도의 박사·사장에게 재능있는 학자를 천거시킴(1월)	
1004 목종 7	• 과거법 개정	

1) 고려 충선왕이 중국 원나라에 가 있을 때 연경에 많은 책을 갖추고 원의 학자들과 교유하던 곳
2) 고려 때 성균관의 으뜸 벼슬(정 3품임)

1020 현종 11	• 신라시대 최치원에게 내사령(內史令)을 추증, 문묘에 종사함(1. 24)	
1022 현종 12	• 신라시대 설총에게 홍유의(弘儒矦)를 추종, 문묘에 종사(8.8) • 송나라에서 의학, 역서, 불서를 수입	
1031 현종 22	• 무술에 능한 문관을 무관으로 임명, 처음으로 국자감시(國子監試)를 둠(시·부로 시험)(10월)	1033 안젤무스 출생
1042 정종 8	• 동경유수(동경유수) 최호가 「전한서(前漢書)」를 간행, 「당서(唐書)」와 함께 바침(2. 25), 최충을 「수사도수국사(守司徒修國史)」로 삼음	
1043 정종 9	• 비서성(祕書省)이 신간 「예기정의(禮記正義)」 70본(本), 「모시정의(毛詩正義)」 40본을 어서각(御書閣)에 수장하고 나머지는 문신에게 하사(4. 23)	
1055 문종 9	• 최충 구재(九齊)를 창설, 이후 12도 사학이 융성	
1056 문종 10	• 비각(祕閣) 소장 구경(九經) 및 한진당서(韓晋唐書), 논어(論語), 자사(子史), 제가문집(諸家文集), 의복지리(醫卜地理), 율산(律算) 등 제서와 또 각 1본을 인각하여 제학원에 나누어줌(8월)	
1063 문종 17	• 태자에게 비각(비각)의 구경(구경) 및 사전백가(사전백가)의 책을 줌 • 국자감 직제 정비(국자감 학생이 7년, 유생이 6년이 되어도 과거에 합격지 못하면 출학시키기로 함)	
1068 문종 22	• 문헌공도를 설립한 최충이 죽음(964~1068)(9.15)	
1084 선종 1	• 삼례(삼례)는 「예기(禮記)」를 편업대경(編業大經), 「주례(周禮)」, 「의례(儀禮)」를 소경(小經)으로 하고 삼전(三傳)은 「좌씨(左氏)」를 위업대경(偉業大徑)으로, 「공양전(公羊傳)」과 「곡양전(穀洋傳」을 소경(小經)으로 하여 전대에 따라 방폐토록 함	
1091 선종 8	• 국자감의 벽에 72현의 초상을 그림(9.25)	
1099 숙종 4	• 윤관 송나라에서 「자치통감(資治通鑑)」을 가져옴(6.12)	
1107 예종 2	• 윤관 여진 정벌, 9성 축조	
1109 예종 4	• 국학에 무학재 등 7재를 둠(7월)	
1110 예종 5	• 제술(製述), 명경(明經), 제업(諸業) 등 과거과목 정함	
1114 예종 9	• 국자생, 장자 등 60인 국학 설립을 청함(2월), 왕이 국학에 나가 선성(先聖), 선사(先師)에게 헌주하고 한림학사인 박승중에게 「상서」를 강하게 함(8. 13), 양현고 설치	1115 금의 건국

1116 예종 11	• 문무양학을 주정(奏定) 시행케 함 • 청연각(淸讌閣)을 금중(禁中)에 짓고 학사(學士)·직학사(直學士)·직각(直閣)을 1인씩 두어 조석으로 경적을 강론케함(8월) • 청연각에서 박경인에게 서경을 강론케함(11월) • 궁중 청연각 밖에 보문각(寶文閣)을 두어 학사회강(學士會講) 및 휴식소로 삼음(11월)	
1119 예종 14	• 처음으로 국학(國學)에 양현고(養賢庫)를 둠(11월) • 학사를 뽑아 고금의 서적을 수집하게 하고 역·시·서·예 등을 강론하게 하는 등 문풍을 크게 일으킴 • 동당(東堂)에서 처음으로 경의(經義)를 채택	
1124 인종 2	• 이령의 「사성강구(社成江口)」가 송에서 높이 평가됨 • 송의 서긍 「고려도경」 40권을 지어 바침, 이 책을 통하여 고려 서당이 발전하여 조선의 서당과 비슷한 형태로 존재하였음이 확인됨	1125 금, 요를 멸망시킴
1126 인종 4	• 이자겸의 난	1127 북송 멸망, 남송 시작
1130 인종 8	• 양사비(養士費) 문제로 관사생(官費生)을 줄이자 어사대(御史臺) 주청을 국학생의 반대로 중지함(7월)	
1131 인종 9	• 노장의 학문을 금함(3.27)	
1133 인종 11	• 무학(武學)의 취사(取士) 및 제호(齋號)를 폐지(1월)	
1134 인종 12	• 「孝經」과 「論語」를 민간의 아동에게 나누어줌(3월)	
1135 인종 13	• 묘청의 난	
1136 인종 14	• 과거절목 제정	
1144 인종 22	• 제민(齊民)의 효제력전(孝悌力田)한 자에게 급복기노남녀(給復耆老男女)·孝子·節婦 등을 모아 잔치를 베풂	
1145 인종 23	• 김부식 「삼국사기(三國史記)」 50권 편찬	
1151 의종 4	• 김부식 죽음(1075~)	
1170 의종 24	• 무신의 난, 무신정권 시작	
1200 신종 3	• 지눌, 송광사로 옮김, 조계종 발흥, 「간화결의(看話決疑)」, 「간화결의론(看話決疑論)」, 「목우자수심결(牧牛子修心訣)」 지음	1202 몽고 징기스칸 정벌 시작
1210 희종 6	• 지눌 죽음(1158~)	1206 징기스칸 몽고 통일
1215 고종 2	• 지눌의 「간화결의론(看話決疑論)」 간행	
1218 고종 5	• 국학의 학생 가운데 아직 임관(任官)에 등과치 못한 자를 시로써 시험을 하여 80명을 선발, 낙제한 자들은 다 종군케 함	
1231 고종 18	• 제1차 몽고 침입, 몽고항쟁(~1273) 시작	1234 몽고 금을 멸망시킴
1243 고종 30	• 국학을 수리, 쌀 300석을 양현고에 저축(6월)	
1262 원종 3	• 동서학당 설치(3월)	

1272 원종 13	• 삼별초 항쟁 시작(6월), 동서학당별감을 둠	1271 몽고, 국호를 원(元)이라고 함
1275 충렬 1	• 국자감을 국학으로 개칭, 경사(經史) 교수를 둠	
1280 충렬 6	• 일연의 「삼국유사(三國遺事)」 완성	1279 남송, 원에 의해 멸망, 이로써 원의 중국 지배 시작
1289 충렬 15	• 안향. 원나라의 유학제거(儒學提擧)가 됨(4.1), 일연 죽음(7.7)	
1290 충렬 16	• 안향, 연경에서 주자서를 베끼고, 주자상을 모사해옴	
1299 충렬 25	• 송분, 안향, 민청을 수국사(修國史)로 함	1299 마르코폴로, 동방견문록
1303 충렬 29	• 김문정 선성십철(先聖十哲)의 상을 원에서 가져옴	
1304 충렬 30	• 안향의 건의로 국학에 섬학전(贍學田)을 둠(5월), 국학대성전 이룩됨(6월)	
1306 충렬 32	• 안향 죽음(1243~)	
1314 충숙 1	• 상왕(충선왕), 연경에 만권당(萬卷堂)[1]을 설치하고 이제현과 경사(經史)를 연구, 권박 등 성균관에 새로이 구입한 서적 1,800여 권을 살펴봄	
1315 충숙 2	• 동당(東堂) 과거 시험을 응거시(應擧試)로, 지공거(知貢擧)를 고시관(考試官)으로 개칭	1321 단테, 신곡 완성
1344 충혜 복위 5	• 서정(書筵)을 둠(6월), 숭문관을 만들고 과거법 고침(8월)	
1348 충목 4	• 이색, 연경에서 성리학 연구	
1352 공민 1	• 12도와 동서학당 및 국학을 수리(2월) • 이색의 건의로 향교나 12도의 생도의 과거응시 조건에 성균관 재학을 조건으로 함(8월) • 12도와 동서학당에 독학교서(督學敎書)를 내림	
1357 공민 6	• 중외 학교 수리(1월) • 성균관을 동대문 밖에 옮겨 신축 대사성(大司成)[2]제도 창시, 이후 성리학 발전	
1367 공민 16	• 이색, 성균관 대사성이 되어 성리학 보급	1368 원 멸망, 주원장, 명(明) 개국 한족의 중국 지배 재개
1370 공민 19	• 명나라에서 육경(六經), 사서(四書) 및 통감(通鑑) 등의 서적을 보내 옴	
1388 우왕 14	• 이성계, 위화도 회군으로 정권 장악 • 십학교수관(十學敎授官) 설치	
1389 창왕 1	• 5부학당과 지방 향교에 교수를 둠(12월)	
1390 공양 2	• 수도의 5부 및 동서북 면·주·부에 유학교수관(儒學敎授官)을 둠(2월) • 권근 「입학도설(入學圖說)」을 지음, 무과 실시	

1391 공양 3	• 이성계 과전법으로 전제 개혁	
1392 공양 4	• 배극렴 등 이성계를 왕으로 추대, 공양왕 왕위를 물려줌(고려 멸망)(7월)	

■ 조선시대

연도(왕조)	한국사	세계사
1392 태조 1	이성계 즉위, 조선 개국(7. 17), 조선시대 과거제 실시(10월)	
1393 태조 2	6학(學)을 둠(10월)	
1394 태조 3	제주에 교수관을 둠(3월), 정도전 「조선경국전(朝鮮經國典)」을 편찬하고 「심리기론(心理氣論)」 지음	
1398 태조 9	• 문묘 북쪽에 명륜당(明倫堂)을 세우고 유사(儒士)를 모아 경사를 강함(7월) • 성균관(成均館)을 세우고, 숭교방대학교사(崇教坊大學校舍) 낙성됨(12월) • 태조 건원릉 문묘에 학전(學田)을 주고 양현고를 세워 유생을 양성함(12월) • 정도전 피살	
1399 정종 1	• 집현전을 세워 서적을 배치하고 문신으로 하여금 연구케 함	
1400 정종 2	• 길재 선산으로 은퇴, 사림의 기초를 이룸	
1401 태종 1	• 문과고강법(文科考講法) 제정(3월)	
1403 태종 3	• 동국사략 완성	
1404 태종 4	• 일본 국왕 사신을 보내어 예물 바침(7월) • 사간원이 부녀의 사찰 출입을 금함	
1406 태종 6	• 제생원에서 의녀를 양성하여 둠(3월) • 향교의 생도 및 전지의 액수를 정함(6월) • 유(儒) · 무(武) · 리(吏) · 양(昜) · 의(醫) · 률(律) · 산(算) · 악(樂) 등 10學을 둠(11월)	
1407 태종 7	• 권학사목 제정	
1408 태종 8	• 문서응봉사 설치	
1409 태종 9	• 권근 죽음(1352~)	
1410 태종 10	• 학전 30결 지급	
1411 태종 11	• 오부학당을 송제(宋制)에 따르게 함(11월), 남부학당 설립(10월) • 오부학(五部學) 중 총 30인을 가려 몽학(蒙學)을 익히게 하고, 향교에 대비하라고 예조에서 계율함, 승문원 설치	
1413 태종 13	• 처첩의 구별을 명백히 함, 승려가 된 처녀를 환속시킴 • 사영원에서 일본어를 학습함	
1415 태종 15	• 연등회 금지	

1416 태종 16	• 악학(樂學) 등 제학(諸學)을 사맹월시취(四孟月試取)하도록 명함(3월)	
1420 세종 2	• 태종 때 없었던 집현전을 다시 세우고 직제개편	
1426 세종 8	• 나이 어리고 재주 있는 문신에게 휴가를 주어 독서케 함	
1428 세종 10	• 종학(宗學)을 세움	1429 잔 다르크 영국군 격파
1430 세종 12	• 전해에 정초가 편찬한 「농사직설(農事直設)」 반포(2월), 종학 학식 세움	
1431 세종 13	• 유생강서법(儒生講書法) 제정,	
1432 세종 14	• 「삼강행실도(三綱行實圖)」 편찬	
1433 세종 15	• 종학박사 2인 증원해서 총 6명을 둠	
1434 세종 16	• 「삼강행실도(三綱行實圖)」를 종친 및 신료에게 배포하고 또 각도에 보냄(11월)	
1442 세종 24	• 유생의 강서(講書)하는 법을 정함(11월)	
1443 세종 25	• 집현전 학자들에 의해 「훈민정음」 창제(12월)	
1445 세종 27	• 제주 학교에 서적을 보냄, 사부학당 세움	
1446 세종 28	• 「훈민정음」 반포(9월), 왕 공문서에 한글 사용(10월) • 리과(吏科) 및 이전취재(吏典取才)에 훈민정음을 시험과목으로 함(12월)	
1447 세종 29	• 부녀가 사찰에 오르는 것을 엄금함	
1448 세종 30	• 궁궐 안에 부랑을 건립하려 하자 성균관생 및 사부학당 생도 등이 불당 건립을 반대하여 동맹휴학함(7월)	
1450 세종 32	• 종학(宗學)을 두어 종실을 가르침	1450 구텐베르크, 활판 인쇄술
1451 문종 1	• 군신으로 하여금 성균관에서 제생과 강학하게 함(11월)	
1453 단종 1	• 부녀가 사찰에 오르는 것을 금함	1453 동로마제국 몰락
1456 세조 2	• 집현전 학자들을 중심으로 단종복위 운동이 있자 집현전과 경연을 없앰(6월) • 성균관으로 하여금 매 월말에 서생들이 읽는 서목(書目)을 비밀리에 보고하게 함 • 양성지에게 명하여 예문관 서적 중 학생들이 구하기 어려운 것을 순차로 간행하게 함(9월) • 구제학규(九齊學規) 작성 • 명경과 설치	1455 장미전쟁(~1485)
1458 세조 4	• 성균관에 구제(九齊)를 둠	
1459 세조 5	• 사서오경(四書五經) 및 좌전(左傳)의 구결(口訣)을 참정(參定)시킴	
1460 세조 6	• 원점절목 제정	

1463	세조 9	• 구재학규 제정	
1466	세조 12	• 문신 207인에게 역학계몽(易學啟蒙), 예기(禮記), 주례(周禮), 좌전강목(左傳綱目), 송원절요(宋元節要), 두시(杜詩), 이백(李白), 동파(東坡), 열자(列子), 장자(莊子)를 나누어 주고 기한을 정하여 독필(讀筆)케 함(6월)	
1470	성종 1	• 진학절목 제정	
1471	성종 2	• 제생으로 하여금 삼강행실(三綱行實)을 강습케 함(3월)	
1472	성종 3	• 과거의 식년제(式年制)를 개정	
1473	성종 4	• 사족부녀(士族婦女)가 승려가 되는 것을 금함	
1475	성종 6	• 평안도에 사서오경을 보내어 유생이 학습케 함(10월) • 성균관에 서책을 수집하여 수 만권에 이름(10월) • 소혜왕후 한씨 「내훈(內訓)」 간행	
1477	성종 8	• 부녀의 재가 금지(7월), 성균관의 학관이 사학교육 겸임 • 제생의 전심향학(傳心向學)을 위하여 절목의정(節目義定)(10월)	
1478	성종 9	• 홍문관(弘文館)설치하고 학사(學士)를 두어 경사(經士)를 시강(侍講)케 함(2월)	
1480	성종 11	• 향교에 학전을 굼(4월)	
1481	성종 12	• 사족부녀를 위해 「언문삼강행실(諺文三綱行實)」, 「열녀도(烈女圖)」를 인쇄하여 반포함	
1485	성종 16	• 경국대전 최종본 완성	
1493	성종 24	• 김시습 죽음(1435~), 「매월당집(每月堂集)」, 「금오신화(金鰲新話)」 지음	1492 콜럼버스 아메리카 항로 발견
1500	연산 6	• 과부의 재가를 금함(11월)	1498 바스코 다 가마 인도 항로 발견
1504	연산 10	• 「녀사서내훈언역(女四書內訓諺譯)」 간행(12월), 김굉필 참수(1454~), 「한훤당집(寒暄堂集)」 지음	
1505	중종 1	• 소혜왕후(인수대비) 한씨 죽음(1437~) • 연산 때 폐하였던 경연을 다시 두고(10월) 문묘를 중수하고 관학을 복구(11월), 사학(四學)을 수리	
1507	중종 2	• 왕 성균관에 알성하고 제신과 경의를 논함(6월) • 각도에서 유일(遺逸)을 탐구하고 관학 유생의 명경행수자(明經行修者)를 거용함	
1510	중종 5	• 폐사찰의 전답을 향교에 속하게 함(3월) • 중학(中學) 유생이 벽불을 선언하고 정릉사를 불 질렀으나 불문에 그침	
1511	중종 6	• 왕, 학전 백결을 성균관에 하사함(3월), 종학을 다시 둠(7월) • 「삼강행실도(三綱行實圖)」, 「경국대전(經國大典)」 중간(10월)	

1516 중종 11	• 성균관, 사학의 유생이 아닌 자가 벼슬에 오르는 것을 불허하고 덕행이 있는 자는 관학에서 초계(抄啓)하게 함(5월) • 조광조의 주청으로 홍문관 「근사록(近思錄)」을 구해 드림(10월) • 「오륜행실(五倫行實)」, 「언해려씨향약(諺解呂氏鄕約)」을 인쇄하여 배포함(11월) • 「소학(小學)」을 수도권에 인쇄하여 배포하고 근학문(勤學文)을 지어 효유(曉諭)케 함(11월)	1517 루터의 종교개혁 1519 마젤란, 세계일주(~1522)
1517 중종 12	• 「소학」을 번역 간행(6월) • 성균관 유생들과 경의를 강론하고 토전(土田)을 하사함(9월) • 사학(四學), 팔도에서 모두 「소학」, 「대학」으로 유생·동몽을 가르치고 우수한 자를 대학에 올리게 함	
1518 중종 13	• 김안국의 「여씨향약언해(呂氏鄕約諺解)」를 간행	
1519 중종 14	• 조광조의 건의로 현량과(賢良科)를 두어 김식 등이 28인을 발탁함(4월) • 김식이 대사성이 되매 많은 학자가 모여듦 • 조광조 사사(1482~), 현량과 폐지(12월)	
1520 중종 15	• 향약을 널리 시행하게 함(1월)	
1523 중종 18	• 「소학언해(小學諺解)」를 수도권에 간행(10월)	
1525 중종 20	• 관학 유생에게 10개월 안에 원점 100을 채우고 시험을 보게 함 • 공자 및 역대 군신 유상을 홍문관에 하사하고 대제학 및 지제교(知製敎)에게 그 찬(贊)을 짓게 함(6월)	
1527 중종 22	• 최세진 훈몽자회 간행	
1632 중종 27	• 청백리를 표창(1월) • 최세안 「여훈(女訓)」을 한글로 번역 간행 • 경북 월성군 안강읍의 독악당(獨樂堂) – 현재 옥산서원(玉山書院) 건립	
1533 중종 28	• 이황·김인후 대학에서 강학함	
1535 중종 29	• 왕, 성균관에서 알성, 대사예연(大射禮宴)을 거행하고 유생에게 쌀 200석 하사(8월)	1536 칼뱅의 종교개혁
1543 중종 38	• 주세붕 백운동에 안향의 사묘(祠廟)를 세우고 이듬해 백운동서원 낙성됨(최초의 서원), 흥학의 방책을 의정함	
1544 중종 39	• 사경덕이 「원리설(原理說)」, 「이기설(理氣說)」, 「태극설(太極說)」, 「귀신사생론(鬼神死生論)」을 지음	
1545 인조 1	• 현량과를 다시 둠, 「소학언해(小學諺解)」를 인쇄하여 배포함(7월)	
1546 명종 1	• 수도권에 학교절목(學校節目)을 송포함(4월), 서경덕 죽음(1489~)(7.7)	
1547 명종 2	• 왕, 성균관과 사학(四學)에 토전과 노비를 하사함(7월) • 「내학도설(內學圖說)」을 개각함, 이황 풍기군수 부임	

1550 명종 5	• 자운동서원에 사액하여 소수서원으로 개칭(사액서원의 시초) 이후 서원 설립이 급증함, 명에서 양명학이 들어옴	
1551 명종 6	• 예조, 유학에서 먼저 「소학(小學)」을 습득시켜서 진덕수업(進德修業)의 기초가 되게 하고 그 절목을 제정하여 수도원에 효유(曉諭)시킴	
1552 명종 7	• 소수서원에 책을 하사함(3월)	
1553 명종 8	• 임권, 기묘사화 이후 없어진 「근사록(近思錄)」의 진강을 청함(4월) • 사임당 신씨 죽음(1512~)	
1559 명종 14	• 김인후와 기대승 사단칠정(四端七情)을 세움 • 이황, 「도산서원(陶山書院)」을 세움, 이산서원원규를 찬함	
1560 명종 15	• 이황, 기대승 사단칠정(四端七情)을 시작, 김인후 죽음(1510~) • 성리학자 박세무 죽음(1487~)	
1564 명종 19	• 생원 진사 중 명경행수자(明經行修者)로 이항, 성운, 한조, 남언경, 임훈, 감범 등을 천거, 6품직에 등용	
1568 선조 1	• 현량과 다시 둠 • 이황 「성학십도(聖學十圖)」를 지어 왕께 진상(12. 16) • 이이, 성운과 함께 「대학(大學)」을 논함	
1570 선조 3	• 이황 죽음(1501~)	
1572 선조 5	• 이이, 붕당론의 부당함을 말함(8월), 기대승 죽음(1572~)(11월) • 이이와 성운, 이기(理氣), 사단칠정(四端七情), 인심(人心), 도심(道心)을 변론함	
1573 선조 6	• 이이, 향약을 논함(9월), 교서관, 「향약(鄕約)」을 간행	
1574 선조 7	• 향약의 시행을 정지시킴(2월), 경주옥산서원(玉山書院)에 사액	
1575 선조 8	• 서경덕에 우의정이 추존됨(5월) • 이이 「성학집요(聖學輯要)」를 올림 • 금오서원(金烏書院) 및 개성 숭양서원(崧陽書院)에 사액(11월) • 김굉필에게 문경(文敬), 정여창에게 문헌(文獻)이라 시호가 내림	
1576 선조 9	• 이황에게 문순(文純)이라 시호가 내림(12월), 이이 은병정사 세움 • 이이 「맹자언해(孟子諺解)」 편찬, 이희춘의 신증유합 간행	
1577 선조 10	• 이이 격몽요결 간행	
1578 선조 11	• 문헌서원학규(文獻書院學規)를 작성, 이이 「소학집괘(小學集註)」 이룩됨	
1579 선조 12	• 이이 죽음(1536~시호 문성(文成), 「율곡전서(栗谷全書)」 저술	
1582 선조 15	• 학교사목 제정, 소아수지 17조 제정, 학제 조건 제정	

1584	선조 17	• 향교제독관(鄕校提督官)을 둠(1월)	
1586	선조 19	• 임진왜란 발발(4월)	
1592	선조 25	• 8도의 사녀절사자(四女節死者)를 조사함(3월)	1590 일, 풍신수길의 통일
1593	선조 26	• 왕, 성균관에 단을 세우고 선성(先聖)께 제를 모심(8월)	1593 여진, 송화강 상류까지 세력을 뻗침
1595	선조 28	• 중요치 않은 서원을 철폐하고 대도호부에 무학(武學)을 두어 양병(養兵)키로 함(7월)	
1597	선조 30	• 정유재란	1598 콜럼버스 신대륙 발견
1601	선조 34	• 홍문관, 「춘추(春秋)」를 선집하여 올림(8월)	1603 일, 에도막부 시대 시작
1606	선조 39	• 명륜당을 증건(4월)	
1610	광해 2	• 김굉필, 정여창, 조광조, 이언적, 이황 등 5현을 문묘에 종사함(9월) • 허균, 북경에서 천주교 교리서를 가져옴 • 이 무렵 홍만선의 「산림경제(山林經濟)」 출간	
1611	광해 2	• 「내훈(內訓)」 중간	1616 여진족 국호를 후금(後金)
1622	광해 14	• 김장생 「사단칠정변(四端七情辨)」을 지음	1618 독일 30년 전쟁
1623	인조 1	• 인조반정(3월) • 정엽의 주청에 따라 성균관에서 「근사록」과 「소학」이 학습되고 학술정명(學術精明)한 사람은 사학(四學)지도관으로 임명됨(5월) • 「소학」, 「삼강행실」, 「오륜가」를 간행하여 널리 유포함(10월)	
1624	인조 2	• 왕, 폭서 중의 경연서강(慶宴書講)을 계속함(6월)	
1627	인조 6	• 실학선구 이수광 죽음(1536~) 시호 문간(門簡), 「지봉유설(芝峯類說)」 저술	1628 연국, 권리청원 제출
1629	인조 7	• 대사성 조익, 「학교절목」을 지음, 사학(四學)에 학교 수를 늘임	
1631	인조 9	• 「삼강행실(三綱行實)」을 8도에 송포함(5월) • 학자 김장생 사망(1548~), 시호 문원(文元), 기호학파를 이룸 • 예조, 서원 폐단을 말함(12월)	
1634	인조 12	• 예조의 학교 권장조목으로 사교관(私敎官)도 인정함, 병자호란이 일어남	
1636	인조 14	• 이경여, 삼제(三齊): 구인(求人), 지도(至道), 양몽(養蒙)을 본받아 관학(관학)을 모아 식량을 풍족케 하고, 예조, 소학에서 10인을 시취(試取)하여 회시(會試)에 주청, 허락됨	1636 후금(後金) 국호를 청(淸)으로 함
1638	인조 17	• 송시열, 윤초의 이기설(理氣說)을 변론함	

1642	인조 20	• 소현세자, 북경에서 귀화 서양인 탕락망(湯落望)으로부터 천문, 산학, 서교(西教) 제서 및 지구의, 천주상을 증여 받음(1. 9)	1642 영국, 청교도 혁명(~1649)
1645	인조 23	• 이식, 시아손등(示兒孫等)에서 교육과정 개편론을 내세움	1644 청, 중국 지배 시작, 명 멸망
1647	인조 25	• 유생들이 황폐된 각 주·현의 학교를 건립하여 시상됨(6월)	
1649	인종 27	• 조광조의 심곡서원(深谷書院)에 사액(10월) • 이만, 향촌교화교육 장악 주장함	
1653	효종 4	• 일본 사신이 경서 등을 구함(11월) • 각신으로 사학(四學)의 교수를 겸임, 사습(士習)을 진정케 함(9월)	
1655	효종 6	• 사서삼경(四書三經), 「소학(小學)」을 사학(四學)에 인쇄하여 하사함	
1657	효종 8	• 송시열, 시정십팔조(時政十八條) 상소함 • 서필원, 서원의 폐단을 논하고 파면됨(7월) • 이정기, 사학규칙(四學規則)을 지어 올림 • 서원과 향현사의 사설을 금함	
1659	효종 10	• 송준길에게 사학규칙(四學規則)을 감사시킴(2월), 향학지규(鄕學之規)로 서당공인학제개혁(書堂公認學制改革)	
1660	현종 1	• 허목의 상소로 남인·서인 간의 예론 벌어짐(3월), 이 무렵 많은 서원이 사액됨	
1665	현종 6	• 함경감사 민정중, 「용비어천가(龍飛御天歌)」, 「오예의(五禮儀)」, 「대명률(大明律)」, 「사서삼경(四書三經)」, 「성리대전(性理大全)」, 「통감(通鑑)」, 「선유문집(先儒文集)」 등을 널리 배포하여 원방의 선비에게 송습(誦習)케 할 것을 소청, 허락됨(10월)	
1666	현종 7	• 「노경언해(老經諺解)」 이룩됨(10월)	
1668	현종 9	• 성균관에 경서교정청(經書校正廳)을 둠(8월)	
1670	현종 11	• 청 사신의 입경 시 부녀가 승교관광(乘轎觀光)하는 것을 금함(2월) • 박세문의 동몽선습 간행	
1676	숙종 2	• 안동 도산서원에 사액(1월)	
1678	숙종 4	• 송시열 「주자대전차의(朱子大典箚疑)」, 「이정전서분류(二程全書分類)」 완성	
1686	숙종 12	• 외국 천주교인 추방을 논함	
1689	숙종 15	• 이이, 성운을 문묘에 출향(黜享) 함(6월), 송시열 사사(1670~) 시호 문정(文正)	1688 영국, 명예혁명
1694	숙종 20	• 왕, 소학서문(小學序文)을 친제(親裁) 함(1월) • 이이, 성운을 문묘에 복향(復享) 함(6월)	
1695	숙종 21	• 「대학언해(大學諺解)」 출간(3. 17)	

1696	숙종 22	•「성학집요(聖學輯要)」 출간(12. 19)	
1698	숙종 24	• 사간원, 지방생사(地方生司)의 폐해를 논함(10월)	
1704	숙종 30	• 다시 서원의 설치를 금함(6월) • 사학(四學)에 경적(經籍)을 송사(頌賜)함	
1705	숙종 31	• 왕, 태학에 알성함	
1707	숙종 33	• 서원 첩설을 금할 것을 거듭 명함(그럼에도 불구하고 숙종시대 서원의 사액은 계속 됨)	
1712	숙종 38	• 첩설 서원이 사약을 청하지 못하게 함(1월) • 서원의 첩설을 임금하고 사액을 허락지 않으며, 규식(規式)을 정하여 시행케 함(10월)	
1715	숙종 41	• 실학자 홍만선 사망(1643~)	
1717	숙종 43	• 김장생을 문묘서무(文廟西廡)에 종사함(5월)	
1721	경종 1	• 이익의 「성호사설(星湖僿說)」 출간	
1724	경종 4	• 서원에 급여한 전결의 환수를 논의(3월)	
1727	영조 3	• 서원 첩설의 폐 때문에 사액을 불허하기로 함	
1734	영조 10	•「당본녀사서(唐本女四書)」를 언해함	
1736	영조 12	• 왕, 강서관(講書官)에게 「주례(周禮)」, 「근사록(近思錄)」을, 태학생에게는 「주용(中庸)」, 「서전(書傳)」을 강(講)하게 하고 문의(文義)를 토론하였음(1. 12)	
1740	영조 16	• 왕, 송도 성균관에 행차하여, 친서 「존성도(尊聖道)」 3字 및 사서삼경(四書三經) 각 1부를 하사(9월)	
1741	영조 17	• 서원, 향사의 사설을 금하고 숙종 40년 이후 것은 철거시킴(4월) • 태학생을 소집하여 주찬을 하사(7월)	
1742	영조 18	• 왕, 시학(視學)하여 강서관(講書官) 및 제유생과 강론(4월)	
1743	영조 19	• 처음으로 정시(庭試), 초시(初試)의 법을 시행	
1744	영조 20	• 교서관 「사서삼경(四書三經)」, 「사략(史略)」, 「소학(小學)」 등의 서적을 인출함(2월) • 성학십도(聖學十圖) 등을 만들어 근신에게 내림(3. 24)	
1745	영조 21	•「속대전(續大典)」 간행	
1750	영조 26	• 경향(京鄕)에서 신간하는 책을 간인(刊印)하는 대로 태학에 보낼 것을 식례(式禮)로 정함(9월)	
1756	영조 32	• 왕, 명륜당에 나가 근학윤음(勤學綸音)을 내림(2월), 송시열을 문묘에 종사(2월)	
1758	영조 34	• 황해, 강원 지방에 천주교 크게 보급, 왕 이를 엄금케 함(10월)	
1763	영조 39	• 이익 사망(1681~)	1765 와트, 증기기관 완성

1770 영조 46	• 주·부·군·현의 학교도 대학과 같이 송조육현(宋朝六賢)을 전내에 병사(并祀)케 함(2월)	
1772 영조 48	• 탕평과(蕩平科)를 설치, 서자(庶子)들을 등용케 함ㄴ	
1776 영조 52	• 정조 즉위하자 규장각을 창설함(9월)	1776 미국 독립
1777 정조 1	• 태학의 월강예식(月講例式)을 거듭 명함(11월)	
1783 정조 7	• 홍대용 사망(1731~)	
1788 정조 12	• 이가환 등이 천주교리서를 언해함, 정부 교리서 불태움	
1789 정조 13	• 왕, 태학에 알성	1789 프랑스 대혁명
1791 정조 15	• 실학자 안정복 사망(1712~) 시호, 문숙(文肅), 「동서강목(東西綱目)」 지음	
1793 정조 17	• 실학자 이덕무 사망	
1801 순조 1	• 정약용, 강진 유배(11.5)	
1803 순조 3	• 초시(初試)에서 역서(易書)를 제외함(3월)	1804 나폴레옹, 정벌 시작
1804 순조 4	• 정약용 아학편 간행	
1805 순조 5	• 실학자 박지원 사망(1734~), 「연암집(燕巖集)」 등 남김 • 실학자 박제가 사망(1750~), 「북학의(北學議)」 지음	
1806 순조 6	• 별강(別講)에서 「성학집요(聖學輯要)」를 강(講)함(10, 12월)	
1811 순조 11	• 전국에 천주교 금지령 내림(3.3), 홍경래의 난(12월)	
1815 순조 15	• 서북도 출신에 문과를 허용, 15명 선발(10월)	
1817 순조 17	• 우의정 남송철 과거제도의 폐를 논함(9월)	
1818 순조 18	• 정약용 강진 유배에서 풀려나 향리로 돌아감(8월)	
1821 순조 22	• 정약용 「아학편(兒學篇)」 저술	
1826 순조 26	• 관한 유생의 풍을 진숙함	
1831 순조 31	• 로마 교황의 조선교구 설정을 알려옴(9.9.)	1830 이 무렵 유럽 각국의 식민지 쟁탈전 심화됨
1835 헌종 1	• 문과시험에서 역서(易書)의 법을 폐함(9월)	
1836 헌종 2	• 정약용 죽음(1762~) 시호 문도(文度) 「여유전당서(與猶堂全書)」 남김 • 최한기 「기측체의(氣測體義)」 간행	
1840 헌종 7	• 성균관에 인일제(人日製) 설치(1월)	1839 청, 영과 아편전쟁, 청, 영과 남경조약
1845 헌종 11	• 김대건 상해에서 최초의 신부가 됨(8월) • 실학자 서유구 죽음(1746~) 시호 문간(문간) 「임원경제지(林園經濟志)」 저술	
1849 헌종 15	• 왕, 소학(小學)을 친강(親講)함	

1852 철종 3	• 왕, 서강(書講)에서 「맹자(孟子)」를 친강(親講)함(3월)	
1853 철종 4	• 기정진, 주리론(主理論)을 주장한 「기통설(氣通說)」 지음 • 여(女) 신부, 학당 설립, 「한비자전(韓非子傳)」 편찬, 교옥(敎獄)으로 상실함 • 학자 김정희 사망(1786~)	
1854 철종 7	• 「오륜행실도(五倫行實圖)」 중간(12월)	
1858 철종 11	• 본판 「천주교리서(天主敎理書)」 발간, 서원의 사설을 금함(4월)	
1859 철종 12	• 최제우 동학을 창시	
1860 철종 13	• 진주민란 일어남(3월)	1860 베이징 조약
1862 철종 15	• 전국 각처에서 민란 발생, 1850년 이후에 세운 서원 철폐, • 최제우 잡혀 사형 당함	1861 미국, 남북전쟁(~1865)
1863 철종 16	• 「대전회통(大典會通)」 편찬	1863 링컨, 노예해방선언
1864 철종 17	• 고종, 서원의 모든 특권 철폐	
1865 고종 2	• 흥선대원군, 전국의 사액서원 이외의 서원 철폐(9월), 만동묘 철폐	
1868 고종 5	• 신미양요, 비사액서원 철폐	1868 일, 명치유신
1870 고종 7	• 서원 철폐	
1873 고종 10	• 대원군 실권	
1876 고종 13	• 운양호 사건으로 인한 강화도 조약 체결, • 조선, 불평등 조약으로 통해 강제 개항함	
1877 고종 14	• 김기룡 등 서얼금고법 폐지 건의, 기철학자 최한기 사망(1803~)	
1878 고종 15	• 서원복설(書院復設)의 상소를 일절 금함	
1880 고종 17	• 수신사 김홍집 일행 서울 출발(5일), 최시형, 「동경대전(東經大全)」 간행	
1881 고종 18	• 박정양, 어윤중, 조준영, 홍영식 등을 신사유람단(紳士遊覽團)에 임명하고 일본에 파견하여 신문물제도를 시찰케 함	
1882 고종 19	• 미, 영, 독 등 서구 열강과 차례로 수교, 개화에 관한 서적 간행을 상소(8월) • 양반의 상업종사와 양민의 학교 입학을 허락함(12월)	
1885 고종 22	• 광혜원 설치(1월), 아펜젤러 배재학당 설립(8월)	1884 청, 프랑스 전쟁(~1885)
1886 고종 23	• 스크렌턴 이화학당 설립(5월)	
1893 고종 30	• 전국 각지에서 민란이 발생	
1894 고종 31	• 동학농민운동(3~12월), 갑오개혁으로 관제 개혁되고 과거제 폐지(7. 3.)	1894, 청일전쟁(~1895)

1895 고종 32	• 소학교령(小學校令) 반포(8월 실시) • 일본 자객 명성황후를 시해(을미사변)(8. 20), 전국적으로 의병 봉기 • 학부(學部), 목활자를 사용하여 교과서 발간	
1896 고종 33	• 성균관 경학과(經學科) 규칙을 개정(7월) • 학부(學部) 동현과 안동에 각각 관립소학교(官立小學校)를 설치, 학생 모집 공고	1896 제1회 올림픽대회
1897 고종 34	• 국호를 대한민국(大韓民國)으로 고침	
1898 고종 35	• 독립협회, 만민공동회 개최	
1903 고종 40	• YMCA 창립(10월)	1902 영국/일본 동맹
1905 고종 42	• 을미보호조약(11. 17.), 손병희, 동학을 천도교(天道教)로 개칭	1904 러일전쟁
1906 고종 43	• 최익현 등 전국적으로 의병 봉기	
1907 고종 44	• 일본에 의해 강제로 왕위 이양됨, 한일신협약 체결	
1908 순종 원년	• 사범학교령, 고등학교령, 외국어학교령, 보통학교령을 공포하여 각급 학교의 학제 개혁(8월)	
1909 순종 2	• 안중근 의사 의거	
1910 순종 3	• 한일합방(8. 22), 조선왕조 멸망	

■ **개화기 교육**

연도(왕조)	한국사	세계사
1862 철종 11	• 동학사상 포교	
1876 고종 13	• 병자수호(강화도)조약, 김기수 등 75명 수신사 일본 파견, 부산개항	
1880 고종 17	• 김홍집 등 58명 수신사 파견, 원산 개항	
1881 고종 18	• 박정양 등 60명 신사유람단 파견, 통리기무아문 설치	
1882 고종 19	• 임오군란 발생, 미국과 수호조약	
1883 고종 20	• 영국, 독일과 수호조약, 묄렌도르프가 동문학 설립, 원산학사 세움, 인천 개항	
1884 고종 21	• 러시아, 이탈리아와의 수호조약, 갑신정변 일어남	
1885 고종 22	• 배재학당 설립, 광혜원 설립	
1886 고종 23	• 프랑스와의 수호조약, 육영공원 세움, 개성학교 설립, 이화학당, 경신학교 세움	
1889 고종 26	• 육영공원 첫 졸업생 배출	
1892 고종 29	• 오스트리아와 수호조약	
1894 고종 31	• 동학세력 전라도 고부에서 봉기, 광성학교(감리회), 숭덕학교(감리회), 정의여학교(감리회) • 갑오개혁, 전고국조례 발표(8. 31)	

1895 고종 32	• 홍범 14조(1.7), 교육입국조서 반포, 한성사범학교관제 제정 공포(4.16) • 외국어학교관제(5.10), 성균관관제(7.2), 소학교령(7.19), 한성사범학교규칙(7.23), 성균관경학과규칙(8. 9), 소학교규칙 대강(8.12) • 흥화학교(민영환) 설립, 을미의숙(사회유지) 설립, 일신여학교(감리회)	
1896 고종 33	• 보조공립소학교규칙(2.20), 초등공립학교규제 공포 • 개성학교(박기종) 부산에 설립, 중교의숙(민영기), 정진학교(감리회), 공옥학교(감리회) 설립	
1897 고종 34 (광무 1년)(8.)	• 학무아문 고시 발표(7월) • 정신여학교(장로회) 세움, 정선여학교(김양당), 숭실학교(장로회), 신군학교(감리회), 영화여학교(감리회) 세움	
1898 고종 35 (광무 2년)	• 순성여학교(찬양회), 배화여학교(감리회), 맹아학교(감리회), 명신학교(장로회) 세움 • 황성신문사 설립(9.), 만민공동체(이상재, 윤치호, 이승만, 안창호) 개최	
1899 고종 36 (광무 3년)	• 의학교관제(3.24), 중학교관제(4.4), 상공학교관제(6.24) • 점진학교 세움, 점진학교(안창호) 세움	
1900 고종 37	• 외국어학교규칙(6.27), 평양신학교(장로회) 세움, 한성중학교(뒤에 경기고등학교) 신입생 모집	
1901 고종 38	• 낙연의숙(서광세) 세움	
1902 고종 39	• 미국에서 공립협회 창립 • 덴마크와의 수호조약, 우산학교(양재새) 세움	
1903 고종 40	• 숭의학교(장로회), 원산여학교(감리회), 정명여학교(장로회) 설립	
1904 고종 41	• 청년학교(전덕기), 덕명학교(감리회), 호수돈여학교(감리회), 진성여학교(장로회), 의창학교(감리회) 세움 • 농상공학교관제(6.8)	
1905 고종 42	• 을사조약(11.17) • 양정의숙(엄주익), 광성실업학교(전소론파), 한성법학교(사회유지) • 보성학교(이용익), 영명학교(감리회) 세움	
1906 고종 43	• 통감부 설치(2.), 소학교령 폐지하면서 보통학교령 공포 • 휘문의숙(민영휘), 진명여학교(엄귀비), 숙명여학교(엄귀비), 보성중학교(이용익), • 중동중학교(신규식, 최규동), 현산학교(남궁억), 양규의숙(여자교육회), • 화야의숙(이철용), 계성학교(장로회), 신성학교(장로회), 보성여학교(장로회), 의명학교(안식교), 한영서원(감리회), 미리흠학교(감리회) 세움	

1907 고종 44	• 제3차 한일협약 • 신학원(여자교육회), 서우사범학교(서우학회), 동인학교(대한동인회), 대성학교(안창호), 강명의숙(이승훈), 오산학교(이승훈), 봉명학교(이봉래), 서북협성학교(서북학회), 정리사(류일의), 경성중학교(이종호), 양실학원(사회유지), 양산소학교(김홍량, 김구), 장훈학교(사회유지), 약현학교(천주교), 수피아여학교(장로회), 신명여학교(장로회), 기전여학교(장로회) 세움	
1908 순종 2	• 사립학교령, 교과용 도서 사용 • 기호학교(기호흥학회), 동원여자의숙(조동식), 대동전수학교(대동학회), 보인학교(보인학회), 소의학교(장지영), 신흥학교(장로회), 창신학교(장로회) 세움	
1909 순종 3	• 융희학교(유길준), 양산중학교(김홍량), 의정학교(감리회) 세움 • 대한문전 편찬	
1910 순종 4	• 한일합방(8.29.)으로 대한제국 멸망, 일제 강점기 시작	

▪ 일제 침략기 교육

연도	한국사	세계사
1910	• 일제 강점기 시작, 교과용도서 검정 심사 결과 발표(5.)	
1911	• 제1차 조선교육령 공포(8.22~1922.2.4.) • 사립학교규칙(10), 고등보통학교규칙, 여자고등보통학교규칙, 실업학교규칙 공포	1911 신해혁명
1915	• 전문학교 규칙 공포, 개정 사립학교규칙 공포	1914 제1차 세계대전(~1918)
1918	• '대한독립선언서'(만주지역의 독립군) 발표	1917 러시아 혁명
1919	• 3·1운동, 민족대표 33인의 독립선언문 낭독	1920 국제연맹 성립
1922	• 제2차 조선교육령 시행기(2.5.~1938. 3.2.) • 이상재의 조선민립대학 기성준비회 결성(1.)	
1924	• 경성제국대학 관제 공포(5.) • 조선총학생연합회 결성(9.)	
1925	• 조선학생사회과학연구회(9.)	
1926	• 순종 인산(因山) • 최현배의 '조선민족 갱생의 도'	
1927	• 조선교육회와 신간회의 인간본위 및 조선본위의 교육 제창	
1929	• 조선일보의 제1회 문자보급운동	1929 세계경제 공황
1930	• 조선일보의 제2회 문자보급운동 • '문자보급가' 공모	
1931	• 브나로드운동(7.)	
1936	• 7대 총독 미나미 지로 부임하면서 황민화 정책	

1937	• 황국심니화서사 제정(10.1.)	1937 중일전쟁
1938	• 제3차 조선교육령 시행기(3.3.~1943.3.30.) • 미나미 총독 황국신민서사 제시(식민지교육의 3대 강령: 국체명징, 내선일체, 인고단련) • 육군특별지원령	
1939	• 창씨개명	1939 제2차 세계대전(~1945)
1941	• 일제가 '보통학교'를 '초등학교'로 개칭	1941 태평양전쟁(~1945)
1942	• 고이소 구니아키 총독 부임하면서 국민총력 운동 실시	
1943	• 제4조선교육령 시행기(4.1.~1945~8.15.) • 전시학도체육훈련 실시요강 시달(4.) • 교육에 관한 전시비상조치방책의 공포(10.) • 학도병제의 실시(10.)	1943 카이로 선언
1944	• 학도동원체제 정비에 관한 훈령(4.) • 학도 근로령의 공포(8.)	
1945	• 긴급 학도노동동원방책 요강의 결정(1.) • 전시 교육령의 공포(5.) • 8·15광복	1945 일본 항복, UN 성립

■ 미군정기 교육

연도	한국사	세계사
1945	• 미군정 시작(9.8~1948.8.15.) • 주한 미육군 사령관 하지(J. R. Hodge) 중장이 아베 조선총독으로부터 정식 항복문서 접수 • 하지 중장이 아놀드(A.R.Arnold) 소장을 군정장관으로 임명(9.11) • 한국교육위원회(9.16.) • 미군정청 본격 가동(9.22): 교육방침 발표 • 조선교육심의회 구성(11.23.~1946.3.)	
1946	• 한국교육위원회가 군정법령에 의해 문교부로 승격(3.) • 초대 문교부장 유억겸 취임 • 국립서울대학교 설치령 제정 및 공포(미군정법령 제102호)(8.22.) • 새교육운동 시작 • 대학 설립에 관한 새 기준 마련(12.) • 관립 사범학교를 공립으로 이관	
1947	• 유억겸의 급서로 오천석 문교부장 취임(11.)	
1948	• 대한민국 정부 수립(8.15.)	

■ **대한민국 정부 수립 이후의 교육**

연도	한국사	세계사
1948	• 대한민국 정부수립(8.15.)	
1949	• 대한민국 학도호국단 규정 제정(9.) • 교육법 기본법 제정(제11장 173조)(12.31.)	NATO 성립
1950	• 6·25 전쟁, 법률 제178호로 교육법을 개정하여 중학교 4년, 고등학교 3년으로 변경(3.10.) • 교육법을 또 다시 개정하여 중학교 3년, 고등학교 3년으로 변경하여 6-3-3-4제 단선형 학제 완성(3.20.) • 중학교 입시제도(학교관리제: 1945~1950) • 1인 1기 교육 실시(5.), 1인 1기 교육실시 요항 발표(6.) • 교수요목 제정 심의위원회 규정(문교부령 제9호) 공포(6.2.)	
1951	• 1.4 후퇴, 전시 하 교육특별조치요강(교육 비상조치)(2.6.) • 전시연합대학 설치(2.), 연구학교 규정(문교부령 제17호) 제정(3.), • 교육과정 연구위원회(문교부령 제16호) 설치(3.30.) • 문교부령 제19호로 '대학교육에 관한 전시 특별조치령' 제정 • 피난학교 가설(9.) • 중학교 입시제도(국가연합고시제: 1951~1953)	
1952	• 교육법시행령 제정(4.), 시.읍.면 의회 의원과 도의회 의원선거가 실시(4, 5.), • 군 교육구와 시교육위원회의 의원 선거 실시(5.24.), 교육자치제 발족(6.4.) • 전시 교육방침(전시문교, 건국문교, 독립문교) • 전시연합대학 폐지(5.) • 미국 제1차 교육사절단(1952.9~1953.6.) • 경북대학, 전북대학, 전남대학 설치(10.)	
1953	• 6.25 전쟁 3년 1개월 만에 정전 • 부산대학교, 충남대학교, 충북대학교 발족 • 미국 제2차 교육사절단(1953.9.~1954.6.)	
1954	• 의무교육 완성 6개년계획에 의한 취학계획(1954~1959) • 초등학교, 중학교, 고등학교 및 사범학교의 교육과정 시간 배당기준 제정(4.) • 미국 제3차 교육사절단(1954.9~1955.6.) • 중학교 입시제도(학교관리의 유무시험 연합출제제 병행: 1954~1961) • 제1차 교육과정 제정(1954~1963)	
1955	• 초등학교 교육과정, 중학교 교육과정, 고등학교 및 사범학교 교육과정 제정(8.) • 도의교육위원회 구성(30명 위원)(10.12.) • 제주대학교 설립 • 대학설치기준령(대통령령 제1063호)(8.4.)	

1956	• 도의교육요령 발표 • 죠지피바디사범대학 교수단 내한(1956.10.~1962.)	
1957	• 도의교육용 국정교과서 편찬(3.)	
1959	• 서울대학교에 행정대학원, 보건대학원 설치	
1960	• 3.15 부정선거 • 4.19 혁명(자유당 정권〈1공화국〉이 무너지고 민주당 정권인 2공화국이 수립되었음) • 이병도 문교부장관(60.4.28~8.22): 학원 정성화, 사도확립, 교육의 중립성 확보에 중점 • '학도호국단 규정 폐지'에 관한 건 공포(5.10) • 총선거 실시(7.29.), 윤보선 대통령 당선(8.12.) • 문교부 장관 오천석 취임(60.8.23~61.5.2)	
1961	• 5.16 군사혁명(민주당 정권 무너지고 2년 반의 군정기 거침) • 인간개조운동(61.5.16부터 약 2년 7개월 동안 혁명공약을 중심으로 일으킨 운동) • 교육에 관한 임시특례법 제정 및 공포(9.1) • 교육구와 시교육위원회 폐지	1961 소련, 유인 인공위성 발사
1962	• 교육법 개정으로 교육행정을 내무행정 하에 둠으로써 교육자치제 폐지(1.6.) • 교육대학 10개 신설(3.1)과 동시에 사범학교 폐지 • 제1차 경제개발 5개년 계획(1962~1966) • 중학교 입시제도(국가고시제)	1962 쿠바 봉쇄
1963	• 교육자치제 부활(11.1.) • 3공화국 수립(12.) • 진주, 군산, 목포, 안동, 마산, 강릉 6개 교육대학 신설 • 제2차 교육과정 공포(2.15)(1963~1973) • 사립학교법 제정 공포(6.25) • 중학교 입시제도(시·도공동출제: 1963~1965)	
1966	• 공동 및 단독 출제 병행	
1967	• 제2차 경제개발 5개년 계획(1967~1971) • 중학교 입시제도(시·도공동출제제: 1967~1968)	
1968	• 중학교 무시험 진학제도 공포(7.15)하고 1969년부터 연차적으로 시행한다는 교육개혁 발표 • 대학입학예비고사제로 개편(10)	
1969	• 중학교 무시험 진학제도 시행(서울특별시) • 대학입학예비고사제 실시(예·체능계 제외)	1969 아폴로 11호 달 착륙
1970	• 중학교 무시험제도 시행(서울, 부산, 인천, 춘천, 청주, 대전, 전주, 광주, 대구, 제주 등) • 8·15선언, 7·4남북공동성명 발표, 6·23 특별선언, • 국민교육헌장 선포(12.5)	

1971	• 중학교 무시험제도 전국적으로 확대 시행 • 새마을운동 본격 추진 • 안보교육체제 정비(12) • 이화여자대학교 사범대학과 단국대학교에 특수교육학과 설치	
1972	• 방송통신대학 설치령 제정(3) • 한국방송통신대학(서울대학교 부설) 설립(3) • 전국교육자대회에서 국적 있는 교육의 추진(대구, 3.24) • 제3차 경제개발계획(1972~1976)	1972 닉슨 중국 방문
1973	• 대학입학예비고사제(예·체능계) 실시 • 제3차 교육과정 제정(1973~1981) • 문교기본 정책에서 '안보교육체제의 강화' 추진 • 장학방침으로 '과학기술 교육의 진흥' 채택 • 고교 평준화를 위한 고등학교 입시제도 실시 • 실험대학 실시(14개 대학)	
1974	• 서울, 부산의 방송통신고등학교(11개 공립 고등학교부설) 설립 • 고교 평준화를 위한 고등학교 입시제도(서울, 부산) 실시 • 정신박약아 교육과정 제정	
1975	• 새마을주임교사제 • 고교 평준화를 위한 고등학교 입시제도(인천, 광주, 대구) 실시 • 교수재임용제도 도입	1975 베트남 통일
1976	• 초등학교 병설유치원 설치	
1977	• 대학입학예비고사에 실업계열을 신설하여 실업계 졸업생의 진로를 확대하여 주는 시책 추진 • 특수교육진흥법 제정 • 특별학급 및 산업체 부설학교의 설치기준령 제정	
1978	• 특수교육진흥법시행규칙 제정	1978 미국, 중국 국교 정상화
1979	• 전문대학에 보육과 살치, 4년제 대학에 유아교육과 설치 • 유치원 교육과정 개정(사회정서발달, 인지발달, 언어발달, 신체 및 건강영역) • 농학교 교육과정 개정(3) • 박정희 대통령 시해사건(10.26) • 12·12사태로 신군부 세력 실권 장악	1979 이란 회교도 혁명
1980	• 고교 평준화를 위한 고등학교 입시제도(20개 도시) 확대 실시 • 비상계엄령 전국으로 확대(5.17) • 7·30 교육개혁: 교육정상화 및 과열과외 해소방안 발표 • 제11대 전두환 대통령 취임(9.1) • 5공화국 헌법 공포(10.27) • 개정된 헙법에 평생교육 관련 조항(제29조 5항)을 명시	1980 이란, 이라크 전쟁

1981	• 제12대 전두환 대통령 취임(3.3), 5공화국 출범 • 대학본고사 폐지: 고교 내신 성적으로 대학입학자 선발 • 대학졸업정원제 실시(정원의 130% 모집) • 제4차 교육과정 제정(유치원을 포함한 초등학교, 중학교, 고등학교)(1981~1987) • 한국방송통신대학 5년제 학사과정으로 개편 • 교육대학 4년제로 개편(서울, 부산, 광주) • 교육세법 제정(12.5)	
1982	• 대학졸업정원제 실시(정원의 150% 모집) • 방송통신대학을 서울대 부설기관에서 '국립대학체제'로 전환 • 한국방송통신대학교에 경제학과, 법학과, 영어영문학과, 유아교육과(2년제)로 증설 • 경기공업전문대학을 개방대학의 실험대학으로 지정 • 교육대학 4년제로 개편(대구, 인천, 공주) • 사회교육법 공포(12.31)	
1983	• 한국방송통신대학교에 전자계산학과 증설 • 개방대학 설치 • 경기공업전문대학을 경기대학으로 개편(3) • 교육대학 4년제로 개편(진주, 춘천, 전주) • 영재교육 실시(경기도 교육위원회가 영재교육기관으로 과학고등학교를 설치함)	
1984	• 교육대학 4년제로 개편(청주, 제주) • 영재교육 실시(대전, 전남, 경남과학고등학교 신설)	
1985	• 교육개혁심의회규정 제정(3) • 한국교원대학교 설치(충북 청원군 강내면 다락리 산 7번지) • 중학교 의무교육 실시(도서. 벽지 지역의 중학교 1학년 학생에 한하여)	
1986	• 중학교 의무교육 실시(도서, 벽지 중학교 전 학년) • UR협상	
1987	• 제5차 교육과정 제정(1987~1994)	
1988	• 제12대 노태우 대통령 취임 • 대학졸업정원제 폐지(졸업정원만큼만 신입생 모집하며 종전의 제도로 환원)	1989 베를린 장벽 붕괴
1990	• 중학교 의무교육 실시(군, 읍면 지역으로 확대)	1990 독일 통일
1991	• 지방자치법 공포(12.31)	1991 발트 3국 독립
1992	• 제6차 교육과정 제정(1992~1997) • 지방의회 의원선거(3)	
1993	• 제13대 김영삼대통령 취임(2.25)	1993 우르과이 라운드 타결
1994	• 대학종합평가인정제 시행	

1995	• 외국인 또는 외국기관에 예·체능 부문 기술학원의 국내 설립 및 운영 허용 • 국민학교를 초등학교로 개칭(12.29)	1995 세계무역기구 출범
1996	• 어학 및 입시계통 학원 개방 • 외국 대학 및 대학원의 분교 설립 • OECD 가입, 대학 문호개방	
1997	• 제7차 교육과정 제정(1997~현재) • 교육기본법 제정 및 공포(12.31) • 제1단계 교육정보화 사업 추진(1997.1~2000)(1)	1997 영국, 홍콩 중국에 반환
1998	• 제14대 김대중 대통령 취임(2.25) • 새교육공동체위원회규정(대통령령 제15815호) 제정 • 유아교육법진흥법 전문개정	
1999	• 교원정년 단축 단행(1.) • 두뇌 한국(BK) 21 사업 1단계(1999~2005) • 평생교육법 공포(사회교육법 폐기)(8.31)	
2000	• 교직발전종합방안 발표(7.26)	
2001	• 모든 학교 인터넷 개통식(4.20) • 교육여건개선 추진계획(7.20) • 국가인적자원개발기본계획 수립(12) • 제2단계 교육정보화 사업 추진(2001~2005)	
2002	• 만 5세 아동의 무상교육 및 무상보육 실시	
2004	• 저소득층 자녀 만 3~15세 학비 지원	2003 미국, 이라크 전쟁
2006	• 두뇌 한국(BK) 21 사업 2단계(2006~2012)	

참고문헌

강창동(2002). 한국의 교육문화사. 서울: 문음사.
금장태(1994). 한국유학사의 이해. 서울: 민족문화사.
김경배 · 김억환(2004). 교육과 사상의 역사. 서울: 한성대학교출판부.
김명신(2013). 한국교육사. 서울: 동문사.
김병구(1995). 한국교육사의 탐구. 서울: 교육출판사.
김병희(2013). 교육사 및 교육철학. 고양시, 경기도: 공동체.
김세한(1969). 불굴의 얼(한서 남궁억의 생애). 서울: 동아출판사.
김영광(2011). 한국교육사. 서울: 영광교육선교센타.
김영우 · 서영현 · 이항재 · 피정만 · 한규원(1998). 교육사 · 교육철학. 서울: 교육과학사.
김영우 · 이항재 · 피정만 · 한규원(1998). 교육사 · 교육철학. 서울: 교육과학사.
김영우 · 피정만(1997). 최신 한국교육사 연구. 서울: 교육과학사.
김영훈 · 박영희(2018). 쉽게 풀어 쓴 교육철학 및 교육사. 서울: 동문사.
김종철 외(1989). 한국고등교육의 역사적 변천에 관한 연구. 서울: 한국대학교육협의회.
남궁용권 · 임채식 · 정찬주 · 권건일 · 김의석 · 김남근 · 김노연(2008). 교육철학 및 교육사. 파주시, 경기도: 양서원.
다음백과사전(2019). https://100.daum.net/encyclopedia/view/163XX81000110
문교40년사편찬위원회(1988). 문교40년사. 서울: 문교부.
문교부(1979). 교육재정 현황. 서울: 문교부.
박래봉(1984). 일제치하의 서당교육실태. 한국교육사학 제6집.
박영진(2012). 교육철학 및 교육사. 파주시, 경기도: 정민사.
박의수 · 강승규 · 정영수 · 강선보(2019). 쉽게 풀어 쓴 교육의 역사와 철학. 서울: 동문사.
박재문(2003). 한국교육사. 서울: 학지사.
서울대학교 20년사 편찬위원회(1966). 서울대학교 20년사. 서울: 서울대학교출판부.
손인수(1971). 한국근대교육사. 서울: 연세대학교출판부.
______(1983). 한국근대민족교육의 이념연구. 서울: 문음사.
______(1984). "한국사학-의 전통과 최충의 위치" 최충연구총론. 서울: 경희대학교전통문화연구소, 109-111.
손인수(1987). 한국교육사. 서울: 문음사.

______(1988). 한국교육사(Ⅰ). 서울: 문음사.

______(1989). 한국교육사상사(Ⅵ). 서울: 문음사.

______(1992). 미군정과 교육정책. 서울: 민영사.

신득렬·이병승·우영효·김희용(2005). 쉽게 풀어쓴 교육철학 및 교육사. 파주시, 경기도: 양서원.

신재흡(2014). 교육학개론. 서울: 동문사.

______(2015). 교육방법 및 교육공학의 이론과 실제. 서울: 동문사.

______(2018). 중등교원임용고시 자료집. 서울: 한성대학교 교직과정.

신차균·안경식·유재봉(2006). 교육철학 및 교육사의 이해. 서울: 학지사.

신창호(2010). 함양과 체찰 조선의 지성 퇴계 이황의 마음공부법. 서울: 미다스북스.

신천식(1983). 고려교육제도사연구. 서울: 집문당.

아부양편(1987). 해방 후 한국의 교육개혁. 서울: 한국연구원.

안상원·신천식(1973). 한국·서양교육사. 서울: 재동문화사.

안상원(1998). 교육사 및 교육철학. 서울: 재동문화사.

오성철(2000). 식민지 초등교육의 형성. 서울: 교육과학사.

오천석(1964). 한국신교육사. 서울: 현대교육총서출판사.

윤사순(1987). 한국의 성리학과 실학. 서울: 열음사.

이건형(1981). 조선교육정책연구. 서울: 형설출판사.

이광린(1981). 한국개화사상연구. 서울: 일조각.

이광호(1983). 미군정기 한국교육의 체제 형성에 대한 고찰. 연세대학교 대학원 석사학위 논문.

이기백(1967). 고구려경당. 역사학보 제35, 36합집, 한국역사학회.

______(1999). 한국사신론. 서울: 일조각.

이문원(2002). 조선 후기 실학교육사상의 현대적 조명. 한국교육사학 제24권 제1호 한국교육사학회, p. 20.

이성무(1967). 선초의 성균관 연구. 역사학보 제35·36집 합집. 역사학회.

이원호(1975). 체계교육사. 부산: 제일문화사.

이현희(1976). 6·10 만세운동고. 아세아연구 제7권 제1호.

장덕삼(1994). 원효의 교육사상소고. 우천 김대연 박사 화갑기념 논문집.

______(1995). 신교육사 철학. 서울: 재동문화사.

______(2003). 한국교육사. 서울: 동문사.

정규영(2011). 동서양 교육의 역사. 서울: 학지사.

정낙찬·이동기·채휘균 편저(2000). 한국의 전통교육. 경북: 영남대학교출판부.

정세화·이은송(2011). 고전을 여는 한국교육사. 파주시, 경기도: 양서원.

정순목(1986). 퇴계의 교육철학. 서울: 지식산업사.

정영희·조정호(2008). 교육사 교육철학 입문 -한국교육에 대한 역사 및 철학적 조망-. 파주시, 경기도: 교육과학사.

정은해(2000). 교육사연구방법론. 서울: 원미사.

정재철(1981). 일본식민지의 교육관에 관한 사회사상적 연구. 건국대학교 대학원 박사학위논문.

______(1982). 한국교육사연구의 제 영역. 서울: 집문당.

______(1985). 일제의 대한국식민지교육정책사. 서울: 일지사.

정태수(1991). 7·30교육개혁. 서울: 예지각.

정태수 편(1992). 미군정기 한국교육사자료집(상). 서울: 홍지원.

정혜정(2001). 동학 천도교의 교육사상과 실천. 서울: 혜안.

조선일보사(1970). 조선일보 50년사. 서울: 조선일보.

조성일·신재흡(2005). 한국교육행정발달사 탐구. 서울: 집문당.

조영일(2005). 교육의 역사와 철학적 기초. 서울: 형설출판사.

조용구(1973). 한서선생 일대기. 나라사랑 제11집. 서울: 외솔회, p. 109.

조용만(1970). 일제하의 문화운동사 －일제하의 우리 신문화운동－. 서울: 민중서림.

중앙대학교부설한국교육문제 연구소편(1974). 문교사. 중대출판국.

차석기(1976). 한국민족주의 교육의 연구. 서울: 진명문화사.

______(1999). 한국민족주의 교육의 생상과 전개. 서울: 태학사.

차석기 외(1975). 한국교육사연구. 서울: 재동문화사.

피정란(1993). 조선시대 성균관의 자치활동에 관한 연구. 성균관대학교 대학원 교육학박사학위논문.

피정만(1972). 조선시대 사학의 변천과정과 교관정책에 관한 연구. 성균관대학교 대학원 교육학석사학위논문.

______(1977). 조선시대 성균관 대사성고. 서울: 교육사교육철학연구회 창간호.

______(1980). 한국사회와 교육 －근대의 사회상－. 파주시, 경기도: 교육과학사.

______(1981). 조선시대 성균관·사학의 유생에 관한 연구. 교육사학 3집 한국교육사학회.

______(1990). 조선시대 성균관의 교육제도에 관한 연구. 성균관대학교 대학원 교육학박사학위논문.

______(1997). 최신 한국교육사 연구. 파주시, 경기도: 교육과학사.

______(2008). 서당훈장의 구술사적 연구. 한국교육사학 제30집. 서울: 한국교육사학회.

______(2010). 한국교육사의 이해. 서울: 도서출판 하우.

______(2011). 한국교육사의 이해. 서울: 도서출판 하우.

한관일(2009). 구한말 교육구국운동연구. 서울: 문음사.

한국교육 10년사간행회(1960). 한국교육 10년사. 서울: 풍문사.

한국교육 30년사편찬위원회(1980). 한국교육 30년. 서울: 문교부.

한국교육사연구회 편(1982). 한국교육사연구의 새 방향. 서울: 집문당.

__________________(1986). 한국교육사. 서울: 교육출판사.

한기언(1983). 한국교육사. 서울: 박영사.

한동일(1982). 조선시대 향교의 교육제도연구. 성균관대학교 대학원 교육학박사학위논문.

______(1985). 한국교육학의 탐색 －조선시대의 향교와 서당－. 서울: 고려원.

한영우(2004). 다시 찾는 우리 역사. 서울: 경세원.

高橋濱吉(1927). 朝鮮敎育史考. 京城: 帝國地方行政學會 朝鮮本部.

高麗史, 卷 二十二 忠烈王 三十五年 五月

______, 卷 七十四 同前條.

______, 卷 百十七 鄭夢周傳

______, 卷 七十四 選擧二 學校

高麗史節要, 卷 十八 元宗 十三年 六月條 文獻備考 卷之二百二 學校考 十一

저자소개

■ **신재흡**

한국교원교육학회 감사 및 홍보기금위원장(역임)
한국교육정책연구소 전문위원
한국교원교육학회 대외협력위원장
한국교육행정학회 조직규정위원장
한성대학교 교양교직학부 교직과정/교육대학원 교수

〈저서〉

한국교육변천사 탐구(동문사, 2020)
교육학개론(동문사, 2015)
한국교육행정발달사 탐구(공)(집문당, 2005)
학교경영의 이론과 실제(공)(학이당, 2006) 외 다수

한국교육변천사 탐구

초판 1쇄 인쇄 / 2020년 2월 20일
초판 1쇄 발행 / 2020년 2월 25일

●

저 자 / 신 재 흡
발행인 / 이 중 수
발행처 / **동 문 사**

●

서울특별시 서대문구 홍제원 1길 12
(홍제동 137-8)
Tel: 02)736-3718(대), 736-3710, 3720
Fax: 02)736-3719
등록번호: 1974.04.27 제9-17호
가격: 23,000원

●

ISBN: 979-11-6328-151-1(93370)
E-mail: dong736@naver.com
www.dongmunsa.com